한국사 ⑧ 박정희 대통령

경영학박사 노 순 규 저

감사의 말씀

노순규 원장의 156권째 저서 '한국사 ⑧ 박정희 대통령'을 저희 연구원에 강의를 의뢰하여 주신 전국의 시도교육청, 교육연수원 교육담당자님께 감사드리며 아울러 서울시교육연수원(교육관련 노동법의 이해), 부산시교육연수원(교원.공무원노조의 이해), 울산시교육연수원(공무원노조의 이해), 충남교육연수원(공무원 노사관계의 발전방안), 경남공무원교육원(단체교섭 및 단체협약 체결사례), 대구시교육연수원(리더십과 갈등관리), 경기도교육청(갈등관리와 교원의 역할), 충북단재교육연수원(교원능력개발평가의 필요성과 성공기법), 강원도교육연수원(학교조직과 갈등관리), 경북교육연수원(공무원 노동조합의 역할과 발전방안), 인천시교육연수원(교원단체와 노사관계), 광주시교육연수원(교육관련 노동법의 이해), 경남교육연수원(교원단체의 이해), 전남교육연수원(학교의 갈등관리와 해결기법), 전북교육연수원(커뮤니케이션의 기법과 효과), 경북교육청(학교의 갈등사례와 해결방법), 제주탐라교육원 및 제주도공무원교육원(갈등의 원인과 해결방법), 대전시공무원연수원(갈등의 유형과 해결방법), 공무원 인재개발원, 강원도공무원교육원, 전북공무원교육원, 경남공무원교육원, 충남공무원교육원, 부산시공무원교육원, 한국기술교육대학교 노동행정연수원(환경변화관리와 리더십), 강원대학교 교육대학원 교육연수원(학교갈등의 사례와 해결방법, 경북교육연수원(학교폭력의 해결방법과 청소년 문화의 이해), 충남공무원교육원(소통의 방법), 대구시교육연수원(학생.교원 인권교육), 한국교원대학교 종합연수원(인성교육의 새로운 방안 모색)의 교육담당자님께 감사드립니다.

한국기업경영연구원

머 리 말

　한국사의 중요성은 누구나 인정하는 사실이다. 우리나라의 정체성과 자긍심을 갖는 차원과 우리의 올바른 미래를 설계하기 위해서는 과거를 반드시 알아야 한다. 특히 향후 한국사가 수능의 필수과목으로 포함되고 한국사 능력검정시험을 치루게 된다. 박정희는 1917년 6월 15일 경북 선산에서 출생하였고 제5·6·7·8·9대의 대통령이다. 박정희는 가난한 농부인 박성빈과 백남의 사이에서 5남 2녀의 막내로 태어났다. 1937년 대구사범학교를 졸업하고 문경소학교에서 3년간 교직에 몸담았는데 일본인 시학관(지금의 장학사)과 충돌해 스스로 사직했다. 이후 장래를 고민한 끝에 1942년 만주에 있는 신경군관학교에 입학해 2년 과정을 수석으로 수료한 다음 일본 육군사관학교에 입학, 1944년 우수한 성적으로 졸업하고 만주군 소위로 임관했다. 1953년 준장으로 진급했으며 육군포병학교장, 제2군단 포병사령관, 제5·7사단장, 제1군 사령부참모장, 제6관구사령관, 육군군수기지사령관, 제1관구사령관, 육군본부 작전참모부장, 제2군 부사령관 등을 역임했다. 1961년 소장으로 제2군 부사령관에 재직 중 "누란(累卵)의 위기에서 조국을 구하고 도탄에 빠진 민생고를 시급히 해결하겠다"는 등 혁명공약을 내걸고 청년장교들과 함께 5·16 군사정변을 주도했다. 경제시책으로는 농어촌고리채정리와 화폐개혁 등을 단행했으며 역대정권의 무관심과 무기력속에 방치된 국토 및 경제개발계획에 착수함으로써 그가 내세운 조국근대화의 전기를 마련했다.

　1963년 8월 대장으로 예편하고 1963년에 창당된 민주공화당에 입당해 총재에 추대되었다. 이때부터 본격적인 정치생활이 시작되었다. 그는 취임사에서 "우리는 우리가 세운 목표를 향해 인내와 자중으로 성실하고 근면하게 살아가는 근로정신과 소박한 생활인으로 돌아가 항상 성급한 기대의 후면에는 허무와 낙망이 상접함을 명심하고 착실한 성장을 꾀하는 경제국민이 되어야 하겠다"는 말을 통해 경제성장에 대한 그의 확고하고 단호한 의지를 표명했다. 국민여론의 반대에도 불구하고 경제발전에 필요한 외자확보를 위해 한일협정에 정식 조인하고 1965년 8월 14일 국회의 비준을 거쳐 12월 18일 비준서 교환을 통해 한일간에 국교를 정상화시켰으며, 베트남전쟁에 파병을 단행했다. 한일국교정상화는 매국이라는 비난을, 베트남전쟁의 파병은 젊은이들의 피를 팔았다는 비난까지 받았으나, 이를 통해 얻은 경제적 성과는 '보릿고개'라는 고질적 춘궁기로 상징되는 절대빈곤에서 벗어나게 했으며 이 절대빈곤의 극복은 그의 가장 대표적인 업적으로 평가되고 있다. 제3공화국 기간동안 수출주도의 고도성장 및 경제개발5개년계획, 사회간접자본인 산업기지건설 등을 이룩해 경제발전을 위한 기본토대를 구축했다. 그는 장기집권의 유신시대에 국민의 의식을 한데 모으기 위해 '새마을운동'이라는 일대 개혁적인 운동을 펼치고자 했다. 1971년에 제창된 새마을운동은 '조국근대화'라는 기치하에 '근면·자조·협동'의 정신을 가지고 국민 개개의 생활향상과 자유로운 성장은 물론 국가의 발전과 중흥을 이룩하려는 사회혁신운동이라고 내세웠다. 1979년 10월 26일 사석에서 부마사태의 수습책을 둘러싼 대통령경호실장 차지철과 중앙정보부장 김재규 사이의 언쟁 도중 그는 차지철과 함께 김재규에게 권총으로 피격당해 사망했다.

 박정희 대통령은 18년간의 집권동안 당근과 채찍의 완급을 조절하여 국가발전에의 공헌이 상당한 것으로 평가받고 있다.

 한권의 책이 출간되어 나오는 데는 많은 분들의 도움이 필요할 것이다. 그동안 저희 연구원으로 강의를 의뢰해 주신 전국의 시.도 교육연수원, 공무원교육원, 한국기술대학교 노동행정연수원, 서울시교육연수원, 부산시교육연수원, 울산시교육연수원, 대구시교육연수원, 경기도교육청, 충남교육연수원, 충북단재교육연수원, 경북교육연수원, 인천시교육연수원, 광주시교육연수원, 강원도교육연수원, 제주도탐라교육연수원, 경북교육청, 강원도공무원교육원, 제주도공무원교육원, 광주광역시 공무원교육원, 대전광역시 공무원교육원, 강원대학교 교육대학원, 한국교원대학교 종합연수원 교육담당자님께 이 기회를 빌어 진심으로 감사드린다. 1989년에 개원하여 지금까지 25년간 우리나라의 산업평화와 인재개발을 위해 강의 및 출판사업을 매진해왔으며 내조자 아내 박순옥, 항상 자신의 일에 열성을 다하는 든든한 아들 '노지훈(현대백화점)', 재원인 며느리 '김수향(캐나다대사관)'에게 고마움을 표한다.

2013년 12월 26일   저자 노 순 규 드림

목 차

제1장 박정희 대통령의 인적 사항과 생애 ·············· 13
1. 박정희(朴正熙) 대통령의 인적 사항 ················ 13
2. 박정희 대통령의 생애분석 ·························· 17
  1) 윤보선 대통령 ···································· 34
  2) 국가재건최고회의 의장 시절(1961~1962) ········ 36
  3) 대통령 권한대행 시절(1962~1963) ··············· 37
  4) 제3공화국 ··· 39
  5) 제3공화국 초기(1963~1964) ······················ 43
  6) 베트남전쟁 파병 ·································· 44
  7) 3선개헌과 유신전야(1967~1971) ·················· 48
  8) 김신조사건 1.21사태(1968) ······················· 50
  9) 교육과 문화정책 ·································· 51
  10) 제4공화국 ·· 52
  11) 국군의 날 행사 때 박정희 초상을 나타낸 카드섹션 ······· 52
  12) 육영수 여사 피격사건 ··························· 53
  13) 새마을운동 ······································· 53
  14) 긴급조치시대와 집권 말기(1975~1978) ········· 54
  15) 국방력 증강정책 추진 ··························· 55
  16) 부가가치세제 시행 논란 ························· 56
  17) 코리아 게이트 사건 ······························ 57
  18) 김영삼 발언파문과 김영삼 제명파동 ············ 58
  19) 미국과의 관계 악화 ······························ 58
  20) 사망 ··· 60
  21) 최규하 추도사 ··································· 61
  22) 사상과 신념, 종교적 편력 ······················· 65

23) 남조선노동당 활동 ·· 66
24) 한국형 파시즘 ··· 67
25) 대통령 재임시의 경제정책 ······································ 68
26) 부동산정책 ·· 69
27) 외교관계 ··· 71
28) 대북관계 ··· 72
29) 대미국관계 ·· 73
30) 대일본관계 ·· 74
31) 대중국관계 ·· 76
32) 핵개발추진 ·· 76
32) 비밀 플루토늄 도입 기도 ······································ 77
33) 미국과의 갈등 ··· 78
34) 베트남전쟁 파병 ·· 80

3. 박정희 대통령의 교사시절 하숙집 ································· 81
  1) 청운각 ·· 81
  2) 청운각(하숙집) 둘러보기: 초가지붕 ························ 82
  3) 박정희 대통령 서거(1979년 10월 26일) ················· 83

4. 박정희 인물연구와 평가 ·· 84
  1) 이력 ·· 84
  2) 긍정적 평가: 경제발전 ··· 84
  3) 경제정책 ·· 85
  3) 부정적 평가: 친일행적 관련 ··································· 87
  4) 민주주의 탄압 관련 ·· 88
  5) 경제정책 비판 ·· 89
  6) 여론조사 ·· 94
  7) 외국에서의 평가 ·· 95
  8) 논란과 의혹: 정적 탄압문제 ··································· 97
  9) 지역감정 조장 ·· 98
  10) 여성편력 ··· 98

11) 사생아 존재 여부에 대한 의혹 ·· 99
12) 사후 영향력 ·· 100
13) 기타 ·· 102
14) 역대 선거결과(선거명 직책명 대수 정당 득표율 득표수 결과
    당락) ·· 103
15) 박정희 대통령의 가족 ··· 103
16) 문화에 나타난 박정희 ··· 104
17) 주석 ·· 105

제2장 박정희 대통령의 비판과 평가 ·· 123

1. 박정희를 왜 부활시키려는가 ·· 123
2. 대덕의 40년과 미래의 40년 ·· 125
3. 김동호 목사 "박정희 추모예배, 권력에 아첨하는 행동" ······················ 127
4. 박정희 대통령이 다소 다른 시대를 살았으면 무엇을 하고 살았을까요? ·· 128
5. 박정희와 전두환 ··· 132
   1) 경부고속도로(1968-1970) ·· 138
   2) 포항제철 문제 ··· 138
6. 만약 1979년에 박정희가 죽지 않았다면? ·· 139
   1) 1979년의 그 암울했던 경제상황 ·· 140
   2) 1979년 박정희가 죽지 않았다면 대한민국은 어떻게 됐을까?' ··· 143
   3) 박정희를 믿을 수 있었을까? ·· 146
   4) 혁명정부가 사용했던 복지국가 ··· 147
   5) 자유민주주의 국가에서의 인간의 자유 ······································· 148
   6) 이번이 마지막? ·· 148
7. 박정희 업적? NO, 대통령 18년 시대史를 보라! ······························· 151
   1) 화제의 책 <사진과 함께 읽는 대통령 박정희> ························· 151
   2) 흥미로운 사진들과 사실들 ·· 153
   3) 육영수 여사 서거 후 남편 박정희가 남긴 자작시 ····················· 154
   4) 국내외서 모은 1만여자료 중 1,030점을 엄선 ·························· 155

제3장 박정희 대통령의 재조명 ·· 156
  1. 박정희와 타임 스퀘어, '남미'와 '뉴욕' 사이의 한국사회 ················ 156
    1) 타임 스퀘어의 지역 ·· 156
    2) 영등포의 발전 ·· 158
    3) 박정희 대통령의 흉상 ·· 161
  2. 박정희(朴正熙) ··· 163
  3. 박정희에 대해 논함 ·· 165
    1) 박정희의 평가 ·· 165
    2) 역대 대통령 지지율 여론조사 ··· 167
    3) 박정희는 군사 구데타 독재자 ··· 168
    4) 역사의 반전과 질문 ·· 171
    5) 가상적 역사 ··· 171
  4. 박정희 대통령의 가치관 ··· 174
  5. 박정희 대통령에 대해 한마디씩 부탁드립니다. ···························· 176
    1) 박정희 대통령의 교사시절 ·· 182
    2) 만주군관학교의 박정희 ··· 185
    3) 만주국과 일본 ·· 186
    4) 박정희 혈서의 진위여부 논란 ··· 188
    5) 추가내용 ·· 190
    6) 창씨개명했다? ·· 192
    7) 결론 ·· 195
    8) 대한민국의 자칭 진보세력들 ·· 195
    9) 박정희는 왜 만주군관학교에 갔을까 ····································· 198
    10) 백강 조경한 선생이 말하는 박정희 ····································· 199
    11) 백범 김구 선생이 말하는 박정희 ·· 199
    12) 박정희는 독립군을 토벌했나 ··· 199
    13) 독도를 팔아넘겼나? ·· 202
    14) 요약 ·· 204

15) 한일국교정상화 ··· 210
16) 박정희에 대한 음해관련 내용에 대한 추가적인 반박자료 ······· 213

제4장 박정희 대통령의 국가관 ························· 236

1. 박정희 대통령이 만들고 싶던 나라? ······························· 236
2. 박정희 대통령의 무기개발 ··· 237
3. 박정희 대통령의 국가운영 정책과 실천 ··························· 244
4. 박정희 대통령 시기의 중요 사건 ···································· 258
   1) 6·3항쟁 ··· 258
   2) 유신체제 ··· 259
   3) 인혁당사건 ·· 259
   4) 1979년 부마민주항쟁 ·· 259
   5) 10월 26일사건(박 대통령 저격사건)(1979년 10월) ··········· 259
5. 50년전과 지금, 재계는? 반도체·조선·에너지, '無에서 有창조' 신화 ····· 259
   1) 국가산업 재건 위해 제조업 뛰어든 호암 이병철 ············· 260
   2) "해 보기나 했어?" 거북선으로 조선강국 만든 정주영 회장 ···· 261
   3) 오일쇼크 때 석유 들여온 최종현 회장 ·························· 261

제5장 박정희 대통령의 경제관념과 여론조사 ··············· 263

1. 50년전과 지금, 재계는? 1960년대 '덩치 키우기' M&A 각축 ········ 263
2. 50년전과 지금, 재계는? 탈세·횡령·사기, 현재 수사 중인 총수만 7명 ··· 264
   1) 1961년 재벌의 첫 대규모 구속사태 ······························ 264
   2) 법정구속 ··· 265
   3) 다른 시대 같은 운명, 전·현직 대통령의 '평행이론' ··············· 266
   4) 기약없는 '재계 잔혹사' ·· 266
3. 육영수 여사 피살사건 후 퍼스트레이디 역할을 하는 박근혜 ·········· 267
4. 신율의 정치 읽기, 진보와 종북은 엄연히 다르다. ···················· 268
5. 前現 대통령 인기조사의 오류 ··· 273
6. 21세기 한국으로 소환된 프랑스혁명, 이자람 선택한 톰파는 옳았다. ······ 275

제6장 박정희 대통령의 업적과 비판 ··············· 277

1. 카이사르의 죽음에서 박정희를 읽다 ················ 277
   1) 10·26사태 ················ 277
   2) 박정희와 카이사르의 닮은 점 ················ 277
   3) 박정희와 카이사르, 이 한 가지는 달랐다 ················ 279
2. 박정희 대통령의 업적 조명 ················ 282
   1) 대한민국 최초의 주민등록증 제도 실시 ················ 284
   2) 친노동계급적인 서민을 위한 최초의 의료보험제도 실시 ········ 284
   3) 친환경적인 그린벨트 설치로 산림보호 ················ 286
   4) 1979년에 88올림픽 유치를 위한 계획을 수립 및 구성 ············ 287
   5) 미국 브로드웨이에 인류를 위해 큰 공헌을 한 외국인으로서 환영을 받는 카퍼레이드를 행함 ················ 288
   6) 홍수와 가뭄, 환경을 대비해서 4대강 다목적댐 준공 ············· 289
   7) 제주도의 명물 감귤사업을 조성하고 도로, 항만 등 국제적 관광지로서의 입지를 구축 ················ 290
   8) 전국 일일생활권이 가능해진 사회, 경제발전의 획기적인 계기가 된 고속도로 건설 프로젝트 ················ 293
   9) 농촌의 진흥과 국민의 근면, 자조, 협동정신을 일깨운 농촌혁명인 새마을운동 실시 ················ 295
   10) 자동차산업을 육성하여 우리나라의 대표적인 효자산업으로 성장시킴 ················ 297
   11) 화교 억제정책을 통해 서민들의 골목상권을 지키고 경제적인 자립과 자주성을 수호 ················ 299
   12) 베트남전 파병을 통해 막대한 군사적, 경제적 이익을 통한 '베트남 특수'를 누림 ················ 300
   13) 식량자급으로 가난을 해결하고자 다수확품종인 통일벼를 재배하여 녹색혁명을 이뤄냄 ················ 302
   14) 훗날 2차례 남북정상회담의 기반을 닦은 남북적십자회담,

7.4남북공동성명 등의 대북정책 ······················· 303
15) 한일협정체결을 통해 얻어낸 막대한 청구비용으로 1960년대
   경제발전의 토대를 닦음 ···························· 305
16) 경제적 자립 위해 '산업의 쌀'인 철강산업을 육성시켜 세계적
   규모의 철강업체 기반을 다짐 ······················ 307
17) 2001년~2012년까지 세계 1위를 놓치지 않았던 대표적인
   조선산업의 기반을 다짐 ··························· 309
18) '공업입국' 신호탄인 공업단지를 조성, 경공업·중화학공업을
   통한 경제개발의 기틀을 다짐 ······················ 310
19) 서민들의 원활한 도로교통을 위해 서울지하철 1호선 개통 ····· 311
20) 세계에서 1위를 지키고 있는 대한민국의 효자산업인 반도체
   전자공업의 기반을 다짐 ··························· 312
21) 외세에 의존하지 않고 자주국방을 통한 철통같은 국가안보를
   계획하여 실현시킴 ································ 314
22) 독립한 140여개 국가들 중 유일하게 과학진흥계획을 수립,
   세계적인 과학국가기반 조성 ······················· 316
23) 지금의 대한민국을 위해 헌신한 역사적 인물들에 대한 숭고한
   기념사업을 정부주도로 추진 ······················· 318
24) 국민에게 '우리도 할 수 있다', '하면 된다'라는 긍정적 리더십을
   통해 자신감을 심어줌 ····························· 320
25) 현재 세계적인 강남스타일의 중심지인 한강이남 개발 즉,
   강남일대를 개발하는 사업을 실시 ·················· 321
26) 전국에 있는 호국문화유산과 같은 우리나라의 중요한 문화재들의
   발굴정비 ·· 323
27) 야간중학 개설, 중학입시시험 폐지, 고교평준화같은 현대식
   교육체계의 기반조성 ······························ 324
28) 오일쇼크가 발생하자 이를 타개하기 위해 실리적으로 중동국가와
   교류, '중동 특수'를 누림 ·························· 325
29) 외국에 대한 적극적인 외교를 통해 한국의 존재를 세계에

        각인시켜 동반자로서의 입지 구축 ································ 327
  3. 박정희 대통령에 대한 다각적 분석 ···································· 334
    1) 박정희 친일왜곡의 진상 및 간도특설대 관련사항 ············ 334
    2) 우리나라 정치에서의 지역감정 유래 ································ 338
    3) 후진국에서의 경제건설과 민주화의 양립 가능성 ············· 340
    4) 부정부패의 방지 ··· 342
    5) 박정희 대통령에 대한 의견사례 ······································ 343
    6) 안병직 교수의 마르크시스트에서 뉴라이트로의 사상전환 첫
       고백 ·· 347
  4. 박정희 대통령과 육영수 영부인의 주요 활동사진 ················· 347

제1장 박정희 대통령의 인적 사항과 생애

1. 박정희(朴正熙) 대통령의 인적 사항

태어난 때: 1917. 11. 14
태어난 곳: 경북 선산
사망한 때: 1979. 10. 26
사망한 곳: 서울
소속 국가: 한국
직업: 대통령

박정희는 1917. 11. 14 경북 선산 출생~ 1979. 10. 26 서울 사망, 제5·6·7·8·9대 대통령이다. 박정희의 호는 중수(中樹), 가난한 농부인 박싱민(朴成彬)과 백남의(白南義) 사이에서 5남 2녀의 막내로 태어났다. 1937년 대구사범학교를 졸업하고 문경소학교(聞慶小學校)에서 3년간 교직에 몸담았는데, 일본인 시학관(侍學官 : 지금의 장학사)과 충돌해 스스로 사직했다. 이후 장래를 고민한 끝에 1942년 만주에 있는 신경군관학교(新京軍官學校)에 입학해 2년 과정을 수석으로 수료한 다음 일본 육군사관학교에 입학, 1944년 우수한 성적으로 졸업하고 만주군 소위로 임관했다. 8·15해방 이전까지 주로 관동군(關東軍)에 배속되어 중위로 복무했다. 8·15해방 후 1946년에 귀국해 국군창설에 참여했고 조선경비사관학교(육군사관학교의 전신)를 제2기로 졸업하고 대위로 임관했다. 육군본부 정보국 작전과장으로 근무하던 중 1949년 여수순천 10·19사건을 계기로 군내 공산주의자와의 관련 혐의를 받고 군법회의에 회부되어 사형선고를 받았다. 그러나 동료장교의 감형운동으로 석방되어 문관으로 육군본부 정보국에 근무하다가 6·25전쟁 이후 소령으로 복귀, 육군본부 정보국 전투정보과장을 지냈다. 소령으로 복귀되는 과정에서 군고위급 장성 사이에 그의 과거 공산주의자와의 관련 사실을 두고 의견차이가 있어 복귀에 어려움도 있었다. 1953년 준장으로 진급했으며 육군포병학교장, 제2군단 포병사령관, 제5·7사단장, 제1군 사령부참모장, 제6관구사령관, 육군군수기지사령관, 제1관구사령관, 육군본부 작전참모부장, 제2군 부사령관 등을 역임했다.

1961년 소장으로 제2군 부사령관에 재직 중 "누란(累卵)의 위기에서 조국을 구하고 도탄에 빠진 민생고를 시급히 해결하겠다"는 등의 혁명공약을 내걸고 청년장교들과 함께 5·16군사정변을 주도했다. 같은 해 7월 군사정변의 최고권력기관으로 입법권·사법권·행정권을 장악한 '국가재건최고회의' 의장에 취임해 2년 7개월간의 군정을 실시했으며 1962년 3월 윤보선 대통령의 사임으로 그때부터 대통령 권한대행도 함께 맡았다. 군정기간동안 전면적인 사회개혁의 일환으로 정당·사회단체 해체, 용공분자와 깡패 검거 소탕, 댄스홀 및 고급요정 폐쇄, 부정축재처리법을 공포해 7억 2,000만환에 이르는 부정축재환수 등을 단행했으며, 국민의식개혁을 위해 '재건국민운동본부'를 설치해 생활간소화·가족계획·문맹퇴치운동 등을 실시했다. 경제시책으로는 농어촌고리채정리와 화폐개혁 등을 단행했으며, 역대정권의 무관심과 무기력속에 방치된 국토 및 경제개발계획에 착수함으로써 그가 내세운 조국근대화의 전기를 마련했다. 당시 이런 개혁정책들은 대다수의 국민들로부터 호응을 얻었다.

그러나 군정기간동안 중앙정보부에 의해 '4대 의혹사건'(증권파동 부정, 회전당구 사건, 워커힐 사건, 새나라자동차 사건)이 발생했으며 군정 실시 2년 후에 민정이양을 하겠다고 공언해 1963년 '2·27선언'으로 원대복귀를 약속했으나 '4·8조치'로 군정연장을 발표했다가 국민여론에 밀려 철회하는 등 비난을 받기도 했다. 군정기간동안 그의 주장대로 이루지 못한 5·16군사정변의 이념을 민간인 신분으로 실천하고자 1963년 8월 대장으로 예편하고 1963년에 창당된 민주공화당에 입당해 총재에 추대되었다. 이때부터 그의 본격적인 정치생활이 시작되었다. 1963년 10월 15일 제5대 대통령선거에서 84.99%의 투표율에 470만 2,642표(유효투표의 46.65%)를 얻어 야당 후보인 윤보선을 15만여표의 근소한 차이로 누르고 대통령에 당선되어 같은 해 12월 대통령에 취임했다. 대통령선거에서 상대후보인 윤보선이 자신의 유세내용 가운데 박정희의 과거 공산주의와의 관련사실을 폭로해 선거에서 한때 어려움을 겪기도 했다.

그는 취임사에서 "우리는 우리가 세운 목표를 향해 인내와 자중으로 성실하고 근면하게 살아나가는 근로정신과 소박한 생활인으로 돌아가 항상 성급한 기대의 후면에는 허무와 낙망이 상접(相接)함을 명심하고 착실한 성장을 꾀하는 경제국민이 되어야 하겠다"는 말을 통해 경제성장에 대한 그의 확고하고 단호한 의지를 표명했다. 국민여론의 반대에도 불구하고 경제발전에 필요한 외자확보를 위해 한일협정에 정식 조인하고 1965년 8월 14일 국회의 비준을 거쳐 12월 18일 비준서 교환을 통해 한일간에 국교를 정상화시켰으며 베트남전쟁에 파병을 단행했다. 한일국교정상화는 매국이라는 비난을, 베트남전쟁의 파병은 젊은이들의 피를 팔았다는 비난까지 받았으나, 이를 통해 얻은 경제성과는 '보릿고개'라는 고질적 춘궁기로 상징되는 절대빈곤에서 벗어나게 했으며 이 절대빈곤의 극복은 가장 대표적인 업적으로 평가되고 있다. 한편 대통령 취임 이후 부존자원이 부족한 한국의 상황에서는 수출만이 살 길이라는 기치하에 수출을 독려·촉진하기 위해 매월 수출진흥확대회의를 직접 주재해 수출목표를 확인하는 한편, 전 세계에 나가 있는 해외공관을 활용해 수출에 주력했다. 제3공화국 기간동안 수출주도의 고도성장 및 경제개발 5개년계획, 사회간접자본인 산업기지건설 등을 이룩해 경제발전을 위한 기본토대를 구축했다. 이러한 정책 이행을 통해 국민의 정치적 지지를 받기도 했던 그는 1967년 7월 제6대 대통령 재선에 이어 1969년 10월 17일 '3선개헌'을 통한 장기집권을 모색했다. 미국의 주한미군철수론, 1971년 대통령선거에서의 국론분열(영남·호남간의 지역감정 격화),

북한의 남침위협, 근대화에 따른 갈등과 모순 증폭 등의 국내문제와 미국의 대 아시아 정책의 변화, 오일쇼크의 엄청난 충격 등 국내외적인 정치적·경제적 변화에 능동적으로 대처하기 위해서라는 것이 그 명분이었다. 3선개헌에 의해 1971년 7월 제7대 대통령에 당선되자 마침내 1972년 국회 및 정당해산을 발표하고 전국에 계엄령을 선포한 후 '통일주체국민회의'에서 대통령을 선출하는 유신헌법을 제정해 제8대 대통령으로 선출되었다(→ 색인 : 유신체제). 이로써 이른바 '유신시대'라 불리는 제4공화국이 시작되었다. 그는 장기집권의 유신시대에 국민의식을 한데 모으기 위해 '새마을운동'이라는 일대 개혁적인 운동을 펼치고자 했다.

1971년에 제창된 새마을운동은 '조국근대화'라는 기치하에 '근면·자조·협동'의 정신을 가지고 국민 개개의 생활향상과 자유로운 성장은 물론 국가의 발전과 중흥을 이룩하려는 사회혁신운동이라고 내세웠다.

새마을운동은 농촌·도시·학교·공장을 불문하고 전국적으로 일어났다. 그러나 이 운동은 민간주도가 아닌 관주도로 진행되는 과정에서 국민들의 자발적인 참여보다는 정부의 적극적인 개입에 의한 강제성을 띠었기 때문에 부작용도 많았다. 결국 유신시대를 통해 절대빈곤은 해결되었지만 날로 심화되어 가는 상대적 빈부의 격차와 장기집권에 따른 정치적 부작용 및 국민들의 민주화 요구로 국민의 지지가 약화되자 '긴급조치' 발동으로 정권을 유지해갔다.

그러나 장기집권과 반민주적 통치를 반대하는 학생·지식인·종교인·정치인의 민주화운동과 고도성장의 경제적인 분배에서 소외당한 근로자·농민·도시빈민의 생존권 요구를 긴급조치로 억압함으로써 국민의 저항에 부딪쳤다. 유신시대동안 경제성장률은 연평균 10%라는 기록적인 기록을 보였으나 빈부격차는 갈수록 심화되었다. 이러한 사회적 모순과 갈등속에서 이를 극복하기 위해 유신시대 초기에는 남북한 통일문제를 제기해 남북적십자회담과 남북조절위원회를 열기도 했다. 그는 1972년 '7·4남북공동성명', 1973년 '6·23선언'이라 불리는 '평화통일 외교정책'에 관한 '대통령 특별성명' 등을 발표해 이를 구체화하고자 했으나 북한측의 태도변화와 국내사정으로 말미암아 별다른 성과를 거두지 못했다. 유신시대 후반기에 접어들어 정권의 위기를 극복하고자 그 나름의 여러 조치를 내렸으나 효과는 크지 않았다. 결국 핵심권력층 구성원들의 상호견제를 통해 충성심을 유도하는 그의 용병책은 유신체제에 항거한 1979년 '부마사태'에 직면해 오히려 측근으로 하여금 자신에게 총부리를 겨누게 하는 비극적인 사건을 초래했다. 1979년 10월 26일 사석에서 부마사태의 수습책을 둘러싼 대통령경호실장 차지철과 중앙정보부장 김재규 사이의 언쟁 도중 그는 차지철과 함께 김재규에게 권총으로 피격당해 사망했다(→ 색인 : 10·26사태). 저서로는 <우리 민족의 나아갈 길>·<민족의 저력>·<지도자의 길>·<국가와 혁명과 나>·<민족중흥의 길>·<연설문집> 등이 있다.[1]

2. 박정희 대통령의 생애분석

박정희: 대한민국의 제5·6·7·8·9대 대통령[2]
임기: 1963년 12월 17일 ~ 1979년 10월 26일
국무총리: 최두선 (1963년 ~ 1964년)
　　　　　정일권 (1964년 ~ 1970년)
　　　　　백두진 (1970년 ~ 1971년)
　　　　　김종필 (1971년 ~ 1975년)
　　　　　최규하 (1975년 ~ 1979년)
전임 대통령: 윤보선(제4대)
후임 대통령: 최규하(제10대)
국적: 대한민국

---

[1] http://100.daum.net/encyclopedia/view.do?docid=b08b3644a(2013.11.11)
[2] 박정희 위키백과, 우리 모두의 백과사전, 이동: 둘러보기, 찾기

출생일: 1917년 11월 14일
출생지: 일제 강점기 경상북도 선산군 구미면 상모리(현 대한민국 경상북도 구미시 상모동)
사망일: 1979년 10월 26일(61세)
사망지: 대한민국 서울특별시 종로구 궁정동 안가 나동
정당: 남조선노동당, 민주공화당
학력: 만주군관학교, 일본육군사관학교, 육군사관학교
종교: 불교
배우자: 김호남(이혼), 육영수
자녀: 박재옥(김호남의 딸), 박근혜, 박근령, 박지만
부모: 부 박성빈, 모 백남의
별명: 호, 중수(中樹)
복무: 만주국 육군, 대한민국 육군
복무기간: 1944년 7월 ~ 1945년 7월(만주국 육군)
　　　　　1946년 12월 ~ 1962년 8월(대한민국 육군)
최종계급: 만주군 육군 중위
　　　　　대한민국 육군 대장
지휘: 5사단, 육군정보학교, 7사단, 제2군사령부

박정희(朴正熙, 1917년 11월 14일[1] ~ 1979년 10월 26일)는 대한민국의 군인·교사·정치가이며 제5·6·7·8·9대 대통령이다. 호(號)는 중수(中樹), 본관은 고령(高靈)이다. 또한 제18대 대통령인 박근혜의 아버지이기도 하다. 대구사범학교 출신으로 3년간 교사로 근무했고, 만주군관학교 졸업 후 일본육군사관학교에 3학년 과정에 편입하여 졸업, 만주보병 제8사단에서 일본이 제2차 세계대전에서 패망할 때까지 만주국의 장교로 근무하였다. 1945년 8월 해방 이후 광복군 제3지대 제1대대 제2중대장를 지내다 1946년 7월 귀국하였다. 귀국 이후 대한민국 국군장교로 지내며 남조선노동당에서 군사총책을 맡았다가 여수·순천사건 때

체포되어 사형을 언도받았다, 그 후 백선엽 대장의 선처요청 후에 이어진 이승만 대통령의 명령으로 실형을 면하고 강제 예편되었다. 한국전쟁이 나자 대한민국 국군장교로 참전하였다.[2][3] 5·16 군사정변을 주도하였고 국가재건최고회의 부의장과 의장 그리고 1963년 12월부터 1979년 10월 26일까지 대한민국의 제5·6·7·8·9대 대통령을 역임하였다.

3선개헌 및 유신헌법 등의 독재 장기집권을 반대하던 야당 및 학생운동 세력 등 민주화 세력과 끊임없이 충돌하였다. 1979년 10월 김영삼 의원 제명파동으로 부마항쟁이 일어난지 얼마되지 않아 1979년 10월 26일 가수 심수봉, 한양대생 신재순을 불러 연회를 하던 도중 중앙정보부장 김재규의 저격으로 사망하였다. 박정희의 대통령 직무수행에 대한 평가는 긍정과 부정의 양면으로 다양하게 나뉘고 있다. 새마을운동은 농촌발전에 대한 성공적 사례로 평가받고 있으나 부정적인 평가에서는 개발위주의 획일화 정책이라는 비판을 받는다.[4][5][6] 각종 여론조사에서는 존경하는 대통령을 비롯한 대통령 선호도와 공적평가 등에 대해 1위를 차지하고 있다.[7][8][9] 5·16 군사정변, 10월유신을 통한 헌정파괴, 노동운동 및 야당탄압, 군사독재 등 민주주의를 후퇴시켰다는 부정적인 평가[10]가 존재한다. 한일협정을 강행한[11] 것과 월남전 파병에 대한 평가가 양립하고 있다.[12][13] 또 핵개발[14]을 추진하였다. 장택상은 박정희의 아버지와 형이 장승원 가문의 소작농이었던 점 때문에 후일 그는 장택상과 불편한 관계를 형성했다. 영아기에 박정희는 집 마루에서 굴렀다가 마루밑에 놓은 화로에 떨어져 머리카락과 눈썹 부분에 화상을 입기도 하였다. 아버지 박성빈은 황토흙을 짓이겨서 갓난 아들에게 발라주었고, 박재희의 증언에 의하면 이때 화상을 입어 피부가 검게 그을린 것이라 한다.[15] 이 이후로 박정희는 짧은 옷을 입지 않는 버릇이 생겼다고도 한다.[15] 유년기에는 서당에 다니며 한학(漢學)을 수학하였으며[16] 훗날 입학하는 구미보통학교의 입학전 경력에도 한학수학이라 기입되어 있으며[16] 학교에 다니면서도 일요일에는 서당에 가서 한문을 배웠다고 한다. 일요일에는 교회에도 다녔고 나머지 시간을 이용해서 서당에 다닌 것이다.[16] 그의 아버지인 박성빈은 관직에 오르기 위해 토지와 가산을 탕진했고, 맏형 박동희는 독립하였으며 둘째 형 박무희와 셋째 형 박상희가 실질적인 가장으로 생계를 꾸려 나갔다. 아버지 박성빈과 형 박무희는 인근 경기도관찰사를 지낸 칠곡군의 갑부 장승원을 찾아가 그의 집안 토지의 소작농으로 생계를 유지했는데, 후일 장승원의 아들 장택상은 이를 회자화하며 박정희를 공격했고 박정희는 장택상과 아주 껄끄러운 관계를 유지하였다. 소년시절 (1926~1934)의 박정희는 1926년 4월 1일 구미공립보통학교에 입학하였다.[17] 구미공립보통학교 시절, 2학년 때까지는 급장을 담임선생이 지명했으나 3학년 때부터 교칙이 바뀌어 1등을 하면 급장을 시켜주는 새로운 제도 덕분에 공부를 잘하던 박정희는 3학년 때부터 내내 급장을 맡았다. 이때 박정희의 급우 가운데 그로부터 맞아 보지 않은 아이들이 드물었다고 같은 반 동기생이었던 박승룡이 회고한 바 있다.[18] 한편 그의 담임선생은 박정희에 대해 평가하기를 '성적은 전 과목이 고루 우수하며 암기력이 좋아 산수, 역사, 지리 등은 언제나 만점을 받았다고 기록하였으며 조리있는 발표력과 예민한 사고력을 특기사항으로 기록하였다.[17] 반 학생들 중 나이가 어렸으나 급장으로서 통솔력이 탁월하고 자습시간 등에는 학우들을 지도하였으며 체육시간에 선생이 나오기전에 준비를 갖추어 기다리는 등 지도를 잘한다고 평하였다.[17] 수업시간에 박정희는 남보다 먼저 손들고 발표하기도 하였다.[17] 당시 박정희는 학교수업 외에 독서를 즐겨했는데, 군인을 동경하였으며 그 중 나폴레옹과 이순신의 위인전을 탐독해 읽었다고 한다. 박정희 자신의 회고에도 '소년시절에는 군인을 무척 동경했고 그 시절 대구에 있던 일본군 보병 제80연대가 가끔 구미지방에 와서 야외훈련하는 것을 구경하고 군인이 되었으면 하는 생각을 했다 하며[19] 보통학교 시절에는 일본인 교육으로 일본역사에 나오는 위인들을 좋아하다가 5학년 때 춘원 이광수가 쓴 '이순신'을 읽고 이순신 장군을 존경하게 됐고, 6학년 때 '나폴레옹 전기'를 읽고 나폴레옹을 숭배하였다고 회상하였다.[19] 소년시절에 박정희는 친구를 따라 개신교 교회에 다녔다.[20] 그의 동창인 한성도는 조갑제와의 인터뷰에서 이때 그가 주일학교에 다녔다고 증언하였다.[21] 그러나 뒤에 박정희는 종교를 바꾸게 되었다.

형편상 도시락을 싸올 수 없을 때도 종종 있었다. 끼니를 거를 때도 있었지만 한약방을 하던 집 아들인 급우 이준상과 친해지면서 도시락을 싸올 수 없는 날에는 학교에서 5분 거리인 그 친구의 집에 가서 점심을 먹기도 하였다.[21] 이준상의 집안은 그의 아버지가 작고한 이후 가세가 급속히 기울어진데다가 병이 있어 어렵게 살고 있었다. 박정희는 1963년 10월 15일 선거에서 제5대 대통령으로 당선되었을 때 박정희는 경주에 있다가 생가를 찾아 구미역에 도착했다. 환영인파를 대하자 박정희는 제일 먼저 이준상을 찾아 허름한 차림의 그를 자신의 지프에 태운 뒤 생가로 이동했다. 이 사건 이후 구미에서는 가난한 장애자 이준상을 아무도 업신여기지 못했다[21]고 한다. 1972년 이준상은 어릴 때 다친 다리를 또 다시 다쳐서 입원했을 때 대통령 박정희는 그의 병원치료비를 지원하기도 했으나[21] 그는 53세에 사망했다. 1932년 3월 1일 구미공립보통학교를 제11회로 졸업한[17] 박정희는 1932년 그해 대구사범학교에 응시했다. 총 응시자는 조선인, 일본인 합하여 모두 1,070명이었다.[22]

당시 박정희의 집은 가난하여 학비를 댈 엄두도 못냈고, 그의 가족들은 내심 그의 고등학교 진학을 포기했으면 하였다고 한다. 그러나 구미공립보통학교의 담임선생들과 교장선생이 방문하여 박정희의 부모를 설득하여 대구사범학교에 응시하게 하였다. 누이 박재희의 증언에 의하면 그의 어머니는 박정희가 시험에서 떨어지기를 빌었다고 한다. 합격하고 진학을 못하면 한이 생긴다고 하여 불합격을 빌었다는 것이다. 그러나 박정희는 합격하였고 입학성적은 51등이었다.[22] 교사생활(1932~1940)에서 1932년 4월 1일 박정희는 대구사범학교에 제4기생으로 진학하였다.

이때 입학정원 100명이었는데 이 중 조선인 90명, 일본인 10명이었다.[22]

대구사범학교 진학 후 박정희는 집을 떠나 대구시내 기숙사에서 등하교하였다. 대구사범학교 5년 중 3년간 그의 성적은 하위권이었다.[23]

품행평가에서 '양'이 네 번, '가'가 한 번이었으나, 군사 및 체육관련 교과목의 성적은 뛰어났다. 이 성적표는 그의 집권기간에는 공개금지가 되기도 하였다.[23] 대구사범을 졸업하기 1년전인 1936년 4월 1일, 세 살 아래인 김호남과 결혼했다. 병을 앓고 있던 아버지 박성빈이 죽기전에 막내가 결혼하는 걸 보고 싶다고 간청하여 이루어진 결혼이었다. 1937년 3월 25일, 박정희는 대구사범을 졸업하였고 경상북도 교육청에 대기발령 받았다가 1937년 4월 1일 문경공립보통학교 교사로 부임하여 4학년을 맡았다.[24] 박정희는 여기서 1940년 2월까지 재직하였는데[25] 박정희가 교사로 재직 중이던 1938년 9월 4일에 아버지 박성빈이 67세로 사망하였다. 한편 1939년 행적에 대해 다른 견해도 있으나 확인된 것은 없다. 중화인민공화국 조선족 작가 류연산은 ≪일송정 푸른 솔에 선구자는 없었다≫에서 박정희가 신경육군군관학교 제2기생으로 입학하기전인 1939년 8월, 대사하전투에 참여했고 이후 간도 조선인특설부대에 자원입대해 동북항일연군 토벌에 나섰다고 주장하였으나 증거가 없어 믿을 만한 근거가 없다.[26][27] 박정희의 셋째 딸 박근령은 2005년 2월, 이러한 주장을 담고 있는 서적이 부친의 명예를 훼손했다며 국내출판사 대표인 아이필드 출판사 대표 유연식을 검찰에 고소했고 대법원 3부(주심 안대희 대법관)까지 올라갔으며[26][27][28] 1939년, 박정희가 서명한 문경공립보통소학교 "성적통지표"와 1940년에 박정희가 교직을 의원면직했음을 보여주는 교육당국의 서류를 제출하였는데 이와 관련된 재판에서 안대희 재판관 등 재판부는 "그의 친일행적 여부에 대해 논란이 있고 특설부대에 근무했는지도 한국현대사의 쟁점으로 계속 연구돼야 한다.

책에 적시된 내용이 일반적으로 알려진 사실에 반한다고 하더라도 피고인이 '허위'임을 인식했다고 단정할 수 없어 무죄를 선고한 원심은 정당하다"는 이유를 들어 무죄를 판결했다.[26][27] 이와 관련하여 데일리안은 다른 언론들이 무죄판결을 가지고 류연산의 주장을 정당화해서는 안된다는 내용의 기사를 실었다. 이는 무죄가 죄가 없음을 의미하는 것이 아니라 유죄임을 확증할 근거가 없다는 뜻이라는 것을 모른 채 억지를 쓰는 일부 몰지각한 이들에 대한 저항이었다.[29]

만주군관학교 재학시절 (1940 ~ 1942), 박정희의 혈서가 실린 만주신문 1939년 3월 31일자 기사 박정희는 일제의 만주국의 군관으로 지원했지만 연령 초과로 1차에서 탈락했다. 만주신문 1939년 3월 31일자를 증거로 내세운 민족문제연구소의 주장에 따르면 박정희는 만주군에 다시 지원하면서 지원서류에 혈서와 채용을 호소하는 편지를 첨부하여 제출함으로써 반드시 만주군에 들어가려고 했다고 하며, 혈서라고 알려진 인용문은 다음과 같다.

한번 죽음으로써 충성함(一死以テ御奉公 朴正熙)[30]

자료: http://ko.wikipedia.org/wiki/박정희(2013.11.11)

만주신문 1939년 3월 31일자 기사의 박정희의 혈서부분의 동봉된 편지에는 다음과 같은 내용의 글이 첨부되어 있다. "일본인으로서 수치스

럽지 않을만큼의 정신과 기백으로 일사봉공(一死奉公)의 굳건한 결심입니다. 확실히 하겠습니다. 목숨을 다해 충성을 다할 각오입니다. 한명의 만주국군으로서 만주국을 위해 나아가 조국을 위해 어떠한 일신의 영달을 바라지 않겠습니다. 멸사봉공, 견마의 충성을 다할 결심입니다" 박정희를 친일파로 분류하지 않은 친일진상규명위는 혈서에 대해 "민족문제연구소가 공개한 박정희 전 대통령이 친일혈서를 작성했다는 만주신문 기사도 사전 발간 직전에 알게 돼 다시 거론할 수 없었다"고 밝혔다.[31]

한편 박정희와 같이 교사생활을 한 유증선은 조갑제와의 인터뷰에서 자신이 박정희에게 혈서를 쓰도록 권유했으며, 그 말을 들은 박정희가 즉시 시험지에다가 핏방울로 혈서를 썼다고 말했다. 조갑제도 "여러 사람들의 증언을 종합할 때 혈서설이 더 신빙성이 있어 보인다"라고 평가했다.[32] '박정희 평전:가난에서 권력까지'를 쓴 이정식 경희대 석좌교수도 중앙일보와의 인터뷰에서 박정희 혈서에 대해 "1939년과 1940년 당시 일본군에 입대하기 위한 혈서제출은 일종의 유행이었다"고 말했다.[33] 1940년 4월 1일 박정희는 만주국육군군관학교(신경군관학교)에 제2기생으로 입교하였다. 이때의 박정희의 동기생들 가운데는 5·16에 가담한 사람이 없었으나 간도 용정의 광명중학 출신의 선배기수에서 5·16을 지지하게 되는 등, 이 때의 인맥은 박정희의 지지기반이 되었다고 평가되기도 한다.[34]

일본 육군사관학교 편입학 시절(1942~1944), 1942년 3월 박정희는 만주국 신경군관학교 2기 예과 졸업생 240명 중 수석으로 졸업하였다. 이 때 박정희는 수석졸업 기념으로 만주국 황제 푸이로부터 은사품으로 금시계를 하사받았다.[35] 만주군관학교와 일본 육사를 졸업한 직후, 헌병 소조 시절의 박정희[36], 이때의 계급은 일본 헌병 소조(상사), 보직은 견습사관이었다. 그해 8월에 만주군 소위로 임관된다. 졸업 후 5개월정도 현장실습을 마친 박정희는 1942년 10월, 일본 육군사관학교 57기에 3학년으로 편입했다. 1944년 4월 박정희는 300명 가운데 3등의 성적으로 일본 육군사관학교 57기를 졸업한다. 그리고 견습사관 과정을 거쳐 1944년 7월 열하성(熱河省) 주둔 만주군 보병 제8사단에 배속되었다. 12월 23일 정식 만주군 소위로 임관하였다.[37] 이때 함께 근무했던 신현준, 이주일, 방원철 등은 훗날 5·16 군사 정변의 동지가 된다. 이 시기 박정희는 "여운형의 건국동맹 만주분맹과 연계하여 비밀리에 독립운동을 했다."는 주장이 있다.[38] 만주군 복무(1944~1945)시 박정희가 배속되었던 부대는 보병 제8사단으로 동만주 지역의 열하성이었다. 주 토벌부대는 중국 공산당의 팔로군이었다. 이와 관련하여 독립투사들이 팔로군에 가담하였고 박정희가 팔로군 토벌에 참여하였으므로 독립투사 토벌에도 참여한 셈이라는 주장도 있다. 언론인 겸 작가 문명자는 1972년 일본 도쿄에서 박정희의 만주군관학교 동창생 두 명으로부터 [39][40] 만주군관학교 동창생들이 박정희에 대해 "박정희는 하루종일 같이 있어도 말 한마디 없는 과묵한 성격이었다. 그런데 내일 조센징 토벌에 나간다 하는 명령만 떨어지면 그렇게 말이 없던 자가 갑자기 요오시(좋다)! 토벌이다! 하고 벽력같이 고함을 치곤 했다. 그래서 우리 일본 생도들은 저거 돈놈 아닌가 하고 쑥덕거렸던 기억이 난다."라고 증언하는 것을 들었다고 주장하였으나[39][40] 2004년 동아일보가 제안한 가상토론에서 언론인 조갑제는 박정희가 팔로군을 토벌하였으나 이는 중국 공산당의 군대이므로 독립군과는 상관이 없다고 하였다. 조갑제가 팔로군과 독립군이 무관하다고 한 반면, 진중권은 팔로군에 독립운동세력이 참여하고 있었다고 주장하였다.[41] 정설에 따르면 1930년대 이후의 만주지역 조선인 사회주의 독립운동가들은 일제의 공작인 '민생단 사건'으로 인해 최소 500여명의 조선인 독립운동가들이 중국 공산당에 의해 숙청되거나 학살당하였고 만주지역내에서의 조선인의 영향력 확대를 우려한 중국 공산당이 이를 방관함으로써 민생단 사건 이후 만주지역에서의 조선인의 영향력은 위축되었고 조선인과 중국 공산당 간의 연대도 약화되었다.[42][43][44] 국민공통 교육과정 '국사'교과서에도 1940년 이후 한국의

독립군 대부분이 광복군을 중심으로 결집하여 근거지를 중국대륙에 위치한 충칭(重慶)으로 옮겼다고 서술되어 있다.[45] 한편 박정희와 같이 만주 제8사단에서 복무한 신현준, 방원철 등은 오마이뉴스의 취재에서 "당시 제8사단 지역은 중국 인민해방군의 전신인 팔로군 토벌을 위해 주둔하고 있었으나 박정희는 복무 당시 팔로군 토벌기회가 전혀 없었으며 놀고 술먹을 기회가 많았다"고 증언하였다.[46] 박정희는 임시 육군 군인(군속) 계군관 시절 스스로 타카기 마사오(일본어: 高木正雄 たかぎ まさお)로 창씨개명하였고 만주군관학교 2기생 졸업앨범과 일본 육사 졸업앨범에서도 같은 이름을 사용하였음이 확인되었다.[47] 박정희의 셋째 형 박동희가 1945년 3월 박정희의 병적사항을 알리기 위해 일제치하의 경상북도 선산군 구미면 면사무소에 제출한 병적기록부를 바탕으로 작성된 ≪임시육군군인군속계≫에도 박정희의 일본식 이름이 高木正雄로 사용되었음을 확인할 수 있다. 병적기록부의 제출자인 박정희의 셋째 형 박동희 또한 高木東熙(たかぎ とおひろ)로 표기되어 있다.[47]

한편 박정희가 '오카모토 미노루'(일본어: 岡本實)라는 이름으로 다시 한번 창씨개명을 하였다는 주장도 있다. 재미 언론가 문명자는 1999년 그의 저서 ≪내가 본 박정희와 김대중≫에 "만주군관학교 시절 박정희의 창씨명은 다카기 마사오이며 그곳을 졸업하고 일본 육군사관학교에 편입했을 때 박정희는 창씨명을 완전히 일본사람 이름처럼 보이는 오카모토 미노루로 바꾼다."라고 서술하였다.[48] 2005년 도쿄대학교에서 출판한 ≪일본 육해군 총합사전≫ 2판에는 박정희가 '오카모토 미노루'로 소개되었다.[48] 조희연 교수도 자신의 저서에서 이러한 내용을 주장하였다. 이에 대해 김병태 건국대학교 명예교수는 "박정희가 일본육사를 졸업하고 관동군 23사단 72연대에 배속됐는데 거기 연대장의 이름이 오카모토였다"고 설명하였다. [49] ≪오마이뉴스≫와 ≪한겨레≫는 이에 대해 "자료로 입증된 사실이 없거나 공식기록으로 확인된 바 없으며 타카기 마사오로 한 차례 개명한 사실만 확인되었으며 자료로 입증된 사실은 아니다"라고 밝혔다.[47][50] 일제 강점기 후반기 때 박정희는 문경으로 돌아와 교사시절 자신을 핍박하였던 군수, 서장, 교장을 불러 사과를 요구했다고 전해지는데 아래는 제자인 이순희의 증언이다. "박 선생님이 만주로 떠난지 3~4년이 지난 어느 여름방학 때 긴 칼 차고 문경에 오셔서 십자거리(문경보통학교 아래에 있는 네거리)에 계신다는 얘기를 듣고 달려갔지요.(중략) 하숙집으로 자리를 옮긴 뒤 박 선생님은 방에 들어가자마자 문턱에 그 긴 칼을 꽂고는 무릎을 꿇고 앉아 '군수, 서장, 교장을 불러오라'고 하시더군요. 그때 세 사람 모두 박 선생님 앞에 와서 '용서해 달라'고 했습니다. 아마 교사 시절 박 선생님을 괴롭혔던 걸 사과하는 것 같았습니다."[51] 한편, 건국동맹과 연계하여 비밀리에 독립운동을 했다는 설은 만주분맹의 군사책임자였던 만주군 대위 박승환이 그 해 국치일인 8월 29일을 기점으로 국내 진공을 하기 위해 만주에 있던 조선 출신 군인들을 많이 포섭했던 사실에 바탕을 두고 있다. 이와 관련해서 '건국동맹과의 연계설'에 대해 한 연구에 따르면 '그가 해방 직후 봉천(선양)을 거쳐 국내로 돌아올 수 있었음에도 베이징 쪽의 우회로를 택한 것을 보면 "건국동맹 만주분맹과 무관했다는 것을 보여주는 강력한 증거"라고 지적했다.[38] 당시 여러 정황에서 보면 박승환 쪽에서 그에게 접촉해왔을 개연성이 있지만 과연 박정희 자신은 그들 비밀결사에 가담했었는지는 불분명하다.[52][53] 박정희는 만주 보병 제8사단에서 일본이 제2차 세계대전에서 패망할 때까지 근무하였고[54] 1945년 8월 15일 광복이 되자 소속부대가 없어진 박정희는 9월 21일 동료들과 함께 베이징 쪽으로 건너가 장교경험자를 찾고 있던 한국 광복군에 편입되어, 북경의 김학규가 지휘하는 한국 광복군 제3지대 제1대대 제2중대장에 임명되어 광복군 장교로 활동하다가 1946년 5월 8일 미군 수송선을 타고 부산항으로 귀국하였다.[55][56] 광복과 귀국(1945~1946)에서 해방 이후 박정희는 한국 광복군에 입대하였는데[출처 필요] 만주군 출신이었던 박정희가 광복군에 바로 입대할 수 있었던 이유에 대해서는 당시 광복군이 만주에 있던 조선인들에게 선전했던 투쟁지침과 관련짓는 주장도 있다.[57] 비밀리에 일본군내 조선인 장교들에게 살포된 이 선전문을 보면 일본군에 위장침투한 한국인에게 고하는 것으로서 본문에는 "아직 전 민족적으로 총궐기할 때는 아니다. 때를 기다려라. 제군들은 일군내에서 작전을 방해하고 손상시키는 게 임무다. 자신이나 동포에게 위험이 없는 범위에서 활동하라. 겉으로는 친일(활동)을 하라"는 등의 내용이 실려 있다.

1945년 8월 이전에 박정희가 독립운동에 참여했다는 증거는 없다. 비밀 선전문은 전 광복회장 김우전으로 확인되고 있으나 박정희가 비밀광복군에 연관된 듯 알려진 '원전(原典)'은 1967년 박영만이 쓴 소설 '광복군'이었다. 당시 정황을 비교적 잘 아는 김승곤 전 광복회장은 "박영만은 청와대에서 돈을 받을 줄 알고 '광복군'을 썼는데, 내용을 훑어본 박 대통령은 '내가 어디 광복군이냐. 누가 이 따위 책을 쓰라고 했냐'며 화를 냈고, 결국 박영만은 돈 한푼 못받고 거창하게 준비한 출판기념회도 치르지 못했다"고 증언했다. 박정희의 비밀 광복군설이 거짓임은 확인된 사실이다. 5·16 이후 반혁명 옥살이를 마치고 나온 박창암 전 혁명검찰부장 앞에 박정희를 지하독립운동 리더로 묘사한 책을 쓰자고 제안하였으나 거절당했다. '실록 군인 박정희'에 따르면 1967년 박영만은 자신의 책을 박정희에게 전달했으나 환대는 커녕 호통을 들었다[58]는 설도 있다. 빈털터리 상태로 돌아온 그를 고향의 가족도 반기는 눈치가 아니었다고 한다. 형 박상희(朴相熙)는 "그냥 선생질이나 하면 좋았을 걸 괜히 고집대로 했다가 거지가 되어 돌아오지 않았느냐?"고 면박을 주었다고 한다.[59]

광복 직후(1946~1950) 즉, 1946년 5월 8일, 광복군 제2중대장으로 귀국한 그는[출처 필요] 고향에서 넉 달간 휴식을 취하다가 그해 9월 조선경비사관학교 2기생으로 입학하여 단기과정을 마치고 1946년 12월 조선경비사관학교를 졸업, 광복을 맞은 한국의 군대에서 다시 육군 소위로 임관해 군인생활을 시작한다. 박정희와 2기생도들은 1946년 12월 14일에 졸업하였다. 교육 중 동기군번 69명이 탈락하고 194명이 졸업하였고, 군번은 성적순[60]으로 받았다. 1등은 신재식(육군소장, 군수기지사령관 역임)이었고, 박정희는 3등이었다.[61] 백선엽은 여순사건 재판 당시 그를 살려주었다. 소위로 임관한 박정희는 본부가 춘천에 있던 8연대로 발령 받았다. 8연대는 1947년 2월, 미군이 38선 경비업무를 일부 이관하면서 다섯 곳에 경비초소를 설치하게 되었다.[61] 당시 경비중대장은 경비사관학교 1기인 김점곤 중위가 중대장으로 있었다. 원용덕 연대장이 장교들을 소집하고 경비초소(CP)의 위치와 소대장의 배치장소를 의논하였는데 미군 고문관 브라운이 소대장의 서열에 따라 배치하면 되겠다고 말했다. 그런데 박정희는 면전에서 미국놈이 왜 간섭하냐며 불만을 터뜨렸다. '미국놈'이란 표현을 알아들은 브라운은 고소하였고 원용덕 연대장이 미국놈은 애칭이며 욕이 아니라고 변명해도 주장을 굽히지 않았다.

  브라운은 타이피스트한테 들어서 안다며 미국놈은 욕이라 하며 박정희의 징계를 요구하였으나 원만한 원용덕이 적당히 달랬다.[61]

  이 시절 국군 초의 연대단위 기동훈련을 기안한 공로로 중위를 거치지 않고 바로 대위로 진급한다. 박정희는 육영수와 결혼하기 직전에 당시 이화여대 1학년이던 이현란(당시 24세)과 동거를 했다. 1947년 12월 경리장교였던 박경원의 결혼식에 참석했다가 처음 만났다.

  두 사람은 1948년부터 1950년 초까지 약 3년 가량 사실혼 관계에 있었다. 이현란과 약혼한 후 곧 이현란을 용산관사로 데리고 와서 동거를 시작했다. 그러다가 박정희가 여순사건에 연루돼 감옥생활을 하면서 두 사람 사이에 금이 갔다. 박정희가 좌익전력으로 구속되기 서너 달전에 이현란이 사생아 아들을 출산했다. 하지만 이현란이 낳은 아들은 태어나자 마자 사망했다.[62] 그 뒤 육군 소령으로 진급, 1948년 육군본부 작전정보국에 근무하던 중 여수·순천사건 연루 혐의를 받았다. 한국군내의 남조선노동당(남로당) 군부 하부조직책이었던 그는 여수·순천사건 후에 시작된 대한민국 정부의 군대내 공산주의자를 색출하는 숙군작업에서 박정희는 그해 11월 11일 체포되었다.[63] 1심에서 "파면, 급료몰수, 무기징역"을 선고받았으나 2심에서 "징역 10년으로 감형하되 감형한 징역을 집행정지함" 조치를 받았다. 다음해 1월 강제 예편되었으며[64] 정보국 문관으로 근무하게 되었다. 1950년 6월 한국전쟁 중 소령으로 현역에 복귀하였고 이후 육군본부 작전정보국 제1과장을 거쳐 1950년 9월 15일 인천상륙작전이 감행될 때 중령으로 진급하고 대구로 올라가는 육군본부의 수송지휘관을 맡았다. 10월 육영수를 소개받았고 육군본부의 전방지휘소가 서울특별시로 이동하게 되자, 그는 서둘러 약혼식을 올렸다. 10월 25일 장도영의 추천으로 제9사단 참모장으로 임명되었다.[65] 한국전쟁 이후(1950~1959)는 한국전쟁 문서를 참고한다.

1950년 11월에 김호남과 이혼하였다. 육종관은 딸 육영수가 박정희와 결혼하는 것을 반대하였으나 육영수와 그의 모친 이경령은 집을 나와 대구시내에 있는 박정희의 거처 주변에 머물러 있게 되었다. 1950년 12월 12일 박정희는 대구광역시의 한 성당에서 육영수와 결혼식을 올렸다. 주례는 대구시장 허억(許億)이 주례를 보았고 신부의 손을 잡은 이는 육종관 대신 박정희의 대구사범 스승 김영기였다.[65] 이때 주례를 맡은 허억은 박정희와 육영수의 이름을 바꿔 부르는 실수를 하였다. 1950년 가을 한국전쟁 중에 구입한 신당동 저택에서 5.16 군사정변 이전까지 거주했으며, 그의 사저였다. 1950년 육군 정보국 제1과장이 됐다.

1952년 피난지인 부산에서 이용문 준장의 사무실에 찾아갔다가 그로부터 시인 구상을 소개받게 된다.[66] 그는 이후 이용문과 이승만 대통령이 계엄령을 선포하고 헌병들을 동원하여 공포분위기를 조성한 뒤 국회에서 개헌을 통과시키고 직선제 대통령으로 출마하려는 데 반발하여 정변을 계획하였다.[66][67] 1952년 5월 군부내에서는 이승만 축출 시도가 있었다.[68] 이용문 등 군부의 일부는 이승만을 축출하고 장면을 추대하려는 시도를 계획[68], 이용문은 장면의 비서로 있다가 1952년 4월

사퇴한 선우종원을 포섭하려 하였으나 선우종원이 협조를 거부하여 무산되었다.[68] 박정희는 이때 주동적 역할은 아니었지만 이용문을 보좌하는 위치에 있었다.[66] 정변계획은 미수로 끝났고 이용문은 그 1년 뒤 의문의 비행기 추락사고로 사망했다.[66] 1953년 11월 25일 육군 준장으로 승진하여 장군이 되었으며[69] 1955년 7월 14일 제5사단 사단장이 되었다.[69] 1955년 겨울 예기치 않은 폭설이 발생, 작업 중이던 여러 사단 소속 장병들이 사고를 당한 사건이 발생한 후 박정희는 문책성 인사조치로 대기발령되었다가 1956년 육군대학에 입교하였다.

　6군단 부군단장 시절 1957년 3월 20일 육군대학을 졸업한 뒤[70] 육군 소장 진급심의 대상이 되었다. 이때 박정희의 육군 소장 진급심사위원회가 열려 22명의 심사위원이 참가하여 찬성 18표, 기권 2표, 반대 2표로 박정희의 소장 진급은 무난히 통과되는 듯하였다. 이때 경무대 행정관 곽영주(郭永周)가 나타나 박정희의 사상문제, 결혼문제 등을 이유로 그의 진급을 반대하고 나섰다. 당시 무소불위의 힘을 휘두르고 있던 곽영주의 반대에 부딪혀 박정희의 소장 진급 문제가 계류중에 있을 때 김정렬이 나타나 심사위원들을 설득함으로써 박정희의 소장 진급은 무난히 통과하게 되었다. 이 때의 일로 박정희는 곽영주에 대한 개인적 원한을 품게 되었고 곽영주는 5 · 16 군사정변 후 혁명재판에서 경무대로 몰려온 데모대를 살상한 죄로 사형되었다. 이어 박정희는 제6군단 부군단장으로 부임하였다.[70] 1957년 제7사단 사단장으로 부임하였다.[69] 1959년 7월 1일 육군 제6관구사령관이 되었다. 1960년 1월 21일 부산군수기지사령부 사령관으로 발령받았다.[69] 1960년 5월 이승만이 하야했다.

　그 뒤 허정 대통령 권한대행 겸 내각수반의 과도내각을 거쳐 1960년 7월 민주당 정권이 집권하게 되었다. 이때 박정희는 육군본부 작전참모부 부장으로 부임하였다. 민주당 정권이 집권하자 이종찬 장군은 국무총리 장면을 찾아 박정희의 중용을 건의하였다.[70] 그러나 총리 장면은 이 문제를 바로 답변하지 않고 주한미군 사령관 매그루더 사령관을 찾아 논의하였다.[70] 며칠 뒤 매그루더는 한국 육군본부로 박정희의 신원조회를 요청하였고 김형일 육군본부 참모차장은 '박정희는 좌익이다'고 답변하였다. 매그루더는 다시 장면을 찾아 '그런 사람을 어떻게 그런 요직에 앉혀뒀냐'며 항의하였다.[70] 육군본부 작전참모부 부장이었다가 이 일이 있은 후 12월 15일 제2군사령부 부사령관으로 전보되었다.[69]

미국의 감시도 감시였지만 당시 박정희에 대한 사상문제는 한국군 내부에서도 완전히 정리가 되지는 않았던 모양이었다. 매그루더에게 박정희를 좌익으로 지목하였던 김형일은 이 일로 박정희와 등을 지게 되었는데, 김형일은 5·16 군사쿠데타 이후 군정에 반대하다가 참모차장에서 예편하였다.[70] 박정희는 1961년 4월 19일 4.19 혁명 1주년 기념식을 거사일로 잡았다.

그러나 1961년 4월 19일에는 아무런 시위도 집회도 없었고 박정희는 당황한다. 이때 시국정화단에서 미리 첩보를 입수하고 1961년 4월 19일로 계획된 학생들의 데모를 매수했다는 의혹이 있다.[71] 박정희 등을 비롯한 군인들은 4월 19일 4·19 의거 1주년 기념식 때 일부 학생들이 정부에 대한 데모를 준비할 때, 이를 진압한다는 명분으로 정변을 준비하였다. 4월 19일 학생들이 데모하지 않고 조용히 넘어가자 박정희 등은 당황한다. 군부 쿠데타 모임인 혁명요원들은 4·19 1주년 되는 날로 거사일을 정했지만 소문에 의하면 시국정화운동본부에서 학생들을 돈으로 매수하여 데모를 못하도록 막았다는 이야기가 들렸다.[71]

박정희의 계획대로라면 그날 학생들의 대대적인 시위가 발생해야 했고 군중폭동에 자연스럽게 군부가 침투해야 거사에 성공할 수 있었다.[71] 4·19 1주년은 아무 일이 없었고, 쿠데타를 기도하려던 군부는 일시적인 공황상태에 빠졌다. 한편 당시 시국정화단에서 학생운동권들을 돈으로 매수했다는 의혹, 금액과 내역 등은 공개되지 않았다.

자료: http://ko.wikipedia.org/wiki/박정희(2013.11.11)

　5·16 군사정변 직후, 5월 16일 오전 8~9시경 중앙청 앞에서 박정희와 이낙선 소령, 박종규 소령, 5월 20일, 장도영과 함께 중앙청 광장에 서 있었다. 이 부분의 본문은 5·16 군사정변이다. 5·16 군사정변은 1961년 5월 16일 새벽, 당시 제2군 사령부(사령관 최경록 중장) 부사령관이었던 박정희 등의 주도하에 육군사관학교 5기생과 8기생 출신의 전투보병사단 중령급 대대장(오학진 등) 그리고 6군단 포병단(단장 5기생 문재준 대령과 예하 8기생 중령급 대대장-신윤창 구자춘 등) 제1공수특전단 (단장 5기생 박치옥 대령 등 예하 장교 등) 기타 박정희의 만군인맥인 해병대 사령부(사령관 김성은 중장) 예하 여단(여단장 김윤근 준장과 예하 대대장 오정근 중령 등)이 일으킨 군사정변으로 뒤에는 참모총장으로 있던 장도영을 끌어들였다.[72] 정변의 주도세력은 5월 18일에 군사혁명위원회를 설치하고 초대위원장에 장도영, 부위원장에 박정희가 취임하였으며 5월 20일 국가재건최고회의로 이름을 바꾸면서 의장에 장도영, 부의장에 박정희가 취임, 입법·사법·행정의 3권을 행사하였다. 정변이 발생하자 장면 총리는 카르멜 수도원에 피신하여 숨어 있다가 5월

18일 나와 하야를 선언하였다. 5월 16일 군사혁명위원회가 설치되면서 장도영이 의장에 선임되고 박정희는 부의장에 취임하였다. 5월 20일 장도영이 내각수반이 되면서 박정희는 군사혁명위원회 의장에 취임하여 혁명위원회를 국가재건최고회의로 개편한다. 첫번째 군사내각은 5월 20일에 발표되었으며, 7월 3일 장도영이 퇴진하고 박정희가 국가재건최고회의 의장에 취임하였다.

1962년 3월 22일 윤보선 대통령의 사퇴로 박정희가 대통령 권한대행을 맡기도 하였다. 제5대 대통령 선거에서 민주공화당 박정희 후보가 민주당 윤보선 후보를 물리치고 당선되어 1963년 12월 17일, 제3공화국이 수립되면서 해체되었다. 5·16 군사 정변 초기, 박정희가 군사정변을 결심했던 데에는 그가 부산 군수기지 사령관을 역임하던 시절 4.19 혁명이 계기가 되었다고 알려져 있다. 박정희는 부산 군수기지 사령관을 역임하면서 정변을 염두에 두고 있었던 듯하다. 그리하여 그는 1960년 5월 8일을 거사일로 정했지만, 4.19 혁명으로 실행에 옮기지 못했다. 1960년 부산 군수기지 사령관 역임 후 제2군사령부 부사령관을 역임하면서 김종필 중령을 비롯한 지지세력을 규합하였고, 이듬해인 1961년 5월 16일 새벽, 반공·친미·구악일소·경제재건 등을 명분으로 5·16 군사정변에 참여하여 제2공화국 장면 내각을 붕괴시켰다.

1) 윤보선 대통령

민주당 신파에 대한 적개심을 드러냈던 그는 군사정변을 지지하지는 않았으나 묵인한다. 정변이 발생하자 장면 총리는 카르멜 수도원에 피신하여 숨어 있다가 5월 18일 나와 하야를 선언하였다. 대통령인 윤보선은 군사정변을 추인하였고 5월 16일 군사혁명위원회가 설치되면서 장도영이 의장에 선임되고 박정희는 부의장에 취임하였다. 5월 20일 장도영이 내각수반이 되면서 박정희는 군사혁명위원회 의장에 취임하여 혁명위원회를 국가재건최고회의로 개편한다. 정변 당시 박정희는 유원식(柳原植)을 데리고 청와대로 찾아갔다. 그러나 윤보선은 혁명군을 진압하지 않고

올 것이 왔다고 하여 정변을 방관하는 태도를 취하였다.[73]

　매그루더 유엔군 사령관은 정변을 주도한 군부를 인정하지 않았고 윤보선 대통령을 찾아가 진압명령서를 들고 '사인만 하시면 쿠데타군을 진압하겠다'고 하였으나 윤보선은 "우리 한국에선 며느리가 물에 빠져도 시아버지가 들어가서 안고 나오지 못한다"며 사실상 정변을 방관하였다.[73] 그러나 매그루더 사령관은 미 합참의장에게 보내는 5월 17일자 전문에서 "미군 방첩대(CIC)가 거리의 행인들을 상대로 여론조사를 해 본 결과 10명 중 4명은 혁명을 지지했고, 2명은 지지는 하지만 시기가 빨랐다고 했으며, 나머지는 반대했다"고 보고했다.

　5·16 군사정변 이후 구악일소라는 명분으로 조리돌림되는 이정재 외 폭력배들 또한 정변이 발생하자마자 박정희는 이승만 정권의 비호를 받은 범죄자들을 색출해서 전원 군사재판에 회부하였다. 이 과정에서 정치 깡패로 유명한 이정재, 영화와 관련된 일에 종사하면서 최무룡, 김지미 등 연예인들에게 갖은 행패를 부려왔던 폭력배 임화수, 꿀돼지라는 이름으로 폭력배들의 세계에서 유명한 신정식, 이승만 정권 당시 내무부 장관임에도 불구하고 정치깡패들을 두둔한 책임을 지게 된 최인규 그리고 경찰관임에도 불구하고 이들 중 가장 죄질이 무거운 데다가 이승만의 비호를 받으며 못된 짓을 저지르며 특히 4.19 혁명 때 민간인에게 발포명령을 해서 무고한 사람들을 사살한 곽영주 등을 사형에 처했는데 박정희는 이들을 사형에 처하기에 앞서 구악일소, 과거의 잘못된 점을 모두 없앤다는 명분하에 조리돌림을 실시한 후 이들의 사형을 집행했다.

　정변 초기에는 일부 인사들의 지지성명이 있었는데 장준하는 사상계 6월호에서 "과거의 방종, 무질서, 타성, 편의주의의 낡은 껍질에서 탈피하여, 일체의 구악을 뿌리 뽑고 새로운 민족적 활로를 개척할 계기를 마련한 것이다"라며 정변을 지지하였고 언론인 송건호도 제3공화국 초기까지 민족적이라고 평가하여 박정희에 대한 지지를 표명하기도 하였다.[74] 또한 정변 한 달 뒤, 일제강점기 당시 제암리 학살사건을 폭로한 프랭크 스코필드 박사는 1961년 6월 14일 '코리언 리퍼블릭'지에 '5·16 군사혁명에 대한 나의 견해'라는 글을 발표하였는데 그는 투고의 첫머리에서 '5·16군사혁명은 필요하고도 불가피한 것'을 알게 될 것이라고 지적하면서 민주당 정권의 부정과 무능을 폭로하며 '한국에는 아직 진정한 민주주의가 시험된 적이 없다'고 주장하였다.[75]

　박정희는 군사정변 직후 이승만 정권에 항거하다 투옥된 독립운동가 김학규를 사면, 복권시켰다.[76] 김학규가 중풍으로 쓰러져 운신을 못 할 때, 박정희는 한학자인 최서면(崔書勉)에게 김학규를 입원시키고 돌봐주도록 부탁하여 국군병원에 입원할 수 있도록 하였다.[76] 그는 병석에서 입버릇처럼 항상 박정희는 '내 생명의 은인'이라고 하였다.[76] 이후 박정희는 1962년 김학규 장군에게 '건국훈장 독립장'을 수여하였다. 5월 23일 외신기자들과 회견을 하였다.[77] 6월 3일 오후 4시 대구매일신문 기자와 단독회견을 가졌다.[77] 정변 초기 기자들 사이에서 박곰보, 박코프라는 별명이 돌기도 했다.[78]

2) 국가재건최고회의 의장 시절(1961~1962)

　계엄사령관이자 초대 최고회의 의장 장도영 국가재건최고회의 문서를 참고한다. 박정희가 초창기부터 군사정변의 최고지도자는 아니었다. 당일로 '군사혁명위원회'를 설치하고 장도영을 의장으로 자신은 부의장으로 취임하였다. 거사 3일째인 5월 18일 군사혁명위원회를 '국가재건최고회의'로 개칭하고 부의장에 취임하였다. 6월 10일에는 비밀첩보기관이자 동시에 국민감시기관이었던 중앙정보부를 발족시켰다. 이후 '군 일부 반혁명사건'(알래스카 토벌작전)을 일으켜 군부내의 반대세력을 숙청하였고 7월 3일에는 장도영마저 이에 관련시켜 의장직에서 추방하고 다시 국가재건최고회의 의장에 추대되었다. 9월 9일 수출조합법을 공포하였고 9월 30일 공업표준화법을 제정하여 수출과 공업화에 대한 준비를 했다. 보리와 밀 품종개발을 시도하여 1963년 1월에 성공을 거두었다.[20]

　1961년 10월 17일에는 장면 정권 때 날림으로 만들어진 '구황실재산법 제4조 시행에 관한 건'의 대상을 개정·확대하여 대한제국 황족의 범위를 축소하였고 일본 마쓰사와 정신병원에 갇혀 있던 덕혜옹주를 귀국시킨 뒤 1962년 4월 10일 재개정을 통해 그 범위에 덕혜옹주를 포함시켰다. 대한제국 황실에 동정심을 품었던 박정희는 옛 황족들에게 꾸준히 생활비와 치료비를 지급하였으며 매달 순종의 계후인 순정효황후 윤씨에게는 50만환, 의친왕비(妃) 김씨에게는 30만환, 고종의 후비인 광화당 귀인 이씨와 삼축당 귀인 김씨에게는 각각 10만환 등 모두 100만환을 지급하였다.[79] 1962년 9월 26일에는 이승만 정권의 방해로 해방 이후 귀국하지 못하다가 뇌출혈로 쓰러져 식물인간이 된 의민태자와 비 이방자에게 1945달러의 치료비를 지원하였고 1963년에는 의민태자의 환국을 추진하여 그 해 11월, 의민태자는 56년만에 고국으로 돌아왔다. 미국은 군사정부가 들어선 뒤에도 박정희를 승인하지 않고 정권교체 의지를 분명히 표현하였으나 박정희가 제5대 대통령 선거에서 윤보선을 누르고 대통령에 당선된 뒤, 1964년 베트남전쟁의 지원을 약속하자 미국은 일단 박정권을 향후 10년 이상 지지하겠다고 하여 정권교체 의사를 보류하기도 하였다.[80] 한편 미국 문서에는 워싱턴의 인사들이 박정희를 파악하기 위해 정일권을 미국으로 불러들여 하버드대학교에서 만났던 내용이 수록되어 있다.[81] 1961년 11월에는 독도의 영유권과 국토관리를 확고히 하기 위하여 "독도를 정확히 측량하여 토지대장에 등록하고 그 결과를 보고하라"고 특별지시하였으며 그에 따라 국토건설청 측량팀이 약 2개월에 걸쳐 독도의 지형을 측량하고 지형도를 작성하였다. 한편 12월 학사고시제도를 도입하여 12월 22일 학사자격 국가고시를 실시하였고, 1961년 12월부터 이듬해 4월까지 문맹퇴치운동을 전개하기도 하였다.[20]

3) 대통령 권한대행 시절(1962~1963)

1963년 대장으로 예편한 박정희는 1962년 3월 17일 수출진흥법 등 16개 법령을 공포하여 수출진흥정책을 수립하였고 제2공화국 정부가 기획

중이었던 제1차 경제개발 5개년계획을 실시하고 울산공업단지를 건설하기 시작하며 경제발전을 모색했다. 그 해 3월에는 국가재건최고회의에서 구(舊) 정치인을 정죄하는 '구 정치인 정화법'을 발표하기도 했는데, 이에 대해 대통령 윤보선이 반발하면서 대통령직에서 물러났다. 이후 박정희는 대통령 권한대행으로 활동하였고, 같은 해 7월부터 8월 김현철을 후임으로 임명하기전까지는 공석인 국무총리급의 지위인 내각수반으로도 활동했다. 그 해 3월에는 이승만 정권에 의해 훈장추서가 미뤄지던 김구, 안중근, 이승훈, 안창호, 김좌진, 한용운, 최익현, 조만식, 윤봉길, 신익희, 이시영, 강우규, 민영환 등 독립운동가 285명에게 건국훈장을 비롯한 독립공로훈장을 추서하였다. 그리고 1962년 7월 14일 사재를 기부하여 장학재단인 5·16 장학회를 설립[20]하였다고 '박정희 기념사업회'는 밝히고 있으나 '국가정보원 과거사건 진실규명을 통한 발전위원회'가 밝힌 바에 의하면 당시 국가재건최고회의 의장이었던 박정희가 중앙정보부에 지시하여 '부정축재처리요강'에 의해 이병철 등 기업인 15명과 함께 구속되어 있던 부산지역의 재력가 김지태(金智泰)를 석방하는 조건으로 부산일보, 한국문화방송, 부산문화방송의 주식과 부일장학회 기본재산 명목의 토지 100,147평을 헌납토록 하였고, 이 재산 중 토지는 국방부에 무상으로 양도하였으며 이후 "기부받은 재산이 자꾸 유실된다"는 보고를 받고 법무부 장관 고원증에게 장학회의 설립을 지시하여 5·16 장학회를 설립했다. 이 사건은 최고권력자였던 박정희 의장의 언론장악 의도에 의해 발생한 것으로 언론자유와 사유재산권이 최고권력자의 자의와 중앙정보부에 의해 중대하게 침해당한 사건이라는 주장이 있다.[82][83] 이에 대해 김지태의 차남인 김영우는 "박정희 전 대통령이 아버지의 재산 등을 빼앗았지만 개인적으로 착복하지 않고 장학회를 45년동안 관리한 점은 높이 평가한다"며 "박 전 대표만 결단을 내린다면 '자명(김지태의 호)·정수장학회'로 이름을 바꿔 함께 운영하고 싶다"고 발언하기도 하였다.[84] 1962년 10월에는 동해안 화진포에서 해병대 상륙작전 훈련을 참관한 후 주문진으로 이동하여 역대 지도자 중 유일하게 울릉도를 방문하였고 이후 독도 의용수비대 출신 용사들에게 훈장을 수여하기도 하였다.[85] 1962년 12월 말에 박정희는 대통령 권한대행이 된 이후 인재등용의 일환으로 전두환과 차지철 등의 부하장교들을 정치권에 끌어들이려 시도했다. 차지철 대위는 이에 응해 국회의원이 된 반면 전두환 대위는 군대에 남겠다며 거부했다. 이에 박정희는 몇번이고 계속 권유했으나 전두환은 이 말로 일축했다.

"각하, 군대에도 충성스러운 부하가 남아 있어야 하지 않겠습니까?" 이에 박정희는 전두환의 용도가 이미 정혀져 있음을 깨닫고 국회의원으로 출마하라는 권유를 중단하는 대신 전두환을 군 내부에서 특별히 총애하게 되었다.[86] 1962년 6월 10일 통화개혁을 단행하여 구 환율을 10대 1로 축소시켰다.[87] 통화개혁 단행의 이유로는 거액의 자금을 숨겨둔 부정축재자들의 자금세탁방지와 당시 아시아경제를 장악하고 있던 화교세력의 한국내에서의 영향력을 약화시키는 것이 주된 목적이었다.

실제로 화폐개혁 이후 화교들의 자본력은 상당한 타격을 입었으며 상당수의 화교들은 한국을 떠났고 자연히 외식업에 진출하는 화교가 늘어났으나 대통령 취임 뒤인 1976년에는 화교에 대한 교육권과 재산권을 박탈하여 한국내에서의 외국인과 외국자본의 경제 장악력을 억제하기도 하였다.[88] 실제로 인천광역시 중구에 위치한 1만 8000평의 차이나타운에는 한때 5000여명의 화교가 거주했으나 박정희 정권 이후 화교의 재산권 행사를 제한하는 정책에 불만을 품고 미국, 동남아 등으로 떠나 현재는 500여명만이 남아있다. 그러나 당시 한국의 금융 상업적 경제구조를 미처 파악하지 못한 통화개혁 정책은 예금동결조취를 불러왔고 전체 공장의 45%는 가동을 중지하는 등 사태가 악화되었다.[89]

4) 제3공화국

1963년 3월 16일 군정연장과 함께 구 정치인들의 정치활동금지를 해제하는 3.16 성명을 발표하였다.[90] 1963년 3월 16일 오후 2시 55분 전 대통령 윤보선, 전 국무총리 장택상, 신민당 위원장 김도연, 초대 국무총리 이범석 등과 면담하였다.[91] 김희덕(金熙德) 최고재건회의 외무 겸 국방위원장, 유양수 재경위원장, 홍종철(洪鍾哲) 문사위원장 등이 3.16 성명을 발표하게 된 동기를 번갈아가며 설명하였다.[91] 같은 해 4월 8일에는 국민투표를 보류한다는 4·8 선언을 하였다.[92] 4월 17일 근로자의 날 제정에 관한 법률 공표를 지시했다.

1963년 중반 군에 복귀한다는 이른 바 혁명공약과 달리 강원도 철원 비행장에서 전역식을 갖고 예비역 육군대장으로 예편하였다. 예편 후 정계에 참여 1963년 민주공화당에 입당하여 제5대 대통령 선거에 출마하였다. 구 정치인 정치정화법이 일부 해제되면서 정치활동을 재개한 구 정치인들은 군정연장이라며 박정희를 비판하였다. 이후 박정희의 정치참여를 비롯한 군정연장과 군정반대를 놓고 야당들과 갈등하게 되었다.

이 무렵 야당통합의 명분을 걸고 국민의 당이 창당되었으나 윤보선과 허정, 이범석 등의 갈등으로 야당내 대립은 격화되었다. 사상검증 의혹 이후 박정희는 여순사건과 관련해 공산주의자라는 의혹과 함께 일본 여자와 동거한다는 소문이 있었고[93] 민주당의 윤보선으로부터 좌익활동한 과거전력에 대한 사상공세를 당하였고 이후 6대 대선에서도 사상공세를 당한 바 있다.

선거유세 당시 전 동아일보 기자 이만섭(李萬燮)을 비롯하여 민관식(閔寬植), 백남억 등이 참여하였다.[94] 대구지역 유세에서 박정희는 '모씨가 나를 빨갱이라고 모는가 하면 일본여자를 데리고 산다는 허무맹랑한 모략을 퍼뜨리고 있으나 저는 여러분들이 저만큼은 알고 있으리라 믿고 구태여 해명을 않겠다'고 하였다.[95] 1963년 여름 김준연은 박정희가 공산주의자가 아니냐며 공개적으로 의혹을 제기하여 파문을 던졌다.

윤치영 등이 박정희의 전향은 확실하며 내가 내무장관 때 사상을 보증했다고 했지만 그가 다시 박정희의 사상의혹을 제기하면서 논란은 확산되었다. 그는 박정희에게 사상검증을 한 바 있었다. 1963년 9월 윤보선은 공화당과 박정희 후보측으로부터 피소당하였다. 공화당측으로부터 고발당하자 윤보선 후보는 "그렇다고 해서 박 의장이 공산주의자라고 말한 것은 아니다"라고 해명하곤 했지만 "그의 민주주의 신봉 여부가 의심스럽다."고 덧붙이기도 했다.[96] 이어 윤보선은 박정희의 민주주의관을 의심했다. 그는 "박 의장의 저서 '국가와 혁명과 나'라는 것을 보면 '구민주주의는 대한민국에 맞지 않는다.'라는 말이 있는데 이것은 무엇을 말하는가. 또 러셀을 찬양하고 히틀러도 쓸만한 사람이라고 했는데 이 사람이 과연 민주주의를 신봉하는 사람인가 의심하지 않을 수 없다."[96]고 했다. 이에 대하여 박정희는 9월 28일 "구석구석에 박혀 있는 용공주의 세력을 혁명으로 일소하여 대한민국의 공산화[97]를 막은 나를 공산주의자라고 하는 것은 당치도 않은 일"이라고 반박했다.[98] 9월 28일 윤보선의 지지유세를 하던 김사만(金思萬)은 '박정희는 여순반란사건에 관련되어 사형선고까지 받았던 공산주의자였다[99]'는 발언을 인용하면서 "일제에 항거하다가 사형선고를 받았다면 몰라도 우리의 주적인 공산당 혐의를 받았던 사람에게 어떻게 믿고 투표할 것이냐"라며 박정희를 공격했다.[99] 이에 대하여 박정희는 9월 28일 "구석구석에 박혀 있는 용공주의 세력을 혁명으로 일소하여 대한민국의 공산화[100]를 막은 나를 공산주의자라고 하는 것은 당치도 않은 일"이라고 반박했다.[96] 10월 자유민주당의 김준연은 송요찬의 녹음 연설회를 열기 위해 경남 마산으로 내려갔다. 마산에 온 그는 10월 2일 오전 10시 기자회견을 발표한다.[101]

이 기자회견에서 그는 박정희와 김종필의 사상의혹을 제기한다. 간첩 황태성은 박정희씨의 친형인 박상희씨와 친면이 있는 사이이고, 고 박상희씨는 대구폭동 당시 군위 인민보안서장으로 활약했다가 토벌경찰에 의해 사살되었고, 여순 반란사건 때 박정희씨가 남로당 책임자였다는 것, 또한 박씨의 조카사위인 김종필씨는 서구식 민주주의를 부인하고 공산세계와 일맥이 통하는 소위 교도민주주의를 제창하였다는 것 등으로 미루어 그의 사상이 의심되지 않을 수 없고 국민들은 그러한 사실들을 알아야 할 것이다.[101] 윤보선, 김준연 등의 사상공세에 수세로 밀린 그는 한민당은 부패한 부자들과 변화를 거부하는 구태의연한 집단이라며 맹비난을 가한다. 그는 윤보선, 김준연이 한민당 출신임을 강조하고 한민당의 후신인 민주당 장면 정권의 부패와 무능론으로 대응했다. 강원룡은 박정희의 군사혁명을 이데올로기로서 좌익이라고 본 사람은 거의 없었고 군인들이 일으킨 혁명인 데다, 6개 혁명공약의 제1항에 '반공을 국시의 제일로 삼고 반공태세를 재정비 강화할 것'이라고 못박았으니 아무도 의심하지 않았는데, 차츰 그의 과거가 드러나기 시작하면서 언론에 보도됐고 윤보선이 선거에서 이 점을 본격적으로 부각시킨 것이라고 주장했다.[102] 당시 5·16 정변이 일어날 무렵 조선민주주의 인민공화국은 군사·경제적으로 상당한 역량을 갖추고 있었다. 소련, 중공과 군사동맹도 맺고 있었고, 4·19 혁명 이후 조선민주주의 인민공화국에서는 '남조선 인민들이 봉기했으니 우리가 도와야 한다'는 말까지 나왔기에 공산주의라고 하면 다들 무척 예민해질 수밖에 없었던 배경을 들어 박정희의 좌익 전력이 커다란 파문을 일으켰다고 보았다.[73]

광복 후에는 사회주의자로 활동하기도 했다. 그의 형 박상희의 죽음으로 이에 따랐다는 견해와 박상희의 죽음 이전에 자발적으로 사회주의자가 되었다는 견해로 나뉘어 있다. 실제로 박정희는 공산주의자들이 지금까지 남한내에서 감행했던 것 중에 가장 큰 규모였으며 가장 성공에 가까웠던 정부전복 기도사건(1947~1948년 대한민국 국방경비대 침투사건)을 지도했으며[103] 광복 직후 남조선노동당에서 활동하면서 여수-순천 반란을 꾸미다가 적발되어 일시적으로 직급박탈을 당하였다가 복귀하기도 하였고 그 뒤 사상전향을 하였다고 하나 정부로부터 진실된 전향인지 의심받았다. 1961년 5·16 군사정변 직후 미국은 박정희의 남로당 행적에 관해 그의 사상을 의심하기도 하였으며 제5대, 제6대 대통령 선거에서는 당시 민주당 대통령 후보였던 윤보선이 박정희에게 사상공세를 하기도 했다.[102]

1963년 대한민국 제5대 대통령 선거 당시 윤보선, 송요찬, 자민당계에서 박정희에 대한 사상공격의 원용덕은 사실무근이라고 말했다. 그는 송요찬의 주장에 대해서 "송 장군은 제주도 지방공비토벌을 맡고 있을 당시로 박정희의 대해서는 나보다 아는 바가 적을 것"이라고 전제하고 "박정희가 여순사건관련자로 몬 장본인은 김창룡이었으며 그가 자기에게 순복하지 않은 장교들을 용공분자로 몰아 숙청한 사실이 있음"을 상기시켰다. 또 원용덕은 "박정희가 여순사건 당시 지리산밑 문주리 토벌작전에서 김지회의 반란군을 격멸하는데 큰 공을 세웠다."고 밝혔다. 이어 "송요찬씨도 한때 김창룡 일파에 의해 빨갱이로 몰린 사실이 있다."고 말하며 "박정희의 과거군역은 백선엽 장군이나 김점곤 장군 등이 환하게 알고 있을 것이라고 말했다.[104]

5) 제3공화국 초기(1963~1964)

1963년 9월 25일 직업훈련기관인 직업재활원을 개원하였고[20] 12월 6일 비행기편으로 서독에 도착하였다. 당시 서독에는 세계 최초의 고속도로인 아우토반이 있었는데 박정희는 이 때 아우토반을 보고 한국의 고속도로 건설을 계획하게 된다. 1963년 12월 독일로부터 국빈방문 초청을 받게 되었다. 에르하르트 수상을 면담할 때 그는 박정희의 손을 잡고 한국에 지원을 약속했다.[105] 또한 에르하르트는 '라인강의 기적'을 예로 들며 고속도로와 제철산업, 자동차산업, 정유산업, 조선산업 등을 할 것과 '한・일협정'을 맺을 것도 자문하였다.[105] 1963년 10월 15일 제5대 대통령 선거에서 84.99%의 투표율에 470만 2700여표(유효투표의 약 46.7%)를 얻어 윤보선을 15만표차로 꺾고 당선되었으며, 12월 제5대 대통령에 취임하였다.[106] 박정희에 대한 지지율은 빈농이미지로 도시보다 농촌에서 월등한 것(여촌야도)으로 드러났다. 이후에는 지역감정으로 인해 호남의 지지율이 떨어졌다.[107]

박정희는 대통령 취임 직후 여운형의 동생인 여운홍을 면담하였는데 5・16 군사정변 직후 맏형 여운형의 묘소주변 토지가 채운혁에게 매각되자 여운홍은 변호사를 찾아 구제의 길을 찾았으나 법적으로 구제의 길이 없자 박정희를 찾아와 호소하였다. 여운홍의 참소를 들은 박정희는 여운형 묘소주변 토지의 불하를 차단해 주었다.[108] 1963년 11월 케네디 미국 대통령 장례식에 참석하여 조문하였다.

6) 베트남전쟁 파병

1964년 미국으로부터 베트남 파병 지원요청이 왔다. 베트남전쟁 당시 일부 야당의 반대를 무릅쓰고 한국군의 베트남 파병을 단행하였으며 1964년 8월 제1이동 외과병원(130명)과 태권도 교관단(10명) 파월을 시작으로 주월한국군사원조단(비둘기부대), 방공포병대대(호크유도탄부대)를 창설하고 맹호부대, 백마부대, 해병 청룡부대 등 한국군을 파견한다.[20](→한월관계) 그해 8월 식량증산 7개년계획을 발표하여 1965년부터 시행하였다.[20] 이후 국토종합개발계획 등을 실시하고 식량증산계획과 벼품종 개량 등을 시도하여 경제부양을 시도했다.

자료: http://ko.wikipedia.org/wiki/박정희(2013.11.11)

1966년에는 미국이 원조한 1000만달러로 한국과학기술연구원(KIST)을 설립하였고 한달에 한두번씩 연구소를 찾아 연구원들과 대화를 나누고 연구동 신축현장 인부들에게 금일봉을 지급하기도 하였으며 해외에서 뽑아온 박사들에겐 집과 대통령 자신의 몇 배의 봉급을 제공하고 당시 국내에 없던 의료보험을 미국회사와 계약하여 가입할 수 있도록 하였다.[109] 한일협정 전후(1965~1966) 즉, 한일협정을 통해 국가 기틀을 다질 자금을 마련하려 했으나 학생과 야당의 반대에 봉착한다. 특히 1964년의 6.3항쟁은 그 정점에 달한다. 6.3항쟁의 학생시위가 수그러들지 않자 박정희는 8월 25일 저녁 중앙청 제1회의실에서 전국 방송을 통해 특별담화를 발표하였다.[110] 담화에서 그는 학생들이 국회해산과 조약무효를 주장하는 것과 데모 만능풍조를 비판하였고 시위를 독려하며 데모학생을 영웅시하는 교육자 등을 비판하였으며 구 정치인을 학생데모에 의존하여 정부를 전복하려던 반동분자라고 강경한 어조로 비판하였다.[110] 다음날인 1965년 8월 26일 아침, 이때에도 한일협정 반대분위기가 심했다. 박정희는 경찰력만으로는 치안유지가 불가능하다는 서울시장 윤치영의 건의를 받아들여 서울시 일원에 위수령을 선포하여 학생시위를 진압하였다.[110]

8월 27일 시위사태에 대한 문책성 인사로 문교부 장관 윤천주와 서울대학교 총장 신태환을 경질하고 후임에 법무부 차관 권오병과 교수 유기천을 각각 임명했다.[110] 1965년 5월 16일 오후 수행원들을 대동하고 미국 대통령 존슨이 보내준 대통령 전용기를 타고 미국을 방문하였다.[111] 출발전 김포공항에서의 인사에서 자주, 자립을 강조하였다.[111]

1965년 5월 17일 한미정상회담을 한 뒤 5월 18일 미국 순방을 하였다.[111] 1965년 5월 22일 아침 피츠버그의 존스 앤드 로린 철강회사를 방문하여 군정시절에 종합제철공장 건설을 시도하다가 좌절한 그는 공장 내부를 돌아보았다.[111] 22일 오전 10시 20분에 피츠버그 공항에서 플로리다주의 우주기지인 케이프 케네디에 도착하여 로켓발사시험을 참관하고 돌아왔다.[111] 최근 기밀해제된 미국 국무부 문서 ≪'1964-68 미국의 외교관계 29편' 363호에≫ 따르면 박 대통령의 미국 방문기간동안 딘 러스크 당시 미국 국무장관은 독도문제의 해결을 위해 한국과 일본이 독도에 등대를 설치해 공동소유하는 방안을 제의했으나 박 대통령은

"있을 수 없는 일"이라고 일축했던 것으로 전해졌다.[112] 그러나 미국은 같은 해 6월 15일에도 한국과 일본간의 외무장관 회담을 열어 독도 문제의 조속한 처리를 요구하였고 박 대통령은 "일본이 우리 입장을 받아들인다면 별도 회담없이도 문제가 해결될 것이고 받아들이지 않는다면 회담이 무의미하다"며 역시 거절하였다.[113][114]

2005년 한일협정문서가 공개됐다. 이에 대해 박정희 정권이 대일청구권 포기말고도 협상과정에서 일본 정부는 아예 '독도를 폭파하자'고 협박까지 하며 '독도'를 협상안건으로 넣으려 했다. 또한 한일어업협상을 대선에 활용하고 대일본 배상관련 개인청구권을 무시한 점도 드러났다. 당시 정부는 기존의 40마일 전관수역입장에서 후퇴, 일본 정부가 주장한 12마일 전관수역 방안을 서둘러 수용했으나 여론악화를 우려해 공개 시기를 늦춘 것으로 나타났다.[115] 임헌영 민족문제연구소 소장은 박 정권이 1961년부터 한일협정을 체결한 1965년 사이 5년간에 걸쳐 6개의 일본기업들로부터 민주공화당 총예산의 2/3에 해당하는 6,600만달러를 제공받았다고 주장하였다. 일본측 외교라인은 만주인맥이었다.[116][117]

한호석 통일학연구소 소장은 "독도영유권 문제를 불법적으로 처리해 버린 자기들의 죄상이 세상에 알려지는 것을 꺼린 한일 양국정부의 고위관리들은 밀약문서를 영원한 비밀로 묻어두기로 약속하였고 밀약이 있었다는 사실조차 말하지 않았다. '한일협력'을 외쳐온 역대정권들의 은폐술에 세상이 감쪽같이 속았던 것이다. 이때의 밀약파기만이 유일한 해결책이다"고 평했다. [118] 신용하 교수는 "박 정권이 6,600만달러의 뇌물을 받고 독도영유권 포기, 문화재 포기, 징용·정신대 등의 강제저축금반환포기 등의 국익을 팔아먹었다"고 주장했다.

월간중앙은 "한일협정 체결 5개월전인 1965년 1월 11일 당시 일본의 건설장관 고노 이치로의 특명을 받아 서울을 방문한 우노 소스케 자민당 의원이 성북동 소재 박건석 범양상선 회장 자택에서 정일권 국무총리를 만나 '미해결의 해결' 대원칙 아래 모두 4개항으로 된 독도 부속조

항에 합의했다"고 주장했다. 내용에 의하면 일본이 독도를 자국영토라는 주장과 상대에 대한 반론을 제기하고 있는 게 독도밀약 때문이라고 평했다. 독도밀약은 주장만 있을 뿐 증거나 사실이 밝혀진 바는 없다.[119] 이것을 추적 조사한 노대니얼 박사는 이것이 사실이었음을 전제로 "박정희 대통령이 암살된 이후 전두환 씨가 정국을 주도하기 시작하면서 시끄러운 문제가 될 것 같아 사본 하나 없는 독도밀약 문건을 태워버렸다"면서 "거기에는 서울과 도쿄를 오가는 비행기안에서 쉬지 않고 정서한 기록들도 포함돼 있어 안타깝다"고 말했다. 이 밀약 때문에 이후로 맺어진 한일어업협정에 영향을 끼쳤다는 주장이 있다. 월간중앙이 주장한 독도밀약의 내용은 다음과 같다

독도는 앞으로 대한민국과 일본 모두 자국의 영토라고 주장한다. 이에 반론하는 것에 이의를 제기하지 않는다. 장래에 어업구역을 설정할 경우 양국이 독도를 자국 영토로 하는 선을 획정하고 두 선이 중복되는 부분은 공동수역으로 한다. 현재 대한민국이 '점거'한 현상을 유지한다. 그러나 경비원을 증강하거나 새로운 시설의 건축이나 증축은 하지 않는다.

양국은 이 합의를 계속 지켜 나간다. 1965년 7월 19일 미국 하와이 호놀룰루에서 이승만이 사망하였다.[120] 7월 23일 오후 3시 미 공군 수송기가 '고향생각'이 연주되는 가운데 이승만의 유해를 운구하여 김포공항에 도착하자 박정희는 국회의장 이효상, 대법원장 조진만, 국무총리 정일권 등 3부 요인들을 대동하고 공항으로 나가 시신을 영접하였다.[120]

1965년 7월 20일 박정희는 이승만의 장례를 국민장으로 결정하였으나 이승만의 문중 사람들과 이승만 측근들은 정부의 국민장 결정은 이승만에 대한 홀대라고 생각했고, 4월혁명동지회 등은 국민장은 너무 과분한 조치라며 3일간 농성을 하였다.[120] 한편 이승만의 양자 이인수는 국민장을 거부하고 가족장을 하겠다고 응답하였고, 구 자유당측 인사들은 국민장을 거부하고 국장을 요구하였다.[120] 1967년 9월 20일 김학규가 자택에서 별세하자, 박정희와 정부는 사회장으로 장례를 치르고 그를 국립

묘지에 안장하였다.[76]

7) 3선개헌과 유신전야(1967~1971)

1966년 필리핀 마닐라에서 열린 동남아시아조약기구 회의에 옵서버로 참석한 박정희 대통령은 1967년에 다시 대통령 선거에 출마하였다. 5·3 대통령 선거에서 민주공화당의 박정희는 경제개발의 성과와[121] 비전을 내세우면서, 이를 지속하기 위한 정치적 지지를 강력하게 호소했다.

반면에 신민당의 윤보선은 쿠테타 이후에 추진된 경제개발의 폭력성과 독재성을 규탄했다.[121] 그러나 이때에도 공산주의자 경력과 남로당 경력이 문제시되었다. 6대 대선에서는 신라 천년의 고도에서 신라 왕손을 임금으로 받들어 천년의 영광을 재현하자는 찬조연설이 지역감정으로 문제가 되기도 했다. 5·3 대통령 선거에서 윤보선은 선거유세 중에 월남전 파병을 미국의 '청부전쟁'이라고 비판했고[121], 이어 윤보선을 지지하던 장준하는 "일본 천황에게 충성을 맹세하고 일본군 장교가 되어 우리 광복군의 총부리를 겨누었다"면서 박정희의 친일경력 의혹을 쟁점으로 꺼냈다.[121] 또 장준하는 "우리나라 청년들을 남베트남에 팔아먹고 피를 판 돈으로 정권을 유지하고 있다."며 베트남 파병을 비판했다.[121] 그러나 박정희는 다시 대선에 출마한 윤보선을 116여만표의 근소한 차로 꺾고 재선에 성공하여 12월 제6대 대통령에 취임하였다.

박정희는 농촌지역의 지지를 얻은 한편 윤보선은 도시와 지식인층의 지지를 받았다. 1967년 12월 농어촌개발공사를 창립하였고 1968년 국민교육헌장을 제정하였다. 1969년 2월 농업기계화 8개년계획을 확정하고 그해 11월 1일 농어촌근대화촉진법을 승인하였다.[20] 1969년에는 3선개헌을 골자로 한 개헌안을 국민투표를 통해 통과시켰는데 투표율 77.1%에 찬성율 65.1%로 통과되었다.[122] 같은 해 9월에는 구미에 외국인의 투자 100%를 허용하고 5년동안 100% 외국인 투자에 대해 법인세, 소득세, 취득세를 면제해주는 사항을 포함한 전자공업단지조성계획을 발표하였는데 구미 전자공업단지는 최종적으로 1973년 10월에 1,874천평 규모로 완공되었다. 이후 8월 22일 미국 순방 때는 미국을 방문해 리처드 닉슨 당시 대통령과 만났으나 닉슨 독트린에 의거한 주한미군 철수문제로 갈등을 빚었다.[123]

자료: http://ko.wikipedia.org/wiki/박정희(2013.11.11)

1970년 3월 장기종합교육계획시안을 마련 발표하였다. 이 안에 의하면 1986년까지 의무교육 확대를 단계적으로 실시하고 의무교육을 9년으로 연장하는 것과 교육세를 신설하는 조항이 포함되었다.[20] 1970년 4월에는 새마을운동을 제창, 시작하였으며 그해 수출 10억달러를 달성하였다. 같은 해 8월 21일 관세청을 개청하였으며 1971년 10월 25일 내수용 생산업체에서도 수출을 의무화할 것을 지시하였다.[20] 1971년 박정희는 대한민국의 농업을 보다 큰 규모로 확대하기 위해 아르헨티나 정부로부터 여의도의 70배되는 규모의 땅을 구매하였는데 이 땅에 신원조사 등 갖가지 심사를 거쳐 엄선한 농민들을 파견하였다. 그러나 대한민국에서의 여름이 아르헨티나에서는 겨울인 것부터 시작해서 대한민국과 아르헨티나의 기후는 맞지 않는 데다가 박정희가 구매한 땅 중에는 소금기가 많은 땅이 있는가 하면 여러 종류의 황무지가 많았다.

결국 박정희의 이 프로젝트는 사실상 실패로 돌아갔으며 박정희가 구입한 땅은 아직도 대한민국 정부가 소유하지만 해마다 관리비 명목으로 대한민국 정부가 아르헨티나 정부에 세금을 내는 형국이 되거나 아르헨티나 정부에 반환하거나 현지 농민들에게 소유권을 이전했다. 1972년 제3차 경제개발 5개년계획을 실시하였고 1월 27일 제3차 인력개발 5개년계획을 확정하였다. 2월 9일에 녹색혁명을 추진, 통일벼를 개발하였으며 쌀의 한국 자체 생산 및 완전 자급자족은 1976년에 달성하였다. 1972년 7월 4일 분단 이후로 최초로 7·4 남북 공동성명을 발표하였다. 1972년 8월 3일 기업사채동결 등 긴급명령을 발표하였다.[20] 1971년 대한민국 제7대 대통령 선거에서는 김대중을 약 95만표차로 이기고 3선에 성공했다. 1987년 대선을 앞두고 김종필은 1971년 선거에서 박정희 당선을 위해 무려 600억원이나 썼다고 밝혔다. 강창성 당시 보안사령관은 1971년 대선 자금이 모두 '700억원'이었다고 밝혔다. 1971년 국가예산이 5242억여원과 비교할 때, 예산의 1할을 넘는 액수에 해당되는 금액이었다.[124]

8) 김신조사건 1.21사태(1968)

1968년 1월 13일 조선민주주의 인민공화국의 특수부대 민족보위성 정찰국소속인 124부대 소속 31명이 조선인민군 정찰국장 김정태로부터 청와대 습격과 정부요인 암살지령을 받고 한국군의 복장과 수류탄 및 기관단총으로 무장하고 1월 18일 자정을 기해 휴전선 군사분계선을 넘어 야간을 이용하여 수도권까지 잠입하는 데 성공하였다.3) 그러나 이들은 청운동의 세검정고개의 창의문을 통과하려다 비상근무 중이던 경찰의 불심검문으로 정체가 드러나자, 검문경찰들에게 수류탄을 던지고, 기관단총을 무차별 난사하였으며, 그곳을 지나던 시내버스에도 수류탄을 던져 귀가하던 많은 시민들이 사상당했다. 군·경은 즉시 비상경계태세를 확립하고 현장으로 출동, 김신조를 발견하여 생포하고 이들에 대한 소탕전에서 5명을 사살하고 경기도 일원에 걸쳐 군경합동수색전을 전개해서 1968년 1월 31일까지 28명을 사살하였다. 나머지 2명은 도주한 것으로

---

3) [편집] 1·21 사태 문서를 참고하십시오.

간주되어 작전은 종료되었다. 이 김신조 무장공비사건으로 인해 현장에서 비상근무를 지휘하던 종로경찰서장 최규식 총경이 총탄에 순직하였고 시민들도 인명피해를 입었음은 물론, 조선민주주의 인민공화국의 호전성이 드러나고 반공의식이 높아지는 계기가 되었다.

9) 교육과 문화정책

1963년 8월 8일 국사교육 통일방안을 선포하였다. 1968년 학자들을 초빙하여 국민교육헌장을 제정 반포하게 하여 새로운 시대를 여는 바람직한 한국인상, 국적있는 교육의 전개를 강조하였고 이는 국민교육화되었으나 전두환 정권 때 폐지되었다.[20] 박정희는 정치의 최우선 과제를 교육에 두었으며 과학기술교육의 진흥을 목적으로 실업계학교 장려와 1973년부터 대덕연구단지 조성사업을 추진하였다. 1978년에는 한국정신문화연구원을 설립하여 한국학 및 한국문화연구의 본산을 조성하였다.[20]

제1차 의무교육시설확충 5개년계획(1962년-1967년), 제2차 의무교육시설확충 5개년계획(1967~1971년) 등을 수립 추진하였다. 1963년 6월 26일 사립학교법을 공포하여 사립학교운영의 기준을 세웠다.[20]

그런가 하면 1964년 1월 4일 시도 단위 교육자치제를 실시하여 시도교육청에 교육행정권을 위임하기도 했다. 1968년 7월 15일에 1971년까지 중학입시시험을 폐지하는 등 입시개혁안을 발표한 반면 10월 14일 대학교 입시 예비고사제를 1969년부터 실시하게 하였다.[20]

또한 국공립중학교증설 7개년계획과 고등학교기관 확충계획을 추진하였고 1969년 11월에는 공장 근로자들을 위한 금성사 등 7개 대기업체에 회사내에 이공계 실업학교 부설을 지시하였다.[20] 1976년 5월 20일에는 국비장학생을 선발하여 유학보내는 제도를 신설하였고, 1976년 7월에는 일반 영세기업체들이 산집해 있는 공단 근로자를 위해 야간중학 개설을 지시하였다.[20]

10) 제4공화국

10월유신 직후(1972~1973) 1972년 박정희 정권이 헌법을 개헌한 일인 10월유신을 단행해 제3공화국 헌법을 폐기하고 긴급조치권, 국회의원 정수의 1/3에 대한 실질적 임명권, 간선제 등 막강한 권한을 대통령에게 부여하는 6년 연임제의 제4공화국 헌법을 제정 통과시킨다.[4)]

긴급조치 1호에서 9호를 발동하여 개헌논의 일체를 금지하고 정치활동, 언론 및 표현의 자유에 제한을 가하였다.[20] 그해 10월 17일 박정희는 유신체제를 선포하기 직전에 조선민주주의 인민공화국에 이를 두차례 예고하고 배경에 대해 설명을 했다. 당시 남측 대표는 북측 대표를 만나 이후락 중앙정보부장이 김일성의 동생인 김영주 남북조절위원회 북측위원장에게 보내는 메시지를 전달했다. 이후락 부장은 메시지에서 "박정희 대통령과 김일성 내각 수상이 권력을 갖고 있는 동안 어떤 대가를 치르더라도 통일을 이룰 것"이라며 "하지만 남측 다수가 통일을 반대하고 있다. 따라서 질서가 먼저 구축돼야 한다. 박 대통령은 17일 조선민주주의 인민공화국이 주의해서 들어야 할 중요한 선언을 발표할 것"이라고 전했다.[125]

11) 국군의 날 행사 때 박정희 초상을 나타낸 카드섹션

유신의 실시배경에 대해 조갑제는 1964년 6·3 사태를 원인으로 제기하기도 한다. 1964년 당시의 신문을 읽던 조갑제는 민정출범 후에 박대통령은 민주적으로 해보려고 했는데 윤보선과 야당계열에서 선수를 쳐서 선동하고 거짓 폭로전을 벌이니까 이런 것들이 박정희의 생각을 경직시켜 독재의 길로 가도록 부추긴 것이 아닌가하는 추리를 내리기도 한다.[126] 1973년 1월 중화학공업정책 육성을 선언하였고 공업진흥청을 신설하였으며 3월 중화학공업의 기반을 확충하기 위해 온산, 창원, 여수~광양, 군산~비인, 구미 등 5개 대단위공업단지 조성계획을 수립하였

---

4) [편집] 제4공화국 문서를 참고하십시오.

다. 1973년 중반 기능공 양성정책을 수립하고 1973년 10월~1974년 12월에는 이리 수출자유지역을 착공하였다.[20] 1972년 제3차 경제개발 5개년계획을 실시하였고 1월 27일 제3차 인력개발 5개년계획을 확정하였다. 2월 9일에는 녹색혁명을 추진, 통일벼를 개발하였으며 쌀의 한국 자체생산 및 완전 자급자족은 1976년에 달성한다. 1972년 7월 4일 분단 이후로 최초로 7·4 남북공동성명을 발표하였다. 1972년 8월 3일 기업사채 동결 등 긴급명령을 발표하였다.[20]

12) 육영수 여사 피격사건

1974년 8월 15일 국립중앙극장에 참석하여 광복절 30주년 기념사를 하였다. 그러나 관객을 가장하여 앉아있던 문세광이 난입, 연단을 향해 권총을 저격하였고 박정희를 쏘려 하였다. 그러나 귀빈석에 앉아있던 육영수는 박정희를 막으려 자신이 대신 총을 맞았고 문세광이 쏜 권총 두 발을 맞아 사망했다. 연설대 아래로 피했던 박정희는 다시 나타나 광복절 30주년 기념사를 계속하였다. 연설 내내 박정희는 침착을 잃지 않고 축사를 마쳤다. 범인인 재일교포 문세광은 현장에서 체포되었고 문세광의 대한민국 입국과 총기입수를 도운 일본인 전직 경찰관이 공범으로 체포되었다.

13) 새마을운동

1967년 12월 1일에 박정희는 농어촌개발공사를 설치했다.[20] 1973년부터 새마을운동을 전국민적 운동으로 확산시켰다.[128] 유신선포 후인 1973년 1월 16일 박정희는 대통령령 6458호로 내무부에 새마을담당관실을 설치하고 그 산하에 4개의 과를 두었으며 3월 7일 대통령비서실에 새마을담당관실을 설치했다.[128] 이후 새마을운동과 관련된 교육을 강화했다.[128] 1972년 3월에는 서울시와 경기도 일대의 마을을 순방하며 새마을운동을 시찰하였고 이후 현장을 직접 시찰하며 새마을운동을 관리감독하였다.[20] 1973년 5월 31일 경기도 수원에 새마을지도자연수원을 신설 건립하여, 이전까지 농협대학에서 개설하여 운영하는 독농가연구원에서 실시해 오던 새마을운동을 위한 농촌지도자의 교육과 양성 등을 맡게 하였다. 1972년 1490명, 1973년 4354명으로 피교육자수가 증가하였으며 그 이후로 매년 6천명 이상이 교육을 받았다고 한다.[128] 1973년부터 지원금을 대폭 늘려 1971년 41억원, 1972년 33억원에서 격증하여 1973년 215억원, 1974년 308억원, 1979년에는 4252억원까지 정부예산 지원을 늘렸다. 또한 민간단체의 지원과 성금도 꾸준히 들어와 1972년 17억원에서 1979년 2032억원의 지원금이 들어왔다. 박정희가 만든 '새마을노래'는 방송매체를 통해 아침, 저녁에 방영되었고 국민운동화된 새마을운동의 성공사례는 일간신문에 소개되기도 하였다.[129] 비슷한 것으로 잘살아 보세라는 노래도 있다. 1973년 9월 21일 경제 4단체는 새마을운동을 생산직 노동자들을 대상으로 공장에 도입하는 방안을 토의하였으며 11월 21일 제1차 새마을지도자대회가 열려, 운동을 범국민적으로 확산시킬 것을 결의하는 등의 노력이 지속되었다.[129] 결과적으로는 농가소득이 10배 늘었지만 농가부채가 21배 늘어 겉보이기식의 정책이 되었다.[130]

14) 긴급조치시대와 집권 말기(1975~1978)

만년의 박정희는 탈모현상으로 아침 샤워할 때마다 머리카락이 빠졌고 좌골신경통을 앓고 있어 통증이 심할 때는 의자에 앉지도 못하고 서서 서류결재하였으며 또한 9대 대통령 임기를 다 채우지 않고 임기 1년 전에 사퇴할 뜻을 가지고 있었다는 주장이 있다. 이와 관련해 유신헌법 개정안 초안작업을 전 중앙정보부장 신직수에게 지시했다는 주장도 있다.[131] 남덕우 전 총리에게는 "내가 봐도 유신헌법의 대통령 선출방법은 엉터리야. 그러고서야 어떻게 국민의 지지를 얻을 수 있어? 헌법을 개정하고 나는 물러날거야."라는 말을 남기기도 했다.[132] 후계자로서는 김종필을 염두에 두고 있었다.[133] 1974년 육영수 여사가 문세광에 의해 암살당한지 1년 뒤인 1975년 8월 6일에는 경상남도 거제시 장목면 저도에 위치한 청해대에서 '일수'(一首)라는 시(詩)를 썼는데 아내인 육영수 여사와 함께 거닐던 곳에 혼자 와 보니 아내에 대한 그리움이 더욱 간절해진다는 내용을 담고 있다. 그가 쓴 이 시는 2004년, 가수 남상규가 '임과 함께 놀던 곳에'라는 제목의 음반으로 출시되기도 했다.[134] 아래는 박정희가 쓴 시인 일수(一首)의 전문이다.

"님과 함께 놀던 곳에 나 홀로 찾아오니 / 우거진 숲속에서 매미만이 반겨하네
앉은 자리 밟던 자국 모래마다 밟던 자국 / 저도 섬 백사장에 체온마저 따스해라
파도소리 예와 같네 짝을 잃은 저기러기 / 나와 함께 놀다가렴"

박정희는 이외에도 '한 송이 흰 목련이 바람에 지듯이'와 '추억의 흰 목련', '제야(除夜)' 등 많은 시를 지었는데 대부분 육영수 여사에 대한 그리움과 인생의 회한을 나타낸 시들이며 이외에도 많은 그림들과 휘호를 남겼다. 또한 독도와 간도의 영유권 확보에도 관심을 기울였는데, 1975년 9월에는 국회에서 발간한 ≪간도 영유권 관계 발췌문서≫에 특별예산을 지원하였으며 1978년에는 독도를 종합연구하는 데 거액의 예산을 지원하였다. 이후 10여명의 학자들이 7년동안 연구하여 박정희 사후인 1984년, 독도영유권에 관한 자료들을 수록한 ≪독도연구≫를 발간하였다. 그러나 1975년 10월 8일 신민당의 김옥선 의원은 국회 대정부질의장에서 그가 안보논리로 공안정국을 조성했다고 비난하였고 이는 여야간의 싸움으로 비화되려다가 공화당과 유정회에 의해 김옥선이 의원직에서 제명당하는 사태로까지 치닫게 된다.

15) 국방력 증강정책 추진

1973년 제25주년 국군의 날 행사에서 행진에 참가한 박정희는 집권 초기부터 자주국방정책을 추진하였다. 박정희는 미군이 우리의 국방을

맡아주고 있다는 생각을 국민들이 가지고 있는 한 시위에 따른 안보상의 불안에 대해서는 책임있게 판단하지 않고 함부로 행동하게 될 것이라고 생각하였다. 그는 "자주국방을 하지 못하면 진정한 독립국가도, 책임있는 국민도 될 수 없다"고 말하곤 했었다.[135] 1962년 5월 5일 해양경찰을 발족하고 1968년 1월에는 기동타격대를 창설, 1968년 4월 향토예비군, 1975년 전투상비군부대를 창설하였다. 1965년 4월 3일 초음속 전투기를 도입하였으며 동해안 등에 기지를 설치하였다. 1969년 1월 7개 시군의 고교생과 대학생에 군사훈련실시를 시범적으로 정하였고 1971년 12월 전국에서 첫 민방공훈련을 실시하였다. 병기개발에도 노력을 들였으며[20] 1975년 11월 함대함미사일 시험발사에 성공하였다. 1977년 1월 핵무기와 전투기를 제외한 모든 무기를 국산화하고 있음을 천명하였고 1978년 9월 26일 세계 7번째로 국산 장거리유도탄 등과 다연발로켓 시험발사에 성공하였다.[20] 박정희는 1970년대에 핵개발 추진을 시도하였다.

일부의 의견으로는 박정희가 핵개발을 추진하는 과정에서 이를 반대하던 강대국에 의해 피살되었다는 의견이 제기되고 있다. 박정희는 핵개발 시도는 내외부적인 상황 때문에 좌절한 것으로 추정되나 이해당사자들이 생존해 있으므로 지금 현재로서는 파악이 어렵다.[136][137]

16) 부가가치세제 시행 논란

저도 앞바다에서 휴양 중인 박정희(1976년 7월)는 안정적인 세원확보와 거래의 투명화를 통한 소비세의 증가를 위해 부가가치세법을 추진하였는데 이 법은 1971년, 세제심의회에서 장기세제 방향으로 종합소득세 도입과 부가가치세 도입을 결정하면서 준비가 진행되었고 1976년 12월, 국회에서 통과되어 다음 해 7월에 시행되었다. 그러나 부가가치세법의 시행으로 인해 비자금 마련이 어려워진 대기업들과 박정희 정권의 지지기반인 서민 자영업자들이 등을 돌리게 되었고 결국 이로 인해 1978년 12월 시행된 제10대 국회의원 선거에서 민주공화당이 신민당과 통일당을 비롯한 야당에게 참패하면서 박정희 정권의 기반이 흔들리게 되었다.[138] 일각에서는 박정희 정권의 붕괴원인을 부가가치세에서 찾기도 한다.[139] 이러한 박정희 정권의 부가가치세 도입에 대해 일부 학자들은 박정희 정부의 결단이 있었기에 한국 정부는 안정적인 세입확보를 할 수 있어 결국 1997년 외환위기 때도 대응할 수 있는 재정여력을 확보할 수 있었다고 평가하기도 한다.[140]

17) 코리아 게이트 사건

대한민국의 인권문제는 박정희 정권의 존립을 뒤흔드는 문제였고 박정희는 권력을 강화하고자 미국에 대한 로비를 진행했다.[141] 박정희는 기업인 박동선을 시켜 미국 상·하원 의원들에게 로비를 했다. 1977년 10월 15일 미국 언론 워싱턴포스트는 한국 정부가 박동선을 내세워 의원들에게 거액의 자금을 제공한 기사를 보도했다. 박동선은 도주했고 미국 의회와 국무부는 박정희에게 박동선의 송환을 요구하였으나 박정희는 1977년 청와대에 도청장치가 발견된 것을 들어 미국측이 청와대를 도청한 사실을 문제로 삼아 송환을 거절했다. 그 후 여러 차례의 회담과 조율을 거쳐 1977년 12월 31일 한·미 양국은 박동선이 미국 정부로부터 전면사면권을 받는 조건으로 증언에 응할 것이라는 합의를 보고 공동성명을 냈다. 1978년 2월 23일 박동선은 미국으로 건너가 2월 23일과 4월에 미 국무부와 상하원에서 증언을 하기도 했다. 이후 몇명의 미국 민주당 의원 몇명만 징계를 받고 사건은 종결되었다. 박정희가 미국의 정치인을 상대로 로비를 하게 된 배경은 지미 카터와의 갈등이었다.

박정희의 인권탄압이 지미 카터의 주한미군 철수와 관련된 한미갈등의 원인이었다.[141] 미국 의회와 행정부 사이에서 한국의 인권문제 때문에 군사원조를 중단해야 하는 사안에 대한 논의가 진행 중일 때도 한국 정부는 인권문제 때문이라는 단서만 빼준다면 더 많은 군사원조 삭감도 받아들일 수 있다고 제시했다.[141]

18) 김영삼 발언파문과 김영삼 제명파동

육영수를 피격으로 잃은 직후 박정희는 인의 장막을 쳐놓고 소수의 인사들과만 접촉하였고 간혹 유흥을 즐겼다. 한편으로는 관제 반미시위를 암암리에 조장했다는 시각도 있다.

1978년에는 통일주체국민회의를 통한 간접선거로 제9대 대통령 선거에 당선되어 5선에 성공했다. 취임선서를 한 때는 12월 27일이었다. 박정희는 그날을 임시공휴일로 하고 통행금지를 하루 해제하며 고궁을 무료로 개방함과 아울러 1302명의 수감자를 가석방하는 등 선심조치를 취했으며 전임 일본 수상 기시 노부스케가 이끄는 일본인 12인이 방한하였고[142] 글라이스틴 미 대사 등 국내외 3000여명의 인사가 참석하였다.[143] 1979년 10월 YH 무역회사의 여공들이 신민당사를 방문, 점거농성 사건이 발생하였다. 경찰은 강제로 신민당사에 들어가 여공들을 끌어내리는 과정에서 1명이 추락해 사망했고 이에 항의하는 신민당 당수 김영삼 등과 마찰을 빚었다. 김영삼은 미국을 향해 박정희 정부에 대한 지지를 철회할 것을 주장했다가 국회내에서 제명사건이 발생하기도 했다. 김영삼 제명사건은 부마항쟁의 원인이 되었다. 한편 박정희는 김영삼을 위선자로 보고 경멸하였고 독재정권을 혼내준다며 미국의 세계전략에도 불리한 주한미군 철수정책을 들고 나온 미국 대통령 지미 카터와도 갈등을 빚었다.[144] 임기 말에는 핵개발 등의 문제와 인권문제 등으로 미국과 마찰을 빚었으며 인권외교를 내세운 미국 카터 행정부와의 갈등 등으로 정권의 기반은 더욱 흔들렸다. 박정희는 1979년에 들어와서는 카터와 김영삼에 대한 이런 경멸감을 정책으로 표현하면서 갈등은 심화되었고 지미 카터의 방한을 앞두고는 통역을 담당할 의전수석 최광수에게 '인권 좋아하시네'를 영어로 어떻게 통역할지에 대해서 미리 생각을 해두라는 지시를 사전에 내리기도 했다.

19) 미국과의 관계 악화

제임스 카터 당시 미국 대통령과 박정희 대통령의 관계는 1979년 6월

29일에 성사된 한미 정상회담을 계기로 더욱 악화되었는데 도쿄에서 선진 7개국 경제정상회담을 마치고 방한한 카터 대통령은 방한 이후 영빈관에 머물러 달라는 박 대통령의 성의를 무시하고 주한미군내에 숙소를 정하는 등 노골적으로 박 대통령과 대립각을 세웠다. 이에 박 대통령은 정상회담에서 45분간 주한미군이 한국의 방위 뿐 아니라 동아시아와 자유세계의 방어를 위해서 얼마나 중요한 것인가 하는 점을 카터 대통령에게 일방적으로 '강의'했다.5) 결국 카터 행정부는 주한미군의 감축규모를 3000명 가량 감축하는 선에서 마무리 지었다.[145]

박동진 전 외무부 장관은 박 대통령이 카터 대통령의 방한기간동안 심한 스트레스를 받았다고 회고했다. [146] 박정희가 김영삼을 국회의원에서 제명하고 의원직을 박탈하자 지미 카터는 한국내에 있던 CIA요원과 주한미국 대사관 직원 일부를 소환하였다. 박상범 전 청와대 경호실장의 증언에 의하면 박 대통령은 유신 말기에 이르러 개헌을 통한 하야를 고려했다고 한다. 박 전 실장은 "남덕우 전 국무총리가 회고록에서 1978년 경제특보 재임 당시 '유신헌법의 대통령 선출방식은 내가 봐도 엉터리야. 그리고서야 어떻게 국민의 지지를 받을 수 있겠어.'라며 개헌 후에 물러나겠다는 박 전 대통령의 육성을 기록한 것을 들어본 적이 있느냐라는 질문에 '1~2년 뒤에는 내가 하야를 해야 하지 않겠나'하는 말을 사석에서 했던 걸로 기억한다"고 말했다. 또한 "박 전 대통령의 지시로 유신헌법 개정안 초안작업을 하던 신직수 법률특보가 '10·26' 이후 관련자료를 폐기했다는 증언에 대해서는 어떻게 생각하느냐"는 질문에는 "박 전 대통령은 1~2년 뒤에 하야하려는 생각을 확실하게 갖고 있었다"고 주장하였다. 이 시기 박 전대통령은 활동성 간염 진단을 받아 치료를 시작하였다.[147][148] 한편 말년까지도 미국의 의구심은 여전했던 듯하다. 남로당 출신 박갑동의 증언에 의하면 국민에게는 독재자 소리를

---

5) [편집]

듣고, 미국한테는 공산주의자로 의심받고, 북조선에게는 친일파로 매도되어 완전히 사면초가에 몰렸다고 하며[149] 조갑제의 주장에 의하면 박정희는 '나라를 위해 심혈을 기울여 일해도 국민이 알아주질 않아 일종의 배신감을 느끼기도 하였다'고 한다.[150]

20) 사망

10월 16일부터 부산에서 시작된 부산마산 민주항쟁은 마산, 창원 등으로 확산되었다. 10월 16일 오전 한강을 가로 지르는 성수대교의 개통식에 참석하였고[151], 싱가폴의 리콴유 수상이 내한하여 정상회담을 갖기도 하였다. 10월 18일 새벽 0시 박정희는 부산직할시 일원에 계엄령을 선포했다.[152] 사태가 악화되자 1979년 10월 20일 계엄령을 선포하여 부마사태를 무력으로 진압하게 하였다.

1979년 10월 26일 오전에는 충청남도 당진의 삽교천방조제 준공식에 참석한 후 귀경하였다. 10월 26일 오후 7시경 궁정동 안가에서 경호실장 차지철, 비서실장 김계원, 중앙정보부장 김재규와 함께 가수 심수봉, 한양대생 신재순을 불러 연회를 하던 도중 중앙정보부장 김재규의 총에 저격당하여 곧 수도육군병원으로 이송되었으나 오후 8시 ~ 10시경 과다출혈로 사망하였다. 당시 박정희의 나이가 한국 나이로 63세, 만으로 61세였는데 이 사건이 바로 10.26 사건이다. 김재규는 재판과정에서 "유신개헌으로 민주주의가 무너졌다. 유신체제는 민주주의를 위한 것이 아니라 박정희 개인의 영달을 위한 것이다. 나는 자유민주주의를 회복하고 국민의 희생을 막기 위해 박정희를 저격했다"고 진술했다. 그러나 미국의 개입의혹이 제기되었다. 미국이 박정희의 죽음에 개입했다는 주장은 김재규가 10·26 사건 며칠전에 로버트 브루스터 미국 CIA 한국지부장을 만난 것이 확인되면서 제기되기 시작했다.[153] 김재규는 재판에서 사상 최악에 이른 한미관계의 개선을 자신의 거사의 한 이유로 들었지만 미국의 개입은 없다면서 부정했다.[153] 그러나 김재규의 증언을 입수한 글라이스틴 주한미국대사는 '쓰레기같은 소리'라고 신경질적인 반

응을 보였다.[153]

김재규의 진술에도 불구하고 당시에 이 사건을 두고 많은 설이 있었으나 부마항쟁을 두고 박정권의 내부에서 김재규가 강경파 차지철과 정치적 갈등으로 빚어졌다는 설이 유력하다.

그 외에 박정권의 핵개발과 관련된 것 그리고 박동선의 코리아게이트 사건 등으로 한미관계가 악화된 점 때문에 미국정부가 박정희의 암살을 은밀히 조장했다는 설도 있으나 근거는 확실하게 밝혀지지 않고 있다.

박정희는 인권문제로 미국과 갈등했다. 그러나 겉으로 드러난 인권문제보다 박정희의 핵개발이 미국을 더 자극했다는 주장도 있다.[153] '무궁화 꽃이 피었습니다'의 저자 김진명은 이 설을 전체 스토리의 뼈대로 잡고 '한반도'라는 장편소설을 쓰기도 했다. 1979년 6월, 지미 카터의 방한 때 같이 왔던 미국 중앙정보국(CIA) 요원 250명은 박정희가 죽을 때까지 한국에 남아 있었다. 김영삼의 제명에 미국은 주한미대사 글라이스틴을 본국으로 소환하는 강력한 조치를 취했다.[153] 미국은 늦어도 1976년부터 한국의 권력층과 사회저명인사들을 대상으로 박정희가 없는 한국에 대한 각계의 의견을 듣는 작업을 시작했다. 이는 질문을 받은 사람들이 '미국은 박정희의 통치를 더이상 원치 않는다'라고 느끼기에 충분한 것이었다.[153] 박정희가 죽었을 때 한국에서 근무한 적이 있던 한 일본인 외교관은 자신의 저서에서 대일본제국 최후의 군인이 죽었다고 평하였다.[154][155][156]

21) 최규하 추도사

최규하는 박정희 대통령 국장 당시 추도사를 작성하였다. 암살 배후 의혹 즉, 박정희의 암살배경에 관해서는 미국과 CIA가 사주했다는 의혹이 제기되어 있다. 그러나 지금까지 미국 등의 개입에 대해 확실하게 입증된 것은 없다. 1979년 10월 10.26사태가 있기 며칠 전 김재규는 로버트 브루스터 미국 CIA 한국지부장을 면담하였다. 이 일로 미국이 박정희의 죽음에 개입했다는 의혹이 제기되었다.[157] 김재규는 군사재판에서 사상 최악에 이른 한미관계의 개선을 자신의 거사의 한 이유로 들었지만 미국의 직접적인 개입은 부정하였다. 주한 미국대사 글라이스틴은 김재규의 한미관계 발언을 '쓰레기같은 소리'라고 신경질적인 반응을 보였다.[157] 그러나 의혹이 풀리지는 않고 있다. 핵개발에 참여한 과학자들은 박정희의 죽음이 미국과 어떤 관계가 있다고 믿고 있다.[158]

지금도 그 때의 일에 대해 입을 열면 미국에게서 무슨 일을 당하지 않을까 전전긍긍하고 있다는 견해도 있다.[158] 박정희는 미국의 경고에도 불구하고 1978년 이후로도 계속 핵무기개발을 시도했고, 미국에 의한 암살 의혹은 계속 증폭되었고, 소설과 희곡 등의 소재가 되기도 했다. 10월 27일 새벽 국무총리 최규하는 긴급히 국무회의를 소집하여 대통령 유고문제를 물었고 27일 아침에야 박정희가 죽었다는 사실이 공식보도되었다. 이후 박정희의 장례식은 9일장으로 결정되었고 국장으로 치러졌다. 국장 장례식은 대통령 권한대행 국무총리 최규하에 의해 진행되고 11월 3일까지 장례식이 진행되었다. 시신은 석관에 안치되어 운구차로 서울 동작동 국립묘지의 육영수 묘소 옆에 안장되었다.

〈박정희 대통령의 약력〉

1917년 11월 14일 - 박성빈과 백남의의 5남 2녀 중 일곱째(아들로는 5남)로 출생

1926년 - 구미공립보통학교 입학

1932년 - 구미공립보통학교 졸업, 대구사범학교 입학

1936년 - 3년 연하의 김호남과 결혼

1937년 - 대구사범학교 졸업, 문경보통학교 교사 부임

1937년 - 장녀 재옥 출생

1938년 - 부친 박성빈 사망

1940년 - 만주국 육군군관학교 제2기 입학

1942년 - 신경군관학교를 졸업, 일본육군사관학교 57기로 편입학

1944년 - 일본육군사관학교 졸업, 관동군 견습사관 과정을 거쳐[출처 필요] 만주군 보병 제8사단에 소위로 임관

1945년 - 한국 광복군 제3지대 제1대대 제2중대장

1946년 - 9월 조선경비사관학교(현 육군사관학교의 전신) 2기생으로 입학, 12월 졸업, 소위 임관

1946년 - 10월 대구폭동 중 셋째 형 박상희 사망

1948년 - 여순 14연대 반란사건에 연루되어 체포

1949년 - 육군본부 전투정보과장[159]

1949년 - 모친 백남의 사망

1950년 - 한국전쟁 발발 이후 육군소령으로 복직

1950년 - 11월 김호남과 이혼

1950년 - 12월 육영수와 결혼

1955년 - 제5사단 사단장

1957년 - 육군대학교 졸업, 제7사단 사단장

1959년 - 육군 제6관구 사령관을 지냄

1960년 - 1월에는 부산 군수기지 사령관, 12월에는 제2군사령부 부사령관 역임, 둘째 형 박무희 사망

1961년 5월 16일 - 5·16 군사정변을 일으켜 장면 정권을 실각시킴

1961년 5월 18일 - 군사혁명위원회 부의장(20일 국가재건최고회의로 개명)

1961년 7월 - 국가재건최고회의 의장

1962년 - 3월 22일 윤보선의 사퇴로 대통령 권한대행, 7월 겸임 내각수반

1962년 - 아르헨티나와 외교 시작

1963년 - 윤보선을 15만표 차이로 누르고 대통령 당선, 대한민국 제5대 대통령 취임

1963년 - 제2대 민주공화당 총재, 문화재보수 5개년계획 수립

1963년 - 서독에 광부와 간호사를 보내 임금을 담보로 1억4000만마르크를 빌림

1965년 - 일본과의 외교관계를 정상화하는 한일협정 타결

1965년 - 미국 대통령 존슨과의 합의에 의해 배틀 머모리얼대학과 자매기관으로 한국과학기술연구원 설립

1967년 - 윤보선을 다시 누르고 6대 대통령으로 재선, 산림청 개청

1968년 - 1.21사태 한국군복장을 한 북한공비 31명 국내 잠입, 수류탄을 던지고, 기관단총을 무차별 난사, 청와대 습격과 정부요인 암살시도

1968년 - 여운형 추모회 고문[159]

1969년 - 3선개헌을 통과시킨 후 1971년 김대중을 95만 표차로 이기고 3선에 성공, 베트남전쟁에 한국군 파병

1970년 - 경부고속도로 준공식, 수출 10억달러 달성, 국방과학연구소 설립, 새마을운동 제창

1971년 - 국고로 아르헨티나의 국토 중 일부 구매 후 농민을 엄선하여 파견함

1971년 - 서울 홍릉에 한국과학기술원의 전신, 한국과학원 설립

1972년 7월 4일 - 조선민주주의 인민공화국과 통일관련 공동성명 발표 (7.4 남북공동성명)

1972년 10월 17일 - 국회 해산 및 계엄령 선포, 1차 유신헌법 찬반 국민투표 실시 91.5% 찬성표를 얻었으며 그해 12월 통일주체국민회의에서 대통령으로 선출(10월유신), 남북공동성명 발표

1973년 8월 8일 - 김대중 납치사건

1974년 8월 15일 - 광복절 기념식에서 재일동포 문세광의 저격 시도로 영부인 육영수 사망(육영수 저격사건)

1975년 4월 9일 - 인혁당 재건사건

1975년 1월 22일 - 2차 유신헌법 찬반 재신임 투표에서 73.1% 찬성표를 받아 재신임을 받음

1976년 8월 - 칠백의총 주변 기념관, 주차장, 관리사무소 등 기타시설 건립 지시[160]

1977년 - 1인당 국민소득 1,000달러 돌파, 수출 100억달러 달성, 부가가치세 시행

1977년 12월 - 78년부터 서울을 제외한 전국 국민학교 학생에게 교과서를 무상으로 지급하는 제도를 확정

1978년 - 한국정신문화연구원 개관(1968년 박종홍의 건의를 받아들여 추진)

1978년 12월 27일 - 9대 대통령에 선출, 세계에서 7번째로 국산장거리 지대지유도탄 및 중거리유도탄, 다연발로켓 시험 발사 성공

1979년 10월 - 남민전(남조선민주주의 민족전선) 관련자 검거, 크리스찬아카데미 관련자 검거

1979년 10월 26일 오후 8시경 - 서울 궁정동 안가에서 중앙정보부장 김재규의 총격(10·26 사건)을 받고 병원에 옮겨졌으나 사망

1979년 11월 3일 건국훈장 대한민국장 수여

22) 사상과 신념, 종교적 편력

국가기록원에 박정희의 공식 종교는 불교이다. 하지만 일부에서 주장하기를 박정희는 종교가 없으며 외부에 불교로 알려진 것은 불교신도인 부인 육영수 여사의 영향을 받아 친불교 행보를 보여서라는 주장도 있다.[161] 1970년대에 일부 기독교 교회가 반정부 투쟁에 앞장서자 박정희는 서구적인 가치관을 추종하는 풍조를 지적, 기독교계를 비판하며 [162] '국적있는 종교'로서의 신라의 불교정신을 여러 번 강조했다. 이 때문에 박정희를 불교신도로 생각한 사람도 많았다.[162] 1974년 12월 11일 박정희는 청와대 참모들 앞에서 천주교계에 대해서 불평을 털어놓은 뒤에 "교회에서 정치에 간섭하면 우리도 교회에 간섭할까?"라는 농담을 했다.(민청학련 사건으로 지학순 주교가 구속된 계기로 천주교 사제들이

정의구현전국사제단이 결성된 후 신부들을 연행과 구속이 되는 종교탄압이 시작되었다.) 1972년 지폐도안을 놓고 기독교 등 종교계와 갈등하기도 했다. 만원권 지폐가 처음 도안됐는데 한국은행에서는 만원의 주인공으로 석굴암의 불상(앞면), 뒷면이 불국사로 정하였고 박정희의 친필서명까지 하였다. 새로 발행된 만원은 그의 재가를 얻어 발행공고까지 냈다. 그러나 기독교의 반대로 무산되었고 여론도 특정종교를 두둔할 수 없다며 부정적인 시각을 드러내자 만원권의 주인공은 세종대왕으로 교체되었다.[163][164][165]

23) 남조선노동당 활동

목사 강원룡의 증언에 의하면 정변 직후 박정희의 군사혁명을 이데올로기로서 좌익이라고 본 사람은 거의 없었고 군인들이 일으킨 혁명인데다 6개 혁명공약의 제1항에 '반공을 국시의 제일로 삼고 반공태세를 재정비 강화할 것'이라고 못박았으니 아무도 의심하지 않았는데 차츰 그의 과거가 드러나기 시작하면서 언론에 보도됐고 윤보선이 선거에서 이 점을 본격적으로 부각시킨 것이라고 한다.[102][6] 당시 5·16 정변이 일어날 무렵 조선민주주의 인민공화국은 군사·경제적으로 상당한 역량을 갖추고 있었다. 소련, 중공과 군사동맹을 맺고 있었고 4·19 혁명 이후 조선민주주의 인민공화국에서는 '남조선 인민들이 봉기했으니 우리가 도와야 한다'는 말까지 나왔기에 공산주의라고 하면 다들 무척 예민해질 수밖에 없었던 배경을 들어 박정희의 좌익전력이 커다란 파문을 일으켰다고 보았다.[73] 광복 후에는 남조선노동당에서 활동하기도 했다.

그의 형 박상희의 죽음으로 이에 따랐다는 견해와 박상희의 죽음 이전에 자발적으로 사회주의자가 되었다는 견해로 나뉘어 있다. 실제로 박정희는 공산주의자들이 지금까지 남한내에서 감행했던 것 중 가장 큰 규모였으며 가장 성공에 가까웠던 정부전복 기도사건(1947~1948년 대한

---

6) [편집]

민국 국방경비대 침투사건)을 지도했으며[103], 광복 직후 남조선노동당에서 활동하면서 여수-순천 반란을 꾸미다가 적발되어 일시적으로 직급 박탈을 당하였다가 복귀하기도 하였고 그 뒤 사상전향을 하였다고 하나 정부로부터 진실된 전향인지 의심되었다. 1961년 5·16 군사정변 직후 미국은 박정희의 남노당 행적에 관하여 그의 사상을 의심하기도 하였으며 제5대, 제6대 대통령 선거에서는 당시 민주당 대통령 후보였던 윤보선에게 사상공세를 당하기도 했다.[102]

24) 한국형 파시즘

강준만은 박정희 시대의 파시즘적 성격에 주목한다.[166] 그에 의하면 박정희의 유사 파시즘적 체제는 1972년 민주제도를 파괴하고 영구집권 기반을 확립한 '10월유신'으로 성립했다. 박정희식 유사 파시즘은 '민족성 개조'라는 이름의 국민의식 개조운동과 공포와 폭력이라는 물리적 탄압의 두 가지 수단을 통해 공고해졌다고 주장하고 있다.[166] 박정희는 그해 10월 17일 "민족의 지상과제인 조국의 평화적 통일을 뒷받침하기 위해 한국적 민주주의를 만들어야 한다"면서 비상계엄을 선포했고 이른바 10월유신을 통해서 유사 파시즘 체제의 시동을 걸었으며 [167] 유신헌법은 그 유사 파시즘 체제의 법적 표현이라는 주장이 있다.[167]

의식개조운동은 새마을운동과 '이순신 성웅화' 작업이 표본이다. 농촌새마을운동에서 시작해 도시-공장-학교 새마을운동으로 번졌다. 이 운동은 "10월유신과 영구집권에 필요한 대중동원의 수단"이자 "유신이념과 연결된 정치적 국민운동"이었다는 주장도 있다.

현충사의 성역화사업도 마찬가지였다. 박정희에게 이순신은 "'나'는 없고 '국가'와 '민족'만 있는 한마디로 표현하면 멸사봉공의 정신"이었다.[166] 또한 당시 대한민국 사회에서 개인주의적으로 행동하는 것은 범죄라는 부정적인 이미지를 심게 됐다. 애국심과 민족이라는 이름 하에 개인의 자유나 권리를 주장하는 것은 이기주의적인 발상으로 매도되어 규탄과 비난의 대상이 되었다. 또한 박정희는 그 자신의 저서 국가와 혁명과 나에서 히틀러를 쓸만한 인물이라고 주장했다가 윤보선, 장면 등으로부터 '제대로 된 민주주의자인가?'라는 사상을 의심받기도 했다. 박정희에 의해 창시된 한국의 파시즘 체제는 그가 암살된 1979년 10월에 붕괴된다. 이후 출현한 전두환, 노태우 정권에서는 국풍 21 등을 잠시 장려하다가 중단된 바 있다.

▶ 역대대통령 항목별 평가

항목 / 대통령	이승만	박정희	전두환	노태우	김영삼
비전	A	B	C	C	B
민주적 리더십	B	C	C	B	B
도덕성	B	B (도합)	C	C	B
용인술	B	A (2위)	B	C	C
위기관리능력	B	B	B	C	B
지적수준	A	A	B	B	B

자료: http://blog.naver.com/PostView.nhn?blogId=islmoa&logNo=120200871484 (2013.11.18)

25) 대통령 재임시의 경제정책

식량자급자족을 위한 식량증산정책을 추진했고 벼의 품종을 개량하여 바람에 불면 날아가는 점과 수확량이 낮은 것을 개선케 하여 통일벼 품종을 선보이기도 했다. 장기불황으로 대학 졸업후 미취직자들의 구제를 위한 국토건설개발을 추진하였다. 또한 저소득층 미취직자의 취업과 근로여건 개선을 위한 직업훈련원 개설을 추진, 지원하였고 후처 육영수가 정수직업훈련원을 설립한 것을 필두로 직업훈련원을 확산 장려시켰다.

1972년부터는 각 회사의 회장, 사장단에게 회사내에 야간학교를 설치할 것을 권고하였다. 경제불황이 지속되면서 1972년 8월 3일에는 8.3 조치를 발표하여 각 기업체를 재정지원하고 채무를 탕감해주기도 했다. 1974년 초 한일합섬 회장 김한수(金翰壽)가 회사내에 한일여자고등실업학교를 설립했고, 이는 1976년 9월 7일 경제 각 단체장의 월간경제동향 보고에서 공장새마을운동의 성공사례로 보고되었다. 여기에 고무받은 박정희는 국무회의에서 저소득층으로 미취학, 미진학 청소년들을 위한 야학결성을 지시하여 야학설립을 추진하고, 각 기업체 회장 등을 면담 설득하여 공장단지내에 야간학교 설립, 국공립 학교내 야간반 설립 등을 실시하게 했다.

1977년 7월 22일 박정희는 정부·여당 연석회의에서 공단에서 일하는 근로자 중 배움에 뜻이 있는 근로자들이 중등학교 졸업장을 취득할 수 있도록 야간학교 개설방안을 강구하고 기능직·기술직 근로자를 우대하는 정책을 수립할 것을 지시했다.

26) 부동산정책

박정희 정부는 저곡가 정책을 통해 도시화를 진행시키고 산업용지를 적극적으로 개발 및 공급하였다. 1960년대의 강남개발은 이러한 모습을 단적으로 보여준다. 1963년 지금의 강남지역이 서울에 편입됐다. 1966년 김현옥 당시 서울시장은 서울 기본도시계획을 통해 강남권개발을 추진했다. 1967년 11월에는 경부고속도로 건설계획이 완료됐고 강남 일대 900만평이 토지계획지구(영동지구)로 지정됐다. 그러나 당시 북한보다 1인당 국민생산이 뒤쳐진 상태여서 개발자금이 부족했고, 정부는 체비지(개발비용의 충당을 위한 판매용 토지)사업을 통해 자금을 충당했다. 강병기 전 국토계획학회 회장에 따르면 당시 강남의 사유지 소유자들은 부가가치를 위해 당시 허허벌판이었던 강남 땅에 학교, 공원 등의 시설을 짓고, 그 대금으로 토지를 공공용지로 바쳤다. 이들 중 일부는 체비지로 설정되어 재산가들에게 팔렸고, 이렇게 모인 자금으로 경부고속도로 등 도시기반시설사업이 진행됐다. 체비지가 매각되지 않으면 개발자금이 모이지 않고 개발이 진행되지 않기에, 정부는 적극적으로 체비지 매각에 힘썼다. 그 결과 경부고속도로로 수용된 토지를 중심으로 집값이 가파르게 상승했다. 말을 먹이고 쉬어가던 거리라는 뜻의 말죽거리가 그 대명사다. 1966년 초 평당 200원에 불과했던 말죽거리의 가격은 순식간에 2~3천원으로 수직상승했고 1968년 말에는 평당 6천원에 이르렀다.

체비지를 구입한 재산가들과 원래 사유지 소유자들의 재산은 순식간에 불어났다. 이것이 제1차 부동산 투기 붐이다. 이렇게 부동산 붐이 조성되자 정부는 1967년 11월 29일 <부동산투기억제에 관한 특별조치법>을 제정했다. 이를 통해 서울, 부산 및 그 인접지역의 토지에 한하여 토지양도 및 보유로 인해 발생하는 소득의 50%를 과세하며, 공지로서 2년 이상 방치하면 과세대상이 되도록 했다. 건물이 정착된 토지면적이 건축물 면적의 10배를 넘는 경우에도 과세대상이 됐다. 그러나 이런 높은 과세에도 불구하고 땅값이 몇 배로 오르는 부동산 붐을 막을 수는 없었다.

박정희 정부는 강남개발을 촉진하기 위해 1973년 영동지구를 개발촉진지구로 지정했다. 이 과정인 1972년에 제정된 <특별지구개발에 관한 임시조치법>에 따르면 개발촉진지구에 땅을 구입해 주택 등을 지으면 이후 부동산 판매시 1967년에 제정한 투기억제세를 면제해 주었으며 또한 재산세, 면허세, 도시계획세 등을 면제해 줬다. 강북지역의 신규 유흥시설 등의 설립을 금지하는 반면에 영동지구에 대해서는 허용했다. 당시 인구 희소지역이었던 강남을 관통하는 지하철 2호선을 개통하였고 경기고, 경기여고, 휘문고, 서울고 등 전통의 명문 고등학교를 강남지역으로 옮겼다.

1976년에는 고속버스터미널을 강남으로 이전했다. 또한 1974년에는 330만평 부지에 25만인구를 수용한다는 잠실 뉴타운 계획을 수립했다.

이러한 정책에 따라 1973년 5만명에 불과했던 영동지구의 인구는 1978년 21만명으로 급성장할 수 있었다. 강남구 학동(현 논현동)은 1970년 평당 2천원에 불과했던 지가가 1~2년 사이에 10배가 뛰었다.

1974년에는 8만원까지 뛰었고, 이는 3년만에 다시 두 배가 됐다. 1979

년에는 평당 40만원에 이르게 된다. 1963~1979년동안 압구정동의 지가는 875배, 신사동의 지가는 1000배 상승했다. 부동산 규제책이 있었지만 시장의 움직임을 막을 수 없는 상황이었다. 박정희 정부는 이러한 경향을 막기 위해 <8.8 부동산 투기억제와 지가안정을 위한 종합대책>을 발표했다.

한국은행[168]에 따르면 이 대책은 "부동산투기를 효율적으로 규제하고 장기적으로 지가의 안정을 도모하여 토지이용의 적정화를 기하는데 목적"이 있었다. 이는 토지거래에 대한 허가 및 신고제의 도입, 기준지가고시, 부동산소개업 허가제, 양도소득세 강화, 토지개발공사 설립을 주요 내용으로 한다. 이러한 강력한 규제정책 덕분에 1978년 135%에 달하던 서울의 지가변동률은 1979~1982년동안 3~13%로 진정됐다. 1970년대 말 오일쇼크로 인한 경기침체 역시 지가하락에 기여했다.[169]

27) 외교관계

박정희 대통령과 브란트 서베를린 시장통일관 및 박정희의 통일관은 선(先) 개발 후(後) 통일이었다. 경제개발을 통해 국력을 신장시켜 북한과의 체제경쟁에서 우위를 선점한 뒤 통일하자는 것이었다. 조갑제에 의하면 '박정희는 집권 3년째인 1963년에 쓴 저서 『국가와 혁명과 나』에서 피력한 조국근대화란 목표와 자조→자립→자주→통일의 단계적 방법론을 죽을 때까지 견지하였다.'고 평가하기도 했다.[170] 미국의 닉슨 대통령의 닉슨 독트린 정책으로 베트남전쟁의 포기와 중화인민공화국(중공)과의 관계개선, 주한 미군의 부분적 철수 및 동아시아에서 냉전기류의 해체경향의 영향을 받아 남북간의 관계를 모색하고 경제적 현실을 고려하여 '선건설 후통일'정책에서 평화통일 3원칙을 통해 북한의 실체를 인정하고 남북간 경직된 관계를 개선하기 위해 '선평화 후통일'정책으로 바꾸어 현재까지 통일정책의 기본원칙이 되고 있다. 7·4 남북공동성명 및 남북간 합의문서를 발표하였다. 이를 계기로 국내외적인 평화분위기가 조성되었지만, 곧 박정희 정부는 10월유신을 선포하여 장기집권을 꾀

하였고 조선민주주의 인민공화국도 주체사상 헌법을 개정하여 유일지도 체제를 더욱 강화하였다.[171]

28) 대북관계

박정희는 이전 정권과 같이 조선민주주의 인민공화국과 적대적인 관계를 유지했다. 가끔씩 관계를 더 악화시키는 여러 사건들이 있었다. 그 중에는 다음과 같은 것이 있다.

1966년 5월 17일에 경남진주 덕의마을에서 일어난 무장공비 침투사건

1967년 1월 19일에 해군당포함(56함)초계함이 북한 해안포에 격침당한 사건

1967년 5월 21일에 강릉고단지구 무장공비의 침투사건

1968년 1월 21일에 대통령 사살이 목적이었던 1·21 사태

1968년 11월 2일에 울진 삼척지구 무장공비의 침투사건

1969년 6월 12일의 흑산도 간첩 3명 침투사건

1970년 9월 11일의 전북고창 무장공비 침투사건

1974년 5월 20일의 추자도 무장공비 침투사건

1976년 8월 18일의 판문점 도끼 살인사건 등

하지만 그 와중에서도 관계를 개선하려는 노력이 있었다. 그 당시 세계의 냉전완화 분위기에 따라 1970년에 박정희 대통령은 8.15 광복 25주년 기념식에서 "만약 북한이 몇 가지 전제조건을 수락한다면 단계적으로 남북을 가로막는 인공적 장애요인을 제거하기 위해 획기적이고 현실적인 제안을 할 용의가 있다"는 이른 바 '8·15선언'을 공표하였다. 이 8·15선언은 한국 정부의 통일정책이 근본적으로 변하고 있음을 보여준 것이었다. 8·15선언에 대한 북한의 초기반응은 부정적이었다. 그러나 1971년 9월부터 11개월에 걸친 25번의 이산가족찾기를 위한 적십자회담을 판문점에서 개최함에 따라 점차적으로 분위기는 좋아지고 있었다. 그러는 와중에 1972년 남한은 파격적으로 북한의 외교단을 서울에 초대함

과 동시에 평양에 외교단을 보내어서 7.4 남북공동성명을 성사한다. 그러나 그 전 5월 말에 서울에서 박성철을 포함한 3명의 외교단이 청와대에서 박정희 대통령과 접견하였을 때의 태동은 북한의 실상을 보여준다.

"박 대통령은 집무실에서 만면에 미소를 띠면서 반가이 맞이하였으나 자세를 고친 박성철이 저고리 안주머니에서 수첩을 꺼냈다. 그리고 박 대통령 각하로부터 시작해서 김일성의 박 대통령에 대한 인사, 남북접촉에 대한 북쪽의 기본적인 입장 등 깨알같이 적혀 있는 것을 낭독해 내려갔다. 끝인사말까지 수첩에 적혀 있는대로 낭독하고 박성철은 말을 끝냈다."[172] 이에 박정희 대통령은 김일성의 유일체제가 얼마나 강력하게 북한에 작용하는지를 깨닫고 중앙정보부장의 건의에 따라 국내 결속을 다지기 위해 체제를 강화할 체제개편을 시작한다.

29) 대미국관계

박정희는 집권 초부터 미국과 원만하지 못한 관계를 형성했다. 군사정변 초기부터 공산주의자라는 의혹을 받았고 이 의혹은 1960년대 내내 박정희를 국내외에서 괴롭혔다. 1961년 11월 박정희는 미국을 방문하여 대통령 면담을 신청했으나 거절당하였고 12월에도 거절당하였다. 1962년 11월에 가서야 미국 대통령 존 F. 케네디를 만날 수 있었다. 1968년 초부터 박정희 정부는 미국의 군사지원에의 의존 한계를 인식하여 자주국방을 강조했다.

그럼에도 불구하고 주한미군 철수를 위한 협상요청을 완강히 거부한 박정희 정부는 1975년까지는 주한미군 전력이 유지돼야 한다고 주장했으나 닉슨 행정부는 한국군 현대화 지원을 조건으로 1971년 6월까지 주한미군 지상군 1개 사단병력 약 2만명을 철수시켰고 이후 인권정책을 도덕외교의 핵심으로 내세운 카터 행정부는 이를 주한미군 철수와 연계시키면서 박정희 정부를 압박했다.[173] 1977년 1월 26일 지미 카터 미국 대통령은 주한미군의 감축을 포함한 한반도정책 전반에 대한 재검토를 국무부와 국방부 그리고 안보관련부서에 지시[174]했고 박정희는 주한미군 철수정책 초기에는 반발하다가 뒤에는 할테면 하라는 투로 응대하였다. 1977년 1월 말 지미 카터는 월터 먼데일(Walter F. Mondale) 미국 부통령을 일본에 파견하여 주한미군의 단계적 철수를 직접 통보하는 성의를 보였다.[174]

그러나 먼데일은 한국을 방문하지 않았다. 그와같은 외교적 무례는 박정희와 한국정부를 심히 분노하게 만들었다.[174] 2월 15일 지미 카터에게서 서신을 받았다. 지미 카터는 스나이더 대사와 존 베시(John W. Vessey) 주한미군사령관을 통해 박 대통령에게 보낸 편지에서 한국의 안보에 대한 미국의 공약을 재확인하면서도 주한미군의 철수문제를 제기했을 뿐만 아니라 박정희의 인권정책의 개선도 함께 촉구했다.[174]

그러나 박정희는 이를 굴욕이나 하대로 간주하고 응하지 않았고 한미관계는 1970년대 말에는 파국으로 치닫게 된다.

30) 대일본관계[7]

1961년 겨울부터 일본과의 협상을 추진하였다. 이는 경제개발을 하는데 지원자금을 충당하는 의미도 있었으나 한편으로는 이승만 정권 시절부터 일본과 외교관계를 다시 재개하라는 미국의 요구도 영향을 끼친 것으로 보인다. 그러나 일본의 사죄없이 한일외교를 재개하려는 것에 대해 1965년 야당에서는 굴욕외교라 주장하였고 장택상, 윤보선, 허정, 박순천, 함석헌 등 야당 지도자들은 굴욕외교 반대라는 명목으로 시위를 하였다. 시내 곳곳에서는 학생, 민간시위대와 경찰, 군인 사이에서 격렬한 싸움이 벌어졌다. 이 사건은 이후 6.3 학생운동으로 불렸다. 6.3 사태의 주동자로 구속되었던 인물 중에는 고려대학교의 총학생회장이자 17대 대통령을 지내게 되는 이명박 등도 있었다. 각계의 반발이 있었으나 박정희는 1965년에 한일외교를 재개해 나갔다. 한일협정과정에서도 보상금 8억달러라는 보상금을 놓고도 적은 액수라는 비판이 있었다. 한일

---

7) [편집]

수교의 조건으로 이승만은 20억달러를 요구했고 장면은 28억5천만달러를 요구했다. 필리핀은 14억달러를 받았다. 한편 북한은 계속해서 일본에게 과거사 배상금을 요구하고 있으나 아직까지도 전혀 합의를 이루지 못하고 있다.[175] 그러나 조약을 통해 받은 대일청구권의 자금은 후일 한국경제를 도약시키는 밑거름이 되었다. 지금까지도 위안부 및 일제에 의해 징병 혹은 징용당한 사람들에 대한 보상은 적절치 않았다는 주장이 있다. 청구권문제와 같이 어업문제, 문화재 반환문제도 한국측의 지나친 양보가 국내에서 크게 논란이 되었다. 현재 일본측에서는 한일협정을 통해 모든 보상을 마쳤다는 공식입장을 표명 중이다. 이에 대해 위안부 피해자들은 현재까지 주한 일본대사관 앞에서 시위를 계속하고 있다. 한편 일본 외무성이 2013년에 시민단체에 공개한 한일국교 정상화와 관련 일본외교 극비문서에 따르면 일본은 한국에 우편저금과 유가증권, 미지급임금, 연금 등 식민지 지배시 법률관계를 전제로 한 돈만 계산한 것으로 드러났다. 강제동원에 대한 사죄나 배상은 계산에 넣지 않은 것으로 밝혀졌다.[176] 이때 정부에서는 비상계엄령을 발표 후 대학에 휴교령이 내려지고 언론검열, 집회금지, 영장없는 체포구금 등이 이루어졌다. 한편, 이 사건으로 한일회담을 추진해오던 공화당 의장 김종필이 사임하였다. 1970년 6월에는 제주도 남쪽 8만km²를 제7광구로 정하고 한국령으로 공식 선포했다. 하지만 1972년 일본이 "한일간의 중간선에서 일본 쪽으로 넘어온 부분은 양국이 50%씩 지분을 갖고 공동개발하자"고 제의했고 한국은 이 제안을 받아들여 1974년 한일대륙붕 협정이 맺어진다. 일본이 이렇게 나오는 것은 제주도와 중국 대륙에 붙어있는 7광구의 해저지형 때문이었다. 일본과 7광구는 깊이가 8000m에 이르는 '오키나와 해구'가 갈라놓고 있다. 당시까지 지배적 이론이었던 자연연장설로 볼 때 일본이 결코 유리하지 않은 상황이었다. 1972년 당시 정설이었던 자연연장설에 의하면 우리나라가 유리한 처지였으나 박정희 정권의 공동개발합의로 유리한 처지가 부각되지 못하였다. 그러나 정권이 이 사실을 알고 합의를 맺었는지는 알려지지 않았다. 현재 일본은 공동개발이라는 지위를 이용해 계속 지연시키고 있다. 계속 지연시키면 2028년 대륙붕 협정이 만료하는 날 자연연장설 대신 UN의 새 해양법이 적용되어서 일본에 유리하게 된다는 시각이 있다.[177]

31) 대중국관계

대중국관계는 제1공화국과 차이없이 중화인민공화국을 적대시하고 중화민국과의 관계를 유지하였다. 박정희는 타이완의 타이베이시를 방문하여 '자유의 파도' 발언을 하였다[출처 필요]. 중화민국의 총통 장제스가 서거하자 김종필의 이름으로 애도를 표시하기도 했다. 물론 중화인민공화국과의 관계개선을 아주 등한시 하지는 않았는데 중국 공산당측이 호응하지 않아서 무위에 그쳤다[178].

32) 핵개발추진

1960년대 후반부터 1971년 사이에 핵개발을 추진하기 시작하였다. 박정희가 핵무기 개발계획을 처음으로 구상하기 시작한 것은 닉슨 미 대통령이 1969년에 괌(Guam) 독트린을 선언하고 1년 뒤인 1970년 7월 초 로저스 미 국무장관이 한국정부에 주한미군 2만명의 철수를 통고한 직후였다.[179][180] 예정대로 미국은 1971년 3월 주한미군 7사단을 철수시켰다. 박정희 대통령은 이러한 미국의 일방적인 주한미군 철수결정에 대해 심한 배신감을 느낀 것으로 알려졌다.[179][180] 이때부터 그는 자주국방정책의 일환으로 극비리에 핵무기개발을 본격적으로 추진하였다.

박정희의 핵개발 계획은 1971년에 설립된 청와대 제2경제수석실이 총괄하고 국방과학연구소와 무기개발위원회에서 실제적인 개발을 담당하였다.[179][180][181][182][183] 또 1970년 당시의 박정희는 한국의 군수산업발전에 몰두했다. 1970년 무기개발위원회(WEC)를 창설했다. 박정희가 1970년에 창설한 무기개발위원회(WEC)는 1970년대 초반에 만장일치로 핵무기개발을 결정하고 박정희에게 진언했다. 박정희는 1971년 말이나

1972년 초에 그 권고를 실행에 옮기는 것을 결심했다고 전해진다.[184][141]

1970년 초 미국 대통령 닉슨은 데탕트를 추진, 1972년에는 중화인민공화국의 광둥성을 방문하여 냉전 화해모드를 조성했다. 동시에 아시아문제에 대한 군사개입을 철회할 것을 주장하여 각국의 반발을 샀는데 박정희는 핵개발의 정당화를 북한의 침략위협으로 고정하였다. 1974년 베트남공화국이 멸망의 길을 걷자 박정희는 자신의 핵개발의 정당성을 부여하였다. 박정희는 1973년 11월 24일 한국 최초의 원자력발전소인 월성1호기 건설계획을 확정짓고 사흘 뒤인 11월 27일 원자로 구매의향서를 캐나다에 발송했다.[185][141] 그가 캐나다에서 도입하려는 캔두형 원자로는 플루토늄 추출이 용이한 중수로이다. 중수로에서 타고 남은 핵연료를 재처리시설에서 재처리하면 핵폭탄의 원료가 되는 플루토늄을 추출할 수 있다. 박정희가 프랑스에서는 재처리시설을, 캐나다에서는 중수형 원자로를 도입하려 한 것은 플루토늄의 군사적 이용을 염두에 두었다는 것을 뒷받침한다.[141]

32) 비밀 플루토늄 도입 기도

박정희는 캐나다로부터 중수로와 함께 순도 높은 플루토늄을 생산할 수 있는 3만KW짜리 연구용 원자로(NRX)를 도입하려고 하였으나 플루토늄의 군사적 이용을 우려한 미국의 반대로 연구용 원자로 도입은 실패했다.[184][141] 1975년 3월 미국은 직접 개입하여 한국정부에 대해서 핵개발계획을 중지하도록 강요했다. 키신저는 박정희에게 핵무기개발을 고집한다면 미국은 한국에 대한 안보지원을 중지한다고 하였다.[184][141]

이후 박정희는 비밀리에 스웨덴, 프랑스, 캐나다로부터 플루토늄 중수로 도입을 추진했다. 닉슨 독트린 이후 주한미군 제7보병사단을 한국에서 철수한다고 발표한 것에 대응한 결정이다. 한국에는 미국의 제2보병사단이 주둔하고 600에서 700개 핵무기가 배치되어 있었음에도 불구하고 핵개발 결정은 내려졌다.[186][141] 뒤이어 대통령에 취임한 미국 대통령 지미 카터 역시 아시아문제 불개입과 미군의 감축 및 철수정책을 추진하였다. 그러나 박정희의 핵개발 첩보가 CIA를 통해 미국내에 전해지면서 미국에서는 한반도의 상공위성사진 촬영 등을 시도했고, 핵시설을 찾아내지 못한 미국은 박정희에게 핵개발을 중단할 것을 촉구하고 계속 핵개발을 시도할 경우 미군철수를 시사하며 강경하게 맞대응했다. 지미 카터 정권 아래서도 미국과 한국은 핵무기문제에 관해 갈등을 빚지 않을 수 없었던 것이다. 지미 카터가 제창한 주한미군 철수계획을 뒤집어엎기 위한 캠페인의 일환으로 만약 미국이 계획대로 철수하면 한국은 핵개발로 나아간다는 것이 한국정부의 입장이었고 박정희는 [187] 핵개발을 추진하던 것이다.[188] 미국은 인도가 1974년에 핵무기실험에 성공한 것을 계기로 해서 한국의 핵무장 계획을 경계하게 되었다.[186][141]

1978년 11월 4일 『로스앤젤레스 타임스』 보도에 따르면 "미국은 1974년 인도정부의 충격적인 핵폭발 실험을 계기로 여타 국가들의 핵무기 개발계획을 탐지해 내기 위해 특별정보반을 설치했다"고 한다.[186][141] 이 특별정보반의 운영과정에서 한국이 핵무기개발계획을 비밀리에 추친하고 있음이 드러났다. 한국이 프랑스에서 재처리시설을 구입하려는 교섭은 1972년부터 계속되었다.[186][141]

33) 미국과의 갈등

1975년 가을과 겨울에 걸쳐 주한미국대사를 지낸 필립 하비브(Philip Habib) 미국 국무부 동아시아·태평양담당 차관보는 함병춘(咸秉春) 주미한국대사에게 한국이 프랑스와 체결한 핵무기관련계약을 취소할 것을 요구했다.[189] 이는 박정희에게 보고되었고 박정희는 물론 거절했다.

미국은 계약을 취소할 경우 한미과학기술협정의 체결을 통한 미국의 추가기술제공 등 여러 가지 대가를 제공하겠다고 제의했지만 그것 역시 소용이 없었다.[174] 포드 행정부는 최후의 수단을 사용하기로 하고 하비브와 리처드 스나이더(Richard Sneider) 주한미국대사를 통해 박정희에게 만약 한국이 핵무기개발을 계속 진행할 경우 전반적인 한·미 안보관계에 심각한 훼손을 초래할 것이라는 일종의 최후통첩을 보내는 것이었다.[174] 결국 박정희는 1975년 8월 25일부터 8월 28일까지 미 국방장관 슐레진저가 한국을 방문했을 때 핵무기 포기각서를 써주었다.[141]

　1975년 박정희는 공식적으로 핵개발추진 포기를 선언하였으나 비밀리에 프랑스와 스웨덴으로부터 플루토늄 구매를 시도하기도 했다.

　그러나 미국의 압력으로 프랑스는 1975년 말에 재처리시설 계약취소를 요구하였다. 1976년 6월 도널드 럼즈펠드(Donald H. Rumsfeld) 미 국방장관도 한국 국방장관에게 만약 한국이 핵무기개발을 계속 고집한다면 미국은 안보와 경제협력관계들을 포함한 한미관계 전반에 대해 재검토할 것이라고 단도직입적으로 위협했다.[174] 미국의 강력하고도 끈질긴 반대와 위협에 직면한 박정희는 심하게 고민할 수밖에 없었다.[174]

　박정희는 프랑스와 체결한 플루토늄 수입과 원자로 도입계약을 취소했다. 박정희는 프랑스와 맺은 계약을 취소할 수밖에 없었고[174], 결국 1976년 1월 23일 계약은 취소되었다.[141] 1977년 1월 28일 박정희는 한국은 핵무기를 개발하지 않을 것이라고 공개적으로 선언하였다.[174] 또한 핵무기개발을 통한 자주국방의 조속한 달성으로 대한민국을 진정한 의미의 주권국가로 당당하게 일어서게 만들겠다는 박정희의 웅대한 꿈과 그것의 실현을 위한 집요한 집념 그리고 구체적인 실천방안이 현실적으로 포기될 수 밖에 없음을 의미하는 것이었다.[174] 1978년에는 미국이 대한민국 청와대를 도청하다가 박정희측에 의해 발각되는 사태가 발생한다. 이 와중에 대한민국 국내에 체류중이던 학자가 갑자기 실종, 공황상태가 되어 미국에서 발견되었고, 다른 물리학자인 김희규, 진영선 등이 연이어 불의의 사고로 세상을 떠나면서 핵개발에 관련된 의혹을 증폭시켰다. 박정희의 독자적 핵무기개발은 1970년대 말 한미관계를 위기로 몰아넣었다. 이 점에서 박정희는 분명히 반미적이었다. 하지만 1970년대 말 주한미군 철수와 핵무기개발을 둘러싼 논쟁은 미국측의 철군주장에 대한 대응으로 시작된 자주국방이 나중에 민족자주권으로 확장된 것으로 보는 시각이 있다.[188] 핵무기개발로 표현되는 박정희의 반미는 지미 카터의 인권정책과 철군정책에 쐐기를 박기 위한 대응수단이었다.
 박정희와 미국의 갈등에서 비롯되는 박정희의 반미주의는 박정희 정권을 지지해주지 않는 미국에 대한 반발이었을 뿐이[188]라는 의견도 있다. 박정희의 핵무기개발 역시 그의 자주국방과 맥락을 같이하는 것으로써 미국의 정책전환을 이끌어내서 자신에 대한 미국의 지원을 강화하려는 구상에서 비롯된 것이라[188]는 주장도 있다. 미국의 압력으로 핵개발 포기선언을 하였지만 이후에도 박정희는 집요하게 핵개발을 추진하였다. 박정희는 핵개발을 위해서 비밀리에 캐나다로부터 9백 메가와트급 캔두형 중수로 4기를 신설하기로 하였다. 이 계획은 한국과 캐나다가 합작해서 9백 메가 와트급 원자로 4기를 짓는다는 뜻에서 KC-49 사업으로 불렸다.[141][190] 이후에도 박정희는 비밀리에 핵개발을 추진했고 1979년 2월 박정희는 1979년 현재 핵개발이 88% 이상 완성되었다며 1983년에는 미사일의 완성이 가능할 것이라고 내다보았으나 그는 그해 10월에 암살당하였다.

34) 베트남전쟁 파병

 한편 그가 베트남전쟁에 한국군을 파병하여 벌어들인 돈이 1970년대의 경제개발의 배경이 됐다는 견해도 있다. 그에 의하면 1961년, 5.16 군사정변으로 집권한 박정희 국가재건최고회의 의장을 케네디 대통령은 별로 달가워하지 않았으나 한국 정부가 베트남 파병을 3200명으로 확대하면서 이에 베트남에 한국군을 파병하겠다는 제안을 받아들여 베트남전 파병이 이루어졌다.[191] 이후 1964년부터 파견된 베트남전쟁 파병으로 향후 한국경제발전의 원동력에 가속화가 되었다. 1965년부터 1973년까지 한국군의 베트남전 참전기간에 파병 국군장병이 해외근무수당으로 벌어들인 수입은 총 2억 3556만달러였다. 이 중 82.8%에 달하는 1억 9511만달러가 국내로 송금되었고, 이 돈으로 경부고속도로 건설 등에 기여되었다. 전쟁에 조달할 군수물자 납품과 용역사업 투입 등으로 한국 기업들은 베트남전 특수(特需)를 톡톡히 누렸다. 국군의 파병대가로 들어온 외화송금에 힘입어 당시 내수산업과 수출이 성장하여 호황을 누리게 되었다.[192] 전투병 파병 직전인 1964년 한국의 1인당 국민총생산(GNP)은 103달러에서 한국군 철수가 끝난 1974년엔 5배가 넘는 541달러로 국민소득을 향상시켰다.[192] 베트남 파병은 한국경제의 활로를 트고 군을 현대화하는 데 기여하였다는 긍정적인 평가와 함께 베트남 파병이 국군의 목숨을 담보로 한 미국의 용병일 뿐이었다는 비판도 있었다.[193][8]

3. 박정희 대통령의 교사시절 하숙집

청운각(靑雲閣)은 박정희 대통령의 교사시절의 문경 주흘산 아래 하숙집이다. 그곳에 가면 박정희 대통령 업적을 볼 수 있다. 청운각의 박정희 기념관은 찾은 사람들로 넘쳐나고, 대구사범학교를 졸업하고 문경서부심상소학교(현 문경초등학교) 교사로 재직시절의 하숙집이다.

1) 청운각

자료: http://blog.naver.com/PostView.nhn?blogId=hasingi&logNo=80172147441
(2013.11.18)
http://travelling.co.kr/80172147441

---

[8] http://ko.wikipedia.org/wiki/박정희(2013.11.11)

박정희 대통령의 교사시절 문경 하숙집인 청운각(靑雲閣)은 문경 주흘산 아래에 위치해 있는 하숙집이다(1937년 3월부터 1940년 4월까지 3년간). 관련인들은 문경새재 등반을 하기 위해서 문경새재로 가는 길에 잠시 이곳을 들렀다. 박정희 대통령 업적을 찾으러 청운각 박정희 기념관을 찾은 사람들로 붐빈다. 청운각은 박정희 전 대통령이 대구사범학교를 졸업하고 문경서부심상소학교(현 문경초등학교) 교사로 근무하던 당시의 하숙집인데 1928년에 신축되었고 1976년 당시 삼창광업개발 김종호 대표가 매입하여 문경군 교육청에 기부하였다고 한다. 이후 육영재단에서 관리해 오다 1995년 문경시로 기부체납이 되었다고 한다. 현재 새롭게 정비된 구역은 2011년부터 2년에 걸쳐 문경시에서 "청운각 주변 정비사업"의 일환으로 교육청 소유의 주변토지를 매입하고 사당, 기념관, 화장실 등 3동, 박석포장 공원과 흉상을 설치하였다고 한다.

2) 청운각(하숙집) 둘러보기: 초가지붕

자료: http://blog.naver.com/PostView.nhn?blogId=hasingi&logNo=80172147441 (2013.11.18)

"이 고사목은 1979년 10월 26일 당시 수령이 약 60여년된 고목으로서 박정희 전 대통령이 서거하신 이틀 뒤 때 아닌 살구꽃 두송이를 피운 후 고사하였다고 한다. 이를 지켜본 제자와 시민들이 젊은 시절 함께 생활했던 인연으로 고인의 서거를 슬퍼하다 고사하였다고 하여 "충절의 나무"로 불려졌으며 안타깝게도 현재는 그루터기만 남아 있다"고 청운각 안내판에는 설명되어 있다.

3) 박정희 대통령 서거(1979년 10월 26일)

자료: http://blog.naver.com/PostView.nhn?blogId=hasingi&logNo=80172147441 (2013.11.18)

온 나라가 울음바다가 되었다. 분향(焚香) 중인 박근혜 새누리당 대통령후보의 모습도 있다.9)

---

9) http://blog.naver.com/PostView.nhn?blogId=hasingi&logNo=80172147441(2013.11.18)

4. 박정희 인물연구와 평가

1) 이력
학력
경상북도 구미보통학교 졸업
경상북도 대구사범학교 졸업
만주 신경군관학교 졸업
일본 육군사관학교 졸업
육군사관학교 2기
미국 육군포병학교 졸업
육군대학교 졸업

2) 긍정적 평가: 경제발전

월간조선 전 대표인 조갑제는 박정희의 지지기반은 '침묵하는 서민대중'이었으며 이들속에서 박정희는 항상 영웅이었다고 보았다. 또한 봉건적 잔재와 싸웠다는 평가를 내리기도 했다.[170] 조갑제는 "박정희는 자신의 선천적 조건인 가난과 작은 체구의 문제를 극복하고 38명의 급우들을 통솔하는 데 상당한 능력을 발휘한 것 같다."라며 "박정희 급장의 통솔방식이 대통령 박정희의 통치술로 발전한 것"이라는 평가를 내린다.[194] 김학준 동아일보 회장은 "장사하는 사람을 제일 낮춰 본 사농공상의 시대에 상업국가론은 혁명이었다"며 초정 박제가의 '상업국가론'이며 이를 꽃 피워 국가발전의 틀을 닦은 게 박정희 전 대통령이라고 설명하였으며 "박 전 대통령은 농업국가로부터 상업국가 즉, 무역국가로의 대전환을 이뤄 대한민국을 흥융하게 했다"고 평가했다.[195] 1999년 조갑제와 대담한 노태우 전 대통령에 의하면 박정희 주변인에게서 들은 이야기를 인용, 나라를 위해 심혈을 기울여 일해도 국민이 알아주질 않아 배신감을 느꼈으며 박정희가 유신으로 나간 것도 그런 동기가 깔려 있다고 보았다. 민주주의라는 교과서를 기준으로 생각한다면 박정희를 독재라고 비난할 수 있겠지만 수준이 높아진 상태에서 민주주의를 하기도 어려울 것이며 그보다 훨씬 못한 시절에 야당 주장대로 민주주의식으로 했다면 나라를 버리는 것과 마찬가지였다고 평가하기도 했다.[196]

1974년 민청학련 사건으로 투옥되었던 이해찬 전 국무총리는 "민주화운동시에는 박 전 대통령의 한쪽 측면만을 보고 비판을 했었다"면서 그러나 "지나고 나서 보니 박 전 대통령의 경제발전의 공(功)을 알게 됐다"고 말하였으며 이어 "근대화와 민주화가 이렇게 짧은 시기에 압축적으로 된 나라가 없다. 그래서 사고의 균형을 갖게 됐다"고 말했다.[197] 이만섭 전 국회의장은 "박 전 대통령은 오늘의 한국이 있게 한 분이자 기초를 닦은 분이다. 그것을 아무도 부인하지 못한다. 장기집권이 문제였지만 박 전 대통령은 굉장히 소탈하고 청렴했다. 부정부패에 대해 철두철미했고 가족과 측근들에 대해서도 굉장히 엄격했다. 그런 점이 재평가를 받는 요인이라고 생각한다."고 평가하였다.[198] 대통령 비서실장을 역임한 김정렴의 증언에 의하면 박정희는 경제적으로 검소한 생활을 하였다고 한다.

넥타이, 만년필, 전기면도기 세 가지를 빼고는 모두 국산을 사용하였으며 국산 넥타이를 매면 마디가 잘풀려서 상공부에 넥타이에 대한 특별지시까지 했으나 풀리지 않게 하는 납처리 기술을 로열티를 지불하고 도입할 처지가 못되어 결국 생전에 국산 넥타이를 마음껏 매보지 못했다고 한다.[133]

3) 경제정책

박정희는 통일의 길은 조국근대화에 있고 근대화의 길은 경제적 자립이며 자립은 통일의 첫 단계라고 보았다. 이후 근대화를 통해 개발독재의 정당성을 확보하여 낙후한 조국을 구제하겠다는 목표를 가지고 국가재건사업을 추진하였으며 재임기간 중 경부고속국도 건설, 수출증대, 소득증대, 저축장려, 식량 자급자족 실현, 새마을운동 등을 통한 인프라 구축으로 일제침략기와 한국전쟁을 거쳐 황폐화된 한국경제의 비약적인 발전과 조국의 근대화에 기여하였다.[199] 경영인인 윤종용 삼성전자 부회장은 "박 대통령이 독재자라지만 그 시대(당시)에 열심히 엔진을 돌려놓았기 때문에 엔진이 꺼진 지금도 관성에 따라 우리 경제가 앞으로 나아가고 있는 것"이며 "지난 40여년간 우리나라 1인당 국민소득이 200배 이상 늘어났는데 이런 수치를 두고 어떻게 박 대통령 시대에 대해 뭐라 말할 수 있겠느냐."고 반문했다. 그는 특히 "박 대통령은 어느 정도 규모의 공장이면 준공식에 빠짐없이 참석할 정도로 기업활동과 경제에 깊은 관심을 보였다."며 여타 대통령들과의 차별성을 지적했다. 윤 부회장은 또 "산업화의 기틀이 된 새마을운동을 '정치적 목적이 있다'며 이후 정권에서 없애버린 것도 개인적으로는 옳지 않다는 생각을 갖고 있다."고 주장했다.[200] 좌승희 한국경제연구원장은 2004년 당시 열린우리당 의원 당선자 워크숍에서 "경제민주화와의 균형성장 정책이 오히려 한국경제의 역동성을 앗아갔다"며 의원 당선자들에게 "여러분이 싫어할지 모르겠지만 열린우리당의 청산 대상인 박정희 패러다임이 한강의 기적을 가져왔고 이에 대한 재평가가 필요하다"고 소신발언을 토해냈다.[201]

그의 통치기간동안 현대, 금성, 삼성 등 여러 개의 중소기업이 재벌과 대기업으로 성장하고 포항제철로 대변되는 중화학공업이 중추산업으로 등장했다. 특히 새마을운동은 베트남, 네팔, 라오스 등의 개발도상국가에서 벤치마킹의 대상이 되어 호평을 받고 있다.[202] 개발지상주의자로 평가받는 박정희 정부의 그린벨트정책과 조림사업은 양대 환경치적으로 평가받고 있다.[203]

특히 반기문 유엔 사무총장은 2008년 3월 유엔본부에서 열린 빈곤·질병 퇴치를 위한 '새천년개발목표' 아프리카 주도그룹 회의 후 기자회견을 열어 경제발전과 초고속 인터넷 접근에서 가장 성공한 사례인 한국에서 배울 점을 설명해 달라는 질문에 "한국이 성공한 데는 많은 요인이 있을 수 있다"며 "나는 유엔 일부 직원들에게 아프리카 국가들이 한국 성공사례를 배울 것이 없는지에 관해 얘기해왔다"며 한국의 새마을운동을 긍정적으로 소개했다.[204] 1997년에 일어난 외환위기 IMF 구제금융사건 이후, 박정희의 경제정책에 대한 일부 비판적인 견해가 있었다.[205] 미국 경영자들은 주주가치를 창출하는데 매진하는동안 아시아 경영자들은 현대 군벌들의 비위를 맞춰줘야 했다. 그 결과 경영자들은 금융위기가 닥쳤을 때 자회사 분사나 합병 파트너 모색 등 재빨리 대처할 자유나 탄력성을 갖지 못하고 대기업과의 정경유착으로 인한 한국 재벌의 관치금융, 통제금융의 의존적 총체적 부실이 결국 한국 경제의 부실로 이어져 외환위기의 간접적 원인이 되었다는 해석이 있다.[205]

세계은행 이사회에 한국에 관한 기조연설자로 초청된 김정렴은 "강력한 정부주도의 '수출지향적 공업화 경제정책'으로 경제발전을 이룰 수 있었다"는 요지의 연설을 했다. 김정렴에 의하면 "박정희는 조국의 근대화와 민족중흥이라는 꿈과 미래상을 비전으로 국민에게 제시하였고 '잘 살아 보자'고 호소하며 국민의 단결을 고무하였으며 박정희 시대의 한국은 어떠한 어려움이 있더라도 소기의 목표를 달성하고야 마는 노벨 경제학상 수상자 미르달이 정의한 '경성국가'였다"라고 평가하며 "덩샤오핑은 한국을 최빈국에서 중진국 선두주자로 끌어올린 박 대통령 집권 18년간의 실적을 높이 평가했다"고 덧붙였다.[206] 노회찬은 박정희의 경제개발독재를 빗대어 사회주의정책이라 평가하기도 했다.[207] 이에 대해 당시 한나라당 홍준표는 "국가가 통제하는 경제체제를 선택한 박정희 정권의 경제정책도 좌파정책이었지만 박 대통령의 경제정책을 비난하는 사람은 없다"고 평가했다.[208]

3) 부정적 평가: 친일행적 관련

만주군관학교와 만주군 장교시기의 행적에 대한 친일논란이 있다. 민족문제연구소는 박정희를 친일인명사전수록 인물에 등재하며 그 근거로 박정희의 만주군 1939년 만주군에 지원하기 위해 혈서를 작성하였다는 신문기사를 공개하였다.[30][209] 이에 반해 친일반민족행위진상규명위원회는 최종 보고서에서 "민족문제연구소가 이번에 공개한 박정희가 쓴 혈서를 보도한 자료를 우리는 그동안 입수하지 못했다"며 "지금까지 많은 논의를 했지만 박 전 대통령의 친일행위를 입증할 수 없다고 결론을 내렸다"고 밝혔다.

4) 민주주의 탄압 관련

정치적 측면에서는 민주주의 탄압에 관련된 비판이 있다. 박정희의 정치적 경쟁자이자 14대 대통령을 지낸 김영삼은 "쿠데타로 집권한 박정희는 바로 볼 수 없다"고 평가하였다.[210] 김영삼은 미화가 심하고 제대로 된 공과를 따져야 한다고도 평가하였다.[210] '쿠데타로 집권한 사람을 바로 볼 수는 없습니다. 누가 뭐래도 중정(중앙정보부)을 앞세워 바로 살자고 하는 사람들을 숨 못쉬게 했어요. 이 사실을 국민들이 잘 알지 못합니다. 미화가 심해요. 공과를 따져야 합니다.'[210]라고 하였다. 김영삼은 박정희의 죽음에 대해 "박정희는 나를 제명해서 죽은 겁니다. 내가 박 정권으로부터 제명당하고 했던 말이 있지요. '닭의 모가지를 비틀어도 새벽은 온다'고."하였다. 또 김영삼은 "박정희는 용서할 수 있는 사람이 아닙니다.[210]"라고 단호하게 잘라 말했다. 김영삼은 개인적으로 박정희에게 '멀쩡한 총재를 총재가 아니라고 해서 내쫓고, 나를 죽이려 백주 대낮에 염산으로 테러를 가하고 내 측근들을 연행해 탄압하고 죽이지 못해 온갖 짓을 다하고 했다. 하지만 박 전 대통령이 죽기전에 '당신이 나를 그렇게 미워했지만 너무 미안해하지 말라. 나는 이미 다 풀었다.'고 말하기도 했다.[210] 정치적 경쟁자인 4대 대통령 윤보선의 비서관을 지낸 언론인 김준하의 증언에 의하면 "박정희와 윤 대통령과의 면담과정 등을 지켜보면서 아주 영리하고 이기적인 사람이라는 것을 느꼈다[211]"며 "박정희는 민정이양 등에 관해 수시로 말을 바꿨다"고 진술하였다.[211] 강준만, 서중석, 진중권, 한홍구 등 진보적인 학자들은 민주적으로 선출된 정부를 군사정변으로 전복한 집권과정, 정치적 반대자에 대한 탄압, 극심한 반대자 인권탄압 등에 대해서 부정적이고 비판적인 시각을 보이고 있다. 진중권은 "경제가 삐걱거릴 때마다 박정희 신드롬이 나타나곤 했다. 박정희가 없었으면 아직도 우리가 보릿고개를 넘고 있을 거라는 한심한 얘기가 꽤 널리 퍼져 있나 보다"라고 말했다. 민주노동당의 우위영 대변인은 "박정희 정권은 쿠데타 정권의 정통성을 억지로 미화하기 위해 민주주의를 탄압했던 20세기 대한민국의 치욕의 정권"이라고 평가했다.[212]

5) 경제정책 비판

박정희 시대의 경제정책을 비판하는 학자로는 경제학자 김수행이 있다. 그는 공저인 ≪박정희체제의 성립과 전개 및 몰락≫에서 경제학적 분석을 통해 박정희의 경제정책은 높은 착취율에 기반한 것이며 실제 국민생활의 개선은 1987년 6월 항쟁 이후에 있었다고 주장한다. 상지대학교 교수인 홍성태도 박정희 시대의 경제정책을 '토건국가'적인 정책이라고 비판하였으며 GNP 성장위주의 정책속에서 "저임금-저곡가 체제", "자연을 마구잡이로 이용하고 파괴하는 착취체계"의 이중적 착취 위에 건설된 것으로 평가하였고 개발을 위해 그의 독재가 필연적인 것도 아니었으며, 경제정책은 독재의 구실일 뿐이었다고 비판한다.[213]

강준만은 월간 말의 투고글에서 IMF 사태 이후의 박정희 신드롬을 조선일보, 조갑제, 군사독재의 후신들 등에 의한 박정희 미화라고 비판하였다. 박정희 시대의 경제성장은 민주주의의 성장을 가져온 것이 아니라 후퇴를 가져왔고 또한 박정희가 서민적이고 검소한 대통령이라는 주장 역시, 각종 부조리 의혹사건, 3분 폭리사건, 장준하가 폭로한 3분 밀수사건, 전두환 정권 때 밝혀진 김종필의 200억대 부정축재 사건 등으로 볼 때 설득력이 없다고 주장한다. 그는 신드롬이 "개발독재의 단맛을 독점해온 사회 곳곳의 수구적 보수세력과 특히 그들과 결탁된 조중동의 보수언론"이 부추긴 것이라고 평가하고 있다. 또한 박정희에 대한 외국의 긍정적인 평가에 대해서는 김재홍 동아일보 논설위원의 ≪박정희의 유산≫이라는 책을 인용하며, "3선개헌 직전인 1970년 한국의 로비스트가 미국의 영향력있는 대학 교수 겸 프리랜서에게 박정희의 얼굴을 타임지 표지사진으로 게재하게 주선해 주면 5만달러를 제공하겠노라고 제의"하는 등 박정희에 대한 외국의 호의적인 반응의 원인을 다르게 진단하기도 한다.[214] 대기업 중심의 경제정책은 중소기업간 성장의 불균형을 야기했고 박정희는 아시아 각국의 독재자들과 같이 소비에트연방을 모방한 강력한 국가주의적 경제정책으로 산업전체를 독점하는 개발독재관치경제를 띠고 있었다[205]고 주장하는 비판이 있다. 미국은 제2공화국 정책과 비교하면서 군사정부의 제1차경제개발계획이 지나치게 의욕적이라며 경계하며 AID원조자금을 축소했던 적이 있다.[215] 노회찬은 박정희야말로 사회주의자라며 비판했다.[216] 한편 박정희의 경제정책이 장기화 되면서 사회주의적 관치경제가 만연하게 되었고 한국경제를 자립화시킨다는 당초 목표와 달리 대외의존형 경제로 고착되었으며 특히 미국과 일본에 대한 종속이 심해[독자 연구?] 국민의 정부 경제개혁 이전까지 국정 전반적으로 영향을 미쳤다.[출처 필요] 대외무역에서도 경제개발 5개년계획을 실시한 정부 모두 수입이 수출보다 훨씬 많아 무역적자가 심했다.(참조: 대한민국의 무역수지)

그러나 보수진영에서는 진보진영이 무역수지라는 단편적인 것으로 무역적자가 났다는 것만 보고 경제전반을 평가하려는 오류를 저지른다고 주장한다. 보수진영의 의견에 따르면 당시 한국은 광물과 수산물들의 수출에 의존하던 때였고(무연탄, 철광석, 흑연, 생사, 오징어, 돼지털 등), 성장제조업 중심경제로 탈바꿈하기 위해선 국내자금으론 힘들었고 외국의 투자가 필요했고 미국 등 서방금융의 차관을 얻어 외국서 산업시설에 필요한 투자재를 외국에서 수입해서 필요한 산업시설과 공단들을 건설했기에 이것들은 모두 다 무역수지 적자에 해당될 수밖에 없는 구조였다고 주장한다. 대한민국내 보수진영의 의견에 따르면 수출구조도 1960년대 초 광물, 수산물 위주에서 1, 2차경제개발계획동안 신발, 가발,

섬유, 목재 등 경공업위주로 바뀌었고 1965년엔 민간최초 차관을 도입해 공장을 짓는 걸 시초로 외국인 직접투자도 병행되었고 수입 중 기업이 필요로 하는 원료 및 기계류의 투자재 비중이 1953년~1960년에 평균 10%정도였던데 비해 (1953년 3.4%, 1956년 11.1%, 1960년 11.7%) 1962년 26%로 급등했고 1970년대에도 28%를 유지했다는 결론이 나온다. 보수진영은 무역수지도 제대로 분석해야하는데 단순히 적자였다라고하는 것은 진보진영의 선동과 다름이 없으며, 그들은 애초부터 무역적자국이던 게 건국이래 한국이었다고 주장한다. 그들의 의견에 따르면 수입과 수출액을 비교할 때 1948년 수출액 2200만달러 수입액 2억 800만달러, [1960년] 수출액 3300만달러 수입액 3억 4400만달러 - 수출이 수입액의 10%정도이던 상황이었고 1차경제개발계획으로 성장제조업 중심으로 바뀌었고 중화학공업 투자시작하던 1970년의 수출 수입액을 보면 수출 8억 3500만달러 수입 19억 8400만달러로 수출이 수입의 42% 비율로 오르고 1980년의 수출입을 보면 수출 175억 500만달러 수입 222억 9200만달러로 수출이 수입의 78.5%로 올라갔다. 실제로 18년동안 지표적으로는 무역적자이면서 대한민국에 부도현상이 발생하지 않은 그 이유는 무역수지는 단순히 수출/수입액만 나타낸 것이고 경제상황에 대해 모든 걸 알려주지 않았기 때문이다. 한 나라와 외국과의 사이에 일어난 모든 경제적 거래를 알려면 국제수지로 따진다는 건 상식이고, 이중 자본의 흐름을 알려면 자본수지를 알아야 하기 때문이다. 또한 건국 이후 1960년까지 무역적자로 부도가 나지않은 이유는 그만큼 미국의 원조가 있었기 때문이다.(1950년 1850만달러 자본수지 흑자). 자본수지는 통계를 기록한 이후 딱 2번 적자가 있었다. 대표적이던 사건은 IMF가 있던 1998년 31억 9670만달러 적자이던 해였다. 첫번째가 바로 미국의 원조가 줄어들고 사회적 혼란이 있던 1960년 때의 자본수지를 보면 160만달러 적자였다. 당시 사회혼란속에 미국은 원조를 줄이는 반면 국내자본이 그냥 해외로 빠져나간 결과였다. 그리고 그뒤부터 1998년 IMF 때까지 계속 자본수지는 흑자였으며, 1962년 100만달러, 1965년 1400만달러, 1970년엔 6억6160만달러, 1975년 18억 5800만달러, 1980년 65억 2230만달러를 기록했다. 한일협정 청구권, 서독차관을 시초로 서구금융의 투자로 인한 자본수지흑자의 결과였다.(서구금융 11개국의 1967~1971년까지 27억불 차관) 이 부분은 진보진영에선 부채를 늘렸다고 설명한다.[217]

그런데 2000년대에 들어 박정희에 대한 평가는 크게 엇갈리고 있다. 고도경제성장을 이룩한 대통령, 민족중흥을 실현한 지도자 등의 긍정적인 평가와 시대에 편승한 기회주의자이자 독재자라는 부정적인 평가가 양립하고 있으며 이러한 의견 차는 대한민국의 진보주의와 보수주의 혹은 민주주의와 권위주의, 민족주의와 반공주의 등을 가르는 하나의 상징으로 간주되기도 한다. 개인적인 원한관계와 이해관계에 의한 상반된 평가가 상존하고 있으며 일부 언론에서 박정희의 친일의혹을 취재, 보도하여 박정희가 친일파인가에 대한 논란이 다시 일어나기도 했다. 연세대학교 사회학과 김동노 교수는 "박정희 정권의 정책을 보면 상당히 평등지향적인 것들이 있다. 흔히 박 전 대통령은 경제개발에만 관심을 쏟은 지도자라고 평가되지만, 당시 정책 가운데 국가사회주의적인 요소들이 꽤 있었다"고 평가하였으며 "예컨대 의료보험정책에서 시장지향적이 아닌 국가주도적 체제를 도입했으며 교육분야에서 중·고등학교 평준화를 시행한 것은 대표적인 국가사회주의적인 시도였다"고 주장하였다.[출처 필요] 같은 대학 류석춘 교수는 "'박정희 독재'가 가능했던 것은 사람들이 어느 정도 동의했기 때문이며 동의를 얻어내는 데에는 도덕성이 큰 역할을 했다."고 평가했다. 류 교수는 "당시의 리더십은 "'잘살기 위해 부정부패 안하고 열심히 할테니 국민도 잘 따라오라'는 것이었다."고 말했다. "당시 전반적으로 국가와 기업의 유착도 있었지만 국가를 위한 것이었다는 측면에서 동의를 얻었던 것"이라는 해석이다.[218] 명지대학교 정치외교학과 신율 교수는 "당시 근대화 과정에서 개발독재가 불가피했던 점은 인정해야 한다"고 하고 '하면 된다', '할 수 있다'는 문구가 우리 국민에게 자신감을 줬다는 평가도 있지만 이 때문에 과정보다는 결과를 중시하는 풍토가 생긴 측면도 있다"고 다른 해석을 내놨다. "민주주의는 과정이 중심인데도 결과 위주의 정치·사회문화가 만들어졌다"는 얘기다.

IMF 사태 이후 김대중, 노무현 정권의 경제정책에 대한 반발로 박정희의 인기는 높아졌는데, 이를 '박정희 신드롬'으로 평가하기도 한다. 상지대 경제학과 교수 조석곤은 이러한 박정희 신드롬을 '박정희 신화'로 평가하며 일종의 영웅사관이라고 비판한다.[219] 성공회대 조현연 교수도 "독재자 박정희의 부활이라는 역사적 아이러니"를 "신화속의 허구"라 비판하며 "청산해야 할 독재통치 18년"으로 평가한다.[220] 이에 대해 백낙청 서울대학교 명예교수는 "박 전 대통령식의 경제개발은 지속가능한 것이 아니었지만 박 전 대통령은 경제성장의 유공자이며 경제성장을 이룩하지 못한 다른 나라의 독재자가 많다는 점과 한국처럼 극적인 성장을 이룩한 일은 더욱이나 드물다는 점에서 박 전 대통령을 경제성장의 유공자라면 유공자로 볼 수 있으며 민주화 진영이 (그간) 박정희 개인이나 그 시대 경제분야에 대해 소홀한 면이 있었던 게 사실"이라며 "한국경제가 박정희 시대에 이룩한 괄목할만한 성과에 대해 그리고 전제적이며 포악했지만 유능하고 그 나름으로 헌신적이었던 '주식회사 한국'의 최고경영자(CEO) 박정희에 대해 충분히 인정을 안해준 것도 사실"이라고 주장하는 동시에 "군사문화와 대대적 환경파괴에 근거한 박정희 시대의 발전은 지속가능한 것이 아니었다"며 "먹고 사는 문제가 해결되면 국민들로부터는 민주화 등 다른 욕구가 나온다는 점에서 아이러니컬하게도 경제적 성공이 그의 권력을 도리어 잠식했다"며 박정희 시대에 대한 객관적인 평가를 강조하였다.[222][223] 이런 상반된 시각에 대해 박정희를 비판적 시각을 견지했던 조희연 교수는 직접 경험한 '역사적 박정희'와 박정희 신드롬과 같은 현상으로 포착되는 '현대적 박정희'의 간극과 갈등을 극복하기 위해 박정희 시대의 폭압성과 국민적 저항을 강조하는 비판일색의 기존담론을 성찰하고 극복하자고 제안했다. 그는

"진보담론이 강조하듯 박정희 체제는 폭압적이었지만 최근 '대중독재론'의 지적처럼 새마을운동의 지지자들이 보여 주는 '열광'도 함께 존재한다"며 "미국에 의존적이면서도 민족주의적 측면이 존재하고 경제정책조차도 하나가 아니라 여러 측면에서 해석할 수 있다"며 다양한 시각에서 바라볼 것을 지적했다.[224][225] 한편 한국과학기술연구원(KIST)은 서울특별시 성북구 하월곡동 한국과학기술연구원 단지내에 KIST의 설립자인 박 대통령의 과학기술업적에 대한 기념관을 건립하겠다고 밝혔다.[226][227] 그러나 김영삼은 박정희를 "역사의 죄인이다"[228] "박정희의 경제개발은 장면 정권으로도 가능했으며 5·16 군사정변이 없었으면 장면이 나라를 잘 이끌어 갈 수 있었다"라고 평가했다.[228] 한나라당의 친이계에서는 "박정희 전 대통령이 정부과천청사를 만든 것은 잘못"이라며 비판했다.[229] 정치적 논란에도 불구하고 일반 국민을 대상으로 한 여러 언론의 여론조사에서는 가장 존경하는 인물, 역대 대통령 중 가장 뛰어난 업적을 남긴 대통령으로 꼽히기도 하였다.[230][231][232]

6) 여론조사

2009년 8월 여론조사 전문기관 '리얼미터'에서 국가발전에 가장 높게 기여한 대통령을 묻는 설문조사에서 1위로 박정희 전 대통령(53.4%), 그 위에는 김대중 전 대통령(25.4%), 3위에는 노무현 전 대통령(12.4%)이 올랐다. 이어 전두환(2.2%), 윤보선(1.8%), 이승만(1.6%), 노태우(1.3%), 김영삼(1.3%), 최규하(0.5%) 전 대통령 순으로 집계됐다. 박정희 전 대통령은 대구경북(64.0%)과 대전충청(64.5%) 지역에서 많은 응답을 얻었다.

또 박정희 전 대통령은 50대 이상에서 65.5%, 40대 59.4%, 30대 44.8%, 20대 36.7% 등 응답자의 연령이 높을수록 높이 평가하는 것으로 나타났다. [233] 2009년 영남대학교가 여론조사전문기관인 '리서치 앤 리서치'에 의뢰해 실시한 여론조사에 따르면 응답자의 75.6%가 박정희 전 대통령이 대한민국 발전에 가장 큰 역할을 했다고 답했으며 이어 김대중(12.9%), 노무현(4.4%), 이승만(0.6%), 전두환(0.6%), 김영삼(0.5%) 전 대통령 순으로 나타났으며 응답자 중에서 72.8%는 '박 전 대통령에 대한 제대로 된 평가가 필요하다'고 답해 '아직 때가 아니다'(16.8%)를 크게 앞섰다.[234] 2008년 현대경제연구원에서는 '정권별 선진화 기여 평가와 이명박 정부의 과제'라는 내용의 보고서를 내놓았는데 이 보고서에서는 153.6%를 기록한 박정희 정부를 대한민국 선진화에 가장 큰 기여를 한 정권으로 평가하였다. 이는 정권 초 선진화지수를 100으로 했을 때 정권 말에는 253.6를 달성했다는 의미로서 박정희 정부에 이어 전두환 정부 44.3%, 김영삼 정부 42.7%, 노태우 정부 36.5%, 김대중 정부 28.1%, 노무현 정부 23.8% 순이었다. 2010년 9월에 실시된 역대 대통령 신뢰도에 관한 여론조사에서 박정희는 34.2%로 1위로 나타났다. 2007년에 실시된 조사에서는 52.7%, 2009년에는 41.8%로 나타나 눈에 띄게 하락세를 보였다. 시사IN은 신뢰도 조사결과에 대해 이명박 대통령의 경제발전방식이 '박정희 향수'를 상당히 소진시킨 것으로 분석했다. 박정희에 대한 평가는 계층별로도 차이가 컸다. 40대 이상, 대구경북, 한나라당, 자유선진당 지지층에서 평가가 높았으며[235] 20~30대 젊은층, 진보성향, 화이트칼라, 대학교 재학 이상의 고학력층을 중심으로 평가가 낮았다.[236][237] 2011년 리서치뷰가 조사한 여론조사에서 "전현직 대통령들 중 가장 호감가는 사람을 1명 선택해 달라"는 질문에 박정희를 선택한 사람은 31.9%로 노무현 30.3%를 제치고 1위를 기록했다.[238]

7) 외국에서의 평가

1999년 8월에는 미국 시사주간지 타임이 선정한 「20세기 아시아에서 가장 영향력있던 인물 20인」에 오르기도 하였다. 타임은 박정희에 대해 "비록 독재적 성향을 가졌지만 한국의 최장수 대통령으로 집권하면서 경제적 약체국가를 산업강국으로 변모시켰다"고 평가했다. 타임이 선정한 인물들 중에는 인도의 마하트마 간디와 라빈드라나드 타고르, 중화인민공화국의 마오쩌둥, 중화민국의 쑨원, 일본의 히로히토와 모리타 아키오, 싱가포르의 리콴유 등이 포함되어 있으며 그 밖에도 베트남 민주공화국의 호치민과 티베트 독립운동의 정신적 지도자 달라이 라마가 선정되었다.[239] 싱가포르에서는 리콴유 전 수상이 박정희에 대해 "아시아에서 위기에 처한 나라를 구한 위대한 세 지도자로 일본의 요시다 시게루와 중화인민공화국의 덩샤오핑 그리고 한국의 박정희를 꼽고 싶다, 오직 일에만 집중하고 평가는 훗날의 역사에 맡겼던 지도자"라고 평가하며 그를 극찬하였으며[240] 독일 정부 국정교과서에서는 박정희를 "강력한 손으로 남한을 농업국가에서 공업능력을 가진 국가로 이끌어낸 지도자"로 평가하며 대한민국의 경제성장에 대해 타 국가들의 경제성장 과정과 비교하여 '기적'으로 평가하였다.[241] 마하티르 빈 모하마드 전 말레이시아 총리는 "박 대통령은 매우 강한 지도자였으며 국부를 증진시킨 훌륭한 지도자"라고 평가하였으며 그가 추진한 '동방정책' 또한 박정희 정권의 경제개발 정책을 벤치마킹한 결과였다고 한다. 훈센 캄보디아 총리는 2009년 6월 제주도에서 개최된 한·아세안 특별정상회의에 참석하여 "캄보디아 경제발전을 위해 여러 사례를 연구했는데 박 전 대통령 모델을 가장 많이 따르고 있다"고 말했다.[242] 2004년 조선민주주의 인민공화국의 김정일 국방위원장은 여러 차례에 걸쳐 박정희를 언급하면서 눈길을 끌었다. 김정일 위원장은 KBS 박권상 사장에게 KBS가 제작한 '영상실록' 가운데 박정희편을 구해달라고 부탁했으며 박정희에 대해 "박 대통령의 평가는 후세가 할 일이지만 그 시대 그 환경에서는 유신인지 뭔지 그런 길밖에 없었다. 민주화도 무정부적인 민주화는 좋지 않다"며 박 전 대통령을 높게 평가했고 2002년에는 박정희의 딸인 박근혜 한나라당 의원을 평양에 초청하여 영화 '실미도'의 소재가 된 청와대 습격사건에 대해 사죄하며 "한국을 방문하면 박 대통령 묘소를 찾아가겠습니다. 그것이 예의입니다"라고 말하였다.[243] 에즈라 보겔(Ezra Vogel) 교수는 조선일보와의 인터뷰에서 박정희에 대해 각각 "중화학공업 정책 이후 그가 폭력을 사용하고 나라를 경찰국가로 만들었을 때 우리는 매우 화가 났고 흥분했었다. 하지만 동시에 박정희가 없었더라면 오늘날의 한국도 없었을 것으로 생각한다."고 주장하며 동시에 "큰 발전을 이룩한 아시아의 많은 나라에서 그 변화를 가능케 했던 독재적인 리더가 있었다. 1920년대 일본의 메이지 유신(明治維新)이 그랬고 대만과 한국이 그랬다. 중국은 덩샤오핑 치하에서 발전을 이뤘다. 모두 독재적이었고 중앙집권적이었다. 먼저 민주화부터하라는 미국인들의 충고는 성공하지 못했다."며 개발독재의 불가피성을 지적했다.[244] 기미야 다다시는 박정희를 복잡한 과정이 들어있는 민족주의 사상을 가진 인물로 정리했다.

그는 박정희가 사회주의자인 일부 인물을 경제적으로 미국에서 자립하고 공업화하는 데에 등용했다고 기록했다.[245] 2006년 후진타오 중화인민공화국 주석은 당시 방중한 박근혜 전 대표와 면담하며 "박 대표의 부친인 박정희 대통령이 주창한 새마을운동을 깊이 공부했다"고 발언하였다.[246] 블라디미르 푸틴 러시아 대통령은 1990년대 초반 레닌그라드대 총장 국제문제 보좌관으로 재직할 당시 국가가 대기업을 키우고 경제발전을 주도했던 한국 경제의 발전방식에 관심을 보였고 한국 외교관을 통해 "한국어 책이든 외국어 책이든 박정희 전 대통령에 관한 책을 있는대로 구해달라"고 요청하기도 하였다.[247][225]

8) 논란과 의혹-정적 탄압문제

제3공화국 당시 중앙정보부 요원에 의해 발생된 김영삼 초산테러사건과 1967년에는 제6대 대통령 선거에서 윤보선에 대한 중앙정보부의 암살미수, 윤보선의 지원유세를 하던 장준하가 박정희를 친일파, 밀수왕초로 비판했다가 구속수감되기도 했다. 한편 윤보선 암살의혹[248] 역시 제기되고 있다. 제6대 대통령 선거에서 그는 현역 육군중령을 시켜 그를 저격하려 하였으나 박정희가 승리를 거둠으로써 윤보선 암살계획은 취소되었다는 것이다.[248] 1968년의 김영삼 초산테러사건, 1972년의 김대중 납치사건, 1975년 10월 박정희의 장기집권을 국회 대정부 질의에서 비난했던 김옥선 의원에 대한 공화당 등의 국회 강제축출(김옥선 파동),

1979년의 김영삼의 의원 제명사건 등이 있었다.

9) 지역감정 조장

1963년 선거에서 윤보선과 경쟁하면서 호남지역에서 높은 지지율을 받았으나 1971년 대선에서 상대후보였던 정적인 신민당 김대중 후보를 비판하면서 반공이데올로기와 결합한 지역감정을 조장한 것이 원인이 되었다는 주장이 있다.[249] 구체적인 사례로는 1971년 대선 때 중앙정보부의 공작으로 영남지역에 '호남에서 영남인의 물건을 사지 않기로 했다'는 전단지가 나돌았으며[250] 1971년 대선연설에서 공화당 찬조연사는 "경상도 사람치고 박 대통령 안뽑을 사람있느냐"의 발언하는 한편, 또 다른 연사는 "이런 사람(김대중)이 전라도 대통령은 할 수 있지만 어떻게 대한민국 대통령이 될 수 있겠느냐"라는 발언을 하기도 했다.[251]

장영수 고려대 교수는 "만약 박 전 대통령이 지역균형 발전철학을 갖고 있었더라면 박정희 정권 시절 영호남 갈등이나 지역차별 논란이 심하지 않았을 것"이라고 비판했다.[252]

10) 여성편력

1966년 박정희의 부인 육영수는 당시 방첩부대장인 윤필용에게 다음과 같이 하소연한 적도 있었다. "윤 장군님, 이건 절대로 여자의 시샘에서 하는 이야기가 아닙니다. 각하께 여자를 소개하면 소개했지 왜 꼭 말썽이 날만한 탤런트들을 소개합니까?"[253] 한 중정부 직원은 박정희의 시중을 들기 위한 '마담'이 200명 가량 있었다고 증언했다. 안가에서 술자리 모임이 생기면 이 중에서 면접을 통해 접대여성을 선발했다고 한다. 또한 당시 중정 의전과장이었던 박선호의 증언에 따르면 '대통령의 여인' 중 수십명이 1980년대에도 일류 연예인으로 활동했다고 한다. 박정희의 술자리 여인으로는 이미 유명해진 기성배우보다는 20대 초반의 연예계 지망생을 더 선호하였다고 한다. 그 중에는 유수한 대학의 연예관련학과 재학생도 있었다고 주장했다. 박선호가 구해 온 여자들은 먼저 경호실장 차지철이 심사했다. 차지철은 박선호에게 『돈은 얼마든지 주더라도 좋은 여자를 구해 오라』고 투정을 부리곤 했다. 그래서 대통령의 채홍사란 중정 의전과장보다도 경호실장 차지철에게 붙여져야 할 이름이었다고 평했다.[254] 김재규 중정부장의 변호사였던 안동일 변호사는 김재규가 "박정희를 접대하기 위한 여성의 수가 200명을 넘었으며 그 중 가수 심수봉 등 연예계 종사자가 가장 많았다."고 했다. 육영수는 취한 박정희와 부부싸움을 하다가 얼굴에 심한 멍이 들었다고 한다.[255][256][257] 차지철의 심사에 이어 여인들은 술자리에 들어가기전에 경호실의 규칙에 따라 보안서약과 함께 그날의 접대법을 엄격하게 교육받았다고 하는데 우선 '그 자리에 참석했던 사실을 외부에 발설하면 안된다', '술자리에 들어가면 대통령을 비롯해서 고위인사들의 대화내용에 관심을 표하지 말아야 한다' 등이며 특히 '대통령이 말을 걸어오기전에 이쪽에서 먼저 응석을 부리지 말아야 한다' 등이라고 하며 박선호와 한 중앙정보부 직원 등이 같이 증언하였다.[255] [256][257]

11) 사생아 존재 여부에 대한 의혹

영화배우 문병옥(문일봉)은 1991년 한 여성지와의 인터뷰에서 "1962년 만찬장에서 박 대통령을 처음 만나 딸 하나를 낳았고 이후 1970년대 초반까지 관계를 유지, 서울 중구 순화동 집에서 딸 둘을 더 출산했으며 친딸 여부를 확인할 수 있는 박대통령의 친필 편지 3통이 있다"고 말했다. 1995년 「박정희 대통령·육영수 여사 숭모회」 상임부회장 이순희가 『각하의 명예를 회복하겠다』며 문병옥을 찾아나서 한 암자에서 스님이 된 문씨를 만나 기사내용이 허위라는 각서를 받아냈다고 주장했다. 이순희는 법정에 제출한 각서에 『박정희 대통령에 대한 불명예스런 기사를 싣게 한 것을 속죄하는 뜻으로 숭모회에 순화동의 23평짜리 땅을 기증하겠다』고 썼다. 문병옥이 승려가 된 탓에 비어있던 순화동 집을 차지한 이순희는 1995년 문병옥을 상대로 소유권이전등기 청구소송을 냈다.

1997년 6월 「박정희 대통령·육영수 여사 숭모회」 상임부회장 이순희가 문병옥을 상대로 낸 사자에 대한 명예훼손 고발사건에 대해 서울지검 동부지청이 『입증할만한 증거가 없다』며 문병옥에 대해 무혐의 처리했다.[258] 1999년 대법원은 "문병옥의 각서는 친필로 볼 수 없다"고 판결을 내렸다.[259]

12) 사후 영향력

박정희 정권 때 산업화의 노력에 주력한 세대는 대한민국의 '산업화세대'로 불리기도 한다. 박정희 정권을 '개발독재'라는 표현도 쓰이고 있다.[260] 국가주도의 산업화과정에서 한국 사회에 재벌계층이 등장했으며 IMF 구제금융사건 이후 재벌, 관치금융, 정경유착에 대한 비판이 등장했다. [205] 한일회담의 과거사문제 등으로 이후에도 한일 외교관계에 악영향을 끼치고 있다.[261] 그린벨트 정비와 새마을운동 정책으로 서울을 비롯한 대도시의 인구집중을 방지하는 한편 환경보전에 긍정적인 결과를 낳았다. 이후 1999년 김대중 정권이 들어서면서 '개발제한구역 제도개선방안'이라는 명칭으로 그린벨트가 훼손되기 시작하였고 그 이후 시민의 권익증진을 우선하는 정책이 경쟁적으로 나오면서 환경보전 정책은 더욱 후퇴되었고 무분별한 개발로 농촌에도 악영향을 끼치게 되었다.[262] 국무총리로 재임 중이었던 최규하는 박정희 사후 1979년 12월 6일 통일주체국민회의에서 대통령으로 선출되어 민주주의에 대한 기대로 서울의 봄을 맞이하였으나 육군 소장인 전두환이 12·12 군사반란을 일으키고 집권 후에는 박정희와 차별을 두었다. 전두환은 차별성을 부각시키기 위해 헌법에서 소위 "5·16 혁명정신"에 관련된 사항을 삭제하였으며 통일주체국민회의를 폐지하고 하나회 계열에 부정적인 공화당 실세들을 권력형 비리혐의와 연관하여 제거하였고 박정희의 시대를 부정과 부패, 비리의 시대로 규정하고 자신들은 정의사회 구현을 추구한다고 선언하였다. 1972년 여의도에 조성한 5·16 광장의 명칭을 여의도 광장

(지금의 여의도공원)으로 바꾼 것 또한 이 때의 일이다.[263] 전두환 정부는 '핵개발 포기선언', 노태우 정부는 '한반도 비핵화선언'을 했다. 또 월남전 파병에 대한 논란이 있다. 한국군 현대화의 긍정적 평가도 있는 반면 미국의 패배로 끝난 베트남전 당시 한국군을 파병하여 '경제개발을 대가로 피를 헐값에 팔아 넘겼다'는 비판도 있다.[13]

구 공화당과 유신정우회 출신 중 일부는 부정축재혐의로 제거되었으나 일부 정치금지법에 제한되지 않은 구 공화당과 유정회 인사들은 1981년 1월 한국국민당을 창당하여 박정희 정권의 경제성장을 정치적 유산으로 삼아 명맥을 이어갔다. 원내 제1당을 목표로 한 국민당은 몰락했으나 1987년 전두환 정권에 반발하여 6월 항쟁이 일어난 후 노태우 민주정의당 대표의 6·29 선언으로 대통령 직선제가 다시 실시되었고, 전두환 정권에 의해 정치활동금지법에 묶였던 일부 공화당계 인사들이 풀려나면서 김종필의 신민주공화당을 중심으로 다시 결집하였으나 1987년 대통령 선거에서 패배했다. 1990년 3당합당을 통해 거대 여당인 민주자유당으로 탄생되었으나 당내의 통일민주당의 김영삼계 정치인들과의 갈등으로 탈당한 인사들은 또다시 공화계 주축으로 독립된 자유민주연합을 창당하였다. 이후 자유민주연합은 'DJP연합'으로 국민의 정부를 탄생시켰으나 2006년 자유민주연합은 해체되고 일부는 한나라당에 흡수되었다. 박정희의 친딸인 박근혜 한나라당 전 대표 역시 박정희 사후 육영재단과 정수장학회 등을 운영하다가 1998년 한나라당 국회의원으로 정치를 시작하였으며 상당기간동안 한나라당의 유력 대선후보로서 정치계의 주목받는 정치인으로 활동하고 있으며 이명박 정부가 들어선 후 친이명박계와의 갈등으로 이후 친박연대를 창당한 인사들의 지지를 받고 있다. 한편 박정희의 셋째 딸인 박서영 역시 1997년 한나라당에 입당했고 2008년부터 한나라당 충북선거대책위원회 위원장을 지내는 등의 행보를 보였다. 새로 창립된 민주공화당의 총재 허경영은 자신이 박정희의 비밀 정책보좌관이었다고 주장하며 '제2의 박정희'를 자칭하였다. 그러나 그는 공직선거법 위반, 명예훼손 혐의 등으로 구속기소되어 1년 6개월의 형기를 마치고 지난 2009년 7월 출소했다.[264] 2007년 17대 대통령 선거 당시 정동영 대통합민주신당 후보는 "고 박정희 전 대통령의 과학기술입국을 과학기술강국의 시대로 이끌어내겠다"는 발언을 하였는데 이외에도 "박 전 대통령이 독재하고 억압했지만 미래 먹거리와 관련해 고민했던 것만은 인정하지 않을 수 없다", "박 전 대통령이 씨뿌리고 가꾼 것을 토대로 다음 단계로 도약해야 한다"는 발언을 통해 박정희 대통령 지지자들에게 자신에 대한 지지를 호소하였다.[265][266] 노무현 정부는 지방분권정책을 추진하면서 신행정수도 이전을 강조하였는데 이와 관련해 2005년 당시 노무현 대통령은 "1970년대 후반에 박 대통령이 계획하고 입안했던 것을 이제와서 실천하고 있는 것"이라며 "적어도 행정도시에 관한 한 박정희 정부의 업적을 제가 충실히 계승하고 있다고 생각하니까 느낌이 좀 묘하다"고 발언하였다.[267] 이명박 대통령이 발표한 '세종시 수정안'을 둘러싸고 한나라당의 친이계와 친박계가 충돌했다.

친이계와 김영삼은 연일 영남지역주의와 박정희 집권기를 비판하며 친박계를 공격했고 대구경북을 비롯한 한나라당 지역의 정치권과 친박계는 반발했다.

박근혜가 세종시 원안고수를 강력히 주창하는 데는 행정수도이전과 지역균형발전이라는 '선친의 유훈(遺訓)'의 영향이 있었을 것이며 세종시 문제는 이명박 대통령과 박정희 전 대통령의 충돌이라는 평가도 있다.[268]

13) 기타

박정희는 조선민주주의 인민공화국의 국가 주석 김일성으로부터 증금강산 선녀도와 동봉된 김일성 친필 명함, 청자목문(靑磁牧文) 항아리를 선물로 받았다.[269] 이 선물들은 2009년 1월 공개되었다. 경상북도 구미시가 박정희 기념행사를 열어 논란을 일으켰다.[270] 하순봉 전 국회의원은 박정희가 대한민국의 핵무기개발에 주력하였다고 주장하였다.[271]

한국에서 근무한 적이 있던 한 일본인 외교관이 자신의 저서에서 대일본제국 최후의 군인이 죽었다고 평하였다.[272][273][274] 박정희는 집안의 강요에 의해 김호남과 결혼했으나 한국전쟁이 발발하자 이혼했고 그 이후 육영수와 결혼했다. 이 당시 박정희의 슬하에는 14살의 딸 박재옥이 있었다. 박정희는 육영수와 결혼하기 직전에 이화여대생(원산 루시여고 출신)인 이현란과 약 3년간(48년~50년 초) 동거하는 사실혼 관계였다고 한다. 박정희가 여순사건에 연루되어 감옥생활을 하는 사이에 둘 사이가 멀어졌다. 둘 사이에는 아들이 있었으나 얼마 안되어 죽었다. 이현란은 바로 재혼하고 김호남 역시 재혼하였다.

14) 역대 선거결과(선거명 직책명 대수 정당 득표율 득표수 결과 당락)
제5대 대통령 선거 대통령 5대 민주공화당 46.6% 4,702,640표 1위
제6대 대통령 선거 대통령 6대 민주공화당 51.4% 5,688,666표 1위
제7대 대통령 선거 대통령 7대 민주공화당 53.2% 6,342,828표 1위
제8대 대통령 선거 대통령 8대 민주공화당 99.9% 2357표 1위 단독후보
제9대 대통령 선거 대통령 9대 민주공화당 99.9% 2377표 1위 단독후보

15) 박정희 대통령의 가족
1부인: 김호남(金好南, 1920년 ~ 1990년[277], 1950년 11월에 박정희와 이혼)
2부인: 이현란, 이혼
3부인: 육영수(陸英修, 1925년 11월 29일 ~ 1974년 8월 15일, 1950년 12월에 박정희와 결혼)
장녀: 박근혜(朴槿惠, 제18대 대통령 (1952년 ~)
차녀: 박근령(朴槿永, 박서영, 1954년 ~)
아들: 박지만(朴志晩, 1958년 ~)
자부: 서향희(1974년 ~)
손자: 박세현(2005년 ~)

16) 문화에 나타난 박정희

(1) 문학

조갑제, ≪내 무덤에 침을 뱉어라≫, 박정희 일대기 형식[278]
이인화, ≪인간의 길≫ [279]
김진명, ≪무궁화 꽃이 피었습니다 1, 2≫
백무현, ≪만화 박정희≫, 박정희에 대한 만화
허경영, ≪무궁화 꽃은 지지 않았다≫

(2) 드라마(괄호 안은 박정희를 연기한 배우)

1987년 - ≪욕망의 문≫, KBS2(이진수)
1989년 - ≪무풍지대≫, KBS2(신종섭)
1989년 - ≪제2공화국≫, MBC(이진수)
1990년 - ≪야망의 세월≫, KBS(정욱)
1990년 - ≪여명의 그날≫, KBS(백준기)
1993년 - ≪제3공화국≫, MBC, 김상민 - 소년 박정희 역
1993년 - ≪제3공화국≫, MBC, 홍경인 - 청소년 박정희 역
1993년 - ≪제3공화국≫, MBC, 이창환 - 청년 박정희 역
1993년 - ≪제3공화국≫, MBC, 이진수 - 장년 박정희 역
1995년 - ≪전쟁과 사랑≫, MBC, 이진수
1995년 - ≪제4공화국≫, MBC(이창환)
1995년 - ≪코리아게이트≫, SBS(독고영재)
1998년 - ≪삼김시대≫, SBS(이창환)
1998년 - ≪야망의 전설≫, KBS(정욱)
2003년 - ≪야인시대≫, SBS(이창환)
2004년 - ≪영웅시대≫, MBC(독고영재)
2005년 - ≪제5공화국≫, MBC(이창환)
2009년 - ≪김수환 추기경에 관한 마지막 보고서≫ 평화방송 드라마

(이창환)

2013년 - ≪대한민국 정치비사≫, MBN(이창환)

(3) 영화(괄호안은 박정희를 연기한 배우)

1995년 - 무궁화 꽃이 피었습니다, (이균식)[280]

2004년 - 효자동 이발사, (조영진[281])

2005년 - 그때 그 사람들, (송재호)

2006년 - 잘 살아보세, (이창환)

민족과 운명[282] (김윤홍)

2012년 12월 - ≪퍼스트레이디-그녀에게≫(감우성)

(4) 주요 저서

≪우리 민족이 나아갈 길≫

≪민족의 저력≫

≪민족중흥의 길≫

≪국가와 혁명과 나≫

≪조국근대화의 지표≫

≪지도자의 길≫

≪한국 국민에게 고함≫

≪연설문집≫

≪수기집-나의 어린 시절≫[17]

17) 주석

이동 ↑ 조갑제, ≪내 무덤에 침을 뱉어라1: 초인의 노래≫(조선일보사, 1998) 318~320쪽 참조.

이동 ↑ '박정희 공원' 논란 신당동 집 42년전에 무슨 일이… 조선일보, 2013년 06월 17일

이동 ↑ 박정희 기념관을 반대하는 이유 한겨레, 2000년 11월 15일

이동 ↑ 아시아·아프리카 20개국 70명 "한국은 우리가 본받을 모델"

이동 ↑ "한국 산업 앞선 경험 배우러 왔죠" 왕양 中 광둥성 당 서기 방한
이동 ↑ 오방색 걸친 상처입은 산하 "개발의 잔혹함 그리고 싶었다"
이동 ↑ "60년 최대 성과는 산업화" 56% 경향신문 2008. 8
이동 ↑ 박정희 바로 세우기 세계일보, 2009년 10월 16일
이동 ↑ 역대 최고 대통령에 박정희 압도적 1위 아시아경제, 2008년 8월 14일
이동 ↑ 김재중 기자. ""성장·개발 향수 떨쳐내고 민주주의로 나아가야"", 《경향신문》, 2009년 10월 26일 작성. 2009년 11월 19일 확인
이동 ↑ 정운현 기자. "징용자 목숨값 담보 정치자금 챙겨 굴욕적 회담 막후엔 만주인맥 포진", 《오마이뉴스》, 2004년 8월 29일 작성, 2009년 11월 19일 확인
이동 ↑ 월남전 파병은 정당했다 세계일보 2006-06-29
↑ 이동: 가 나 김정곤 기자. "파병논란 아직도 현재진행형", 《한국일보》, 2005년 4월 27일 작성, 2009년 11월 19일 확인
이동 ↑ 김헌식 기자. "'아이리스'에 비친 한국인의 핵무기 열망", 《데일리안》, 2009년 10월 22일 작성, 2009년 11월 19일 확인
이동 ↑ 인용 오류: <ref> 태그가 잘못되었습니다; .EB.AF.B8.EC.88.98라는 이름을 가진 주석에 제공한 텍스트가 없습니다
↑ 이동: 가 나 다 (박정희의 생애) "내 무덤에 침을 뱉어라!"....(82) 조선일보
↑ 이동: 가 나 다 라 마 바 [박정희의 생애] "내 무덤에 침을 뱉어라!"...(74) - 1등 인터넷뉴스 조선닷컴
이동 ↑ 인용 오류: <ref> 태그가 잘못되었습니다; EC.A1.B0.EA.B0.91.EC.A0.9C라는 이름을 가진 주석에 제공한 텍스트가 없습니다
↑ 이동: 가 나 [박정희의 생애] "내 무덤에 침을 뱉어라!"....(77) 조선일보
↑ 이동: 가 나 다 라 마 바 사 아 자 차 카 타 파 하 거 너 더 러 머 버 서 어 저 처 박정희 대통령 기념사업회

↑ 이동: 가 나 다 라 [박정희의 생애] "내 무덤에 침을 뱉어라!"...(75) 조선일보 1998.01.06일자

↑ 이동: 가 나 다 사이버 박정희 대통령 홈페이지 (대구사범학교 입학)

↑ 이동: 가 나 [박정희의 생애] "내 무덤에 침을 뱉어라!"........(89) 조선일보 1998.01.22

이동 ↑ 청년 박정희

↑ 이동: 가 나 강준만, ≪한국현대사산책: 1960년편 1권≫(인물과사상사, 2004) 121쪽 참조.

↑ 이동: 가 나 다 "박정희, 독립군 토벌" 출판업자 무죄 확정 한겨레 2009년 02월 08일자

↑ 이동: 가 나 다 "박정희, 독립군 토벌" 책 출판 무죄 확정 한국일보 2009년 02월 09일자

이동 ↑ '독립군 토벌한 박정희' 역사서 명예훼손 무죄 경향신문 2009년 02월 08일자

이동 ↑ 박정희가 정말 독립군을 토벌했는가≪데일리안≫

↑ 이동: 가 나 이경원 기자. ""만주국 위해 犬馬의 충성" 박정희 혈서 신문 공개", ≪국민일보≫, 2009년 11월 6일 작성, 2009년 11월 6일 확인

이동 ↑ http://news.hankooki.com/lpage/society/200911/h2009112722030221950.htm

이동 ↑ http://www.chogabje.com/board/view.asp?C_IDX=26517&C_CC=AC

이동 ↑ http://article.joinsmsn.com/news/article/article.asp?total_id=7785547&cloc=olink%7Carticle%7Cdefault

이동 ↑ 청년 박정희, 박정희 대통령 인터넷기념관

이동 ↑ 친일 조사대상서 박정희 뺄 수도 있다, ≪오마이뉴스≫, 2004.07.22.

이동 ↑ 김하영 기자. "박정희(다카키 마사오) 간도특설대' 기고 실은

<말>지 피소", ≪프레시안≫, 2006년 4월 28일 작성. 2009년 11월 19일 확인

이동 ↑ 박정희(다카키 마사오)의 일본군 병적기록 60년만에 '햇빛' - 오마이뉴스 2005-02-02

↑ 이동: 가 나 2010년 <월간중앙> 7월호, -누구나 박정희를 알지만 누구도 박정희를 모른다.- 내용 발췌

↑ 이동: 가 나 강준만, ≪한국현대사산책:1960년대편 1≫ (인물과사상사, 2006) 125페이지

↑ 이동: 가 나 문명자, ≪내가 본 박정희와 김대중≫ (월간 말, 1999) 66-67페이지

이동 ↑ "가상토론 박정희 조갑제 진중권 만나다" 동아일보 2006년 12월 6일자

이동 ↑ http://100.naver.com/100.nhn?docid=865542

이동 ↑ [기고] 인구·경제력·자치권 동시 위축 :: 네이버 뉴스

이동 ↑ 인쇄하기 : 한겨레21

이동 ↑ 국민공통 교육과정 '국사' 교과서 P.121

이동 ↑ 중위 진급 한달 뒤 일제패망에 낙담 해방 이듬해 패잔병 몰골 귀국선 타 :: 네이버 뉴스

↑ 이동: 가 나 다 대통령과 '창씨개명', ≪오마이뉴스≫, 2002.9.2.

↑ 이동: 가 나 박정희의 일본식 이름은 왜 두개였나, ≪세계일보≫, 2006.08.09

이동 ↑ 조선총독부 및 소속관서 직원록

이동 ↑ '박정희 재조명' 날선공방 불붙는다 한겨레, 2004-07-26

이동 ↑ 여제자 이순희씨 증언· 정운현의 '실록 군인 박정희' 78쪽

이동 ↑ 2010년 <월간중앙> 7월호, -누구나 박정희를 알지만 누구도 박정희를 모른다.- 내용 발췌

이동 ↑ 송남헌 저, <해방 3년사>, 1985년

이동 ↑ 조희연 저서 참고

이동 ↑ 인용 오류: <ref> 태그가 잘못되었습니다; autogenerated15라는 이름을 가진 주석에 제공한 텍스트가 없습니다

이동 ↑ 조희연, ≪박정희와 개발독재시대≫35페이지

이동 ↑ 日軍내 韓人 투쟁지침 알리는 전단 첫 공개 :: 네이버 뉴스

이동 ↑ 만주군 중위 박정희, '비밀광복군' 둔갑

이동 ↑ 누구나 박정희를 알지만 누구도 박정희를 모른다③

이동 ↑ 장교의 군번은 성적순으로 결정되는데 이는 대한민국 국군 역사상 시종일관 동일하며 외국의 군대 역시 장교는 성적순으로 군번이 결정된다.

↑ 이동: 가 나 다 박정희 대통령 인터넷기념관

이동 ↑ http://news.naver.com/main/read.nhn?mode=LSD&mid=sec&sid1=100&oid=047&aid=0001980664 "박정희 동거녀 이현란, 아들 낳았다"

이동 ↑ 박태균, "한국전쟁", pp.149-150, 2005

이동 ↑ 한국언론의 세대교체 ◆브레이크뉴스◆

↑ 이동: 가 나 기자 趙 甲 濟 의 세 계 : Cho Gab-Je The Investigative Reporter's World

↑ 이동: 가 나 다 라 [박정희의 생애] "내 무덤에 침을 뱉어라!" (66) - 조선닷컴 인물

이동 ↑ [박정희 생애] 제6부 쿠데타 연습-이승만제거계획(3) - (184) - 1등 인터넷뉴스 조선닷컴

↑ 이동: 가 나 다 [박정희 생애] 제6부 쿠데타 연습-이승만제거계획(2) - (183) - 조선닷컴 인물

↑ 이동: 가 나 다 라 마 박정희 대통령 전자도서권 - 도서관 프로필

↑ 이동: 가 나 다 라 마 바 정운현, "'박정희 리스트'로 고구마 캐듯 수사 - [실록 '군인 박정희'-친일과 좌익의 기록 3] 누가 살려줬나", ≪오마이뉴스≫, 2004년 8월 12일 작성. 2008년 7월 15일 확인

- ↑ 이동: 가 나 다 김교식, ≪다큐멘터리 박정희 2≫ (평민사, 1990) 114페이지
- 이동 ↑ http://news.donga.com/3/all/20101118/32678104/1
- ↑ 이동: 가 나 다 라 동아일보 매거진::신동아
- 이동 ↑ 송건호 ≪송건호 전집:20 역사에서 배운다≫(한길사, 1996) 295페이지
- 이동 ↑ http://www.dailian.co.kr/news/news_view.htm?id=173801&sc=naver&kind=menu_code&keys=1
- ↑ 이동: 가 나 다 라 김희선 의원, 의성김씨 본관 찾다 실패 동아일보 2004-08-17일자
- ↑ 이동: 가 나 박정희, "국회에 불을 확 질러버리고싶었다" - 조갑제 닷컴
- 이동 ↑ 영시의 햇불-박정희대통령 따라 7년(김종신, 한림출판사, 1966) 145페이지
- 이동 ↑ "황족의 품위가 말이 아니오"
- 이동 ↑ '박정희 축출' 다짐했던 미국, 베트남 파병대가로 정권보장 신동아 2004년 02월호(통권 533호)
- 이동 ↑ 동아일보 매거진::신동아
- 이동 ↑ 국가정보원 부일장학회 헌납 및 경향신문 매각에 따른 의혹 조사결과
- 이동 ↑ (http://www.hani.co.kr/section-021075000/2005/07/021075000200507260570082.html 그는 언론이 탐나서 몸부림쳤다 - 한홍구, 한겨레21)
- 이동 ↑ http://www.dailian.co.kr/news/news_view.htm?id=68945
- 이동 ↑ http://www.dailian.co.kr/news/news_view.htm?id=121046
- 이동 ↑ (http://www.ohmynews.com/NWS_Web/view/at_pg.aspx?CNTN_CD=A0001658416&CMPT_CD=P0000 "전 대위, 국회의원 출마 안하겠나" 박정희의 전두환 총애, 이유 있었다)
- 이동 ↑ (http://www.donga.com/docs/magazine/shin/2004/01/29/20040129050

0021/200401290500021_4.html 동아일보 매거진::신동아)

이동 ↑ (http://news.naver.com/main/read.nhn?mode=LSD&mid=sec&sid1= 103&oid=262&aid=0000001606 나가사키 화교 음식 '뽄'이 한국에 있는 까닭)

이동 ↑ (http://news.naver.com/main/read.nhn?mode=LSD&mid=sec&sid1= 103&oid=081&aid=0000082190 자장면 원조 '공화춘'- 서울신문 2006. 03.17)

이동 ↑ 영시의 햇불-박정희 대통령 따라 7년(김종신, 한림출판사, 1966) 178페이지

↑ 이동: 가 나 영시의 햇불-박정희 대통령 따라 7년(김종신, 한림출판사, 1966) 179

이동 ↑ 영시의 햇불-박정희 대통령 따라 7년(김종신, 한림출판사, 1966) 183페이지

이동 ↑ 영시의 햇불-박정희 대통령 따라 7년(김종신, 한림출판사, 1966) 224

이동 ↑ 영시의 햇불-박정희대통령 따라 7년(김종신, 한림출판사, 1966) 221페이지

이동 ↑ 영시의 햇불-박정희 대통령 따라 7년(김종신, 한림출판사, 1966) 224페이지

↑ 이동: 가 나 다 이병주, ≪그해 5월 3≫(한길사, 2006) 122페이지

이동 ↑ 조선민주주의 인민공화국에 의한 한반도통일

이동 ↑ 인용 오류: <ref> 태그가 잘못되었습니다;
.EA.B7.B8.ED.95.B45.EC.9B.943라는 이름을 가진 주석에 제공한 텍스트가 없습니다

↑ 이동: 가 나 경향신문 1963년 09월 28일자 정치, 1면

이동 ↑ 조선민주주의 인민공화국에 의한 한반도통일

↑ 이동: 가 나 동아일보 1963년 10월 2일자 정치, 1면

↑ 이동: 가 나 다 라 동아일보 매거진::신동아
↑ 이동: 가 나 발굴-현대사 뒷모습
이동 ↑ 여순사건 박정희씨 무관 경향신문 1963년 10월 4일
↑ 이동: 가 나 이미륵과 에르하르트 그리고 곤노 - munhwa.com
이동 ↑ 박정희 - Daum 백과사전
이동 ↑ 김진주 기자. "지역주의와 인종주의", ≪프로메테우스≫, 2005년 1월 31일 작성, 2009년 11월 19일 확인
이동 ↑ 이기형 ≪여운형 평전 (역사인물찾기 5)≫(실천문학사, 2009) 464페이지
이동 ↑ [만물상] 박정희와 KIST - 1등 인터넷뉴스 조선닷컴
↑ 이동: 가 나 다 라 "학생들이 정치깡패의 자리에 들어섰다" - 조갑제
↑ 이동: 가 나 다 라 마 박정희-존슨 회담과 월남파병 - 조갑제
이동 ↑ 미, 65년 '독도 한·일 공동소유' 제안 :: 네이버 뉴스
이동 ↑ 42년전 한일 독도밀약의 실체는.... :: 중앙일보 뉴스
이동 ↑ 美 "독도 한일 공동소유하라", 박정희 "있을 수 없는 일" :: 네이버 뉴스
이동 ↑ 한일문서로 밝혀진 박정희 정권 비화 '전모'
이동 ↑ 징용자 목숨값 담보 정치자금 챙겨 굴욕적 회담 막후엔 만주인맥 포진
이동 ↑ "한일협정 뒷거래 박 정권은 매국정권 5년간 일본기업에 6600만불 제공받아"
이동 ↑ '독도문제', 밀약파기가 유일한 해결책이다
이동 ↑ 한일협정 체결 5개월 전 '독도밀약' 있었다
↑ 이동: 가 나 다 라 弔辭/朴正熙가 李承晩에게 - 조갑제
↑ 이동: 가 나 다 라 마 박정희와 개발독재시대 (조희연 저, 역사비평사, 2007) 92페이지
이동 ↑ HOME > 인간 박정희 > 박정희 대통령 > 경력

이동 ↑ 경향닷컴 | Kyunghyang.com
이동 ↑ 김충식,『정치공작사령부 남산의 부장들 1』(동아일보사, 1992), 296쪽.
이동 ↑ "박정희 정부, 유신선포전 北에 2차례 미리 알렸다"
이동 ↑ 기자 趙 甲 濟 의 세 계 : Cho Gab-Je The Investigative Reporter's World
이동 ↑ "박정희 정부, 유신선포전 北에 2차례 미리 알렸다"
↑ 이동: 가 나 다 라 전재호, ≪반동적 근대주의자 박정희≫(책세상, 2000) 82쪽 참조.
↑ 이동: 가 나 전재호, ≪반동적 근대주의자 박정희≫(책세상, 2000) 82~83쪽 참조
이동 ↑ 한국근현대사사전, 한국사사전편찬회 엮음, 2005.9.10, 가람기획
이동 ↑ http://www.seoul.co.kr/news/newsView.php?id=20091026001012
이동 ↑ http://news.donga.com/3//20090511/8730218/1
↑ 이동: 가 나 김정렴이 그가 쓴 책 ≪최빈국에서 선진국 문턱까지≫에서 언급. 이고운 기자. "박정희의 경제정책 18년, 생생한 증언", 2006년 8월 23일 작성, 209-5-12 확인
이동 ↑ 원로가수 남상규, 박정희 전 대통령이 쓴 시로 노래 만들어
이동 ↑ [박정희의 생애] "내 무덤에 침을 뱉어라!" (9) - 1등 인터넷뉴스 조선닷컴
이동 ↑ <외교안보> 미국이 박정희 피살의 배후?
이동 ↑ MBC 이제는 말할 수 있다(1999년 11월 7일)방송분
이동 ↑ donga.com[뉴스]-[나의 삶 나의 길]<34>20일의 휴직
이동 ↑ 세정신문-한국대표 조세정론지
이동 ↑ 복지한국연대 > 자료와 토론 > 세금이야기- 박정희 정부와 부가가치세 논쟁
↑ 이동: 가 나 다 라 마 바 사 아 자 차 카 타 파 하 거 박정희를 넘어서

(한국정치연구회 저, 푸른숲, 1998) 130페이지
- 이동 ↑ 강준만, <<한국현대사산책>> 1970년대편 3권, 179-180쪽
- 이동 ↑ 단상의 외교사절 보면 커가는 한국 보인다- 중앙일보 뉴스
- 이동 ↑ [박정희의 생애] "내 무덤에 침을 뱉어라!" (21) - 조선닷컴 인물
- 이동 ↑ 대통령 따라 출렁거린 한·미 관계 30년- 중앙일보 뉴스
- 이동 ↑ 전기 ≪박정희≫(12권-45장, 주한미군 철수 저지 공작의 내막), 조갑제 著
- 이동 ↑ [서울신문] "박정희 前대통령 말년 개헌 뒤 하야하려 했다"
- 이동 ↑ "박정희 대통령, 개헌 뒤 하야하려 했다" - 1등 인터넷뉴스 조선닷컴
- 이동 ↑ ≪북조선 악마의 조국≫(박갑동, 서울출판사, 1997) 253~254페이지
- 이동 ↑ 기자 趙甲濟 의 세 계 : Cho Gab-Je The Investigative Reporter's World
- 이동 ↑ 강성재, ≪김영삼과 운명의 대권≫(도서출판 더불어, 1992) 114페이지
- 이동 ↑ 강성재, ≪김영삼과 운명의 대권≫(도서출판 더불어, 1992) 133페이지
- ↑ 이동: 가 나 다 라 마 바 김진국, ≪www.한국현대사.com≫ (민연, 2000) 229페이지
- 이동 ↑ 강준만 ≪한국현대사산책:1960년대편 1≫ (인물과사상사, 2006) 268페이지
- 이동 ↑ 김교식, ≪다큐멘터리 박정희3≫ (평민사, 1990) 222페이지
- 이동 ↑ 이상우, ≪박정권 18년: 그 권력의 내막≫ (동아일보사, 1986) 102페이지
- ↑ 이동: 가 나 「www.한국현대사.com」(김진국, 민연, 2000) 229페이지
- ↑ 이동: 가 나 「www.한국현대사.com」(김진국, 민연, 2000) 230페이지

↑ 이동: 가 나 몽양 여운형선생 기념사업회

이동 ↑ 관광 자원학(김병문, 백산출판사, 2000)

이동 ↑ 역대 대통령과 종교

↑ 이동: 가 나 [박정희의 생애] "내 무덤에 침을 뱉어라!"....(76) 조선일보 1998년 01월 07일자

이동 ↑ 불국사-석굴암, 1만원권 지폐모델 계획 있었다, 불교 포커스

이동 ↑ 1만원권 원래 도안은 석굴암, 한겨레경제

이동 ↑ 1만원권 지폐 변천사, JOINS 뉴스

↑ 이동: 가 나 다 담론의 발견(한길사, 2006) 622

↑ 이동: 가 나 고종석, 히스토리아 (도서출판 마음산책, 2003) 380페이지

이동 ↑ 한국은행, <<주간 내외경제>> 864호, 1978, pp.1~5

이동 ↑ 이상 내용 2004년 4월 11일 <이제는 말할 수 있다> - 투기의 뿌리 강남공화국 및 장상환, 「해방 후 한국자본주의 발전과 부동산 투기」, <<역사비평>> 2004년 봄호, 2004 참조

↑ 이동: 가 나 기자 趙甲濟의 세계 : Cho Gab-Je The Investigative Reporter's World

이동 ↑ 국사편찬위원회 국민공통과정 국사교과서 p.153

이동 ↑ 김정렴, ≪아, 박정희≫(중앙 M&B, 1997) 167쪽 참조

이동 ↑ 박정희 自國중심주의, 美세계전략과 충돌 - 김대중, 북핵문제 놓고 시각차 '이념갈등' - munhwa.com

↑ 이동: 가 나 다 라 마 바 사 아 자 차 카 한미동맹 50년(차상철 저 생각의나무 2004) 34페이지

이동 ↑ http://news.naver.com/main/read.nhn?mode=LSD&mid=sec&sid1=100&oid=001&aid=0004609027

이동 ↑ 일, 한일청구권 계산시 징용배상 고려 안해YTN 2013년 2월 20일자

이동 ↑ http://news.naver.com/main/read.nhn?mode=LSD&mid=sec&sid1=

103&oid=020&aid=0000259832
- 이동 ↑ 저우언라이 중국 국무원총리는 조선민주주의 인민공화국에 우호적이었고 대한민국에 적대적인 편이었다. 이는 당시 중공의 지도부들도 마찬가지
- ↑ 이동: 가 나 다 김달중, ≪한국의 외교정책≫ (오름, 1998) 58페이지
- ↑ 이동: 가 나 다 "실록 박정희시대(30), 자위에서 자주로," 『중앙일보』 (1997년 11월 2일)
- 이동 ↑ 중앙일보 기사, "실록 박정희시대" 1997년 10월 26일, 29일, 11월 2일, 11월 5일자 참조.
- 이동 ↑ 하영선, 『한반도의 핵무기와 세계질서』(서울: 나남, 1991)
- 이동 ↑ Peter Hayes, "The Republic of Korea and the Nuclear Issue," Pacific Focus VII: 1(Spring 1992), pp. 23-25 참조
- ↑ 이동: 가 나 다 피터 헤이즈, 『韓國の核兵器開發』, 世界, 1992, 12.
- 이동 ↑ 노재현, ≪청와대 비서실 2≫ (중앙일보사, 1993) p.68
- ↑ 이동: 가 나 다 라 김교식, ≪다큐멘타리 박정희≫ (평민사, 1990) p. 223
- 이동 ↑ 1960년대 후반에서 1970년초 부터 비밀리에 추진하고 있었다.
- ↑ 이동: 가 나 다 라 박정희를 넘어서(한국정치연구회 저, 푸른숲, 1998.03.01) 131페이지
- 이동 ↑ 차상철, ≪한미동맹 50년≫(차상철 저 생각의나무 2004) 34페이지
- 이동 ↑ 노재현, ≪청와대 비서실 2≫(중앙일보사, 1993) p. 87
- 이동 ↑ JOINS | 아시아 첫 인터넷 신문
- ↑ 이동: 가 나 "책갈피속의 오늘" 1965년 전투병 베트남 파병 의결
- 이동 ↑ 김수행, ≪박정희 체제의 성립과 전개 및 몰락≫, 서울대학교출판부, 2007
- 이동 ↑ 조갑제, ≪내 무덤에 침을 뱉어라 1: 초인의 노래≫(조선일보사, 1998) 354~355쪽
- 이동 ↑ "한국은 2차대전 후 독립국 중 가장 성공한 나라" 대한민국 정

책포털, 2008-09-02
- 이동 ↑ 기자 趙 甲 濟 의 세 계 : Cho Gab-Je The Investigative Reporter's World
- 이동 ↑ '민청세대' 이해찬 "박정희의 경제발전 功 알게 됐다" : 네이버 뉴스
- 이동 ↑ [박前대통령 서거 30주기] ③이만섭 前의장 인터뷰 - 1등 인터넷뉴스 조선닷컴
- 이동 ↑ 국사편찬위원회 국민공통과정 국사교과서 p.186 '근 현대의 경제'
- 이동 ↑ [서울신문] "박정희 독재자라지만 경제성장 지금 덕봐"
- 이동 ↑ 좌승희 "박정희 경제모델 재평가해야" :: 네이버 뉴스
- 이동 ↑ donga.com[뉴스]-"새마을운동 해외에서는 호평"
- 이동 ↑ 개발제한구역, 조종 울리다
- 이동 ↑ mk 뉴스 - 반기문 유엔 사무총장 빈곤국 개발에 새마을운동 활용을
- ↑ 이동: 가 나 다 라 마 바 토드 부크홀츠, ≪죽은 경제학자의 살아있는 아이디어≫, 이승환옮김 (김영사) 15쪽 아시아의 붕괴
- 이동 ↑ (http://www.heraldbiz.com/SITE/data/html_dir/2006/08/23/200608230012.asp 김정렴 책 '최빈국에서 선진국 문턱까지' 소개기사)
- 이동 ↑ 노회찬 "경제개발 5개년계획, 박정희야말로 사회주의자"
- 이동 ↑ 홍준표 "좌파정책이면 어때"
- 이동 ↑ [http://news.naver.com/main/read.nhn?mode=LPOD&mid=tvh&oid=214&aid=0000069332 안익태, 박정희 등 '친일명단' 발표]
- ↑ 이동: 가 나 다 라 마 YS 단독인터뷰-"DJ가 1년6개월 동안 내 뒷조사 해, 그러나 용서…" 시사온 2009년 10월 24일자 기사
- ↑ 이동: 가 나 김준하씨 "尹대통령, 5·16세력과 내통 안했다" 동아일보 2002년 7월 9일자
- 이동 ↑ 보수의 '5·16 예찬'에 손학규·진중권 '쓴소리' 경향신문 2011

년 5월 15일
- 이동 ↑ 홍성태, 박정희 개발독재의 파괴적 유산, 월간 말, 2005년 3월호, pp.122~127
- 이동 ↑ 강준만, 박정희 신드롬을 해부한다, <인물과 사상> 1999년 2월호, 인물과사상사, pp28~43
- 이동 ↑ http://news.naver.com/main/read.nhn?mode=LSD&mid=sec&sid1=101&oid=018&aid=0000274517
- 이동 ↑ http://news.naver.com/main/read.nhn?mode=LSD&mid=sec&sid1=100&oid=047&aid=0000052438
- 이동 ↑ 통계로 본 대한민국 60년의 경제사회상 변화 - 통계청
- 이동 ↑ [서울신문] [10·26 30주년] 산업화·독재의 功過 넘어 '박정희 리더십' 재평가
- 이동 ↑ 조석곤, 박정희 신화와 박정희 체제, 창작과 비평 2005년 여름호, pp 272 ~ 286
- 이동 ↑ 조현연, 청산해야 할 박정희 독재통치 18년과 '인간 박정희', 기독교사상 2004년 9월호, pp.34~45
- 이동 ↑ 강준만, 박정희 신드롬을 해부한다, <인물과 사상> 1999년 2월호, 인물과사상사, pp.28~43
- 이동 ↑ 백낙청 교수 "박정희는 한국경제 발전의 유공자"
- 이동 ↑ 백낙청 "박정희관련 글, 보수신문이 한 면을 너무 부각"
- 이동 ↑ 박정희 시대를 재는 잣대, 하나로만 가능한가 동아일보, 2007-08-21
- ↑ 이동: 가 나 러시아 GDP 폭발성장… 세계 10위 껑충 - 조선닷컴
- 이동 ↑ donga.com[뉴스]-KIST에 '박정희 과학기념관' 추진
- 이동 ↑ 24 HOUR NEWS CHANNEL ::::: YTN (와이티엔)
- ↑ 이동: 가 나 주간한국 : 팔순 맞은 YS는 좌파의 숙주인가
- 이동 ↑ 친이, 세종시 공방속 박정희 공격

- 이동 ↑ http://www.516.co.kr/opinion.asp
- 이동 ↑ Searching the Market to find the Best Deals on Insurance
- 이동 ↑ 세상을 밝히는 자유언론 - 프리존뉴스
- 이동 ↑ 노컷뉴스
- 이동 ↑ 박정희 서거 30주년에 즈음하여
- 이동 ↑ 역대 대통령 호감도, 박정희-노무현 '팽팽' 뷰스앤뉴스 2010년 6월 17일
- 이동 ↑ 박정희 향수' 흐릿… MB 신뢰도 하락 때문? 경향신문 2010년 9월 24일
- 이동 ↑ 국민 53% "국가발전 기여한 대통령은 박정희, 충청일보, 2009년 8월 26일
- 이동 ↑ 전현직 대통령들이 다시 대선에 나온다면? 노컷뉴스 2011년 5월 12일
- 이동 ↑ '20세기 아시아인물 20인' 박정희 전 대통령 올라 (1999-08-16)
- 이동 ↑ 前 경제수석이 말하는 `경제부국 시나리오`··`박정희는 어떻게 경제강국 만들었나`
- 이동 ↑ 독일 교과서 "60년대 빈국서 한강의 기적 이뤘다"
- 이동 ↑ mk 뉴스 - 리콴유 그가 눈앞 이익만 좇았다면 현재의 대한민국 없었을 것
- 이동 ↑ 김정일 "노태우 김영삼은 나라망친 대통령"
- 이동 ↑ 에즈라 보겔 "통일돼도 일본과 1대1 대결 어려워"
- 이동 ↑ 박정희 정부의 선택, 기미야 다다시, 후마니타스
- 이동 ↑ 믿을 수 있는 인터넷 언론 CNBNEWS
- 이동 ↑ http://www.dailian.co.kr/news/news_view.htm?id=123227
- ↑ 이동: 가 나 "김형욱 '대통령 지면 윤보선 암살' 명령" : 사회 : 인터넷한겨레
- 이동 ↑ 한승동 기자. "권위주의 세력이 지역주의를 창조했다", ≪한겨

레 신문》, 2009년 7월 17일 작성, 2009년 11월 19일 확인
- 이동 ↑ "[분수대 흑색선전]"
- 이동 ↑ 지역감정의 극한 대결, 말초심리 자극선동, 1971년 4월 30일, 동아일보
- 이동 ↑ 세종시는 MB vs 박정희?
- 이동 ↑ 조갑제,『유고! ①』(한길사, 1987), 20쪽
- 이동 ↑ 박정희 X-파일, 여자관계에서 '기자박치기'까지
- ↑ 이동: 가 나 궁정동 안가 불려간 여성 200명 넘었다
- ↑ 이동: 가 나 박정희 거쳐간 '궁정동 여성'은 200여명
- ↑ 이동: 가 나 법원 녹취록
- 이동 ↑ 1997년 6월 25일 한국일보 기사
- 이동 ↑ http://news.naver.com/main/read.nhn?mode=LSD&mid=sec&sid1=102&oid=038&aid=0000037696 10년소송끝 집 되찾아
- 이동 ↑ 박정희 전 대통령 서거 30주년...개발독재, 필연인가 선택인가
- 이동 ↑ "한・일회담서 과거사청산 못한 건 반공논리 탓"
- 이동 ↑ '녹색성장 원동력, 그린벨트 벽 허물기 그린벨트
- 이동 ↑ 전재호, 《반동적 근대주의자 박정희》(책세상, 2000) 112~113쪽
- 이동 ↑ PD저널
- 이동 ↑ http://mbn.mk.co.kr/news/newsRead.php?vodCode=286139&category=mbn00006
- 이동 ↑ 노컷뉴스
- 이동 ↑ First-Class 경제신문 파이낸셜뉴스
- 이동 ↑ 세종시는 MB vs 박정희?
- 이동 ↑ 박정희 대통령이 김일성 주석에게서 받은 선물은? 스포츠투데이 2009년 10월 18일
- 이동 ↑ 박정희 전대통령 '탄신' 기념행사 논란
- 이동 ↑ 김성환 기자. ""박정희, 81년 핵무기 공개 후 전격 하야 할 생각

이동 ↑ 이었다"", ≪한국일보≫, 2010년 11월 8일 작성, 2010년 12월 1일 확인
이동 ↑ 강준만 ≪한국현대사산책:1960년대편 1≫ (인물과사상사, 2006) 268페이지
이동 ↑ 김교식, ≪다큐멘터리 박정희3≫ (평민사, 1990) 222페이지
이동 ↑ 이상우, ≪박정권 18년: 그 권력의 내막≫ (동아일보사, 1986) 102페이지
이동 ↑ 명문풍수지리학회 :: 네이버 카페
이동 ↑ 박정희의 일가에서는 박한생이 19세에 죽었다고 한다. 하지만 빨치산 부대장 출신의 최태환은 박한생이 청소년기에 죽은 것이 아니라, 월북하여 조선민주주의 인민공화국의 고위 간부인 박광선이 되었을 수도 있다는 설을 제기하였다.
이동 ↑ [박정희의 생애] "내 무덤에 침을 뱉어라!" (100) - 1등 인터넷뉴스 조선닷컴
이동 ↑ 내 무덤에 침을 뱉어라
이동 ↑ 인간의 길
이동 ↑ 단역이었다.
이동 ↑ 조영진이 맡은 배역은 '통치자'였다. 이 통치자의 이름은 영화 안에서 전혀 언급되지 않으나 영화 내용상으로 볼 때, 통치자는 박정희를 나타낸다.
이동 ↑ 조선민주주의 인민공화국의 영화

〈참고자료〉

강준만, ≪한국 현대사 산책: 1960년대편 1권≫,≪한국 현대사 산책: 1970년대편 1권≫(인물과사상사, 2004)

김정렴, ≪아, 박정희 - 김정렴 정치 회고록≫(중앙M&B, 1997)

김성진, ≪박정희 시대≫(조선일보사, 1994)

김종신, ≪박정희 대통령과 주변사람들≫(한국논단, 1997)

김형아, ≪박정희의 양날의 선택≫(일조각, 2005)

박봉현, 《박정권 19년을 해부한다》(고려출판사, 1991)
박정희, 《한국 국민에게 고함》(동서문화사, 2005), 《국가와 혁명과 나》(향문사, 1963),《하면 된다! 떨쳐 일어나자》(동서문화사, 2005),《나라가 위급할 때 어찌 목숨을 아끼리》(동서문화사, 2005)
전재호, 《반동적 근대주의자 박정희》(책세상, 2000)
오원철, 《박정희는 어떻게 경제강국 만들었나》(동서문화사, 2006)
유원식, 《5·16 비록 혁명은 어디로 갔나》(인물연구소, 1987)
이석제, 《각하, 우리 혁명합시다》(1995, 서적포)
이한빈, 《일하며 생각하며: 이한빈회고록》(조선일보사, 1996)
정재경, 《한민족의 중흥사상-박정희 대통령의 정치철학》(신라출판사, 1979), 《박정희 사상 서설: 휘호를 중심으로》(집문당, 1991), 《박정희 실기-행적초록》(집문당, 1994)
조갑제, 《내 무덤에 침을 뱉어라1: 초인의 노래》(조선일보사, 1998), 《박정희의 마지막 하루》(월간조선, 2006)
홍하상, 《주식회사 대한민국 CEO 박정희》(2005, 국일미디어)
조희연, 《박정희와 개발독재시대》(역사비평사, 2007)
진중권, 《네 무덤에 침을 뱉으마 1, 2》(개마고원, 1998)
최상천, 《알몸 박정희》(사람나라, 2001)
허경영, 《무궁화 꽃은 지지 않았다》(한강사, 2000)
전인권, 《박정희 평전: 박정희의 정치사상과 행동에 관한 전기적 연구》(이학사, 2006)
이만섭, 《5·16과 10.26: 박정희 김재규 그리고 나》 (나남, 2009)
원본 주소 "http://ko.wikipedia.org/w/index.php?title=박정희&oldid=11550500"
링크 편집, 이 문서는 2013년 11월 10일 (일) 00:20에 마지막으로 바뀌었습니다.[10]

---

10) http://ko.wikipedia.org/wiki/박정희(2013.11.11)

제2장 박정희 대통령의 비판과 평가

1. 박정희를 왜 부활시키려는가

"박정희 프레임으로 미래를 운영했다가는 국가적 재앙을 맞을 것이다." 어느 전문가가 작년 말 모 매체와의 인터뷰 때 한 말이다. 박근혜 후보가 대통령이 되어서는 안되는 그 나름의 이유를 말한 것이었는데, 그 말이 점점 더 현실로 다가오는 것 같아 생각만 해도 가끔은 섬뜩해진다. 이제 보니 대통령이 안되었을 사람이 정보기관과 군의 선거개입으로 대통령이 된 것 같은 생각마저 든다. 시작부터 박정희 프레임 아닌가.[11]

그는 경제학자로서 경제적인 재앙을 염려했다. 아버지의 '독재프레임' 만을 배운 박 대통령이 '산업화시대'에 대한 향수와 박정희식 개발정책에 대한 미련을 못 버리고 전근대적인 사고빙식으로 미래경제를 이끌어 나간다면, 그리고 박정희 명예회복에 대한 집념으로 무리수를 둔다면 그 끝은 결국 파국일 수밖에 없기 때문이다. 지극히 도식적인 창조경제가 창조성을 발휘할 리 없다.

시작한지 몇 달도 채 지나지 않았는데 공무원들은 창조성보다는 여기 저기 창조라는 포장지를 두르기 바쁘다. 재벌에 창조경제를 구걸하고 있다. 행복기금, 행복주택, 행복연금이 난무하지만 '행복'은 이미 허울 뿐인 정치적 접두사가 된지 오래다. 돈 안드는 전세, 돈 안드는 대학, 여기 저기 돈 안든다는 정치구호는 난무하지만 돈 안드는 것도 별로 없다. 목돈 안드는 전세정책은 이미 거짓으로 판명났고 반값 등록금도 물 건너 간지 오래다. 노인연금과 4대 중증질환 의료보험 약속, '맞춤복지'도 돈

---

[11] [이동걸 칼럼] 박정희를 부활시키려는가. 등록 : 2013.11.10 19:03 수정 : 2013.11.10 19:03, 이동걸 동국대 경영대 초빙교수

안드는 쪽으로 맞추었으니 약속이 지켜질 리 없다. '경제살리기 경제민주화'는 경제를 살리지도 민주화시키지도 못하고 있다. 재벌의 부당한 기득권을 다 용인해주고 비대해질대로 비대해진 재벌에 기대어 경제를 살리겠다니 애시 당초 정치구호일 수밖에 없는 것이었다. 그래도 경제라도 살아나면 좋겠는데 경제는 살아날 기미가 안 보이고 서민경제는 점점 더 어려워지기만 한다. 40년전에 이미 사고의 성장이 끝난 사람들, 1930년대에 태어나서 1960년대에 박정희 밑에서 공직을 시작했고 지금 80을 바라보는 속칭 '신386세대'라고 불리는 사람들이 박정희의 딸 주변을 둘러싸고 40년전 박정희식으로 이 나라의 미래를 그린다고 한다. 거기에 시대를 넘나들며 5년짜리 정권의 입맛맞추기에만 능숙한 공무원들이 색칠을 해댄다. 그런 경제정책이 무슨 창조성을 갖겠으며 어찌 20년, 30년 뒤 우리 국가경제를 먹여 살리겠는가. 정치적 재앙은 경제적 재앙보다 훨씬 빨리 오고 있다. 새마을운동이 국가재건운동으로 부활하고 유신독재를 칭송하는 소리, 박정희를 찬양하는 기도소리가 여기저기서 터져 나오고 있다. 군, 정보기관, 경찰, 검찰은 공작정치와 강압통치의 수단이 된 것 같고, 여당의원은 정권을 비판하는 국민들에게 "반드시 대가를 치르게 하겠다"고 협박을 서슴지 않는다. 헌법상 보장된 정당을 자기들 마음에 들지 않는다고 해산시키겠다고 달려든다. 새누리당이 요즘 하는 짓을 보면 박정희 시대의 임명직 국회의원들인 유신정우회와 별반 다를 바가 없다. 박 대통령은 이제 선거에서 이겼으니 더는 가식의 외투를 입고 있을 필요가 없다고 생각하는 것 같다. 완력으로 하면 되니까.

  50~60대 이상 노년층의 정치적 지지가 아직 절대적이고 탄탄한데 뭐가 걱정이냐고 생각하는 것 같다. 이제 내가 정권을 잡았으니 아버지의 한을 풀고 명예를 회복해야겠다는 거겠지. 그러나 박정희를 끄집어내는 것은 군대용어로 박정희를 '확인사살'하는 것이라는 걸 알아야 한다. 나라경제도 함께 죽인다는 것을 알아야 한다. 50~60대 이상이 가진 산업화시대의 향수와 박 대통령에 대한 지지는 현실에 대한 불안감 때문에 생

긴 반작용의 결과일 뿐이다. 대통령 주변에서 박정희의 부활을 부추기는 사람들이 원하는 것은 국물이란 것을 알아야 한다. 박 대통령이 박정희를 끄집어 낼수록 박정희가 허구라는 것이 증명될테고 박 대통령은 박정희를 증명하겠다는 초조한 마음에 더욱 무리수를 둘 것이다. 그러나 역사의 심판은 두려운지 역사를 왜곡하려 든다. 박정희를 죽이고 박근혜는 죽고 국가는 재앙만 맞을 뿐이다.[12)13)]

2. 대덕의 40년과 미래의 40년

연구단지 뒷얘기, 박정희 대통령 시해전날도 대덕현장을 찾아, 정부출연연구기관 설립자는 박정희 대통령이다. 박 대통령은 과학기술발전에 대한 의지를 가진 지도자가 되길 원했다. 문만용 KAIST 교수는 회고담에서 "박정희 대통령이 KIST와 연구계약을 독려하자 일부 기업이 '대통령뜻에 호응한다'며 마치 정치자금처럼 과제를 지정도 하지 않고 연구비를 청와대에 맡긴 사례도 있었습니다"라고 말했다.

차 바꾸고 싶은데 내 차 팔면 얼마? 설립자가 `박정희`여서 어려움도 겪었다. 박정희 대통령이 시해된 뒤 차기 정권들이 연구단지에 대해 선언적이고 원칙적인 지지를 보냈지만, 실제 지원은 줄었기 때문이다. 대덕연구단지는 1992년이 돼서야 완공됐다. 사실 박정희 대통령은 시해전날인 1979년 10월 25일에도 대덕연구단지 건설현장을 찾았다. 이날 오전 충북도청 초도순시를 마치고 충남으로 이동하던 중 갑작스레 대덕연구단지관리사무소(연구단지건설 종합상황실)를 방문했다. 공식 예고나 특별한 경호없이 비서실장과 경호실장만 데리고 들이 닥쳤다. 당시 서정만 관리사무소장은 공저 `과학대통령 박정희와 리더십`에서 그날의 기억을 이렇게 더듬었다. "박 대통령은 상황실에 들어와 주빈석에 앉을 생각도

---

12) 이동걸 동국대 경영대 초빙교수
13) http://www.hani.co.kr/arti/opinion/column/610505.html#13841106717211&if_height%3D176
 (2013.11.11)

〈1976년 박정희 대통령이 연구소에 선물한 휘호석. 국방의 초석이란 말이 담겨 있다.〉
자료: http://www.etnews.com/news/economy/education/2861181_1491.html
 (2013.11.11)

하지 않았다. 곧바로 상황실 중앙연구단지 조감도 앞으로 가서 선채로 현재 입주완료한 연구소와 건설상황을 확인했다. 그런 뒤 과학자와 그 가족들이 불편함이 없도록 해야 할 부분에 대해 집중적으로 질문했다. 주택과 자녀교육문제, 초등학교 시설 등 후생복지문제를 챙기셨다."

그때만 해도 해외유치 과학자와 가족들 불편이 이만저만 크지 않았다. 대표적인 것이 화장실이었다. 학교에 수세식 변기가 설치되지 않아 자녀들이 학교서 공부하다 말고 2~3시간씩 집에 다녀오곤 했다. 처음엔 연구장비도 제대로 갖춰지지 않았다. 박정희 대통령 시해 이후 사정은 더 나빠졌다. 미국 아이오와대학에서 박사 후 연구원으로 지내다 1979년 귀국해 핵연료개발공단에 근무한 장인순 전 한국원자력연구원장은 "장비와 부품을 다른 연구소서 빌려쓰다 서울 청계천으로 눈을 돌렸다"며 "청계천에서는 비행기나 탱크의 조립도 가능하다는 말 그대로 당시 공구상가가 밀집해 있어 연구를 위한 재료가 많았다"고 회고했다. 박정희 대통령의 연구단지 애착이 그대로 드러나는 대목도 있다. 1973년 대덕연구단지가 처음 연구학원도시로 지정 고시됐지만 건설사업은 지지부진했다. 사업주체인 과학기술처가 대형 국책사업을 해본 적이 없는데다 부처의 권력서열이 높지 않아 소위 `영`이 서지 않았다.

　1976년 대덕을 찾은 박정희 대통령은 이런 현실을 목격하고 불같이 화를 냈다. 오원철 당시 청와대 경제2 수석비서관은 "보고를 받던 대통령이 `오수석 당신이 하시오`라면서 청와대로 건설사업을 이관할 것을 그 자리서 지시했다"고 말했다.14)15)

3. 김동호 목사 '박정희 추모예배, 권력에 아첨하는 행동'

　높은뜻 연합선교회 김동호 목사가 지난달 25일 열린 박정희 대통령 추모예배에 대해 일침을 가했다. 그는 이 예배에 대해 "말이 예배지, 권력에 아첨하는 행동"이라며 '바보스런 짓'이라고 맹비난했다.16) 지난 7일 김 목사는 CBS 크리스천 NOW에 출연해 이같이 말했다. 김 목사는 "교회지도자들이 돈과 권력을 숭배하며 교인들 위에 군림하고 교인들은 분별력없이 목사를 따라가고 있는 게 한국교회"라고 지적하며 박 전 대통령의 추모예배가 가능했던 한국교회 분위기에 대해 개탄했다. 그는 34

---

14) 박희범 기자 | hbpark@etnews.com
15) http://www.etnews.com/news/economy/education/2861181_1491.html(2013.11.11)
16) 강수경 기자 | ksk@newscj.com2013.11.10 10:45:10[천지일보=강수경 기자]

년동안 가만히 있다가 박근혜 정부가 들어선 첫 해에 박 전 대통령의 추모예배를 하는 것은 누가 봐도 권력에 아부하는 행동이라고 설명했다.

또 박 전 대통령의 영정사진과 관련해서도 "신사참배를 방불케 한다"고 목소리를 높였다. 또 추모예배 당시 원미동교회 김영진 원로목사가 설교로 언급한 "한국은 독재해야 한다. 하나님도 독재하셨다. 무조건 하나님께 순종하라고 했다"는 내용에 대해서는 크게 분노했다. 김 목사는 "'하나님도 독재했다'는 말은 어불성설"이라며 "하나님의 정치는 절대 독재가 아니다"고 강조했다. 이어 그는 하나님이 독재를 하지 않았다는 근거를 댔다. 김 목사는 "독재는 기본적으로 백성에게 자유를 주지 않는데, 하나님의 자신을 거부할 수 있는 자유까지 사람들에게 허락했다"고 설명했다. 또 독재는 자신의 정권을 유지하기 위해 사람들을 억압하고 죽이지만 하나님은 피조물이며 죄인인 인간을 위해 오히려 죽었다고 덧붙였다.17)18)

4. 박정희 대통령이 다소 다른 시대를 살았으면 무엇을 하고 살았을까요?

1917년 11월 14일 ~ 1979년 10월 26일까지 생존기간이라 만61년 11개월 12일을 생존하였습니다.19)

박정희 대통령의 주요 생애는 다음과 같습니다.
1. 만20세(1937년) : 대구사범학교 졸업 및 박호남과 결혼과 함께 문경공립보통학교(現 문경초등학교) 교사로 부임
2. 만23세(1940년) : 문경공립보통학교(現 문경초등학교) 교사 사임 및 만주군관학교 입학
3. 만25세(1942년) : 만주군관학교 졸업 및 일본육군사관학교 편입

---

17) 뉴스천지
18) http://www.newscj.com/news/articleView.html?idxno=213415(2013.11.11)
19) 세계제왕 | 2013-11-02 14:09 | 조회 39 | 답변 1

4. 만27세(1944년) : 일본육군사관학교 졸업 및 만주군 소위 임관
5. 만28세(1945년) : 제2차세계대전에서의 일본패전 및 광복과 함께 만주군 해체로 만주군 병적에서 삭제
6. 만29세(1946년) : 귀국 후 한국광복군에 입대
7. 만33세(1950년) : 김호남과 이혼 후 육영수와 결혼
8. 만36세(1953년) : 한국군 육군준장에 진급하여 장군이 됨
9. 만40세(1957년) : 한국군 육군소장에 진급
10. 만44세(1961년) : 한국군 육군소장 신분으로 쿠데타(5.16군사정변)를 일으켜 성공하여 국가재건최고회의의장으로 집권
11. 만46세(1963년) : 대한민국 대통령에 취임
12. 만62세(1979년) : 김재규 중앙정보부장이 쏜 총탄에 맞아 암살

오늘날 2010년대 대한민국에서 박정희 前 대통령의 주요 생애처럼 아예 살수 없는 게 다음과 같습니다.

1. 만20세(1937년) 당시의 일

☞박정희 前 대통령 당시처럼 고등학교 수준의 사범학교에서 초등학교 교사를 양성하지 않고 4년제 교육대학에서 초등학교 교사를 양성하여 빨라도 20대 초반의 끝에야 초등학교 교사가 될 수 있습니다.

2. 만23세(1940년) 당시의 일

☞①박정희 대통령 당시처럼 초등학교 교사 3년 하면 오늘날에는 나이가 서른이 가까운데 그 나이에는 직업군인이 되기에 나이가 딱 걸리는 나이로 사실 그 나이에 초등학교 교사하다가 입대하는 일은 전무합니다.

②박정희 대통령 당시처럼 만주군관학교와 같이 직업군인을 양성하는 학교가 없습니다.

3. 만27세(1944년)

☞박정희 대통령 당시와 달리 대한민국 육군사관학교는 입학연령이 만20세를 넘기지 않아 만24세전후에 졸업하므로 만27세에 졸업하는 것은 불가능합니다.

4. 만36세(1953년)

☞박정희 대통령 당시와 달리 그 나이에는 장교의 계급이 소령이나 중령만 할 수 있는 나이입니다.

5. 만40세(1957년)

☞만36세(1953년) 당시와 같습니다.

6. 만44세(1961년)

☞박정희 대통령 당시와 달리 그 나이에는 장교의 계급이 중령이나 대령만 할 수 있는 나이입니다.

박정희 대통령이 오늘날 같으면 전혀 다른 삶을 살게 되는 데 다음과 같습니다.

1. 초등학교 교사

☞박정희 대통령 당시처럼 병역이 선택 아닌 징병제로서 남자의 경우 교육대학 재학생이나 졸업생도 병역의무를 마친 후 초임용고시를 치러 합격해야만 초등학교 교사가 될 수 있는 데 최소한 나이가 20대 중반은 됩니다.

2. 육군사관학교 입학

☞오늘날 육군사관학교는 만20세까지만 입학이 허용되어 만24세 내외에만 졸업이 가능하므로 박정희 대통령의 만23세 나이에 일본육군사관학교에 입학하는 것은 불가능합니다.

3. 계급별 승진기간

☞장군만 해도 만36세에 될 수 있었는 데 오늘날에는 그 나이에 육군사관학교 출신도 기껏해야 중령진급을 바라보는 정도입니다.

만약 박정희 대통령이 계속 초등학교 교사생활을 하였다면?

☞역사에 가정은 없지만 박정희 대통령이 군인의 길을 걷지 않고 계속 초등학교 교사로 재직하였다면 정년까지 45년동안 초등학교 교사를 하게 되었습니다.

1. 8년 : 1937~1945년(일제시대)

2. 37년 : 1945~1982년(해방 후)

그런데 박정희 대통령이 1979년 10월 26일에 암살되었으므로 원래 생애대로 하면 다음과 같이 42년동안 초등학교교사를 하게 됩니다.

1. 8년 : 1937~1945년(일제시대)

2. 34년 : 1945~1979년(해방 후)

박정희 대통령은 만 62세 나이에 총살되는 팔자인데 교사는 직업적으로 총살될 확률이 전무한 직업인데 평생 초등학교 교사만 하였다면 1979년 10월 26일에 어떠한 방식으로 죽음을 맞이하였을지가 의문입니다.

하늘이 박정희 대통령에게 만62세 나이인 1979년 10월 26일에 총살되는 운명을 정해주었다면 그날 퇴근 후 길에서 운 나쁘게 총맞아(경찰관이 실수로 초등학교 교사 박정희에게 격발하는 등) 죽었을 가능성이 높습니다.

군인으로서의 박정희 대통령이 오늘날 같으면 어떻게 되었을까요?

1. 오늘날 같으면 박정희 대통령이 일본육군사관학교 입학할 때의 나이를 떠나 육군사관학교에 입학할 수 있었을지 의문입니다.

☞박정희 대통령이 키가 작은 사실은 주지의 사실인데 정확한 키는 155~165cm로 여러 설이 있습니다. 오늘날 대한민국 육군사관학교에 입학할 수 있는 최저 신장은 161cm(남자)인데 과거에는 164cm(남자)인 적도 있습니다. 박정희 대통령은 키 제한에 걸려서(일본육군사관학교 입학할 때의 나이를 떠나) 대한민국 육군사관학교에 입학할 수 있었을지가 의문입니다.

2. 설사 박정희 대통령이 키 제한을 간신히 넘어서 육군사관학교에 입학했어도 헌병이나 포병으로 복무할 수 있었을지 의문입니다.

☞박정희 대통령은 만주군 시절 헌병, 한국군 시절 포병으로 복무하였다는 것이 납득하기 어렵습니다. 두 병과는 모두 키큰 군인들이 복무하고 또 키가 커야 복무하는 데 유리한 병과인데 160cm가 넘는지 의문인 박정희 대통령이 이 병과들에서 복무한게 고개가 갸우뚱거릴 정도입니

다. 오늘날 한국군에서도 박정희 대통령이 이 병과들에 복무할 수 있을지 의문입니다. 박정희가 대통령의 권력을 쥐어잡은 가장 큰 영향이 군사적 힘의 세력에 있다고 보네요. 국민의 권력에 가까운 정치세력에서 김대중 김영삼 등 재야세력의 민주 진보적 인물도 우리나라의 잠재적 민주정치의 발전도 가능했을 수도 있는 무시못할 시대의 상황입니다. 박정희가 육군소장에 군사반란의 쿠테타를 일으켜 결국 국민을 군사적으로 다스려 모든 민주세력을 강압하면서 장기집권을 위해 칼을 잡고 권력을 휘두르겠다는 독재, 독선, 독단 등의 주특기는 박정희의 타고난 성격의 모습이라 봅니다.[20][21]

5. 박정희와 전두환

얼마전 큰집에 갔다가 뉴스 보면서 할머니 큰아버지 작은 아버지 뉴스 보면서 하는 말씀이 다 다르더군요.[22] 울아버지는 쿠데타 1212, 5·18에 전두환이 사람 많이 죽였다고, 다른 의견은 큰아버지 할머니는 전두환 때 아니였음 울 아버지 포함 할아버지 중소기업 주임 월급으로 자식 3명 대학 공부시키고 잘 살 수 없을거라고 지금 민주당 행태보면 독재 아니였음 경부고속도로 포항제철 현 포스코 첫 삽도 뜨지 못했을거라고.

전두환 때 잘산 게 박정희가 남기고간 뭐 때문인가요? 박정희 전두환 때 살던 분들이 아직 너무 많은데 민주당은 박정희를 대통령과 엮으려 하나요? 참고로 울 할머닌 박근혜 대통령이 박정희 딸이란 이유로 대통령 지지하고 싶다고 하더군요. 박정희 덕을 전두환 때까지 이어갔나요?

군사정권 끝난 김영삼 때 IMF 등 또 김대중 때 더 서민살기가 어려웠

---

20) 2013-11-04 09:28, 질문자 한마디(세계제왕님), 정말 정말 감사합니다. 많은 도움이 되었어요.
21) http://k.daum.net/qna/view.html?category_id=QFD001&qid=5DSyL&q=%EB%B0%95%EC%A0%95%ED%9D%AC&srchid=NKS5DSyL(2013.11.11)
22) 마구(fx1***) | 2013-09-15 13:21 | 조회 164 | 답변 3

졌다는데 답좀 주세요. 박정희가 우리나라를 발전시킨 것은 맞습니다. 그 과정에서 정격유착도 일어나고 여러 문제점이 있었지만 어쨌든 나라를 발전시킨 공은 무시할 수 없죠. 그래서 박정희란 인물은 위인전을 쓰기 참 애매한 인물입니다. 독립군 때려잡던 일본군 장교니 친일파로 매장되어야 하는데 나라를 발전시켜 지금 일본과 맞설 수 있는 힘을 만들어 준 것도 박정희니까요. 어쨌든 박정희는 과를 빼면 상당히 큰 공이 남는 사람입니다.[23] 반면 전두환은 박정희가 이룬 것을 소비만 한 썩을 놈입니다. 전두환의 잘한 것은 밑의 부하들을 잘 건사했단 거죠. 전두환 부하들은 전두환에게 충성을 다 바치니까요. 문제는 그것이 대한민국이란 나라에서는 참으로 문제덩이라는 거죠. 더욱이 전두환은 자신의 군력을 위해 자주국방을 포기해버립니다. 명색이 장교출인인데요. 쇼파협정을 미국에 이롭게 해서 미군이 어떤 죄를 지어도 우리나라가 처벌 못하도록 만든 것도 전두환입니다. 나라만 안 팔아먹었지, 사실상 매국노나 다름없던 놈입니다. 거기에 나라 돈 자기 주머니에 넣고 29만원 운운하면서 초호화생활을 즐기고 있죠. 아무튼 박정희가 애써 이뤄 놓은 것, 박정희가 미국에 의해 암살당하면서 이룬 것들 다 파괴시키며 자신의 권력과 이득만 챙긴 벌레보다 못한 놈이 전두환이란 겁니다. 그러나 한편으로는 할아버지 할머니께서 말씀하신 거 그대로 믿으면 안되고 박정희는 우리나라 근대화에 대통령으로서의 대권과 특권이 막강했으므로 그렇게 산업발전의 업적을 세뇌화하듯 말할 수도 있습니다.[24]

  몇 안되는 대기업을 정부가 주도적으로 지원하고 근로자는 일요일도 별로 안쉬고 하루 12시간 주야교대로 겨우 밥먹을 정도의 박봉을 주면 기업은 자동으로 성장하여 재벌 대기업으로 성장합니다. 박정희가 창업자금을 많이 줄테니 포항제철을 만들어라 하면 기업총수는 만들어야 하

---

[23] 도깹(parn********) | 답변 25161 | 채택률 62.6%
[24] 2013-09-15 15:31, 질문자 한마디(마구님), 정말 정말 감사합니다. 많은 도움이 되었어요. 행복한허니비 | 답변 693 | 채택률 77.2%

므로 현재 우리나라의 대기업은 이렇게 하여 전두환을 거치며 김영삼 보수정부까지 지내왔지만 무능한 김영삼이가 야합으로 대통령이 되면서 결국 국가부도사태가 발생했었지요. 박근혜는 박정희의 딸이라고 지지하기보다 박정희의 후광 정도겠지요. 이건 영리한 국민들은 잘못이라고, 군사정권은 박정희 전두환 노태우의 3대인데 정치와 경제의 총체적 개념으로 볼 때 우리나라에서 처음으로 김영삼 문민정부의 다음에 개혁적 진보정권이 들어서면서 전반적 분야에서 발전되므로 경제는 물론 국력과 국격이 상승하므로 진보정부의 평가는 좋다는 것이 맞다고 생각됩니다. 김대중은 민주주의와 인권 그리고 대중경제론으로 준비된 대통령이라는 것도 인터넷 기사에서 보았는데 참여정부의 노무현으로 이어진 진보정부까지는 결코 서민살기 어려운게 아니고 더 살기 좋았다는 것이 상식을 아는 국민들은 인정하고 있다고 생각도 됩니다. 한 사회의 경제나 문명은 국제정세라는 큰 흐름의 종속변수입니다.25) 통치자가 불끈해서 머리띠 매고 경제발전하고 싶다고 경제발전이 되는 것이 아니란 이야기죠. 큰 국제정세 흐름속에서 국민들 다수가 좀 잘살아봐야 되겠다고 자각을 하게 되면 그게 에너지가 되고, 정치적인 동력이 됩니다. 그 동력이 국제정세속에서 의미있을 때 문명과 경제력의 꽃이 피죠.

 1960년대 한국전쟁의 폐허에서 부정부패에 좌초되던 대한민국에는 국민들에게는 잘살아보자는 열망이 있었습니다. 2차 세계대전으로 아메리카 대륙을 제외하고는 거의 전 세계 대부분의 지역이 전쟁의 직접적인 피해(전쟁터가 되었다는 이야기죠)를 입었습니다. 그 후에 전후복구 과정에서 전 세계는 미국과 소련을 두 개의 구심점으로 재편됩니다. 이 시절을 이념대결의 시대라고 합니다. 공산주의 진영과 자본주의 진영으로 나뉘어 대결하는 것처럼 보이는 구도입니다. 실상은 미국과 소련이 세계를 나눠서 지배하던 시절이기도 합니다.(시간이 지나면서 이탈하는 나라

---

25) 2013-09-15 21:45, 연포솔섬 | 답변 581 | 채택률 89.1%

들도 생겨납니다만.)

　당시 미국과 소련은 자신들을 따르던 나라들에게 추종하는 대가로 경제적인 여러 가지 지원을 해야만 했습니다. 국가간의 외교에서 무슨 감상적인 이유 따위는 전혀 없습니다. 국가의 이익(경제적인 것 뿐만 아니라 정치적 영향력 같은 것들, 그런데 정치적인 영향력도 결국 돈으로 환원되죠)이 기본이고, 국제관계에서의 공론은 대개 형식적, 절차적 면이 강합니다. 그런 이유로 각국에 전후복구 사업과 기본적으로 경제를 돌리기 위한 여러 가지 지원책을 씁니다. 물론 미국의 전쟁에 피해를 입지 않은 풍부한 생산능력을 지속적으로 회전시키려면, 물량소비처가 필요한 부분도 있었습니다. 그러한 이유로 미국은 다양한 지원사업과 지원책을 자본주의 진영에 폅니다. 그러면서 아시아 국가들을 비롯한 전 세계가 본격적인 산업화시대로 진입합니다. 거기에 한국이 포함되었죠. 이승만 정권시절에는 지금의 아프리카 여러 나라처럼 선진국에서 물자와 돈이 들어오긴 하는데, 어디론가 사라집니다. 부정부패가 극심했습니다.

　당연히 부정부패한 권력이 유능할 수는 없습니다. 이승만 정권의 독재와 부정부패로 인해 4.19혁명이 일어납니다. 모든 혁명은 일사분란하게 일어나지 않습니다.

　혁명 이후에도 일정기간은 수습이 필요하여 당연히 좀 혼란스러울 수밖에 없습니다. 반란사건처럼 사전모의를 거쳐서 실행되는 것이 아니라, 도도한 민심의 큰 줄기에 특정한 사건을 계기로 확산되는 모양을 보이니, 그런 속성을 가집니다. 그 일시적인 혼란을 틈타 박정희가 군사반란을 일으켜 권력을 탈취합니다. 그러한 국내정세속에 한국의 산업화는 다른 나라들보다 늦어집니다. 가까운 아시아의 대만이나 동남아 지역의 여러 나라들보다 한국이 산업사회로의 출발이 늦어진 이유입니다. 박정희 정권의 이런저런 정책을 폈습니다만 경제사정은 갈수록 악화됐습니다.

　월남전 파병(냉정하게 말하면 용병장사였습니다)으로 인한 달러유입이 됩니다. 당시는 한국의 내수시장은 무의미했습니다. 무조건 수출을 해야 하던 시절이죠. 원자재가 없는 한국은 무조건 외화가 필요하던 시절입니다. 이게 한국경제의 종자돈이 됐습니다. 거기에 석유가격 급등(오일쇼크)으로 인한 중동지역의 성장세가 이어지고, 중동지역 건설 붐에 적극적으로 참여하면서 실질적으로 경제발전이 촉발됩니다. 그런 단계를 거쳐 한국은 산업국가로 진입하게 됩니다. 박정희 정권시절에 한국이 본격적으로 산업화된 것은 맞습니다. 정치의 핵심은 집단의 의사결정 기능입니다. 당시(1960년대 이전)의 한국은 좀 혼란스럽고 국가의 중요한 의사결정이 매우 더딘 사회였습니다. 이념이나 정치원칙보다는 그저 인물위주의 사회였고 시스템과 구조에 대한 사회전반의 의식 그리고 신뢰수준이 매우 낮은 수준이었죠. 박정희 정권은 정치적으로 매우 형편없는 군인출신 정권이었습니다. 상황에 맞게 제대로 정치적인 판단을 한 것은 몇 개 없었습니다. 군인들은 상명하복의 문화가 강해서 매우 잘못된 명령이라도 일단 결정되면 강제 실행되는 속성이 있습니다. 당연히 군인 출신들이 정치에 이해도가 낮아서 많은 문제점들이 발생합니다. 그러나 집단의 의사결정에서 잘못된 판단보다 더 안좋은 것은 판단을 유보하거나 판단하지 않기로 결정하는 것입니다.(시행착오의 교훈도 얻을 수도 없고 사회나 집단을 무기력하게 만들죠. 인류문명은 철저하게 시행착오를 통해서 성숙해왔습니다.) 결정을 유보하는 것이 아닌, 결정을 내리는 모습을 많이 보임으로서 사회적으로 무언가 되도록 유도하는 데에는 나름대로 성과를 낸 정권입니다. 그런 것을 이해할만한 인사들은 아니었지만 그런 영향을 끼쳤죠.

    그러나 의사결정에서 그러한 모습을 보인 면은 나름대로 점수를 줄 수 있지만 민주주의 정치제도를 부정하고 독재를 합니다. 정당성없는 통치권을 확립하기 위해 공포정치를 행한 것이죠. 국가기관에 의한 고문 납치 살인 선동 등, 헤아리기 어려운 수많은 일들이 벌어졌습니다. 선거에 불리할 것으로 판단되자, 정권차원에서 특정지역을 분열 고립시키는 작업까지 합니다. 그리고 많은 사람들을 학살하는 지경에까지 이르죠.

또한 그 무지막지한 공포정치를 하다 보니 집권세력의 부정부패는 추정조차 힘들 지경이었습니다. 그 범위와 정도가 잘하려다 생기는 불상사라고 보기에는 너무 크다보니 박정희에 반감과 비판이 시간이 갈수록 커지는 것이죠. 그 공포정치의 피해자들이 평생을 고통스럽게 살다간 또는 살아온 많은 사람들이 현실 세계에 있습니다. 아마 많은 분들은 자신의 일이 아니니까 상관없다 하시겠지만, 이웃 중에 꽤 많은 수의 누군가는 그렇게 억울하게 국가권력기관 등에 유린당하는 삶을 사셨습니다. 생각이 다르고 자신들에게 찬성하지 않는다는 이유로 말입니다. 그 중에 상당수는 그런 것과 상관도 없이 영문도 모르고 잡혀가서 고문을 받고 죽거나 장애가 생기는 경우도 비일비재 했습니다. 빨갱이니 간첩이니 딱지를 붙이고, 그 가족까지 힘겨운 삶을 살았죠.

어디에 하소연할 데도 없이 말입니다. 영화 '도가니'나 '부러진 화살'에서 나오는 사회 부조리는 그 당시에 독재공포정치 시절에 비할 바가 아닙니다. 박근혜와 박정희를 엮는 이유는 간단합니다. 박근혜의 정치적인 자산은 박정희로부터 나오기 때문입니다. 정치적인 유산을 받은 것입니다. 그래서 박정희에게 탄압받았던 사람들과 그 사람들에게 정서적인 공감이 되는 사람들은 박근혜에게도 그 책임을 일부 묻는 것입니다. 상속권이 없는데 책임을 지라고 하면 연좌제가 되겠죠. 또 박근혜가 정치를 하는 이유가 박정희의 명예를 회복하기 위해서라고 하더군요. 그래서 박정희와 박근혜를 엮어서 보는 것입니다.

어떤 사람이 어느 정권에 좀더 잘 살거나 좀더 어려웠던 시절은 있을 수 있죠. 그건 개인적으로 다를 수 있습니다. 또 특정한 정치력있는 사람 덕을 볼 경우도 있고 그렇겠죠. 일명 1997년의 IMF사태는 새누리당 전신인 신한국당이 사고친 것을 김대중 대통령이 수습했습니다.

IMF로 어려웠던 부분은 새누리당에게 따지는 것이 이치에 맞는 이야기입니다. 김대중 대통령의 IMF사태수습은 성공적이라는 것이 국내 뿐 아니라 외국에서도 평입니다. 또한 첨부하자면 다양한 지표상 한국의 전

성기는 참여정부시절입니다. 국내 체감지표로 보자면, 경제성장률에서 물가수준을 뺀 값이 사상 최고였죠. 단지 투기이익에 편승하지 못한 부분에 안타깝게 생각들 하더군요.

1) 경부고속도로(1968-1970)

당시 수출항을 끼고 원자재를 수입해 인근지역에서 가공 조립생산해서 외국에 수출하던 시절에는 부산과 인천이 주요 도시입니다. 트럭도 별로 없고 1년 예산의 10% 정도(추정) 투자해서 고속도로를 놓을 이유가 전혀 없었습니다. 부산-서울의 물류는 철도가 이미 역할을 잘하고 있었고 토목공사 한방에 국가가 흔들릴 사안이었고 마침 중동건설붐 덕에 그 타격을 피해갈 수 있었습니다. 그 경부고속도로의 건설은 당시에 대구 구미 경북이 공단이 들어설 수 있는 기회가 되긴 했습니다. 그게 박정희의 이유였는지도 모르겠습니다. 여하간 1980년대 중반 이후 경부고속도로는 나름대로 의미있는 물류 역할을 합니다. 또 당시 건설업 노하우 습득측면에서 도움도 됐겠고. 그런데 이런 이유 등은 일이 벌어진 다음 부수적으로 활용되는 것이니 따질 일은 아니죠.

2) 포항제철 문제

일본하고 수교문제임과 동시에 대일청구권, 일제강점기 시절에 대한 배상문제입니다. 당시 국제정세를 보면 한국-일본 수교문제는 단순히 두 나라만의 문제가 아니었습니다. 미국의 외교적인 필요가 제일 중요한 이유였죠. 당시 미국에게는 중국이 소련과 갈라서게 하는 것이 중대한 외교적 과제였습니다. 미국과 중국의 외교수립의 전단계로 일본과 중국의 수교가 필요했고, 그 이전 단계로 한국과 일본의 수교가 필요했습니다.

미국의 주선하에 일본이 중국과 수교를 하는 작업을 비밀리에 진행하고 있었습니다. 한-일간 수교를 마무리할 필요가 미국에 있었고 일본은 미국의 입장에 반대할 수 있는 나라가 아닙니다. 당시 일본은 독일과 함께 무서운 경제회복세를 보였습니다. 돈이 넘치던 시절이죠.

한국도 산업화하는 과정에서 일본의 기술과 자본이 필요했습니다. 한-일간의 수교에는 일제강점기에 대한 청구권과 2차 세계대전의 배상문제가 걸려 있었죠. 그것보다 국민들의 반감이 더큰 장애물이겠지만 국가를 운영한다는 입장에서 당시 일본과의 수교가 잘못된 것은 아닙니다.

단지 협상에 너무 서툴렀고 국제정세에 너무 둔감했다는 것이죠. 한국은 2차 세계대전 승전국입니다. 일제 강점기의 피해국입니다. 더구나 미국의 필요에 의해 한일교섭은 일본에게 시급한 문제였습니다. 군부의 박정희 정권은 이러한 외교정세에 둔감한 채 성급하게 한-일간의 외교수립을 합니다. 이러한 협상을 국민들이 반대하는 것은 오히려 협상에 굉장한 이득이 되는 일입니다. 더 많은 협상의 이득을 얻을 수 있기 때문입니다. 반대하는 분들이 그걸 냉철하게 계산하고 반대한다기보다는 정서적인 문제가 이유였겠지만 말입니다.(참여정부에 이라크파병을 비전투병으로 최소규모로 파병을 할 수 있었던 것은 반대하는 사람들의 시위가 일정부분 역할을 한 것처럼 말입니다.)

한국은 매우 불행한 역사도 가졌고 매우 역동적인 역사도 가진 나라입니다. 그것의 한 부분만 볼 수는 없죠. 그러나 과거 반문명적인 사안 즉, 인간의 본질적인 면에 해를 끼칠 경우 공은 무의미해집니다. 강간범이 일을 저지른 다음에 살포시 안아줬다고 다정한 사람이 되는 것은 아닙니다. 나이가 먹어간다는 것은 잘못된 정보지식을 시정할 에너지가 소멸되어간다는 것이기도 합니다. 그것은 자연스러운 것이죠. 그 자연스러움을 극복하는 것이 지성이고 문명이고 그렇습니다.26)27)

6. 만약 1979년에 박정희가 죽지 않았다면?

박근혜 새누리당 대선후보가 '인혁당', '5.16 군사 쿠데타' 등에 관한 발

---

26) 2013-09-16 18:36 | 출처 : 본인작성, Daum Communications
27) http://k.daum.net/qna/view.html?category_id=QFK&qid=5BlUx&q=%EB%B0%95%EC%A0%95%ED%9D%AC&srchid=NKS5BlUx(2013.11.11)

언으로 언론에 자주 나오고 있습니다. 그 이유는 한 나라의 대통령 후보라면 반드시 지녀야 할 올바른 역사관이 정립되지 않았기 때문이라고 봅니다.[28] 박근혜 후보는 MBC 라디오 '손석희 시선집중'에 출연해 박 후보는 "(유신과 5·16의 경우) 그 당시 상황을 봤을 때 만약 내가 지도자였다면, 이런 입장에 있었다면 어떤 선택이나 판단했을까를 생각하며 객관적으로 봐야 하지 않겠느냐? 지금도 논란이 있고 다양한 생각이 있다"며 "그런 부분은 객관적으로 역사가 판단해 나아가지 않겠나. 그것은 역사의 몫이고 국민의 몫"이라고 주장했습니다. 박 후보는 특히 "아버지(박정희 전 대통령)가 '내 무덤에 침을 뱉으라', 그렇게까지 하시면서 나라를 위해 노심초사하셨다"며 "그 말속에 모든 것이 함축돼있다"고 강조했습니다. 그녀의 말을 보면 박정희 대통령이 진정으로 대한민국을 위해 목숨을 바친 사람으로 생각할 수도 있습니다. 그러나 역사가 보여주는 진실은 박근혜 후보의 말과 너무 많은 차이를 보여주고 있습니다.

오늘은 박정희가 과연 나라를 위해 노심초사하면서 떳떳했던 인물인지, 그가 죽었던 1979년 상황을 돌이켜보면서 우리 각자가 함께 생각해보도록 하겠습니다.

1) 1979년의 그 암울했던 경제상황

박정희를 일컬어 산업화를 만든 장본인이라는 칭찬이 있습니다. 어느 정도 그럴 순 있습니다. (그 당시 독재자들이 어느 정도 산업화를 통해 경제력을 키웠던 시대적 상황으로만 본다면) 그러나 그가 죽었던 1979년을 보면 산업화의 장본인, 경제성장의 아버지라는 말이 무색하게 대한민국은 경제난에 시달리던 시기였습니다.[29] 1979년은 서민을 비롯한 자영업자, 중소기업 모두가 힘든 시기였습니다. 6월인데도 벌써 '물가 연말 억제선'이 무너졌다는 기사가 나왔을 정도입니다. 1979년 5월 도매물가

---

[28] 2012/09/14 07:30
[29] 1979년 6월4일자 동아일보 기사

는 10.5%, 소비자물가는 12.3%의 상승률을 기록해 정부가 정해놓은 물가억제선이었던 도매물가 10%, 소비자물가 12%를 모두 넘었습니다. 1978년은 식료품 가격이 올라 물가인상으로 서민이 고통받았다면 1979년은 수입원자재와 공산품까지도 가격이 올라 소상공인을 비롯한 중간계층의 경제가 무너지고 있었습니다.

1979년의 경제상황이 어느 정도 나빠졌는지를 보여주는 지표입니다. 2차 오일쇼크가 왔던 요인도 있지만 석유제품의 가격은 59%, 전력요금은 35%까지 올라가 버렸습니다. 가장 문제가 됐던 점은 바로 부동산투기로 인한 빈부격차가 최고조로 달했다는 사실입니다.

1970년대 하반기부터 불어닥친 부동산투기는 1979년 토지가격을 무려 49%나 급등하게 했고, 이 때문에 집없는 서민들의 삶은 더욱 어려워졌습니다. 박정희가 산업화를 위해 농촌의 인력을 대거 도시로 끌고 와 나라경제를 살렸다고 하지만 실제로 공장에서 일했던 노동자들은 그의 정권 통치기간 내내 소모품으로 살면서 일의 대가조차 받지 못하고 도시 극빈층으로 전락했을 뿐입니다. 박정희의 산업화가 왜 문제인가를 단적으로 보여주는 증거가 바로 재벌만을 위했던 그의 경제정책입니다.

1979년 대한민국 제조업의 출하액을 보면 상위 5대 재벌이 차지하는 비중이 16.3%, 10대 재벌의 경우 22.7%, 20대 재벌이 차지하는 비중이 30.3%였습니다. 대한민국 제조업은 재벌들이 독점하고 있다는 점을 쉽게 알 수 있는데, 이는 박정희가 정경유착을 통해 정치자금을 받고, 이를 통치자금으로 활용했다는 증거로 볼 수 있습니다. 박정희가 1961년부터 잘살아보세를 외쳤지만 18년동안 재벌만 잘살았던 것입니다. 재벌은 특혜금융을 통해 자신들의 재산은 늘렸지만 노동자의 임금과 복지는 아예 생각조차 하지 않아 사회빈부의 격차를 늘려 놓았습니다. 아직도 박정희의 산업화 때문에 잘살게 됐다고 믿는 사람을 보면 '당신이 아닌, 재벌이었다'라고 말해도 무방할 정도로 당시의 경제는 재벌을 위한, 재벌만의 경제정책이었습니다.[30]

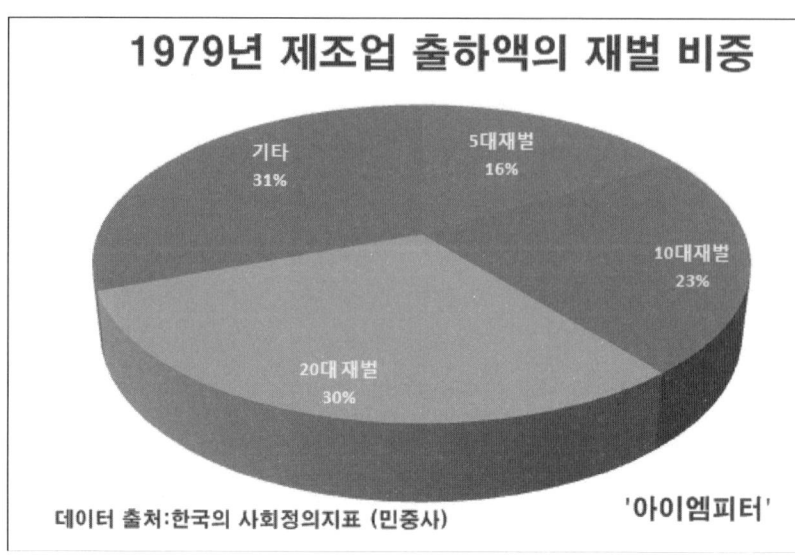

자료: http://impeter.tistory.com/1966?top3(2013.11.11)

　박정희가 중화학공업을 발전시켰다고 자랑하는 사람들은 당시 재벌들이 정부보증을 얼마나 받느냐에 따라 상위 5대 재벌이 되느냐 10대 재벌이 되느냐가 됐다는 사실을 기억해야 합니다. 대재벌들이 자기자본없이 무조건 정부의 금융특혜로 기업을 키웠는데, 당시 중화학산업의 평균 자기자본비율은 22%에 불과했고, 1979년 5월은 총투자규모의 30%가 투자보류 내지는 중지되는 사태까지 발생했습니다. 재벌이 정당하게 기업활동을 했다면 박정희의 산업화가 인정을 받았겠지만 정치자금을 내고 금융특혜를 받으며 기술력보다는 비리를 통해 재산을 늘리면서 정당한 노동자의 권리를 무시한 재벌의 모습은 독재국가에서 발생하는 부정부패에 불과했습니다.

---

30) 1978년에 발생한 삼성조선의 '산업스파이'사건, 삼성조선은 대한조선공사의 설계도와 기밀서류를 빼돌리다 적발됐다(출처:1978년 4월 17일자 동아일보)

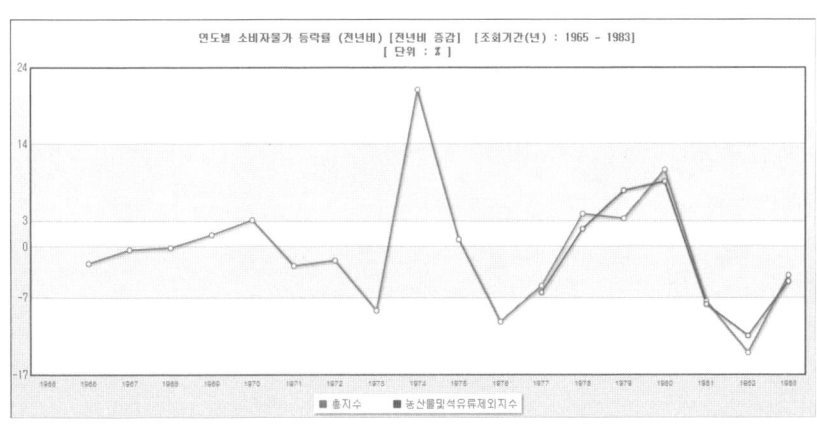

▲ 1965년부터 1983년까지의 물가지수. 출처:통계청
자료: http://impeter.tistory.com/1966?top3(2013.11.11)

1970년부터 급등하기 시작한 물가는 점점 가면 갈수록 서민의 삶을 힘들게 만들었습니다. 여기에 경제성장률은 1976년 14.1%, 1977년 12.2%였다가 1978년 9.7%로 계속 내려갔습니다. 박정희가 사망했던 1979년의 경제성장률은 6.5%였고 국가채무는 200억달러를 넘어 국가부도사태까지 제기될 정도였습니다. 1979년 박정희가 김재규의 총에 죽지 않았어도 그는 결국 국가경제의 부도로 하야했을 정도로 당시 경제는 최악의 상황이었습니다.

2) 1979년 박정희가 죽지 않았다면 대한민국은 어떻게 됐을까?'

박정희의 죽음과 아주 밀접한 관계에 있는 것이 바로 1979년 '부마항쟁'입니다. 이 부마항쟁을 보면 박정희 유신정권의 존재여부와 그가 어떻게 대한민국을 통치했을지를 짐작할 수 있기 때문입니다.

부마항쟁을 김영삼 제명이 가장 큰 원인이라고 하는 사람도 있지만, YH무역 여공의 모습에서 찾아 볼 수 있었습니다. YH무역이 공장문을 달아 기숙사에서 잠자던 여공들이 쫓겨 나와 간 곳이 신민당사였습니다. 노동자들이 정치를 통해 유신독재의 경제정책 결과인 배고픔을 탈출하

자료: http://impeter.tistory.com/1966?top3(2013.11.11)
▲ 농성중이던 YH여공들의 구호와 신민당사에서 경찰에 끌려나가는 여공들, 경찰의 진압과정에서 김경숙이 숨졌다.

고자 했지만 박정희는 이를 용납하지 않았습니다. 박정희는 노동자가 야당과 연대하여 자신을 위협하는 것을 막기 위해 신민당사를 공격했고 경찰진압과정에서 숨진 YH노동자 김경숙의 죽음을 언론에 보도하지 못하게 했습니다. 배부른 돼지가 낫다고 하면서 박정희의 산업화를 칭송하는 이들은 당시 배부른 돼지는 서민이 아닌 재벌 뿐이었고, 대한민국 노동자와 서민은 굶주림과 인권을 보장받지 못하는 노예였다는 사실을 절대 알고 싶지도, 알려고도 하지 않고 있습니다. 이와같이 1979년의 경제상황을 말한 이유는 박정희가 만든 경제허상의 실체를 국민이 인식하고 반발하는 시점이 1979년이었다는 점을 알리기 위해서였습니다. "특히 고도성장정책의 추진으로 빚어진 수없는 부조리, 그중에서도 재벌그룹에 대한 특혜금융이 기업주 개인의 사욕을 채우기에 급급했으며 특수권력층과 결탁하여 시장을 독점함으로써 시장질서를 교란시켜 막대한 독점이윤을 거두어 다수의 서민대중의 가계를 핍박케 했다. 그 뿐만 아니었다. 정부나 기업은 보다 많은 수출을 위하여는 저임금 외의 값싼 공급은 없는 것으로 착각하고 터무니없이 낮은 생계비 미달의 지불, 극심한 소득분배의 불균형 때문에 야기된 사회적 부조리를 상기해 보라!"31) 김영상의 제명 이후 불거진 부마항쟁은 유신이라는 정치적 독재상황도 중요했지만 당시 대다수 국민의 삶이 더는 참을 수 없을 정도로 피폐해졌다는 점도 원인으로 봐야 합니다.32) 재벌과 박정희 산업화의 노예로 전락했던 국민이 경제허상을 자각하고 일어서는 시점에서 박정희는 부마항쟁을 단순히 위수령과 비상계엄령 등의 무력통치로 진압할 수 있으리라 자신했습니다. 그러나 당시 중앙정보부장 김재규는 이것이 그동안 일어났던 학생운동과 본질에서 차원이 다른 사태라는 점을 파악했습니다. "가혹한 처벌에도 불구하고 국민 특히 학생들의 유신체제에 대한 저항은 더욱 거세어졌고, 급기야 부산, 마산사태로까지 발전하였던 것입니다. 부마사태는 그 진상이 일반국민에게 잘 알려지지 않았지만 굉장한 것이었습니다. 특히 부산에 직접 내려가서 상세하게 조사하여 본 실정에 의하면 민란의 형태라고 합니다.

예컨대 불순세력이나 정치세력의 배후조종이나 사주로 일어난 것이 아니라 시민이 데모대원에게 음료수와 맥주를 날라다 주고 피신처를 제공하여 주는 등 데모하는 사람과 시민이 완전히 의기투합하여 한 덩어리가 되어 있었고 수십대의 경찰차와 수십개소의 파출소를 파괴하였을 정도로 심각한 것이었습니다. 그것은 체제에 대한 반항, 정책에 대한 불신, 물가고 및 조세저항이 복합된 문자 그대로 민란이었습니다. 이러한 사태는 당시 관련 정보에 의하면 서울을 비롯한 전국 5대 도시로 확산되어 연쇄적으로 일어나게 되어 있었습니다. 국민들의 유신체제에 대한 저항은 일촉즉발의 한계점에 와 있었던 것입니다."33) 따라서 김재규는 '부마항쟁'을 학생데모가 아닌 민란으로 규정했을 정도입니다. 만약 10.26으로 박정희가 죽지 않았더라면 유신체제에 대한 저항과 물가고에 대한 국민의 반발로 발생한 부마항쟁의 끝은 사태가 잠잠해진 이후 다시 전

---

31) 10월16일 부산대 선언문 중에서
32) 부마항쟁 당시 비상계엄이 실시되면서 탱크가 도심에 진주하자 시민들이 놀란 표정으로 탱크를 바라보았다.. 김탁돈의 사진 참조
33) (김재규의 증언)

국적으로 항쟁이 일어나는 원동력이 됐을 것이고 이는 4.19처럼 박정희가 하야하는 사태가 이루어졌을 수도 있습니다. 그러나 그전에 어떤 일이 발생했을까요? 굶주리고 억압받는 국민이 자유와 빵을 달라고 외치는데 총을 쏘겠다는 자를 독재자라고 부르지 않으면 도대체 무엇을 독재라고 해야 하는가라는 항의도 있었습니다. 김재규가 부마사태같은 민란이 전국적으로 확산할 것이라고 하자, 박정희는 화를 내며 "앞으로 부산같은 사태가 생기면 자유당에는 최인규나 곽영주가 발포명령을 하여 사형당하였지만, 내가 직접 발포명령을 하면 대통령인 나를 누가 사형시키겠는가"라고 말했고 같은 자리에 있던 차지철은 "캄보디아에서는 3백만명 정도를 죽이고도 까딱없었는데 우리도 데모대원 1-2백만명 죽인다고 까딱있겠습니까"라고 큰소리쳤습니다.

만약 박정희가 죽지 않고 살아 있었다면 아마 광화문 네거리는 피바다가 됐을 것이고 무력으로 쿠데타에 성공했던 박정희는 차지철을 통해 한반도 역사상 가장 최악의 학살을 자행했을 것입니다. 1979년은 대한민국 국민이 일어설 수밖에 없던 시기였습니다. 재벌과의 정경유착으로 정치자금 모으기, 언론통제를 통한 우민화정책과 중앙정보부의 공작정치, 유신체제를 위한 사법살인으로 대한민국을 이끌고 있던 박정희 정권을 국민은 더는 두고 볼 수 없었고, 이는 결국 그가 죽음으로 끝이 났었을 뿐입니다.

3) 박정희를 믿을 수 있었을까?

새누리당 박근혜 후보는 박정희가 유신을 종식하고 민간인으로 돌아갔을 것이라는 말을 합니다. 그러나 과거의 역사를 통해 그를 판단한다면 박정희는 결코 그럴만한 사람이 아니었습니다. 물론 정권이양을 하겠다고 박정희는 언급했습니다.[34]

---

34) 출처:동아일보

자료: http://impeter.tistory.com/1966?top3(2013.11.11)

　박정희는 군사쿠데타로 정권을 잡은 해부터 국민에게 거짓말을 누차 반복했던 독재자였습니다. 군사혁명정부는 민간에게 정권을 이양하고 떠나겠다고 했지만, 그의 말은 채 1년도 가지 못했습니다. 그의 거짓말은 통치기간 내내 계속됐습니다.

4) 혁명정부가 사용했던 복지국가

　지금 새누리당 박근혜 후보가 내거는 공약 중에 복지국가, 경제민주화가 있습니다. 그 말의 어원은 박정희입니다. 박정희는 혁명정부 기자회견이나 언론보도를 통해 복지국가라는 말을 항상 사용했는데, 그가 복지를 "국민의 기본인권과 자유를 최대한 보장하고 경제생활에 국민이 그들의 욕구를 추구할 수 있는 것을 의미한다'고 밝혔습니다. 유신체제에서 국민의 기본인권이 지켜진 적이 있습니까? 인혁당사건만 봐도 명백한 사법살인이었습니다. 고문과 투옥, 언론통제가 이루어진 나라, 재벌에게 특혜를 주고 노동자들은 분신자살과 경찰진압으로 사망한 정권이 박정희 정권이었습니다. 박정희는 복지를 내세우며 혁명정부가 대한민국 국민을 복지국가로 인도할 것이라고 말했지만 그가 만든 나라는 억압과 독재, 인권유린의 땅이었습니다. 그 당시 박정희 정권에 의해 조작된 인혁당사건 8명은 판결이 내려지고 불과 18시간 후에 사형이 집행됐으며 국제법학자협회는 '사법사상 암흑의 날로 선포했다.

5) 자유민주주의 국가에서의 인간의 자유

박정희는 1963년 대통령 후보 라디오 연설에서 "외국대사관 앞에서 데모하는 것은 자유다라는 사고방식은 자유민주주의를 잘못 이해하고 있는 것이며 이것은 자주, 자립의 민족적 이념이 없는 사람들이 가지고 있는 천박한 자유민주주의인 것입니다"라고 했습니다.

1971년 대통령 담화에서는 '최악의 경우 우리가 향유하고 있는 자유의 일부도 유보할 결의를 가져야 한다'고 강조했습니다. 자유민주주의라는 단어를 가지고 진정한 민주주의라고 떠드는 사람이 추앙하는 박정희의 자유민주주의는 인간의 자유가 언제라도 박탈당하는 사태가 벌어질 수 있습니다. 아니 이미 그러했습니다. 인혁당사건이 벌어지고 난 뒤에 박정희는 형법에 국가원수 모독죄를 제정해 그를 비판하는 사람들의 자유를 박탈했습니다.

6) 이번이 마지막?

박정희는 군사쿠데타가 끝나자마자 정권이양을 하겠다고 당당히 국민 앞에 약속했습니다. 그리고 모두 알다시피 뻔뻔하게 대통령 선거에 계속 출마했습니다. 1971년에는 '이번이 마지막'이라는 말까지 했습니다. 박정희는 1971년 대통령 후보 유세연설에서 "이번에 또다시 박 대통령이 당선되면 총통제를 만들어 박 대통령이 죽을 때까지 하려다고 말하고 있다. 분명히 말하거니와 여러분에게 대통령으로 한번 더 뽑아주십시오하는 것은 이번이 마지막이라는 것을 확실하게 밝혀둔다."라며 '이번이 마지막 대통령 출마라고 거듭 강조했습니다. 그러나 박정희는 1972년 유신헌법을 제정해 6년 연임제를 통과시키고, 1978년 통일주체국민회의라는 체육관 선거를 통해 5선에 성공했습니다. 그가 마지막이라고 외쳤던 것은 국민이 대통령을 뽑는 선거가 마지막이었다는 의미가 아닐까 생각해 봅니다.35) 박정희는 대통령 후보 연설 중에 이런 말을 했습니다. '만약 내 재산이 문서로 발견되면, 그 돈을 도시의 판잣집을 기와집으로 고치거나 농민들의 영농자금에 쓰도록 내놓겠다'고 했습니다. 10.27일 전두환은 합수부를 통해 박근혜와 함께 청와대 비서실에 있는 '금고2'를 열었고, 여기에서 자기앞 수표 1천만원짜리 수십장, 5백만원짜리 수십장 등 9억5천여만원과 박근혜, 박지만, 박근영의 적금통장을 별견했습니다. 전두환은 현금 6억원은 박근혜에게 줬고 비자금 장부와 나머지는 자신이 챙겼습니다. 그런데 박정희 집무실에 있던 '금고1'은 박근혜가 챙겼다고 하는데, 과연 그 돈이 얼마인지 아직도 아무도 모르고 있습니다.

▲박정희 사망 당시 궁정동 안가의 모습과 MBC드라마에 나온 장면
자료: http://impeter.tistory.com/1966?top3(2013.11.11)

어느 전문필자는 박정희의 죽음을 맞이했다면 9살 어린 나이 때와 많이 달랐을 것이라고 합니다. 비밀 안가에서 젊은 여자를 안고 술마시다 죽은 독재자의 죽음을 슬퍼할 리가 없기 때문입니다. 박정희의 공과를

---

35) 김계원 청와대 비서실장의 증언, 출처:동아일보

말하면서 그를 칭송하며 역사의 판단을 운운하는 사람들이 있습니다. 어떤 점을 그의 공으로 생각해야 할까요? 재벌과 독재자를 위해 밤을 새우며 미싱을 돌린 대가가 '배고픔', '인권유린', '자유의 억압과 탄압'이었는데 무엇을 칭송해야 합니까?

　에즈라 보겔 하버드대 교수는 1991년 한국, 대만, 홍콩, 싱가포르의 경제성장을 분석한 책인 '네 마리의 용'에서 한국의 경제성장의 원인으로 북한의 위협으로 만든 사회적 통합과 훈육된 인력, 국가에 대한 인식, 엄청난 교육열을 손꼽았습니다. 박정희는 그저 18년간의 독재자였다는 말 뿐이었습니다.

▲ 박정희와 전태일 열사 묘비, 출처: 관련인터넷
자료: http://impeter.tistory.com/1966?top3(2013.11.11)

1979년 박정희가 후계자에게 권력을 물려줄 가능성이나 독재를 끝내겠다고 볼 수 있는 증거는 거의 없습니다. 일본군 출신 박정희는 일본군인의 단기(短氣: '한다고 했으면 하는 성격)를 품에 안고 살았던 사람입니다. 그렇다면 1979년 국민 대다수가 참고 참다가 마지막으로 일어설 전국적인 민주화항쟁을 어떻게 진압했을지는 뻔합니다. 박정희는 청와대 출입기자에게 '내 무덤에 침을 뱉어라'고 했습니다. 전태일은 자신의 몸에 불을 놓으며 '내 죽음을 헛되이 하지 말라'고 외쳤습니다. 각기 다른 인생을 살다 죽은 두 사람을 보면서 누구의 죽음을 안타까워 해야하는지 우리는 알 수 있습니다.36)

7. 박정희 업적? NO, 대통령 18년 시대史를 보라!

1) 화제의 책 〈사진과 함께 읽는 대통령 박정희〉

　원로 언론인 안병훈(75)씨가 박정희(1917~79) 대통령 집권 18년 6개월의 기록을 엮은 『사진과 함께 읽는 대통령 박정희』(기파랑)을 출간했다. 『사진과 함께 읽는 대통령 이승만』(2011, 기파랑)에 이은 두 번째 역대 대통령 사진집이다. 안씨는 조선일보 편집국장 및 대표이사 부사장과 한국신문방송편집인협회 회장, LG상남언론재단 이사장 등을 역임했다. 1975년부터 3년간 청와대 출입기자로 생전의 박 대통령을 가까이 접할 수 있었던 엮은이는 책 페이지 페이지마다 간결한 문체로 현장을 재연했다. 업적 위주의 기존 사진집과 달리 연도별로 책을 구성한 안씨는 "박 대통령이 살아온 현대사의 팩트(사실)를 그대로 소개했다"며 "과거사에 대한 오해, 편견이 분분하지만, 독자 스스로 판단·정리할 수 있도록 하려는 뜻"이라고 했다. 지금까지 잘 알려지지 않았던 사진들과 자료로 박 대통령의 인간적 면모도 엿볼 수 있도록 했다.37)

---

36) http://impeter.tistory.com/1966?top3(2013.11.11)
37) 뉴데일리 원문 기사전송 2013-01-11 17:00

왜 연보로 구성한 사진집인가?

자료: http://blog.daum.net/dottory/243(2013.11.18)

　당신이 지금 시속 100km로 달리는 전차를 운전하고 있는 기관사라고 상상해보라. 멀리 선로 위에 인부 다섯 명이 작업을 하고 있는 것이 보이는데 공교롭게도 브레이크가 고장이다. 조금 있으면 이들을 칠 수 밖에 없는 상황이다. 그런데 옆에 비상철로 하나가 있는 것이 아닌가.
　비상철로에는 인부 한명이 쉬고 있다. 당신은 이제 어떤 선택을 해야 하나?
　그대로 가던 길을 가서 다섯명의 인부를 희생시킬 것인가?
　아니면 비상철도로 옮겨가 한명의 인부를 희생시키는 결단을 내릴 것인가?
　아니면 아예 탈선을 해 열차에 타고 있던 사람 모두를 희생시킬 것인가?

2010년 베스트셀러 1위에 오른 하버드대 마이클 샌델 교수의 책 '정의란 무엇인가'에서 샌델 교수가 정의란 과연 무엇인지에 대해 함께 생각해보고자 제시한 흥미로운 예 중의 하나이다. '사진과 함께 읽는 대통령 박정희'는 박정희 재임 18년간 그가 행한 선택이 숱한 고민 끝에 내린, 당시로선 최선의 선택은 아니었는지를 방대한 사진자료를 통해 독자들에게 묻는다. 이 책은 1960~1970년대 대한민국이 직면한 시대상황에서 하나의 인간으로, 군인으로 그리고 정치인으로서 박정희가 내려야했던 결단들과 그런 결단이 나오게 된 시대상황을 있는 그대로 보여 주고자 했다. 이를 위해 엮은이 안병훈은 박정희의 업적이 아닌 연보 위주로 사진집을 구성했다. 예를 들어 1975년 4월 8일 이루어졌던 긴급조치 7호는 한달전에 일어났던 북한 제2땅굴의 발견이나 같은 달 벌어진 월남패망과 분리해서 볼 수 없다.(347p~349p)

  그러나 엮은이는 이 책에서 이런 연결고리를 일일이 설명하지 않는다. 그 시대에 일어났던 일을 담담하게 사진으로 나열해 독자가 직접 그 시대의 시대적 상황을 이해할 수 있도록 배려했다.

2) 흥미로운 사진들과 사실들

  이 책에는 1961년 5.16이 일어났던 해부터 시작해서 1979년 박정희 대통령이 서거할 때까지 대한민국에서 발생했던 중요한 일들이 빠짐없이 시간순으로 나열돼 있다. 이 과정에서 흥미로운 사진들과 사실들을 만나게 되는 것은 이 책의 또 다른 묘미다. 미 케네디 대통령과의 정상회담을 할 때 실내에서 선글라스를 쓴 채 담배를 피우고 있는 박정희의 모습(46p)도 요새의 정상회담에서는 사뭇 찾아보기 힘든 재밌는 장면이며, 한결 젊어 보이는 케네디와 박정희가 1917년생 동갑내기라는 사실도 흥미롭다.(47p 본문 중) 그가 부정적으로 묘사될 때 항상 나오는 선글라스를 쓰는 습관이 사실은 상대방하고 어려운 이야기를 할 때 마음이 얼굴 표정에 나타날까봐 하는 행동이라는 일화도 많이 알려지지 않았던 내용이다.(72p) 1960년대 중반 KIST 연구원들 중 대통령보다 많은 봉급을 받는 이들이 많았을 정도로 대통령의 과학기술에 대한 집념이 강했었다는 점(150p) 등 다수의 흥미로운 이야기가 있다. 또한 사진찍기를 좋아하여 주변사람들의 사진을 찍는 모습들(540p)과 이승만 대통령시절부터 있었다는 낡은 오르간을 두드리는 모습(541p), 그리고 그림에 남다른 관심을 보여 기르던 개 방울이를 그린 스케치 및 딸 근영을 그린 작품들(526~527p)은 대중에게 알려지지 않았던 박정희의 새로운 모습을 보여준다.

3) 육영수 여사 서거 후 남편 박정희가 남긴 자작시

이제는 슬퍼하지 않겠다고 몇 번이나 다짐했건만(343p)
이제는 슬퍼하지 않겠다고 몇 번이나 다짐했건만
문득 떠오르는 당신의 영상 그 우아한 모습, 그 다정한 목소리, 그 온화한 미소
백목련처럼 청아한 기품 이제는 잊어버리려고 다짐했건만
잊어버리려고 하면 더욱더 잊혀지지 않는 당신의 모습
당신의 그림자, 당신의 손때, 당신의 체취
당신이 앉았던 의자, 당신이 만지던 물건, 당신이 입던 의복,
당신이 신던 신발
당신이 걸어오는 발자국 소리
"이거 보세요."
"어디 계세요."
평생을 두고 나에게 '여보'라고 한번 부르지 못하던
결혼하던 그날부터 24년간 하루같이
정숙하고도 상냥한 아내로서 간직하여 온
현모양처의 덕을 어찌 잊으리
어찌 잊을 수가 있으리

대통령 당선인인 딸 근혜양의 사진도 자주 등장하는데 특히 청와대 뒤뜰에서 찍은 칼러 사진(522p)속의 근혜양은 헤어스타일이나 얼굴이

지금과 똑같아 요새 사진을 죽은 아버지와 함께 넣은 합성사진같은 착각마저 불러 일으킨다. 박정희 대통령을 위주로 한 사진집이지만 당시의 복식, 시내풍경을 볼 수 있어 전작이라 할 수 있는 '사진과 함께 읽는 대통령 이승만'에서처럼 그 시대를 살았던 사람들에게 젊은 시절의 향수를 불러일으킬 것으로 기대된다.

4) 국내외서 모은 1만여자료 중 1,030점을 엄선

사진집 제작을 위해 먼저 국내외에 흩어져 있는 박정희관련 사진과 자료들을 모두 모았다. 우선 서울 상암동에 세워진 박정희 기념도서관을 개관하면서 수집 사용한 모든 사진과 자료를 박대통령 기념사업회로부터 제공받은 것을 비롯하여, 박정희 대통령 서거 20주년 때 추모사진집을 낸 박정희 대통령과 육영수 여사를 좋아하는 모임이 보관 중인 모든 사진, 그동안 쌓아 두었던 박 대통령 사진자료를 새롭게 정리한 정수장학회 소장의 모든 자료, 국가기록원 대통령관의 모든 사진, 1998년 건국 50주년을 맞아 조선일보가 개최했던 전시회 <대한민국 50년 우리들의 이야기>에 관련된 사진과 자료, 민족중흥회가 펴낸 휘호집 <위대한 생애>에 수록된 자료, 박정희 대통령 회보, 박정희 대통령 인터넷기념관 자료 등 모을 수 있는 사진은 거의 다 모았다. 1만여점이 되는 귀중한 자료였다. 자료를 하나하나 체크하여 촬영하거나 스캔하여 사진 919점, 휘호 39점, 자료 72점 등 1천30점을 엄선하여 수록했다. 사진과 함께 수록된 박 대통령에 관한 글은 주로 조선일보기사와 조갑제씨가 지은 <박정희(朴正熙) 전13권>에서 인용했고 김정렴 전 청와대비서실장의 <아, 박정희!> 등과 오원철 경제수석비서관의 <박정희는 어떻게 경제강국을 만들었나> 등을 비롯한 이석제 정일권 등 60여명의 저서와 회고록 등에서 발췌했다.[38][39]

---

38) <기파랑 2012.12.24 발행, 전화 763-8996, 3288-0077, 이메일 info@guiparang.com>, - 기자 -자유민주·시장경제의 파수꾼 - 뉴데일리
39) http://blog.daum.net/dottory/243(2013.11.18)

제3장 박정희 대통령의 재조명

1. 박정희와 타임 스퀘어, '남미'와 '뉴욕' 사이의 한국사회

1) 타임 스퀘어의 지역

'영등포'라고 하면 그저 지저분하고 혼란스러운 이미지를 떠올릴지도 모르겠다. 그런데 영등포는 동의 명이자 구의 명이다. 구로서의 영등포는 서울에서 가장 잘 개발되고 비싼 곳인 여의도 전체를 포함한다. 그리고 사실 구로서의 영등포는 서울에서 가장 특이한 곳이라고 할 수 있다.

현재 서울 강남지역의 절반 이상이 1960년대까지는 영등포구에 속했던 것이다.[40] 영등포구는 1963년 1월 1일 서울시 행정구역 확장편입을 계기로 경기도에서 서울시로 신규편입된 지금의 서초동·사당동·봉천동·공항동·목동·개봉동·시흥동까지로 확대됐다. 영등포구가 현 강남구·강동구·송파구를 제외한 한강 이남 서울 대부분을 포함할만큼 방대했다.

당시 면적은 208㎢(시 전역의 34.4%), 인구 132여만명(시 전체의 22.6%)으로 서울시에서 가장 광활했고, 가장 많은 인구가 거주했다.[41]

1970년 8월 13일 영동지구 개발사업 및 영동교 가설공사 기공식이 열렸다. '영동'은 바로 '영등포의 동쪽'이라는 뜻이었다. 당시 한강의 남쪽에서 도시개발이 어느 정도 이루어져 있던 곳은 사실상 영등포구지역밖에 없었던 것이다. 그 중에서도 중심은 영등포역 일대의 영등포동이었다. 영등포역은 오랫동안 대단히 중요한 역이었다. 영등포가 거대한 구

---

40) 박정희와 타임스퀘어, '남미'와 '뉴욕' 사이의 한국사회, [홍성태의 서울 만보기] 영등포와 가리봉동, 홍성태, 상지대 교수, 입력 2013.11.11 09:58:33, ▲ 영등포동(왼쪽)과 가리봉동(오른쪽)(네이버 지도 참조)
41) 김여란, '서울 영등포구', <네이버 캐스트>

로 확장되었던 것도 영등포역 때문이었다. 대한제국 말기 신식 교통수단인 철도가 영등포를 지나고 영등포역이 설치되면서부터 영등포는 일약 교통의 중심지가 됐다. 전국의 물화가 영등포로 모여들기 시작했다. 영등포는 1899년 개통한 제물포~노량진간 철도, 1900년 7월 개통한 서울~인천간의 철도, 1904년에 개통한 서울~부산간의 경부선철도까지 모두 연결하는 합일지점이었다. 서울~인천, 서울~수원간의 자동차 노선 또한 영등포를 지났다. 1936년에 이르러서는 전차선이 한강 인도교를 건너 노량진에 이르고, 다시 신길동과 영등포동으로 연장돼서 영등포는 서울 남쪽지역의 교통 중심지가 됐다.42) 일제강점기시대의 영등포는 서울과 인천, 부산을 잇는 교통의 중심지로서 공업의 중심지가 되었으며, 이 때문에 영등포에는 공장들이 많을 뿐만 아니라 일제 때 지어진 공장건물들도 꽤 남아 있고, 일제 때 지어진 대규모 집합주택인 영단주택들도 아직 많이 남아 있다. 영등포는 교통도시이자 공업도시이다. 이 점이 대척점에 있는 서울의 부심인 청량리와 크게 다른 점이다. 청량리와 영등포는 비슷한 점이 많다. 그런데 어느 관계자는 대학 시절에 청량리 출신으로서 영등포에서 큰 이질감과 거부감을 느꼈는데, 청량리는 상업중심인 반면에 영등포는 공업중심인 것이 컸다. 영등포에 흔한 삭막한 공장들이 청량리에는 없는 것이다. 1964년부터 구로 수출산업공단이 만들어지기 시작했는데, 이 국가공단은 영등포의 공업지역을 남쪽으로 확장한 것이라고 할 수 있다. 그 끝이 구로 제3공단이 있던 가리봉동이다. 너무 오랜 만에 다시 찾아가 보는 곳이어서 기억나는 것이 거의 없었고, 있다고 해도 너무 많이 변해서 알아볼 수 없는 상태였다. 서울의 다른 곳과 마찬가지로 영등포와 가리봉동도 예전 자기의 모습을 없애기에 몰두하고 있는 것 같다. 이 지역은 서울의 최대 공장밀집지역이었다. 2000년대 이후 이 지역은 복합상가, 아파트, 디지털공단 등으로 빠르게 바뀌고 있다. 이 과

---

42) 김여란, '서울 영등포구', <네이버 캐스트>

정에서 소중한 역사와 문화도 함께 사라지게 되니 잘 살펴봐야 한다.

2) 영등포의 발전

거대한 민자역사로 재개발된 영등포역 3번 출구로 나와 보도에서 10시 방향을 보면 화려한 초고층 건물이 보인다. 바로 2009년 9월 16일에 개장한 경방의 '타임 스퀘어'이다. 경방(경성방직)이 공사비 6천억원을 비롯해서 모두 1조2천억원을 투자해서 경방공장터에 지은 이 거대한 건물군은 국내 최대 복합상가로서 상가, 영화관, 사무실, 호텔 등으로 이루어져 있다. '타임 스퀘어'의 영어 이름은 'Times Sqaure'인데, 이 이름은 뉴욕 맨해튼의 세계에서 가장 유명하고 비싼 거리광장인 'Times Square'와 같은 것이다. 주변에 문화시설, 상가, 식당들이 모여 있는 뉴욕의 '타임스 스퀘어'는 1903년에 '뉴욕 타임스'가 그곳으로 이전하면서 그 이름으로 불리게 되었다. 경방의 '타임 스퀘어'는 사실 뉴욕의 '타임스 스퀘어'가 아니라 홍콩의 '타임스 스퀘어'와 비슷한 곳이다. '타임 스퀘어'는 규모가 굉장하다. 5층의 휴식공간에서는 근처지역을 잘 둘러볼 수도 있다. 그런데 지금의 '타임 스퀘어'는 영등포 지역의 양극화를 대변하는 곳으로 여겨지고 있기도 하다. 사실 이 점은 영등포역도 그렇고, 서울의 많은 곳에서도 그렇다. 화려한 외양의 초고층 건물들이 들어서서 거대한 부를 뽐내지만 그 주변에는 퇴락한 건물들과 가난한 사람들이 많다. '타임 스퀘어'는 확실히 그런 면이 강하다. 영등포역에서 '타임 스퀘어'로 가다 보면 쪽방촌과 사창가를 지나 '타임 스퀘어'에 이르게 된다. 초호화 초고층 복합상가의 바로 앞에 낡고 작은 공장들은 물론이고 쪽방촌과 사창가도 자리잡고 있다. 극명한 대비를 이루는 부조화의 경관이 아닐 수 없다. 앞으로 이 지역은 어떻게 변하게 될까? 화려한 '타임 스퀘어'에 맞추어 퇴락한 기존의 것들을 모두 없애려고 하지 않을까?

'타임 스퀘어' 옆에는 공장들이 많은데 '대선제분'은 거대한 사일로 시설들이 그대로 남아 있어서 이 지역이 예전에 거대한 공장지역이었다는 사실을 쉽게 깨닫게 해준다. '대선제분'을 지나가면 '에이스 하이테크

시티'라는 거대한 건물군을 만나게 된다. 2007년 5월에 완공된 이 건물군은 백남준 집안과 깊은 관계를 맺고 있는 '방림방적'의 터를 재개발한 것이다. '타임 스퀘어'와 함께 '에이스 하이테크 시티'는 공장들의 변화 방향을 보여주는 대표적인 예이다. 경쟁력을 잃어 더 이상 공장을 유지할 수 없게 되자 도시화의 결과를 최대한 활용해서 공장을 주거시설이나 상업시설로 재개발하는 것이 기업과 정부의 정책으로 확립되어 계속 추진되고 있는 것이다. 그러나 개인이나 소수가 소유하고 있는 큰 공장들과는 달리 작은 공장들과 주택, 상점 등은 소유자들이 많아서 재개발을 위한 협의에 많은 시간이 걸리기에 오랫동안 그대로 남아 있게 된다.

그 결과 영등포역 일대는 낡고 작은 공장들과 주택들이 넓게 퍼져 있는 속에 새로 지은 고층 건물들이 여기저기 우뚝 솟은 어지러운 경관을 보이고 있다. 건물도 그냥 지어지는 것이 아니고 경관도 그냥 만들어지는 것이 아니다. 사회의 변화가 그 바탕에 자리 잡고 있으며 건물과 경관의 변화는 다시 사회의 변화에 영향을 미치게 된다. 문래동의 작은 공장들이 밀집한 지역에 예술가들이 들어가서 창작활동을 하게 된 것도 마찬가지이다. 그들은 값싼 곳과 가장 퇴락한 곳을 찾아갔으나 그 결과 그곳의 공간적 의미가 달라지게 되었다. 파괴와 투기의 문제를 해결하기 위해 가장 중요한 과제는 거대자본과 결탁된 정치인, 관료, 공무원이 주도하는 파괴적 재개발을 주민이 주도하는 보존적 재개발로 바꾸는 것이다. 이 점에서 문래동의 실험은 공간적 규모는 작지만 사회적 의미는 결코 작지 않다. 이 사회적 의미를 잘 살리는 것이 대단히 중요하다.

1960년대 미국에서의 제인 제이콥스는 자본이 아니라 주민을 중시하는 새로운 거대 건물이 아니라 기존의 작은 건물을 중시하는 도시재개발의 방향을 제안했다. 2000년대 초 정기용 선생과 함께 생태문화적 개발을 서울이 추구해야 할 올바른 발전의 방향으로 제안했다. 그러나 서울시장이 된 이명박과 오세훈은 기존의 파괴적 재개발을 더욱 강화했다. '뉴타운사업'은 그 대표적인 예이다. 그 공간적, 사회적, 경제적 폐해는 서울 전역에서 이미 명확히 입증된 상태이다. 서울의 올바른 발전은 이명박과 오세훈이 극히 악화시킨 파괴적 재개발의 문제를 해결하는 동시에 생태문화적 개발을 핵심으로 하는 보존적 재개발을 적극 실행하는 것으로 가능하다. 영등포 지역의 재개발도 그렇다.

사실 영등포지역에서의 재개발은 1970년대 말부터 시작되었다. 그 결과 문래동에는 아파트단지들이 많이 들어섰고 숲이 우거진 문래근린공원도 있다. 그런데 본래 이 공원은 수도방위사령부의 전신인 6관구 사령부였다. 1961년 5월 16일 바로 이곳의 지하벙커에서 박정희가 군사반란을 지휘했다. 일제의 만주군 장교 출신 박정희는 1948년 10월 여순사건으로 사형선고를 받았으나 만주군 출신 선배들의 구명운동과 군내의 남로당원들을 실토해서 감형받고 파면됐다. 그러나 1950년 6월 25일에 한국전쟁이 발발하자 박정희는 소령으로 군에 복귀됐고 1958년에 소장 진급, 1959년에 6관구 사령관, 1960년에 제2군 부사령관 등을 거쳐, 1961년 5월 16일에 제2군 부사령관으로서 군사반란을 일으켜서 권력을 찬탈했다.

▲ 문래근린공원의 박정희 흉상
자료: http://www.mediaus.co.kr/news/articleView.html?idxno=38212(2013.11.11)

'문래'라는 동명은 문익환 선생의 목화 전래지라는 데서 유래됐다. 이런 거룩한 문기가 서린 곳에서 우리 역사상 최악의 무반이 일어났던 것이다. 이 공원의 한쪽에는 1966년 7월 7일에 박정희가 5.16군사반란을 칭송하며 세운 박정희 흉상이 서 있다. 박정희가 18년 독재를 통해 만든 박정희식 사회를 개혁하는 것은 이 나라의 진정한 선진화를 위한 역사적 과제이다.

3) 박정희 대통령의 흉상

어느덧 어둠이 깔리기 시작할 때 박정희의 흉상을 보니 무서운 느낌마저 들었다. 이명박 정권이 박근혜 정권으로 이어지고 반민주 독재화의 문제가 더욱 심각해지고 있어서 더욱 그런 느낌이 드는 것 같다.

박정희의 삶은 친일, 반란, 독재로 점철되었다. 박정희는 결코 기념하고 존중해야 할 인물이 아니라 비판하고 극복해야 할 인물이다. 그런데 박정희의 후예들이 계속 권력을 잡게 되자 이제 친일과 독재를 칭송하고 박정희를 아예 신격화하고 있다. 참으로 놀랍고 무서운 역사의 퇴보가 아닐 수 없다. 이것은 이른 바 '남미의 길'이다. 독재는 반드시 부패하고, 부패는 반드시 망한다. 남미가 망한 것은 민주화운동이 독재를 이기지 못했기 때문이며, 한국이 흥한 것은 민주화운동이 독재를 이겼기 때문이다. 이대로 민주화가 실패하면 결국 나라가 망할 것이다.[43] 문래근린공원 앞에서 택시를 타고 도림천을 건너 신도림동 쪽으로 가서 가리봉동으로 갔다. 가는 길에 1941년에 지어진 문래동의 영단주택 단지도 지나쳤다. 영등포지역의 공장노동자들을 위해 지어진 단층주택단지이다.

지금과 같은 식으로 재개발을 한다면, 이곳도 머지 않아 완전히 사라지게 될 것이다. 그렇게 되면 여기에 살고 있는 사람들은 모두 어디론가 떠나야 할 것이다. 공간의 역사와 살고 있는 사람들을 존중하는 재개발은 불가능한가? 그렇지 않을 것이다. 문제는 사회이다. 박정희는 공간을

---

[43] 『민주화의 민주화』, 2009 참고

무엇보다 투기를 통한 축재의 수단으로 만들었고, 그 결과 한국은 세계적으로 보기 드문 토건국가-투기사회가 되었다. 하루 빨리 이 망국적인 문제가 개혁되어야 한다. 집이 갑자기 파괴되고 쫓겨나게 되는 곳에서 사회와 생활의 안정은 불가능하다.

가리봉동은 구로동과 가산동 사이에 있다. 가산동은 가리봉동과 독산동 사이에 있어서 가산동이다. 가리봉역은 가산디지털단지역으로 바뀌었는데, 이 역이 가산 디지털단지 2단지와 3단지 사이에 있기 때문이다. 가산 디지털단지 2단지와 3단지는 구로 수출공단 2단지와 3단지가 바뀐 것이고 구로 수출공단 1단지는 구로 디지털 1단지로 바뀌었다. 구로 수출공단은 1960-1980년대의 급속한 공업화를 상징하던 곳이다. 급속한 공업화의 바탕은 박정희-전두환 독재의 가혹한 착취와 억압이었다. 1980년대 후반에 들어와서 구로 수출공단의 경쟁력을 잃은 공장들은 속속 외국으로 떠나거나 폐업했고 공장들은 헐려 없어지고 그 자리에 새로운 고층 건물들이 빠르게 들어섰다. 이 지역의 외형적 변화는 참으로 놀랍다.

소유주들이 많아서 재개발하기가 어려워서 아직 재개발되지 않고 남아 있는 공단주변의 주거지역과 상업지역은 이 지역의 예전 모습을 잘 보여준다. 특히 많이 남은 곳이 가산디지털단지역 1번 출구 앞쪽에서 디지털단지 5거리(옛 가리봉 5거리) 앞쪽(동쪽)에 이르는 동네이다. 지금 이 동네는 '가리봉 균형발전촉진지구'로 지정되어 재개발을 기다리고 있다. 상당히 낙후된 곳이어서 임대료가 싸고 그래서 중국 동포들이 여기에 많이 모여 살고 있다. '가리봉종합시장'은 '동포타운'이라는 간판을 함께 내걸고 있다. 이 앞의 큰 골목은 연변의 어느 상가를 떠올리게 할 정도인 모양이다. 중국 음식의 냄새도 곳곳에서 진하게 풍긴다. 중국 동포들을 상대로 하는 세탁사자격증학원도 성업 중이고, 중국 동포들의 휴식을 위한 춤방(무청)도 있다. 이 특이한 곳도 계획대로 재개발된다면 곧 완전히 사라지고 말 것이다.

1980년대 중반 가리봉 5거리(약칭 '가오리')는 전두환 독재에 맞서 민주화와 노동권을 외치던 중요한 장소였다. 1985년 6월 24일에 '대우어패 럴 노조간부'의 연행을 계기로 해방 이후 최초의 동맹파업인 '구로 동맹 파업'이 구로 수출공단에서 시작되었다. 이 동맹파업을 지지하기 위한 연대활동이었는지 그 전의 연대활동이었는지 정확히 기억나지 않지만 가리봉 5거리에서 상당히 격렬한 가두투쟁을 벌이고 전경들에게 쫓겨 공장들 사이의 골목길을 뛰어 도망치다 어떤 작은 부엌 딸린 단칸방에 숨어 있다 겨우 빠져나왔던 적이 있다. 그때 우리를 지켜주고 라면까지 끓여줬던 신혼의 노동자 부부에게 이 자리를 빌어 깊이 감사의 인사를 드린다. 구로나 가리봉동이 떠오를 때면 늘 생각하곤 했다.44)45)

2. 박정희(朴正熙)

한국의 군인이자 정치가로서 1963년 제5대 대통령에 취임하였고 1979년 김재규의 저격으로 서거하였다. 출생 - 사망은 1917~1979년이다.46) 경상북도 선산(善山)에서 가난한 농부인 박성빈(朴成彬)과 백남의(白南義) 사이에서 5남 2녀 중 막내로 태어났다. 1937년 대구사범학교를 졸업하고 3년간 초등학교 교사로 근무하다가 일본인 시학관과의 마찰로 사직했다. 이후 만주의 신경(新京 : 지금의 장춘(長春))군관학교에서 수석으로 수료하고 1944년 일본 육군사관학교를 졸업하여 만주군 소위로 임관하였다. 8・15 광복 이전까지 주로 관동군에 배속되어 중위로 복무하였다. 이러한 이력으로 인한 친일행적은 아직까지도 논란이 되고 있다.

광복 이후 귀국하여 국군창설에 참여했으며 조선경비사관학교(육군사관학교 전신) 제2기로 졸업하고 대위로 임관하였다. 광복 직후 남로당에 가입하여 활동하였으며 1949년 좌익계열의 군인들이 일으킨 여수・순천 사건을 계기로 군법회의에 회부된 뒤 사형을 선고받았으나 만주군 선배

---

44) 미디어스
45) http://www.mediaus.co.kr/news/articleView.html?idxno=38212(2013.11.11)
46) 시사상식사전, 박정희(朴正熙)

들의 구명운동과 군부내 남로당원 명단을 알려준 대가로 실형을 면하고 강제 예편되었다. 이후 육군본부에서 무급문관으로 근무하다가 한국전쟁이 발발하자 소령으로 복귀하여 1953년 준장이 되었고 제2군단 포병사령관, 제5사단 사단장, 제6군단 부군단장과 제7사단 사단장을 거쳐 1958년 3월 소장으로 진급한 뒤 제1군 참모장으로 임명되었으며 6관구 사령관이 되었다. 1960년에는 군수기지 사령관, 제1관구 사령관, 육군본부 작전참모부장을 차례로 역임한 후 제2군 부사령관으로 전보되었다.

1961년 5월 16일 제2군 부사령관으로 재임 중에 5·16 군사정변을 주도하여 7월 국가재건최고회의 의장이 되어 2년 7개월간의 군정을 실시하고 1962년 윤보선 대통령이 사임하자 대통령 권한대행을 맡았다. '재건국민운동본부'를 설치하여 가족계획, 문맹퇴치화 운동을 벌이는 등 국토 및 경제개발계획에 착수하여 조국근대화의 전기를 마련하였다. 이는 다수의 국민들로부터 호응을 얻었으나 군정기간 중앙정보부에 의해 '4대 의혹사건' 등이 일어나는 등 어두운 면을 보이기도 했다. 1963년 육군대장으로 예편하여 민주공화당에 입당해 총재에 추대되었고, 그해 12월 제5대 대통령에 취임하였다. 그는 취임사에서 경제성장에 대한 확고한 의지를 표명하였다. 이에 따라 여론의 반대를 무릅쓰고 한일협정에 정식 조인하고 베트남전쟁 파병을 단행하여 외자를 모은다. 매국과 총알받이라는 비난을 감수하고 얻은 경제성장은 그의 가장 중요한 업적으로 평가된다. 또한 부존자원이 부족한 상황에서 수출을 장려하고 경제개발 5개년계획과 인프라 건설을 통하여 차후 경제성장의 토대를 마련한다. 그러나 그는 1967년 재선된 후 장기집권을 위하여 1969년 3선개헌을 통과시켰다. 1972년 국회 및 정당해산을 발표하고 전국에 계엄령을 선포한 후 '통일주체국민회의'에서 대통령으로 선출되었다. 이로써 유신정권인 제4공화국이 출범하였다. 유신 초기 '근면, 자조, 협동'의 기치를 내세운 전 국민적 새마을운동을 통하여 농어촌의 근대화에 힘썼다. 관 주도로 펼쳐진 운동인 탓에 부작용도 있었으나 이로 인하여 절대빈곤을 해소하는 데는 큰 기여를 했다. 그러나 점점 커져가는 장기집권에 대한 불만, 빈부격차, 국민들의 민주화운동으로 지지도가 하락하자 '긴급조치'를 발동하여 정권을 유지하려 했다. 하지만 이는 거센 저항에 부딪혔고 그는 국민의 저항을 돌파하고자 북한으로 관심을 돌리려 '자주·평화·민족대단결'을 민족통일의 3대원칙으로 규정한 1972년 7·4남북공동성명과 1973년 6·23선언이라 불리는 '평화통일외교정책(할슈타인 원칙의 폐기)'이 제시되었다. 실제의 정책면에서는 북한의 비협조와 당시의 국제정세로 성과를 거두지 못하였다. 1974년 8월에는 영부인 육영수가 조총련계 문세광에게 저격당하는 등 본격적인 국민적 저항이 일어났으며 1979년 '부마민주항쟁(釜馬民主抗爭)'이 일어나고 그 해 10월 26일 만찬석상에서 중앙정보부장 김재규(金載圭)에게 피격당해 급서(急逝)하였다. 저서로 <우리 민족이 나아갈 길>, <민족의 저력>, <민족중흥의 길>, <국가와 혁명과 나>, <지도자의 길>, <연설문집> 등을 남겼다.47)48)

3. 박정희에 대해 논함

1) 박정희의 평가

박정희는 그냥 군사 구데타 살인자 독재자이다. 경제성장은 국민들이 피와 땀으로 이루어진 것이므로 박정희와 상관없다. 일제시대의 창시개명주도, 공산당으로 활동, 진짜 빨갱이는 박정희다. 진짜 친일세력은 박정희다.49) 아닙니다. 박정희는 나라의 산업화 기본뼈대를 세운 국가의 영웅입니다. 그 과정에서 유신독재하려고 한 점은 과에 속하지만 대다수 국민들이 전후 풀뜯어먹던 시절이었죠. 과보다 공이 더 크기 때문에 그 시절 독재를 경험한 어르신들이 지지를 하는 것입니다.50)

---

47) 출처 시사상식사전, pmg 지식엔진연구소, 박문각, 제공처의 다른 책보기
48) http://terms.naver.com/entry.nhn?docId=937730&cid=2971&categoryId=2971(2013.11.11)
49) 비공개 질문 11건 질문마감률50% 2013.11.08 00:06 Mobile 추천 수 5,답변 5 조회 171
50) 1번째 답변 Re : 박정희씨의 대해 논해 봅시다. 비공개 답변채택률80% 2013.11.08

일부 좌빨들이 언론통제, 신격화해서 속은 거라고 하지만, 그때 시절의 사람들도 바보가 아닙니다. 피부로 느끼고 각자가 합리적 판단을 하는 것이죠. 박정희 시절에 독재에 항거한 사람들은 그 시절 배부른 계층이었죠. 대학에 다닐 정도의 계층이 정말 극소수였던 시대니까요. 그 사람들에겐 최악의 지도자였을지 모르지만 배는 부르니 표현하고 싶은데 억눌렀으니 최악이었겠죠. 대다수 배고픈 일반사람들에겐 시대의 영웅과 같은 존재임을 잊지 말아야 한다. 박정희를 독재자라 욕할 수 있는 것도 배가 불렀기 때문이고 삼시세끼 밥을 굶어본 적이 없기 때문이다.51)

정말 최악의 상황에서 밥은 굶어도 라면은 사먹을 수 있는 사람들이 지금 세대들이지. 6.25 때 한국전쟁으로 폐허가 되어 다 무너지고 맥아더도 이 나라가 복구될려면 100년은 걸린다고 했다. 그 시절 어머니 아버지 세대들의 말을 들어보면 정말 가난해서 자식들 굶는 걸 눈으로 보고 살아야 했고 오죽하면 개밥을 반찬거리로 먹어도 잘먹는 정도로 찢어지게 가난했다고 한다. 실제로 그랬지. 그때의 한국은 북한이나 필리핀 동남아 국가들보다 더 가난하고 빈민국이었다. 전 세계에서 존재감도 없는 최악의 빈민국, 민주주의? 민주주의도 그 나라의 경제와 산업이 뒷받침해줘야 굴러가는 거다. 그 시절에 민주주의 한답시고 했으면 진짜 맥아더가 말한대로 되었을 거다. 그때 국민들은 독재를 하든 뭘하든 그냥 하루 세끼 밥을 배불리 먹는게 소원이었고 그걸 이룬 게 박정희와 그 세대들이다. 그래서 지금 머리에 피도 안마른 사람들이 박정희 보고 독재자니 뭐니 깔 수 있는 것도 다 배가 불렀기 때문에 가능한 일이지. 삼일만 쫄딱 굶겨봐 민주주의고 뭐고 당장 밥달라고 하지. 박정희의 염원이 우리나라도 다른 나라와 같이 잘먹고 잘살아 보자였는데 새마을운동, 경제발전, 고속도로, 포항제철, 자주국방 등의 업적들로 계속 발전해서

01:05

51) 3번째 답변   re: 박정희씨의 대해 논해 봅시다 비공개 답변채택률51.9% 2013.11.08 21:57

전 세계에서 북한, 동남아보다 가난하고 존재감없는 빈민국이 지금은 세계경제 15위, 세계군사력 8위, G20국가가 되었다. 그때의 우리나라가 지금은 전 세계와 아시아에서 국력과 영향력을 행사하는 나라 그리고 세계 중심국가들 중의 하나가 되었다. 항상 북한을 거지새끼라고 놀리지? 박정희와 그 세대의 일꾼들이 아니었으면 오히려 반대로 되었을 것이다.

그렇게 뼈빠지게 일하고 후손들한테 좋은 열매를 먹여주니깐 하는 말이 독재자 독재자 독재자야. 왜냐? 그 세대들이 열심히 일해놓은 열매 다 따먹고 배부른 사람들이니까. 독재자라 욕할 수 있는 것도 배가 불렀기 때문이다. 틀렸냐? 정작 독재자 독재자 해도 현실은 역대 대통령들 중 박정희가 제일 국민들의 지지율과 인기도를 얻고 있다.

2) 역대 대통령 지지율 여론조사

그리고 마지막으로 정작 그 시대를 겪어왔던 세대들은 다 좋다고 칭찬하고 난리인데, 어째서 그 시절을 겪지도 않은 머리에 피도 안마른 세대들이 마치 그때 독재를 겪어 시련이라도 당한 것처럼 생각하지요? 구데타 일어나기 직전의 대한민국은 장면 정부였고 미국 프레이저 보고서에 따른 것처럼 당장 북한에 넘어가도 이상할 게 없는 수준이었습니다.[52]

박정희의 구데타는 무혈 구데타, 아무도 죽지 않고 이루어진 구데타이었습니다. 박정희 대통령의 지도력과 국민들의 피와 땀이 어울려져 지금의 대한민국을 만들었습니다. 친일세력에 대한 논란은 날짜 조작으로 모두 거짓으로 밝혀졌으며, 전혀 사실 무근입니다. 그렇다고 박정희가 잘한 것만 있는 것은 아닙니다. 민주주의의 후퇴, 이것은 급속도의 경제성장을 위해선 어쩔 수 없었긴 합니다. 유신정권이 지금 박정희가 비판받는 가장 큰 이유죠. 일본차관, 베트남 파병 등, 무자본국가에서 할 수 있는 유일한 발악이었습니다. 박정희가 무조건 잘했다는 것은 아닙니다.

---

[52] 4번째 답변 re: 박정희씨의 대해 논해 봅시다 kaiser9703 답변채택률0% 2013.11.09 19:12

하지만 우리가 진정 깨어있는 국민이라면 그가 독재자였다고 하더라도, 그의 업적만큼은 인정해줘야 한다고 생각합니다.53)

3) 박정희는 군사 구데타 독재자

그 시절 빨갱이 혹은 간첩이 많았고 즉, 박정희 반대파 활동을 하면서 요즘의 이석기처럼 민주당편에서 분란을 조성했을 겁니다. 또한 지금 민통당 시위처럼 그 시절도 시위했던 겁니다.

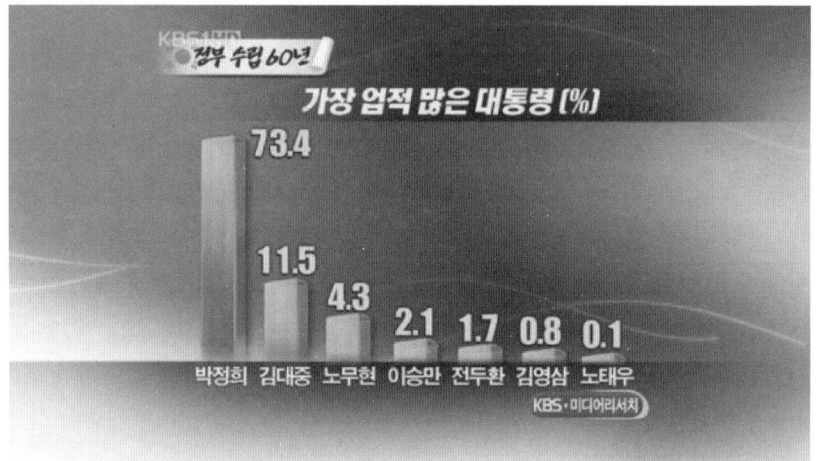

자료: http://kin.naver.com/qna/detail.nhn?d1id=6&dirId=6&docId=184136888&qb
=67CV7KCV7Z2s&enc=utf8&section=kin&rank=1&search_sort=0&spq=1&pid
=Ros17F5Y7vIsst3uM5dssssssts-135105&sid=UoA1LnJvLDgAAB3CGQI
(2013.11.11)

북한을 상대할 진정한 리더가 없었다. 그 시절에는 대기업도 없었고 정말 가난한 맨몸인 상태였습니다. 박정희가 사람을 시켜 경제발전을 한 것입니다. 민주당은 농경사회를 주장했고 고속도로 반대를 했다지요.

---

53) kaiser9703, 5번째 답변 re: 박정희씨의 대해 논해 봅시다 winwww2000 답변채택률0%
2013.11.10 15:35

(1) 경제성장은 국민들의 피와 땀으로 이루어 진 것이므로 박정희와 상관없다?

스티븐 잡스 & 이건희 : 국제성장은 국민이 한다. 요즘 대기업에 가려고 한다. 국민이 다했는데 왜 부와 명예는 스티븐 잡스 & 이건희에게 가나? 이것을 생각한다면 박정희가 이룬 거다.

자료: http://kin.naver.com/qna/detail.nhn?d1id=6&dirId=6&docId=184136888&qb
-67CV7KCV7Z2s&enc=utf8&section=kin&rank=1&search_sort=0&spq=1&pid
=Ros17F5Y7vlsst3uM5dssssssts-135105&sid=UoA1LnJvLDgAAB3CGQI
(2013.11.11)

(2) 일제시대 창시개명주도 공산당으로 활동, 진짜 빨갱이는 박정희다. 진짜 친일세력은 박정희다?

그 시절의 국민은 박정희에게 투표를 했다. 보수에게 지지를 했다.
그 시절의 시위했던 가난했던 국민이 박근혜 대통령을 지지했다.
그 시절의 국민이 아니면 당연하다는 듯이 주장하지 말아라.

〈대왕세종〉 애청자가 뽑은 이 시대의 세종대왕!!

역대 **대통령** 중 세종대왕과 가장 유사한 인물은 누구라고 생각하십니까?
현재 우리에게 필요한 세종대왕을 닮은 지도자를 투표해주세요!

| 참여기간 | 2007.11.01~2008.01.05 |
| 참여 | 1641명 |

1. 역대 대통령 중 세종대왕과 가장 유사한 인물은 누구라고 생각하십니까? 우리에게 현재 필요한 세종대왕과 같은 지도자를 투표해주세요!

1. 이승만   1%(31/1641)
2. 윤보선   1%(20/1641)
3. 박정희   53%(871/1641)
4. 최규하   0%(13/1641)
5. 전두환   0%(14/1641)
6. 노태우   0%(4/1641)
7. 김영삼   1%(22/1641)
8. 김대중   25%(420/1641)
9. 노무현   14%(246/1641)

출처 = KBS 홈페이지

자료: http://kin.naver.com/qna/detail.nhn?d1id=6&dirId=6&docId=184136888&qb
=67CV7KCV7Z2s&enc=utf8&section=kin&rank=1&search_sort=0&spq=1&pid
=Ros17F5Y7vlsst3uM5dssssssts-135105&sid=UoA1LnJvLDgAAB3CGQI
(2013.11.11)

자료: http://kin.naver.com/qna/detail.nhn?d1id=6&dirId=6&docId=184136888&qb
=67CV7KCV7Z2s&enc=utf8&section=kin&rank=1&search_sort=0&spq=1&pid
=Ros17F5Y7vlsst3uM5dssssssts-135105&sid=UoA1LnJvLDgAAB3CGQI
(2013.11.11)

4) 역사의 반전과 질문

(1) 박정희

⇒ 경제성장을 박정희가 했나요? 피땀 흘리신 우리 부모님 세대들 덕택이지. 그리고 그 당시에는 박정희가 아니였어도 경제성장을 할 수 있었거든요?

(2) 이순신

⇒ 임진왜란 활약을 이순신이 했나요? 목숨걸고 싸우신 졸병들 덕택이지. 그리고 그 당시에는 이순신이 아니었어도 일본을 이길 수 있었거든요?

(3) 김일성

⇒ 육이오 전쟁을 김일성이 일으켰나요? 총들고 싸운 군인들이 일으킨거지. 그리고 그 당시에는 김일성이 아니었어도 이승만이 성공할 수 있었거든요?

(4) 히틀러

⇒ 유태인을 히틀러가 학살했나요? 독가스가 학살했지. 그리고 그 당시에는 히틀러가 아니였어도 유태인을 학살할 사람들 많았습니다.[54]

5) 가상적 역사

왜 그렇게 사람들이 박정희에 대해 함부로 말씀들을 하시는건가요? 한나라의 대통령이고 그 못사는 나라를 이렇게까지 키워놓으셨는데 독재자지만 그 분이 없었다면 우린 옥수수나 감자캐기밖에 더했겠습니까?

박정희 전 대통령은 위대한 사람이지만 훌륭한 사람이라고는 할 수 없을 것 같아요.[55] 한국경제의 근간을 이뤄놓고 산업화를 훌륭하게 이

---

[54] http://kin.naver.com/qna/detail.nhn?d1id=6&dirId=6&docId=184136888&qb=67CV7KCV7Z2s&enc=utf8&section=kin&rank=1&search_sort=0&spq=1&pid=Ros17F5Y7vlsst3uM5dssssssts-135105&sid=UoA1LnJvLDgAAB3CGQI(2013.11.11.)

[55] 3번째 답변 re: 박정희에 대해서 비공개 답변채택률70% 2013.10.26 19:43 답변 추천하기 추천 수5 추천 수5

끌어낸 위대한 지도자이지만 민주주의라는 국가의 근본적 이념속에서 독재는 절대적으로 배치되며 어떤 수단으로도 정당화 할 수 없는 악행인 것 또한 분명하기 때문이죠. 박정희 전 대통령의 과감한 결단력과 놀랄만한 판단력이 지금의 대한민국을 이뤘다고 해도 과언이 아니겠지만 마찬가지로 숭고한 국가 근본 이념인 민주주의를 수호하기 위해 쓰러져간 영령들 또한 계시기에 무조건 박정희 전 대통령의 업적만 가지고 칭송할 수는 없는 일이지요.

성공적인 산업화와 대한민국의 경제성장이라는 커다란 선물을 안겨준 부분에 대해서는 무조건 비난하기 보다는 수용하고 칭찬하되 경제적 성장과 그가 남긴 업적들로 민주주의를 수호하기 위해 죽어간 인사들을 모욕하는 독재를 정당화하는 행위를 하지 않는 것이 가장 바람직할 듯 합니다. 네, 앞서 말씀하신 분께 동의합니다.56)

우리나라의 국민성이 1순위이죠. 경제성장은 물론 위에서부터의 경제정책에 부응을 잘했다는 점도 있습니다. 조선 말 일제시대 때 연해주에서 황무지를 개간하며 어렵게 살던 조선인들이 러시아 정부에 의해 강제로 중앙아시아로 이주됩니다. 그 과정에서 수만명이 죽었죠. 가서 내린 곳은 진짜 아무 것도 없는 황망한 벌판이었습니다. 그곳에서도 우리 한민족은 추위와 굶주림을 무릎쓰고 땅을 개간하며 열심히 일구어 지금은 그 지방 이주민 중 제일 잘 산다고 합니다. 고려인, 들어보셨죠?

국민성이 그렇다는 얘기입니다. 그리고 경제개발 5개년계획은 장면 내각 때 이미 만들어졌습니다. 그걸 그대로 실행에 옮긴 게 박정희죠. 박정희가 무조건 잘못만 했다고 생각하는 게 아니라 득과 실이 있고 잘못된 점은 비판받아야 마땅하죠. 경제성장에 가려진 독재에 의한 많은 사람들의 죽음과 훼손된 민주주의 등입니다. 사람들이 박정희 혼자서 경제성장을 이룬 줄 아는데 우리나라의 근면한 국민성이 없었으면 불가능

---

56) 2번째 답변 Re : 박정희에 대해서 비공개 답변채택률77.8% 2013.10.26 19:41

했을 일입니다.57) 대표적인 예로서 중동에서의 건설업도 밤늦은 시각에 위험을 무릅쓰고 일했던 우리나라 근로자들 아니었으면 불가능했던 일입니다.

이 당시 수많은 노동자들이 저임금과 열악한 환경에서 고생을 해야 했습니다. 그리고 경제발전의 자금으로 쓰인 돈도 베트남전쟁에서 우리나라의 군인들이 목숨걸고 참전한 대가와 한일협정으로 받은 돈입니다.

한일협정이 얼마나 엿같은지는 말하지 않아도 알겠죠. 그리고 분명 박정희가 경제발전이라는 공이 있긴 하나 민주주의 후퇴와 민주주의 수호를 위해 희생된 사람들 때문에 박정희가 저지른 이러한 과오는 마땅히 비판받아야 합니다. 어제 박정희에 대한 뉴스가 많이 나오던데 포항제철 즉, 현 포스코를 박정희가 만든 건가여 아니죠? 그 정도 규모면 그 시대 살던 포항주민들 반발이 엄청났을텐데 현 밀양 송전탑만한다고 해도 난리인데 포항 주민들은 독재에 그냥 땅을 내준 건가요? 아님 박정희를 믿고 따른 건가요? 그 당시 엄청 가난했다던데 3끼 밥도 못먹을 정도로요. 그런데 세계적인 제철공장이 필요했나요? 차도 별로 없으면서 경부고속도로 만든 것도 그렇고요.58) 김대중 대통령 말대로 경상~전라고속도로가 더 낫다고 보는데, 박정희가 없었다면 김대중 대통령이 집권했다면 더 좋은 대한민국, 독재 유신없는 대한민국, 가난하지 않은 대한민국, 더 빨리 민주주의 한강의 기적을 만들지 않았을까요? 전 포항에 살지만 박정희보단 민주당 김대중 민주주의가 더 좋아요. 좀 있으면 선거인데 포항도 맨날 새누리당을 찍는 것은 아니라고 봐요.59)

---

57) 1번째 답변 re: 박정희에 대해서 지식in(beomjun1105) 답변채택률86.2% 2013.10.26 19:32

58) 지식in(beomjun1105) 초인 채택 797 (86.5%), 박정희 포항제철 비공개 질문 29건 질문마감률84% 2013.10.27 10:35 추천 수 2 답변 3 조회 786

59) http://kin.naver.com/qna/detail.nhn?d1id=12&dirId=1211100103&docId=183363002&qb=67C V7KCV7Z2s&enc=utf8&section=kin&rank=5&search_sort=0&spq=1&pid=Ros17F5Y7vlsst3u M5dsssssts-135105&sid=UoA1LnJvLDgAAB3CGQI(2013.11.11)

4. 박정희 대통령의 가치관

　박정희 대통령의 가치관은 무엇이었나요?60) 어떻게 해서든 경제를 발전시키자!61) 빠르고 정확하게 경제를 발전시키자는 것입니다. 뭐 빠르게 성장하려다 보니 많은 사람들이 희생되고 독재가 있었으나 그 분(박정희 대통령)이 없었으면 저흰 지금 시골서 감자캐고 있을듯합니다. 뭐 저의 생각이지만요. "우리의 후손들이 오늘에 사는 우리 세대가 그들을 위해 무엇을 했고 조국을 위해 어떤 일을 했느냐고 물었을 때 우리는 서슴치 않고 조국근대화의 신앙을 가지고 일하고 또 일했다고 떳떳하게 대답할 수 있게 합시다."62)라고 말하시며 후대를 생각하셨고 "제자가 스승을 우습게 여기는 교권(敎權)없는 학원에서 진정한 교육은 이루어질 수 없다."라며 교육의 중요성을 강조하셨습니다. 또한 "농사는 하늘이 지어 주는 것이 아니라 인간의 지혜와 노력으로서 짓는 것이다."라며 대한민국의 농업에도 큰 관심과 발전을 시키셨으며 국방분야에서는 "천하가 평안하나 전쟁을 잊으면 위험하다"(천하수안 망전필위)를 강조하시며 예비군을 창설하셨고 "만일 북이 처내려 온다면 나는 한 발자국도 서울에서 물러서지 않을 것이다. 선두에 서서 죽을 것이다. 내가 죽는 편이 국민의 전의를 더욱 강하게 해 줄지도 모른다."라면서 살아생전 조국을 늘 생각하시는 마음을 가지신 위대한 대통령이십니다. 박정희 전 대통령의 18년 장기집권동안 나름대로의 경제발전이 있었습니다. 박정희 전 대통령의 업적에 대해서는 다른 분들의 답변이 있을 걸로 보고 저는 박정희 개인에 대하여 올립니다.63) 박정희 전 대통령은 생전에 '내 무덤에 침을 뱉어라'고 했습니다. 자신의 삶과 정치에 대하여 욕먹을 부분은

---

60) 비공개 질문 18건 질문마감률71.4% 2013.11.04 19:46 Mobile 추천 수 1 답변 6 조회 91
61) 빠른답변 please해여, 1번째 답변　re: 박정희대통령의 가치관 비공개 답변채택률40% 2013.11.04 19:48
62) 3번째 답변　re: 박정희대통령의 가치관 elino18 답변채택률0% 2013.11.05 23:06
63) elino18, 4번째 답변　re: 박정희대통령의 가치관 tjdnfm123 답변채택률36.4% 2013.11.06 20:43

욕 먹겠다는 말입니다. 그러나 그를 신격화하여 추앙, 숭배하는 무리들은 누군가 그를 비판하면 난리가 납니다. 욕을 해대기도 합니다.

　박정희 전 대통령은 허물이 많은 사람입니다. 그리고 박정희는 변신의 대가이자 기회주의자입니다. 사람들(지지자들)에게 시작과 과정이야 어떻든 결과만 좋으면 된다는 그릇된 생각을 갖게 한 사람입니다.

　박정희 사형
　박정희 무기징역
　박정희 징역 15년

　박정희 전 대통령 18년 장기집권동안 우리나라가 상당한 경제발전을 한 것은 사실입니다.(경제발전에는 우리의 민족성과 월남특수가 큰 역할을 했다는 주장이 있으며 외향적 경제성장으로 인한 폐단이 아주 많음)

　그리고 박정희는 우리나라의 민주화를 저해하고(박근혜 대통령이 대신 사과함) 국민의 인권을 유린한 독재자인 것도 사실입니다. 국제적으로도 박정희는 독재자로 통합니다. 박정희는 일본에 충성맹세 혈서를 쓰고 일본 육사를 나온 친일파이기도 합니다. 박정희의 일본 이름은 '다카키 마사오'입니다. 또 박정희는 공산주의 정당인 남조선노동당(남로당)에 가입하여 활동했던 빨갱이였습니다. 남로당에 가입하여 활동했던 죄로 박정희는 군법회의에서 사형을 선고받았으며 군부내 남로당원의 명단을 실토한 대가로 무기징역을 언도받았습니다. 자기의 동료들을 사지로 몰아넣고 자신은 살아 남은 것이지요. 이후 15년으로 감형되어 군에서 파면되었다가 6.25가 발발하자 군에 복귀하였습니다. 그 후 박정희는 1961년 별 2개 소장 때 5.16 쿠데타로 한국 정부를 몰아내고 독재자가 되었습니다. 그리고 박정희가 존경했다는 박정희의 형 박상희는 대구 좌익 빨갱이들의 시위(대구 10.1사건, 대구 10월사건, 대구폭동 등으로 불림)를 주도한 빨갱이였으며 경찰에 총맞아 죽었습니다. 광복 후 구미에서 박상희의 영향력은 상당했는데, 박상희는 신탁통치반대운동을 지도하다가 김일성, 박헌영 등 공산주의자들이 찬탁으로 돌아서자 그는 침묵

했습니다. 박정희는 그런 사람입니다. 박정희는 공보다 과가 더 많은 사람입니다. 박정희를 무조건 찬양할 것이 아니라 박정희의 공과 과를 다 알아야 합니다. 박정희 대통령의 가치관은 우리는 가난하게 살아도 되지만 후손들에게는 우리 대한민국이 잘먹고 잘사는 나라로 만들자인 걸로 알고 있습니다.64) 5~9대 대통령 취임사에도 그렇다고 하고요. 박정희는 쿠테타로 집권하고 독재를 하였습니다.

TV에 나올 땐 막걸리를 마셨지만 그가 가장 좋아했던 술은 시바스리갈이었다는 사실 등은 언론장악으로 그 당시 국민들은 검소한 대통령으로 쇄뇌당한 겁니다. 북한은 그 당시 중국을 등에 업고 엄청난 경제발전을 이루고 있었습니다. 우리나라는 난민국이었습니다. 미국이 중국을 견제하기 위해 북한보다 남한을 더 발전시키고자 자금지원과 경제발전계획을 수립했죠.

관련 인터넷 Site는 다음과 같습니다.

http://blog.naver.com/flower5353/140198959262

http://blog.naver.com/derbrief/90183989398

http://blog.naver.com/flower5353/140198959262 byloveum65)

5. 박정희 대통령에 대해 한마디씩 부탁드립니다.

싸우려는 글이 아닙니다. 좌빨, 종북 이런 것 아닙니다. 저는 고3이고 정치와 사회에 대해 관심이 많습니다.66) 올바른 가치관이라는 게 누군가가 정의내릴 수 있는 게 아니라 상대적인 것임을 알지만 그런만큼 올바른 가치관을 가지기 위해 노력하고 있습니다. 수능의 사회과목을 한국

---

64) tjdnfm123, 5번째 답변 re: 박정희대통령의 가치관 비공개 답변채택률55.7% 2013.11.09 13:41

65) http://kin.naver.com/qna/detail.nhn?d1id=11&dirId=110202&docId=183909388&qb=67CV7K CV7Z2s&enc=utf8&section=kin&rank=6&search_sort=0&spq=1(2013.11.11)

66) jao**** 질문 53건 질문마감률84.4% 2013.10.27 00:38 추천 수 2 답변 4 조회 411

사로 선택하고 공부하던 도중 이승만~전두환 정권에 대해 공부하게 되었습니다.

어떤 글에서는 박정희 대통령의 업적이 많이 왜곡되었다고 하시더군요. 책에서는 박정희 정부는 민주주의를 억압하는 등 나쁜 면이 많이 부각되어 있지만 5개년 경제개발계획은 무시할 수 없는 업적이라고 생각합니다. 이번 박정희 전 대통령 추도예배를 했다는 기사를 읽고 부모님과 얘기하던 중 저의 생각과는 많은 차이가 있다는 것을 알게 되었습니다.

또한 인터넷글에서 매우 극단적이지만 강간범이 지나가던 여자를 강간해 지울 수 없는 상처를 줬다. 그리고는 온갖 보석과 모피를 주는 것과 같은 격, 이런 글을 보았습니다. 이 글에 대해 어떻게 생각하시는지도 써주시면 감사하겠습니다. 솔직하게 얘기하자면 저는 박정희 대통령에 대해 좋게 생각하고 있지 않습니다. 앞에서 말씀드렸듯이 5개년 경제개발계획으로 지금의 생활수준을 만든 분도 박정희 대통령이고 그러기 위해서 유신체제가 불가피하다는 글을 본 적이 있습니다. 또한 지금의 중산층이 만들어지게 된 이유라고요. 장면 내각의 계획과 박정희 대통령의 계획이 다르다는 것은 알고 있습니다. 절대 무시할 수 없는 업적이라는 것 또한 인지하고 있습니다. 하지만 한일국교 정상화 등 여러가지 관점에서 볼 때 저는 그렇게 생각하지 않습니다. 경제성장을 이루신 것은 존경할만한 업적이고 좋게 평가하시는 글을 보면 그저 결과>수단으로 밖에 생각이 들지 않더라고요. 제가 편협된 생각을 하는 것일 수 있지만요.

그리고 빠른 경제성장인만큼 부작용과 휴유증도 매우 깊게 남겨져 있다고 알고 있습니다. 경제성장도 국가 내외적인 흐름이 매우 도움이 되는 시기라고 알고 있고요. 민주주의에 대한 탄압으로 봐서도 정치적으로는 암흑기였고요. 전 박정희 전 대통령을 좋게 평가할 수는 있으나 존경받을 인물은 아니라고 생각합니다. 어려운 나라를 구했다는 점에서 그의 정치적 과오까지 공적으로 생각해서는 안된다고 생각합니다. 독재정권 아래서 고통받은 사람들께 죄송한 일이라고 생각합니다. 물론 A가 아니면 B라는 편협적인 시선으로 봐서는 안된다고 생각하고요. 과거세대의 행동을 부정하거나 긍정하기보다는 과거를 돌아보는 시선이 필요하다는 것도 알고 있습니다. 다시 말씀드리는 것은 저는 많은 사람들의 생각을 알고 싶을 뿐이고 여러분이 보시기에 제 생각이 틀렸다면 그저 수능을 앞두고 공부하는 고3학생의 글이니 봐 주시고 무조건 긍정이거나 무조건 부정인 글보다는 지역감정이 반영되지 않은 객관적인 자신의 생각을 써주셨으면 좋겠습니다. 두서없는 글 찬찬히 봐주셔서 감사합니다.

질문자 인사답변, 덕분에 많이 알아갑니다!67) 질문자님이 너무 좋은 가치관을 가지고 계십니다. 그런데 제가 하나 말씀드리고 싶은 것은 당시의 시대성을 생각하시면서 평가하여야 합니다.

지금의 시대에서 박정희를 생각하면 민주주의는 하나도 없는 희대의 잘못이지만, 그 시절 당장 내일 먹을 밥도 없는 상황에서 70%가 반대하는 경부고속도로를 만드는 등 그의 선택이 아직까지 우리한테 큰 고마움으로 남아 있죠. 링컨도 미국에서 자기를 비판하는 변호사가 있자 그 현장에서 '너 뭐야, 죽고 싶어?, 짤리고 싶어?'라고 말했죠. 실제로 링컨은 수천여개의 신문사를 닫게 했죠. 그럼에도 미국인들이 가장 좋아하는 대통령입니다. 왜냐하면 당시의 시대성을 생각해서거든요. 왜 아시아의 경제하위국가에서 우리도 성공할 수 있다는 예시를 대한민국이 보여주겠습니까? 아프리카 최빈국보다도 못살았던 나라를 수출국으로 만든 건 진짜 대단한 업적입니다. 박정희는 정말 비판받을 면도 많고 칭찬받을 면도 많습니다. 독재자였지만 나라의 안위를 생각한 사람이죠. 그 시대를 살아보지도 않았음에도 불구하고 앞장서서 비난하는 사람들은 광주민주화열사들을 폭도라 주장하는 일베충들과 뭐가 다르겠습니까? 박정희에 대해 욕할 건 욕하고 칭찬할 건 칭찬해야한다는 것입니다. 박정희 전 대통령은 공적도 있지만 허물도 많은 사람입니다.

---

67) 3번째 답변 Re : 박정희 대통령에 대해 한마디씩 부탁드립니다. 비공개 답변채택률 0% 2013.10.27 04:16

박정희가 혈서를 썼다고 주장하는 신문은

박정희가 1939년 3월 29일에 혈서를 썼다고 주장함.

자료 1: http://www.ilbe.com/2252315177
자료 2: http://kin.naver.com/qna/detail.nhn?d1id=11&dirId=111001&docId=1833520
36&qb=67CV7KCV7Z2s&enc=utf8&section=kin&rank=7&search_sort=0&spq
=1(2013.11.11)

또 박정희는 변신의 대가이자 기회주의자입니다.[68] 사람들(지지자들)

---

[68] 4번째 답변 re: 박정희 대통령에 대해 한마디씩 부탁드립니다. tkfkdkd88 답변채택률

에게 시작과 과정이야 어떻든 결과만 좋으면 된다는 그릇된 생각을 갖게 한 사람입니다. 이것이 팩트이고 소수의 목소리 큰 좌파언론과 인사들이 난봉하는 가운데 대다수의 국민들이 인지하고 있는 박 대통령의 사실 모음입니다.

외국 인사들의 평가는 더더욱 말할 것도 없고요. 출처는 대한민국 20대 30대 3명중 1명꼴로 한다는 일베 커뮤니티사이트입니다. 이 사람은 자꾸 예전에 나한데 논리로 털려놓고 무대뽀식으로 왜곡된 자료를 복사해서 붙여넣기식으로 박정희 지식에 뿌리고 있는데, 속지 마시고요.69)

그리고 대한민국 역사의 영웅이라 하면 대표적으로 세종대왕, 이순신을 논할 수 있죠. 세종대왕은 태평성대를 만들었습니다. 과학발전에 힘을 쏟았고 이순신은 나라를 지켜냈습니다. 그래서 이 둘은 영웅이지요.

그러면 박정희는? 박정희의 업적은 세종대왕+이순신입니다. 전 국민이 가난에 찌들 때 굶어죽지 않게 경제개발을 했고, 그 가난한 국가에 처음으로 한국과학기술대를 만들었죠. 한국 과학의 뿌리를 박정희의 선택으로 만들었고, 직접 미국으로 빠져나간 한국 과학자들을 정성껏 대해 초빙했습니다. 그리고 그 당시 미군이 버리고 간 M-1 소총으로 무장한 터무니없이 약한 국군을 바꿔버렸죠. 최신식 소총 M-16 무장은 물론, 자체 기술로 미사일 발사에 성공했고, K-2 개발 등 국방력이 극도로 탄탄하게 만든 사람이 박정희지요. 실질적으로 업적은 세종대왕과 이순신을 합쳐놓은 업적으로 봐도 무방한 업적입니다. 그리고 강간범이 지나가던 여자를 강간해 지울 수 없는 상처를 줬다. 그리고는 온갖 보석과 모피를 주는 것과 같은 격?에 대한 글도 한마디 올리죠. 그 여자가 누구였습니까?

당시 국민들은 전혀 피해 안입었습니다. 상처도 안입었습니다. 상처를 받은 사람들은 정부에 반항한, 반정부 시위자들이죠. 이런 말로 돌려주

42% 2013.10.27 14:50

69) 5번째 답변   re: 박정희 대통령에대해 한마디씩부탁드립니다. hivo2040 답변채택률 38.8% 2013.10.28 09:17, tkfkdkd88

고 싶네요. 과거 박정희 시절 고초를 당한 민주주의 운동가 백기완 선생의 말입니다. "박정희는 3만명을 못살게 굴고 3000만명을 잘살게 했지만 국민의 정부 참여정부는 3만명을 잘살게 하고 3천만명을 못살게 했다" 3만명은 누구이고 3천만명은 누구인지 아실 겁니다. 그리고 민주주의를 말하기전에 박정희 대통령 시절 전 세계에서 민주주의 체제를 완벽하게 이룩하던 국가는 `미국`외엔 거의 존재하지 않았습니다. 전 세계의 90% 이상이 공산 혹은 독재국가였던 시절입니다. 특히 아시아는 거의 대부분이 그런 국가들이였고요. 민주주의를 해보겠다고 하는 국가는 미국의 민주주의를 수박겉핥기식으로 시작하는 태동기 수준이였고 여럿 혼란과 경제난에 아직도 빈민국을 벗어나지 못하는 민주주의 국가가 수두룩합니다. 민주주의가 무조건 옳고 민주주의가 만능인 사상이라고 생각하시고 있다면 그건 잘못된 판단입니다. 민주주의의 자유를 안좋은 말로 하면 `방종`이라고 합니다. 국민이 주가 되지만 국민 대다수가 문맹률이 높고 하루 먹고 사는 것도 힘든 거지인데 어떻게 주가 될 수 있겠습니까. 국민의 상위 1%가 지배하는 공산주의와 다를 바 없죠. 또 민주주의만큼 전시상황에 취약한 체제도 없습니다. 월남이 어떻게 공산화되었는지 잘 기억하실 겁니다. 월남 패망이 한국의 장면 내각시절과 똑 같았어요. 자유가 아닌 방종으로 가득했고, 너도 나도 시위질에 공산주의 찬양에까지 이미 갈 때까지 갔죠. 더 이상 적어봤자 의미가 없을 것 같고요. 독재정권 아래에서 고통받는 사람이 무조건 독재정권 때만 고통받는다라고 생각하시면 큰 오산입니다. 김영삼, 김대중, 노무현 정권 때 고통받은 사람이 없었습니까? 박정희 때에 비하면 가정 파탄나고, 경제 파탄나고, 자살하고 오히려 박정희 시절 고통받은 사람들이 숫자는 더 적을 겁니다. 세종대왕과 이순신의 업적을 동시에 이룬 박정희가 존경받는 인물이 아니라면 이 세상의 역사에서 존경받을만한 인물은 존재할 수가 없겠지요. 박정희는 일본의 군관이 되기 위해 '일본에 충성을 다하겠다'는 혈서까지 쓰고 만주군 교관이 되어 독립군을 때려잡는데 앞장서 있었던 친일파라고 하더군요. 그외의 친일행적이 더 알고 싶습니다.[70] 세상이 썩어가고 있습니다.

영웅은 개새끼로 전락했고 개새끼는 영웅으로 둔갑했습니다.[71] 항상 진실만을 말할 것을 약속합니다. 이 글은 우리나라에서 위인 박정희를 폄하하는 세력들의 주장에 대한 반박문을 실은 글입니다. 글이 매우 길기 때문에 시간내서 보시기를 권장합니다. 솔직히 말해서 박정희를 폄하하는 것에 반박하는 방법보다 박정희를 폄하하는 세력의 실체를 까바르는 것이 더욱 효율적이지만 이미 박정희에 대해 잘못 알고 있는 사람들이 도처에 깔려 있으므로 그것부터 씻어 내리려고 합니다.

1) 박정희 대통령의 교사시절

박정희 대통령은 만주군관학교에 입학하기전에 문경심상소학교의 교사였습니다. 그 시절 학생들의 증언을 들어보겠습니다.

(1) 정순옥(鄭順玉)의 말

어느 일요일, 동무들 몇 명과 함께 새로 오신 선생님(박정희)의 하숙집을 찾아갔다. 호기심을 가지고 선생님의 방을 살펴봤더니 책상 위에 커다란 사진액자가 걸려 있는데 배가 불룩 나오고 앞가슴 양편에 단추가 죽 달려 있는 사람이었다. "저 사람이 누구냐"고 물었더니 선생님은 "영웅 나폴레옹"이라고 하시며 나폴레옹에 대하여 자세히 이야기해 주셨다. 4월 어느 날 소풍을 가게 되어 고운 옷으로 갈아 입고 여러 가지 음식을 가지고 떠났다. 선생님은 등산복 차림에 어깨엔 나팔을 메고 길다란 막대기를 가지고 우리들이 장난을 치거나 줄이 흐트러지면 한 대씩 때렸다. 목적지에 도착하여 점심을 먹고 놀고 있는데 한 아이가 깊은 물에 빠져 고함치는 소리가 들렸다. 그 순간 박 선생님이 물속으로 뛰어들어 한참만에 그 아이를 건져내어 인공호흡을 시키는 것이었다. 다른 선

---

70) hivo2040 초수 채택 56 (37.3%), 박정희의 친일행적은? wbs**** 질문 1건 질문마감률 100% 2013.10.19 21:31 추천 수 25 답변 4 조회 3,919
71) 1번째 답변 re: 박정희의 친일행적은? 비공개 답변채택률53.3% 2013.10.19 22:31

생님들은 그동안 둑에서 발만 동동 구르고 계셨다. 그리고 언젠가 우리는 박 선생님과 일본인 선생님 두 분과 함께 놀게 되었다. 그때 일본인 선생 한 분이 조선여성은 예의가 없다느니, 젖가슴을 다 드러내고 물동이를 이고 다니느니 하며 우리 나라 여자의 흉을 보았다. 이에 박 선생님은 우리들에게 "너희들 저 말 잘 새겨 들어라. 가난하고 무지하면 남에게 멸시를 당하는 것이다. 우리들끼리 있을 때는 절대로 일본말을 쓰지 말고 조선말을 쓰자"고 했을 때 우리는 철없이 "조선말을 쓰면 퇴학당하는데, 왜 그러세요"하고 반박한 기억이 난다. 그러나 우리는 선생님을 가장 존경하며 따랐다.

(2) 주영배(周永培)의 말

1939년 내가 보통학교 5학년일 때 조선어 과목을 가르치며 박 선생님께서는 "이 글을 잘 배워야 한다"고 말씀하셨다. 그리고 박 선생님은 빈부귀천을 가리지 않는 분이었다. 가정실습 때는 문경에서 12킬로미터나 떨어져 있는 산골까지 자전거를 타고 오셨다. 선생님이 돌아가시는 그 뒷모습이 산넘으로 숨어들 때는 울고 싶도록 감사했다.

(3) 전경숙(全慶淑)의 말

박 선생님은 우리 집으로 하숙을 옮겼다. 그리하여 우리 어머니를 "모친"이라고 불렀다. 식사는 가리는 것이 없었고 복장은 단정하였으며 출근은 빨랐다. 언제나 숙제를 내주시고 철저히 검사하여 평가를 해주셨다. 월요일마다 공책을 점검하시고 글씨를 바르게 쓰도록 지도해 주시고 일기와 편지쓰기를 장려하셨다. 5학년 20명과 2학년 40명을 한교실에서 복식수업(複式授業)을 하면서도 질서가 정연했다. 말은 간단명료하였으며 청소에 신경을 쓰고 유리창, 천정의 거미줄, 화장실 청소를 철저히 시켰다. 그리하여 청소도구를 완비하여 가지런히 정리정돈되도록 하였으며 책상의 줄이 비뚤어지고 환경이 지저분한 것을 매우 싫어하셨다.

위인전같은 이야기를 자주 해 주시고 "너희들도 이와같은 훌륭한 사람이 돼야 한다"고 하셨다. 노래와 나팔을 좋아하시는 선생님은 악대와 합창반도 조직하여 각종 행사에 참가하기도 했다. 가을운동회 때는 박 선생이 기마전, 기둥 넘기기, 공바구니 터뜨리기, 텀블링을 지도하여 관중들의 박수를 받던 기억이 생생하다. 가을소풍 때 문경새재를 갔을 적에는 제1관문의 이야기를 자세히 들려주시고 점심을 싸오지 못한 학생에게는 선생님이 도시락을 나누어 주시던 일, 발목을 삐어 걸음이 곤란한 학생을 업고 산길을 내려오던 선생님의 모습이 생각난다.

(4) 이영태(李永泰)의 말

조선어 시간에는 우리 나라의 태극기와 역사를 가르쳐 주셨다. 음악시간에는 <황성옛터> <심청의 노래> 등을 가르쳐 주시고 기타도 쳐 주셨다. 지금 생각하면 조국이 없는 서러움 때문인지 일본인 교사들과는 자주 싸우는 광경을 보았다. 하루는 수석교사였던 일본인 야나자와(柳澤)와 말다툼 끝에 그가 <조선놈>이라고 하자 의자를 집어던진 일도 있었다. 그 당시 일본인 순사 중에 오가와(小川)라는 사람이 있었는데 그와 자주 논쟁을 벌였다. 박 선생님이 만주군관학교에서 군도를 차고 문경에 왔을 때 오가와(小川)가 무어라 했다가 혼이 난 적도 있다.

(5) 전도인(錢道寅)의 말

하루는 박 선생님이 교무실에서 혼자 사무를 보고 있으면서 나를 불렀다. 그때 일본인 청부업자 한 명이 담배를 문 채 교무실 안으로 들어와 박 선생님에게 "오이! 교장 계신가?"하고 물었다. 선생님은 일본인을 한번 힐끗 쳐다보고 아무 대꾸가 없었다. 그 사람이 재차 똑같이 묻자 선생님은 이렇게 말씀하셨다. "너희 일본인들이 부르짖는 내선일체(內鮮一體)가 진실이라면 당신이 내게 그러한 언동을 할 수 있을 것인가? 일등 국민으로 자처하고 싶거든 우선 교양있는 국민이 되어야지. 담배를 물고 교무실에 들어온 것만 해도 무례하기 그지 없는데 언동까지 몰상식한 인간이라면 나는 너같은 사람을 상대할 수가 없다. 어서 나가봐!" 하고 말한 적이 있다.

(6) 황실광의 말

박 선생님이 우리 학교에 오셨을 때 나는 6학년 반장을 했다. 선생님은 우리들에게 조선어를 가르쳤다. 역사, 시조도 가르치고 학생들의 사기를 돋우기 위하여 위인전을 많이 읽도록 하셨다. 박 선생님이 일제치하에서 우리글을 가르치기 위해 애쓰신 것은 분명하다. 학생 한 사람을 복도에 세워놓고 일본인 교장이나 교사가 오지 않나 망을 보게 했다. 그때 한 남학생이 천황의 사진에다 장난을 하고 교무실에 불려가 혼이 난 일이 있다. 천황의 눈을 연필로 까맣게 지우는 따위의 행동은 상상도 할 수 없는 일인데 우리들에게 그런 생각을 갖도록 한 것은 박 선생님의 영향이 컸을 것이다. 선생님의 별명은 <호랑이 선생님>이었으나 자주 부르지는 못했다. 나는 졸업 때 앨범을 선물로 받았다.

(7) 이순희의 말

일어 상용(常用)으로 학교에서 조선말을 사용할 수 없게 되자, 박정희는 수업시간에 몰래 조선어를 가르쳐주기도 했다. 한번은 둥근 원을 그려 그속에 가로로 물결무늬를 그려 넣고는 "보기만 해! 이게 조선국기다"라고 했다는 것이다. 그리곤 그림을 찢어버렸는데 한 학생이 다른 반에 가서 자랑한 것이 일본인 교사 귀에 들어가 '불온교사'로 찍히기도 했다.

2) 만주군관학교의 박정희

좌파들의 주장 중에 박정희가 만주군관학교 들어갔으니 친일파라고 합니다. 지청천 장군, 백선엽 장군, 김수환 추기경 이런 사람들도 일본군 출신이었으며 워싱턴 대통령, 장개석, 간디도 영국군 출신이었습니다. 일본군에 복무했다고 다 친일파로 모는 게 타당한 걸까요?

이건 '김백일'이라고 흥남철수작전을 지휘한 다른 분에 대한 얘기지만, 일본군에 있었다고 친일이면 워싱턴, 간디도 친영파인가요? 국공합작하여 항일항쟁을 주도한 장개석도 여러분 말대로라면 친일파겠네요. 일본을 그토록 혐오했던 이우 황자 역시 일본 육사출신이니까 친일이네요. 일본군 장교였던 김수환 추기경도 친일파였겠군요? 그리고 '일본군 복무하면 닥치고 친일'의 논리대로라면 김대중 대통령도 친일 아닌가요? 목포상고 졸업앨범입니다. 목포상고 학생회장이었던 김대중입니다. 고등학생이 사회 유지로 여겨지던 시대에 목포상고 회장은 그 지역의 지도자였습니다. 그런데 여운형이 조선인 황군 지원 권유 격문을 쓰던 바로 그 때에 김대중이 몸소 일본군복을 입고 연극공연을 하며 졸업사진을 찍은 것입니다. 해방이 되자마자 여운형씨의 공산당 조직은 건준으로 변신하는데, 이때 김대중이 목포지부 간부가 되었습니다. 즉, 김대중은 친일파 여운형의 추종자였으며 일본군복을 입고 대일본 제국을 위해 나가서 싸우자며 조선인 학생들을 선동했던 그 행동대장이었던 것입니다. 당시 일본군복 즉, 김대중이 입고 있는 것과 100% 일치하죠. 학도병이라도 일본 황제에게 충성을 맹세하고 일본 황제로부터 봉급을 받는 군인은 누구든 반드시 그 복장 차림이어야 했습니다. 그러니까 박정희가 친일파라는 기준을 갖고 본다면 김대중은 일왕에게 충성을 맹세한 친일파입니다.

이것 뿐만이 아닙니다. 한마디 더 첨부할께요. 박정희가 만주군관학교에서 학생대표로 축사를 읽었다는 말도 있습니다.

3) 만주국과 일본

박정희는 일본 육사가 아닌 '만주군관학교'에 입학하였는데, 만주국군이 일본군이었다면 이런 불온교사 경력의 박정희는 신원조회에 걸려 절대로 사관학교로 진학할 수 없었고, 입학 후에도 곧 입학이 취소되었겠죠. 박정희가 만주군관학교로 진학할 수 있었던 이유는 만주국은 일본의 신원조회망을 벗어난 제3국이었기 때문에 가능했던 겁니다. 그러니까 박정희는 일본군이 아니고 어디까지나 만주군이었던 것입니다. 민족문제연구소는 박정희의 나이가 너무 많았기 때문에 만주군관학교에서 두 차례나 입학을 거부당했다고 하는데 박정희를 일본 황국신민화정책에 이용하기 위해 만주군관학교에 보낸 것이라는 그들의 주장과 전혀 앞뒤가 맞지 않습니다. 만약 일본이 박정희가 일본군이 되기를 원했다면 무엇하러 나이 트집을 잡아 두차례씩이나 불합격시켰을까요? 어차피 충성하겠다는 의지가 중요한 건데요. 박정희는 1940년 2월 불온교사로 찍혀 문경의 교사직에서 면직되었고, 바로 그 다음 달 즉, 1940년 4월 4일에 만주군관학교에 입학했습니다. 3수하려면 2~3년 걸리는데 어떻게 3월 한 달 사이에 3수 할 수 있었을까요? 만주국은 일본이 만든 나라 맞습니다.

하지만 일본인들은 만주군을 일본군으로 인식하지 않았습니다. 만주국은 엄연한 독립국이었습니다. 그럼에도 무지한 사람들은 만주국에서 근무하면 친일파였다고 합니다. 그런데 당대 사람들에게는 행정상 뿐 아니라 정서상으로도 만주국이 일본과 혼동될 수 없음이 너무 분명했습니다.

만약 만주국이 일본 통치권안에 있었으면 만주국 경찰로 복무했던 광복군 대장의 조카 김일련은 일본 신원조회에 걸렸을 것입니다. 발해의 유민 후예들이 거주하던 간도는 우리땅임을 알던 그 시대의 사람들에게는 조선인이 만주국 건국에 동참하면 친일파의 정서가 전혀 없었습니다.

일본의 인명사전에 기록된 박정희의 경력입니다. 중앙의 19-7의 연대 표시 바로 옆에 박정희는 "만주국군 소위"였음이 명기되어 있습니다.

만약 자국군이었다면 일본군(日本軍)이라고 명기하였겠죠. 그러나 외국군이었기에 만주국군이라고 한 겁니다.

일본인들이 박정희는 일본군이 아니었다는데, 도대체 왜 한국의 어떤 무지한 이들은 박정희가 일본군이었다는 황당한 주장을 하나요? 박정희는 유학생이었으며, 유학생은 일본군 장교가 될 수 없었습니다. 한국 육사에도 아프리카나 동남아 등지에서 유학생이 옵니다. 만약 아프리카 사람들이 한국육사에 유학했던 아프리카 군인을 한국군이라 부르면 우리가 무슨 생각이 들까요? 마찬가지인 겁니다. 위에 보면 "일본 육군사관학교 유학"이라고 되어 있습니다. 하지만 이건 일본 육사에 입학한 것이 아니라 포병학교 과정을 일년간 이수한 겁니다.

1940년대의 일본 육사 유학생반을 보면 유학생들은 일본사관생도 제

복도 입지 않았을 뿐더러 수업도 유학생들끼리 따로 받았습니다. 위의 박정희 학력에 57기생 상당으로 되어있을 뿐입니다. 그러면 여러분은 아 김대중이고 뭐시고 워싱턴 장제스는 그렇다 치자. 박정희는 혈서까지 썼는데 하겠죠. 자, 좋아요. 그럼 이제 박정희 혈서로 들어갑니다.

4) 박정희 혈서의 진위여부 논란

여러분이 좋아하는 친일혈서를 보겠습니다. 1939년 3월 31일 만주일보에 공개되었다네요. 조갑제의 '내 무덤에 침을 뱉어라'를 보면 문경심상소학교 재직 당시 동료교사였던 유증선 씨의 증언이 나옵니다.

"1938년 5월 숙직실에서 만주군관학교 입학적령 20세에 걸려 고민하는 박정희에게 유증선이 충고하길 나이도 한 살 정도 줄이고 편지와 함께 혈서를 쓰도록 했다는 것이다. 그리하여 박정희는 그의 충고를 받아들여 즉석에서 면도칼로 새끼 손가락을 그어 '진충보국 멸사봉공'이라는 혈서를 바쳤고 만주신문에서 이를 대대적으로 보도했다."

여기서 우리가 눈여겨 보아야 할 것은 ① 만주군관학교 입학제한 연령이 20세라는 부분과 ② 나이를 한 살 줄였다고 말한 부분입니다. 일단, 만주군관학교 입학제한 연령은 몇 살이었을까요? 관련하여 쇼와 14년에 작성된 『陸軍預科士官學校生徒 陸軍經理學校子科生徒及陸軍幼年學校生徒召募告示の件』이라는 일제의 공문서를 확인해 보았습니다.

보면 응시자격 연령이 16세 이상 ~ 20세 미만이라고 되어 있습니다. 유증선이 증언한 바 당시 1938년이면 박정희 나이가 22세일 때인데, 한두살 낮춘다고 응시자격이 생겼을 리가 없겠죠. 이쯤에서 유증선이 소설을 쓰고 있다는 생각이 드네요. 게다가 중앙일보 지국에서 활동하고 있는 이상유 선생의 지적처럼 박정희는 1939년 10월에 시험을 쳤기 때문에 그로부터 1년 5개월전에 혈서를 보냈다는 얘기는 여러모로 의심이 가네요. 당시에는 모집여부조차도 알 수가 없었답니다. 왜냐하면 1939년에야 만주군관학교 설립에 관한 얘기들이 나왔기 때문이죠. 결정적으로 유증선이 거짓말을 하고 있다는 증거가 있습니다. 박정희는 대구사범 재학시절 교련과목 이수자여서 하사관 자격이 있었습니다. 하사관 자격이 있는 자는 위의 제한연령 규정에도 불구하고 26세 미만까지 지원할 수 있었으므로 박정희가 나이문제로 고민했네 어쨌네 하는 것은 틀린 말이라는 것을 알 수 있습니다. 그래도 안 믿으시면 증거자료를 찾아보시면 됩니다.72)

두번째로 나이를 한 살 줄였다고 한 부분을 보겠습니다. 1945년 일제가 작성한 『임시육군군인군속계』상에 나타난 박정희의 생년월일을 보면 대정 6년(1917년) 9월 30일으로 되어있는데 이는 박정희 대통령의 실제 음력생일과 같습니다. 결론적으로 말해 박정희는 나이를 고친 적이 없는 거죠. 혈서위조, 이게 끝이 아닙니다. 앞서 혈서가 공개된 신문이 1939년 만주일보라고 했는데 만주일보는 1908년에 폐간되었다는 게 밝혀졌습니다. 일본 국회도서관 홈페이지입니다. 이에 당황한 민족문제연구소(박정희 혈서 떡밥을 공개)는 만주일보가 아닌 만주신문이었다고 주장하지만 이미 때는 늦었습니다. 알 거면 제대로 알고 까시든가요.

또 만주신문은 만주어와 중국어를 공용어로 사용하던 만주국 국민들도 전혀 안보는 신문이었으며 일본인들도 안보는 신문이었습니다.

더 웃기는 건 1939년 2월 24일에 이미 만주군관학교 합격자가 발표되었는데 왜 기사는 1939년 3월 31일에 나왔을까요? 여러분이 알아서 판단하십시오. 혈서 이야기는 이것만 하고 끝내겠습니다. 민족문제연구소가 박정희의 혈서지원설을 입증하기 위해 제출한 만주일보 사본의 기사에는 이런 내용이 있습니다.

"반도의 젊은 훈도로부터 29일 치안부(治安部) 군정사(軍政司) 징모과(徵募課)로 조선 경상북도 문경 서부 공립소학교 훈도 박정희군(23)의 열렬한 군관지원 편지가 호적등본, 이력서, 교련검정합격 증명서, 그리고 '한목숨 다바쳐 충성함 박정희(一死以テ御奉公 朴正熙)'라는 혈서를

---

72) 출처는 앞의 왜말 문서와 같습니다.

쓴 종이와 함께 동봉된 등기로 도착해 담당자를 감격시켰다."

　징모를 말 그대로 풀이하면 징집과 모병을 뜻하는데, 만주국이 국병법에 따라 징병제를 실시한 것은 1941년입니다. 징모라는 말은 상당히 어폐가 있는 것이지요. 만주국 발행 정부공보를 아무리 뒤져봐도 징모과는 찾을 수 없었습니다. 박정희가 혈서를 썼다는 1938년 9월 무렵 만주군관학교의 모태인 중앙육군훈련처의 군관후보생 모집공고를 보면 치안부 군형과(軍衡課)에서 채용공고를 하고 있음을 알 수 있습니다. 여기서 민족문제연구소에서 제출한 신문기사의 진위가 또 한번 되네요. 징모과라는 부서는 있지도 않은 유령부서이며 징병제를 실시할 무렵에 정모과라는 부서가 존재했지만 이 또한 징모과와는 엄연히 다른 부서입니다.

　분명 '재신경칙위치안부군형과'라고 되어 있네요. 존재하지 않는 부서에 혈서를 제출한 박정희의 정체는?

5) 추가내용

　1939년 박정희 혈서에 대한 만주일보 기사를 갖고 좌빨들이 혈서 혈서하고 드립을 치기 시작합니다. 그러나 이 만주일보라는 신문사는 1935년에 이미 폐간되어 없어진 신문입니다. 게다가 혈서에 대한 증거물은 이 조작기사 말고는 쥐 코딱지만큼 없음을 정리해 봅니다. 민족문제연구소가 만주일보에서 박정희 혈서기사가 실렸다고 5년동안 주장하다가 만주일보는 1908년에 폐간, 뻥카가 들통나자 민족문제연구소는 만주일보가 아니라 만주신문이라고 말을 바꿉니다. 근데 만주신문은 일본에서 보는 것도 아니고 그냥 만주기관지이고 만주신문은 창간호도 없습니다. 근데 일본 국회 도서관 마이크로필름에서 기사 발견 좌좀들은 만주신문이 찌라시면 일본 국회도서관에 찌라시도 있냐면서 주장했습니다.

　여기서 저 신문의 이상한 점을 찾자면?

　(1) 신문 원본이 없음
　(2) 조작된 복사본 한장만 있음
　(3) 박정의 친일혈서 기사부분만 어떻게 딱 하나만 있을 수 있을까?

(4) 그 당시엔 쓰지 않던 현대 일본어 표현으로 적혀있는 걸로 보아 일본어를 완벽하게 통달하지 않은 사람이 쓴 것으로 확인이 되고 있음

(5) 애초부터 날짜가 맞지가 않고 혈서를 썼다고 한 날짜는 3월 29일, 근데 실제로 학교의 합격자 발표는 2월 24일임

박정희가 친일혈서를 썼다는 진실된 근거가 아무 것도 없습니다. 혈서 사진도 혈서 목격자도 없습니다. 더군다나 박정희가 입학한 학교는 만주육군사관학교였는데 만주국군은 일왕에게 충성을 맹세하지 않습니다.(2년 후에 일본육군사관학교로 편입)

박정희 혈서의 진실 여부를 가지고 논쟁하는 자체가 악질 좌파들의 박정희 죽이기 프레임에 갇히는 것입니다. 일제시대에 태어나 황국신민으로 길러졌고 고등교육을 받으려면 충성스런 황국신민 행세를 해야 가능한 시대인데, 그 이후 실질적인 친일행적이 있나 없나를 가지고 판단해야지, 안그러면 지청천, 백선엽 장군 등도 친일파가 됩니다. 일단 만주군은 일왕하고 아무 상관이 없는 곳입니다. 그곳에 들어갈 때 일왕한테 뭐 충성이니 뭐니 이딴 게 없어요. 만주국의 군대이기 때문이지요.

그리고 조선인은 그 당시 일본군에 입대할 수 없었습니다. 조선인들은 일본군의 장교로 안 뽑았습니다. 그렇기 때문에 박정희가 교환학생 방식으로 일본육사로 건너간 뒤 졸업하고도 졸업자 명단에 일본군 장교 소위 박정희가 아니라 만주군 장교 소위 박정희라고 나와 있었지요. 그리고 저 신문 자체가 조작입니다.

혈서신문은 원본이 존재하지 않습니다. 마이크로필름으로 복사한 사본만이 존재합니다. 사본은 법적 증거력이 매우 현저히 떨어집니다. 조작가능성 때문이지요. 원본은 없고 사본이라는 것도 현대식 일본어가 쓰여진 엉터리이고 글을 쓴 사람의 행적은 오리무중입니다.

일본 국회도서관에서 나온 저것을 원본이라고 생각하는 좌파가 태반입니다.

6) 창씨개명했다?

창씨개명하면 친일파? 당시 김대중 대통령(일본명 도요타 다이쥬)을 포함한 국민의 80%가 창씨개명했습니다. 그러면 우리 국민의 80%가 친일파겠네요. 혹자는 "창씨개명을 한 게 죄가 아니라 두 번 한 게 죄다"라고 합니다. 박정희가 '다카키 마사오'라는 이름으로 창씨개명을 했었는데 그 이름이 조선인의 냄새가 난다 하여 나중에 '오카모토 미노루'라는 이름으로 다시 바꿨다는 소문이 있는데, 여기서 잠깐, 오카모토 미노루는?

1929년의 광주학생항일운동에서 공(?)을 세운 사이비교육자인 한 왜놈으로 악명이 높은 사람입니다.

이를 반박하고자, 박정희 대통령의 대구사범 동기동창으로서 인하대 학장을 역임했으며 현재 울산에 거주하시며 온라인에서 활발한 활동을 하고 계신 김병희 옹의 말을 퍼왔습니다. 김병기 옹의 홈페이지인 http://home.megapass.co.kr/~gimbyngh/ 들어가면 보실 수 있습니다. "김병희는 홈페이지[http://home.megapass.co.kr/~gimbyngh/]를 가지고 있어서, 지구촌 사람이면 누구든지 마음대로 와서 구경도 하고 글도 쓸 수 있게 하고 있는데, 오늘 새벽에는 "이상유"라는 분이 오셔서 쓴 글에서 다음과 같은 사연을 보았다["…"은 수십자씩 생략했음을 뜻함].

"저는 서울에서 근무하는 교사 이상유입니다. … 저는 박정희 대통령에 대하여 많은 관심을 가지고 있습니다. … 박 대통령에 대한 근거없는 음해가 많았지만 … 오카모토 미노루라는 다른 창씨명도 있다고 주장하는 것은 너무도 악질적입니다. … 그러다가 인터넷을 검색하던 중 정말 우연치 않게 박사님과 고민철씨가 게시판에서 주고 받은 글을 보게 되었는데, 그 곳에는 제가 그렇게도 오랫동안 찾아다니던 오카모토 미노루의 비밀이 상세히 설명되어 있었습니다. … 순간 박대통령의 음해에 앞장서던 김삼웅이 떠올라 치를 떨었습니다. 김삼웅은 독립기념관장을 하던 중에도 신촌의 서점에서 가끔 만나기도 하였습니다. …

이제 박 대통령이 오카모토 미노루라는 음해가 사실이 아니라는 확실한 근거를 가지게 되어 얼마나 기쁜지 모르겠습니다. 모두가 박사님의 소중한 증언 덕분입니다. … 홈페이지 어딘가에 오카모토 미노루의 사진을 올려놓았다는 글이 있던데 찾을 수가 없군요. 알려주시면 고맙겠습니다."

위의 이상유님 글을 요약하면 박정희 대통령의 창씨명이 타카키 마사오(독립군을 비밀리에 도와준 사람으로 독립군 사이에 유명)와 오카모토 미노루(김상웅이 주장)라는 설이 있는데 있는데, 오카모토 미노루는 노무현 정권 때 독립기념관장으로 임명된 김삼웅이 박정희를 음해하려고 조작한 것이라는 것이다. 참으로 기가 막힌다. 사이비사학자에게 독립기념관장이란 중책을 누가 천거해서 누가 임명(김대중)했는지 모르지만, 꼴두기가 어물전 망신시키는 꼴이군. 따라서 다음과 같은 회답을 보냈다고 한다.

"이상유님 보세요. 혜서 잘 읽었습니다. 교육동지를 만났군요. 반갑습니다. 더욱 박정희 대통령의 참모습을 아시려고 주야 분투하신다니, 전교조 무리들이 많다는 곳이라 진흙속에서 구슬을 만난 느낌입니다. 박정희 군은 저의 죽마고우인지라, 그가 오카모토(岡本) 운운의 일본식 이름을 가진 일이 없음을 잘 알고 있는데, 어느 엉터리 사학도가 그런 발설을 한 모양입니다. 오카모토라는 대구사범 교감은 광주학생사건 때 우리 조선인학생들을 때려잡아 수훈감인 자로서 당시의 조선총독이 대구사범 학생감으로 특진시켰기에 박 군(박정희)이나 저를 포함한 우리 대구사범 조선인 학생들은 전원이 그를 개나 돼지처럼 악종으로 보았답니다. 그 사학자(김상웅-김대중 추종자), 그 자는 틀림없이 친북정권의 수하로서 박 대통령을 음해하려는 의도로, 그 악종의 성을 박군의 일본식 성으로 둔갑시킴으로써, 국민들의 박 대통령에 대한 추모의 정을 말살 내지는 희석시키려는 음모의 발로로 밖에 보이지 않습니다.

자서전을 쓰면서 그 오카모토 학생감에 관해서 여러 번 언급을 했지만 모두가 교육자다운 모습은 없고 시종일관 조선인 학생의 사상동향에서 민족정신을 뽑아 독립운동의 씨를 말리려는 그의 더러운 수작을 폭로했을 뿐이었고, 귀하께서 말씀하신 그의 사진을 올린 기억은 없습니다.73) 실제로 병적과 서류를 모두 뒤져보면 박정희는 광복 때까지 '다카키 마사오'라는 이름으로 등장합니다. 오카모토 미노루가 절대 아니라는 거죠.74) 김병희 옹은 박정희 대통령의 대구사범 동기동창으로서 인하대 학장을 역임했으며 현재 울산에 거주하시며 온라인에서 활발한 활동을 하고 계십니다.

박정희의 제2창씨명으로 알려진 오카모토 미노루(岡本實)의 실제 이름은 오카모토 히로시(岡本寬)이다. 實자와 寬자가 워낙 비슷해 옮겨쓰면서 혼동하는 경우가 많았던 모양이다.

실제로 국사편찬위원회의 조선총독부 직원록에 의하면 1935년에는 實로 표기가 되어 있고 1936~1943년까지는 寬으로 표기가 되어 있다. 히로시가 미노루로 둔갑한 이유도 바로 여기에 있을 것 같다. 오카모토는 1930년 조선공립고보에서 시작하여 1932년 광주학생사건 당시 광주제일고보의 교유(教諭)로 있었는데, 물의를 일으킨 조선학생들을 일망타진한 수훈갑의 공로가 있어 1등급 특진하고 1935년, 그러니까 박정희가 3학년이었을 때 대구사범학교로 영전하게 되었다. 당시 대구사범학교는 현준혁의 「교유 및 생도의 비밀결사사건」이 발생한지 얼마되지 않아 교육당국은 학생들의 불온사상을 특별히 감독하고 단속할 필요가 있다고 생각하여 오카모토를 대구사범학교로 발령시킨 것이다. 과연 오카모토는 당국의 기대를 저버리지 않았다. 오카모토가 부임한 이후 많은 조선인 학생들이 퇴학과 정학을 밥먹듯이 당했던 것이다. 게다가 워낙 학생들을 개패듯이 팼기 때문에 학생들로부터 원성이 자자했다고 한다. 오카모토는 이렇게 조선인 학생들을 짓밟고 일어선 덕에 승승장구하여 1940년에는 6등 授瑞寶章이라는 서훈을 받고 함경남도 道視學官을 거쳐 1944년에는 청주사범학교장을 지냈다. 평교사로서 누릴 수 있는 최고의 직위까

---

73) 여불비례, 2008. 11. 13 울산 일산진에서 김병희
74) 여불비례, 2008. 11. 13 울산 일산진에서, 김병희

지 오른 것이다.

7) 결론

박정희 ≠ 오카모토 미노루, 2번 개명 안함 오카모토와 박정희는 다른 사람입니다. 군속계만 봐도 1945년까지 高木正雄 그대로 쓰고 있습니다.

교사 의원면직 발령원부나 보고 날조를 하든가. 1940년, 충격적인 사실은 박정희 = 오카모토 미노루'는 북한에서 시작된 네거티브입니다.

대선토론회에 등장한 박정희 대통령의 창씨개명 문제, 대선후보 토론회를 보다가 통합진보당의 이정희 후보가 갑자기 뜬금없는 '다카키 마사오'라는 단어를 언급하는 모습을 보았다.75) 그러자 인터넷 포털에서는 갑자기 '다카키 마사오'라는 검색어 순위가 급등하고, 덩달아 박정희 전 대통령의 또 하나의 '창씨개명'한 이름으로 알려진 '오카모토 미노루'라는 이름까지 검색 랭킹에 등장했다. 이것을 본 많은 네티즌들은 무책임하게 트위터, 인터넷 댓글을 양산하며 한동안 한국 사회에서는 들리지 않았던 이름인 '오카모토 미노루'를 들고 나와 박정희와 박근혜 후보를 공격하는데 여념이 없었다. 이런 소동을 보고 안타깝다는 생각이 들지 않을 수 없었다. 많은 사람들은 '오카모토 미노루'라는 이름이 어디서 기원했는지도 모르고 무조건 퍼뜨리고 있기 때문이다.76)

8) 대한민국의 자칭 진보세력들

박정희=오카모토 미노루라는 말을 퍼뜨리고 있는 그들에게 물어보고 싶다. 박정희의 창씨개명이 '오카모토 미노루'라는 얘기를 도대체 어디에서 들었느냐고 말이다. 그들의 대답은 뻔하다. 최상천의 '알몸 박정희'(2001), 강준만의 '한국 현대사 산책' 그리고 재미언론인 문명자의 '내가 본 박정희와 김대중'(1999), '김형욱 회고록'(1985), 전 독립기념관장 김삼웅의 칼럼 및 저서 등이 바로 그들의 '근거'다. 하지만 그 어떤 자료

---

75) 이시완 자유기고가, leeshiwan@gmail.com, 등록일: 2012-12-05 오후 6:23:29
76) ▲ 트위터의 '박정희=오카모토 미노루' 선동들

도 정확한 근거를 제시하지 못하고, 단지 '카더라'의 수준에 그치고 있는 것이 현실이다. 여기서 한번 생각해 볼 점이 있다. 바로 위 인물들의 공통점에 대해서다. 박정희가 오카모토 미노루라고 열심히 주장하는 사람들은 대부분 박정희와 대립했던 사람이거나 김대중 전 대통령의 측근 혹은 친북인사들이라는 것이다. 다시 말해 '안티 박정희'의 요소를 가진 사람들이라는 말이다. 그들의 주장은 과연 얼마나 설득력이 있는 것일까? 안티 박정희의 입장에 있는 사람들이 객관적인 근거라며 늘 가져오는 근거는 일본측에서 발간한 '일본육해군 총합사전'이다. 실제 이 사전의 2판(2005)에 보면 박정희의 일본 이름이 오카모토 미노루라고 분명히 나와 있다.[77] 하지만 명심해야 할 것이 있다. 이 사전은 일본 정부의 공식적인 기록이 아니라 도쿄대학 출판부에서 출판한 '개인출판물'이라는 것이다. 더욱 중요한 점은 이 사전의 초판(1991)에는 오카모토 미노루라는 이름이 없는데, 2005년 발간된 2판에 갑자기 이 이름이 추가되었다는 점이다. 전문가가 도쿄대학 출판부를 통해 이 사전의 저자에게 '오카모토 미노루'라는 이름의 근거를 확인해 본 결과, "근거 확인이 안되니 3판을 출판할 때는 '오카모토 미노루'라는 이름을 삭제하겠다"라는 답변을 받았다. 한국의 '안티 박정희' 세력이 금과옥조처럼 받들어 오던 '일본측 자료'의 설득력도 이것으로 없어진 셈이다.

그렇다면 대체 이 '박정희=오카모토 미노루'라는 주장은 어디서 시작되었을까? 현재까지 언급되고 있는 자료 중에 가장 오래된 것은 1985년에 나온 '김형욱 회고록'인데 그보다 더 오래된 기록을 소개하고자 한다. 그것은 놀랍게도 '북한'에서 시작되었다.

1973년 8월 11일자 북한의 로동신문을 보면 김대중 납치사건 직후에 박정희에 대한 비판을 집중적으로 쏟아놓는데, 그때부터 '오카모토'가 등장하기 시작한다. "남조선의 한 집권자는 우리 인민이 일제 침략자들

---

77) ▲ '일본육해군 총합사전' 2판 (2005)

에 항거하여 싸울 때 혈서를 써서 '천황'의 '적자'가 될 것을 맹세맹세한 후 '특등 일본인으로', '돌격대장'으로 '오까모도 중위'로서 민족의 해방과 독립을 위하여 싸우는 애국적 인민들을 탄압하기 위한 이른바 '토벌'에 110여회나 참가하였으며 조선동포들이 살고 있는 마을에 불을 지르고 불속에서 기어나오는 동포 어린이들과 늙은이들을 총창으로 마구 찔러 죽이고 생매장하는 몸서리치는 만행을 손가락 하나 떨지않고 감행한 자이라는 것도 모르는 사람이 없다."78) 여기서 '오까모도'가 박정희를 지칭한다는 것은 1987년 북한의 금성청년출판사에서 나온 '원쑤는 재침을 노린다'라는 책에서도 다시 한번 확인할 수 있다. 그 내용을 인용한다. 일본 군국주의 우두머리 한놈인 구모놈은 박정희를 '가즈오료리점'에 특별히 불러내다 먹자판을 벌려놓았는데 이 자리에서 다음과 같은 말이 오갔다.

"자네 퍽 몰라보게 됐네"
"각하, 절 알아보시겠습니까? 사랑받던 오까모도입니다"
"아무렴 알아보고 말구"
"그 선생님은 저를 돌격대장이라고 불렀지요"
"그랬지. 암 돌격대장이야.
오까모도군이 지금 남조선의 실권자로 나타났지만 내 눈에는 옛날 자주빛깔 만주국군의 군관생으로밖엔 보이지 않네"
"고맙습니다. 기억해 주셔서요. 저 역시 그 때를 자주 추억하곤 합니다"79)

한일회담을 비판하기 위해 일본을 찾은 박정희를 악의적으로 '오까모도'라고 설정하여 일본인에게 저자세로 일관하는 인물로 그려놓은 것이다. 단지 북한과 한국의 일본어 표기법이 달라 '오카모토'가 북에서는 '오까모도'로 표현되고 있을 뿐이다. 한국에서는 1973년 이전에 박정희

---

78) 1973년 8월11일 로동신문
79) 「원쑤는 재침을 노린다」금성청년출판사, 1987

를 '오카모토 미노루'라고 주장한 책이 아직 발견되지 않았다. 그것은 다시 말하면 한국 사회에 퍼진 '박정희=오카모토 미노루'라는 설은 북한의 주장을 확인도 없이 그대로 받아들여 정적 비판을 위해 퍼뜨렸다는 말이 된다. 그리고 다시 한번 말하지만 그 주체가 되는 사람들의 공통점은 '안티 박정희' 진영이다. 문명자씨는 김일성, 김정일 부자와 직접 면담을 할 정도로 친분이 있던 사람이었으며 김형욱씨 역시 박정희의 미움을 사 미국으로 망명하여 박정희 정권 비판의 선봉에 섰고 김삼웅씨는 박정희의 정적 김대중씨가 만든 평민당 당보의 주간을 맡을 정도로 친DJ의 성향이었다. 다른 사람들 역시 전형적인 '안티 박정희' 성향의 인물들이다. 나는 한국 사회에서 나름대로 중요한 위치에 서 있는 이 사람들에게 묻고 싶다. 당신들이 본 '박정희=오카모토'라는 근거는 어디에서 보았느냐고. 북한자료가 아니라면 당당히 밝힐 수가 있을 것 아닌가. 지금까지 박정희의 친일설, 혈서설 등에 대한 갑론을박이 있었지만 박정희=오카모토 미노루에 대한 제대로 된 근거 제시는 단 한번도 없었다. 만약 근거가 있다면 진작에 나오고도 남았어야 한다. 만약 그 출처가 차마 북한이라고 말하지 못하고, '카더라'라고 말을 하고 싶다면 한국 사회에 무분별하게 퍼진 그 '설'에 대한 책임을 과연 누가 져야 할까? 정적 비판도 좋지만 도를 넘어서는 인신공격은 정파, 시대를 떠나 어느 쪽이건 자제해야 하지 않을까?

9) 박정희는 왜 만주군관학교에 갔을까

고산 고정일 선생은 이렇게 말했습니다. "박정희는 일본의 황국신민화정책에 반발, 초등학교 교사직을 버렸습니다. 그에겐 무엇보다도 힘이 필요했고, 그 힘이란 근대적인 선진문화였습니다. 그즈음 선진문화 중 하나가 일본군사체제였기에 만주군관학교로 달려갔습니다.

적진 소굴로 들어간 것입니다. 이는 불을 훔치러 간 '프로메테우스 행보'입니다. 그는 만주군관학교와 일본육군사관학교에서 일제대륙침략선봉 황야의 늑대 이시하라 간지, 천황의 여우 기시 노부스케 두 걸물의 만주국건설 산업경제개발방략과 근대적 국가통략을 공부합니다." 그것뿐만이 아니죠. 박정희는 당시 만주군으로 위장한 광복군 첩자였습니다. 뭔 헛소리냐고요? 잘 보세요.

10) 백강 조경한 선생이 말하는 박정희

자세한 설명은 이것으로 대체합니다.[80] 이래도 친일파와 좌파들은 조경한 선생님 일대기를 부정하기까지 합니다. 박정희가 친일파였다면 김학규 장군을 깍듯이 대해줬을 것 같습니까? 아무리 조작드립치면서 역사를 왜곡해봤자 역사는 거짓말을 하지 않습니다. 정작 친일파 집단을 신봉하는 사람들이 애국자를 친일파로 덮어씌우는 만행을 저지르는 것이 오늘 대한민국의 현실입니다.

11) 백범 김구 선생이 말하는 박정희

박정희의 비밀요원 활동을 기록한 육군본부의 창군전사 기록을 공개합니다.[81] 원문의 일부를 밑에서 언급합니다. 이곳에 가시면 직접 보실 수 있습니다. 김구 선생님과 조경한 선생님의 말이 거짓이라면 박정희는 광복 후 반민특위에 이름이 올라갔겠죠. 어떤 분이 백범 선생은 저런 글 쓴 적 없다고 하시던데. 글쎄요, 사실 저게 진위여부 논란이 많습니다.

그래서 대신 이걸 보여드리겠습니다. 김학규 장군 얘깁니다. 관련 사이트는 http://cafe.naver.com/bohunstar/14551입니다.

12) 박정희는 독립군을 토벌했나

박정희가 만주군 장교시절 팔로군을 공격한 적은 있습니다. 하지만 팔로군은 어디까지나 중국 공산당의 군대일 뿐 독립군이 아니죠. 사실, 일제 말에 독립군은 만주를 떠나 중국 내륙으로 다 이동한 상태였다고요. 실제로 류연산이라는 작자가 박정희 독립군 토벌설을 제시했다가 그

---

80) http://news.naver.com/main/read.nhn?mode=LSD&mid=sec&sid1=001&oid=022&aid=0000043430&viewType=pc
81) http://www.donga.com/e-county/sssboard/board.php?no=379335&s_work=view&tcode=01001

렇다고 합니다. 박정희는 대구사범학교에서 모든 성적이 아주 우수했지만 전체 성적이 바닥이었습니다. 황국신민과목을 백지로 냈거든요.

박정희가 모든 과목에서 최우수 성적을 얻으면서도 늘 전체 성적이 바닥을 헤메고 있는 이유가 궁금했던 아리카와 당시 중좌는 박정희가 윤리 등 황국신민과목에 백지답안을 제출한다는 사실을 알았습니다.

이것이 계기가 되어 맺어졌으며 오래 지속된 사제지간의 일화는 아주 유명합니다.

이런 사람이 어떻게 갑자기 군관학교에 들어갈 생각을 했을까요? 백범 김구의 백범일지에는 박정희와의 만남이 기록되어 있습니다. 만주군관학교에 입학하려던 박정희 대통령은 김정균을 통해 백범 김구 선생을 만났습니다. 김정균은 상해임정에서 비밀첩보원을 하던 김구 선생님의 수족과도 같은 분이었습니다. 남의사 소속의 왕정국, 산서성 총사령관 염석산과 더불어 독립운동을 하던 분이었습니다. 그 김정균의 일기에서는 다음과 같이 적고 있습니다. 김구 선생은 1939년 3월 어느날 청년 박정희를 만났다. 그때 박정희는 20대 초반으로 아주 적극적인 사고를 지닌 청년이었다고 기록하고 있다. 그때 처음 박정희 청년을 김구 선생에게 소개해준 사람이 김정균의 친한 친구인 신영학이라는 친구다. 신영학을 통해 소개받은 김정균은 박정희 청년의 뚜렷한 역사의식과 조국 광복의 강한 신념을 가지고 있는 것을 보고는 김구 선생에게 소개를 하였다. 그때 박정희를 처음 본 김구 선생은 박정희를 1시간동안 부동자세로 세워 두었다. 김구 선생이 본 박정희는 키는 크지 않았지만 부릅뜬 두 눈을 보고는 멈칫 놀랐다고 박정희가 나간 후 김정균이한테 말했다고 김정균이는 기록하고 있다. 박정희 청년은 1시간동안 부동자세로 서 있었지만 자세하나 흐트러지지 않았다. 김구 선생이 박정희 청년을 세워두고 외출 후 40여분만에 돌아왔으나 박정희는 그때까지 부동자세로 서 있었다. 그때 김구 선생은 박정희가 서 있는 자리에 비밀표시를 해 두었다.

그랬는데 박정희는 그 자리에서 1cm도 움직이지 않고 1시간을 서 있었다. 거기에 감탄한 김구 선생은 박정희 청년이 예사로운 사람이 아니라고 후에 그곳에 모인 광복군 동지들께 말했다고 김정균이는 기록하고 있다. 그것이 인연이 되어 김구 선생은 박정희를 예의 주시하고 있었다.

아마 1945년에 광복이 못되었더라면 박정희는 김구 선생을 도와 일을 했을 것이다라고 김정균이는 기록하고 있다. 그래서 김구 선생이 박정희를 만주군관학교를 보낼려고 하였으나 박정희 청년이 적을 알아야 한다며 굳이 일본군 사관학교에 입학을 하였다고 김정균이는 기록하고 있다. 박정희가 일본군 사관학교에 다니면서도 일본군의 무기정보, 일본군의 전술공부 등 많은 정보를 김정균이에게 알려 주었다. 박정희 소좌가 일본군 사관학교를 졸업하고 선양으로 떠날 때도 김정균이한테 알려 주었다. 김구 선생은 박정희 소좌가 선양으로 온다는 사실을 알고 있었다고 김정균이는 기록하고 있다. 김정균이와 박정희 소좌는 수시로 연락을 하면서 일본군의 작전능력, 병력이동계획, 일본군의 동태를 알려 주었다고 김정균이는 기록하고 있다. 이를 뒷받침할 근거로서는 백범일지에 나와 있습니다. 백범 김구 선생님의 『아, 그리운 조국산하』에서 발췌하였습니다.

몇몇 사람들은 독립군을 잡았다고 주장하는데, 이건 자세히 알아보면 전혀 아닌 소리입니다. 관련 사항은 http://www.bookstore21.net/korean/815/faked-article.htm을 참조하시기 바랍니다. 이글만 봐도 알겠지만 당시 진짜 독립군은 거의 궤멸되어서 만주쪽엔 없었습니다. 그곳에서 싸운 건 중국 만주지역을 철권통치하던 무장 한족(군벌)이었습니다.

당시 삶이 힘들어 만주로 이주해 온 사람들을 받아준 건 만주국이었거든요. 한족들은 조선인이 땅을 소유하는 걸 엄격하게 막고 박해했습니다. 그런데 한족은 자기들이 점령하던 지역을 빼앗겼으니 만주국과 싸우려 들겠지요? 그들의 기치가 '조선인과 일본인을 쫓아보내자'였고 그게 항일부대라고 불린 이유입니다. 그들에게는 항일독립군이었을지 몰라도 우리 조선인 입장에선 적군이었지요. 그러니 박정희는 그곳에서 그들과 싸우는 걸 즐겨했을 겁니다. 이후 박정희는 광복되기전 광복군으로 들어갔고 OSS 즉, 지금은 CIA로 불리는 조직으로 들어가서 활동을 했습니다. 관련 사이트는 다음과 같습니다.
http://www.bookstore21.net/korean/815/park-oss.htm
http://systemclub.net/bbs/zb4pl5/zboard.php?id=president_park&page=1&sn1=&divpage=1&sn=off&ss=on&sc=on&select_arrange=headnum&desc=asc&no=108

이래도 박정희가 친일파인가요? 백번 양보해서 좌좀들 말대로 박정희가 혈서를 쓰고 입학했다고 해도 입학하기 위해 호소형식으로 쓴 것일 뿐입니다. 그것으로 박정희를 친일파로 둔갑시키기에는 여러 증언들로 인해 명함하나 내밀 수 없지요. 혈서가 진짜든 아니든 솔직히 말하자면 별 상관없는 겁니다. 어차피 지도자로서의 실제적인 업적하고는 상관도 없는 건데요. 어쨌건 박정희를 못까서 안달인 좌파들의 필살기라고 주장하는 친일파 증거니까. 까는 건 제대로 반박해줘야겠지요.

박정희가 독립군에 협조한 것은 백범 김구 선생님이 인정했고 백범일지에 기록되어 있는 일입니다.

13) 독도를 팔아넘겼나?

대한민국에 귀화한 일본인으로 독도가 대한민국 영토임을 널리 알리고 계신 호사카 유지 교수의 말을 빌려 왔습니다. 독도 수호운동가, 세종대 교수, 귀화한 일본계 한국인, 호사카 유지 등입니다. 프레스센터에서 열렸다는 한일협정관련 심포지엄에서의 자신의 발표문을 어느 인터넷 신문이 크게 왜곡해서 보도했다고 전했다.

발표문의 내용은 <한일협정 당시 박정희 대통령은 "독도문제를 한일회담의 의제에서 제외하라"라고 도쿄에 있던 이동원 외무부 장관에게 지시하면서 "본건은 한국 정부의 안정과 운명이 걸린 중대한 문제이므

로 만약 한국측이 수락할만한 해결책이 나오지 않는다면 한일회담을 중지해도 좋다"고 말했다>는 것이었다고 한다.

그는 "한국 정부의 이런 단호한 방침에 일본 정부가 양보해 독도문제를 국제사법재판소로 회부하겠다는 안을 거두어 들였고 독도명칭을 교환공문에서 삭제했으며, 한국측이 제시한 구속력이 없는 '조정'으로 분쟁을 해결한다는 내용의 최종안이 마련되었다"며 "내 발표문의 취지는 박정희 정권이 독도문제만큼은 처리를 잘했고 이 협상과정에서 일본이 사실상 독도를 포기한다는 것"이라고 설명했다. "그런데 그 심포지엄 내용을 보도한 어느 인터넷신문이 내 발표문을 크게 왜곡해서 보도했다"는 것이다. 그는 "박정희 정권이 독도문제를 심하게 망가뜨렸다는 취지로 내 발표문을 소개한 것"이라며 "나는 놀라움을 금치 못했다. 내 발표문과는 완전히 반대인 내용을 사실인 양 써서 보도했다"고 분개했다. 그러면서 "이처럼 심한 왜곡은 그동안 내 의견에 악성댓글을 썼던 일본인들도 하지 않은 처사"라며 "그런데 대한민국내에서 자신들의 취지나 노선에 맞지 않는다고 해서 주제발표자의 발표내용을 심하게 왜곡해 사람의 명예를 실추시키다니 기가 막혔다"고 했다. 특히 "한일협정 당시 독도문제가 한국측 잘못이라는 왜곡된 결론을 내면 국제법상 독도의 위치가 위태롭게 된다"며 "그런 중대한 상황으로 확대된다는 것을 알지 못하면서 자기들만의 이익을 위해 왜곡을 서슴지 않는 사람들은 나라를 망하게 할 가능성을 내포한 사람들이라 해도 과언이 아니다. 생각이 짧은 것이다"라고 질타했다. 이어 "'나'라는 한 개인이 화가 나는 것만으로는 끝나지 않는다는 것을 염두에 두어야 한다"며 "왜곡해서 쓴 사람들은 아무렇지 않을지도 모른다. 그들은 한 개인이 사회에서 신뢰를 잃는 것은 아무 것도 아니며 오로지 자신들의 주장이 부정당하는 것이 두려울 뿐인지도 모른다"고 말했다. 그럼에도 "1965년도의 환경속에서 박정희는 일본으로 하여금 독도를 포기하게 만든 게 사실"이라며 "'박정희'에 대한 호불호를 떠나 진실은 제대로 밝혀져야 한다"고 강조했다. 이와함께 "그리고 그와같은 신념을 관철시키고 싶다"며 "나는 한 정치가를 두둔한 것이 아니며 있는 그대로를 판단해서 알렸고 내 신념대로 움직였을 뿐"이라고 덧붙였다.

14) 요약

박정희의 외교 덕분에 일본이 독도를 포기했다는 발표문을 발표했다. 근데 그걸 한국 좌파들이 반대로 왜곡해서 보도하여 "박정희가 독도를 팔았다"라고 생각하는 사람들은 전부 속은 것이다. 실제로 독도영유권이 훼손된 때는 김대중 정부 때 체결한 독도를 중간수역에 넣은 신한일어업협정(노무현 해양수산부장관)이다. 참고관련 사이트는 다음과 같다.

http://www.wbkn.tv/?m=bbs&bid=news&uid=3115

관련 [인터뷰] 호사카 유지 세종대 독도종합연구소 소장: 연합국의 합의없이 통보된 미국무성 '러스크 서한'은 무효이다.[82]

지난달 일본에는 강도 9.0의 지진이 발생했다. 한일 양국의 응어리진 역사를 잊고 국내는 물론 해외 동포사회도 일본에 온정의 손길을 보냈다. 그러나 뜻하지 않게 일본 문부과학성은 내년부터 사용될 중학교 지리 및 사회교과서를 검정하면서 독도를 일본 영토로 기술한 교과서 검정본을 모두 승인했다. 다시 일본에 대한 비판여론이 뜨겁게 일고 있다.

최근 독도문제에 있어 가장 주목받는 인물인 호사카 유지 교수를 만나기 위해 세종대 독도종합연구소를 찾았다.[83]

Q: 한국정부의 독도에 대한 미온적인 태도를 비판하고 있다. 독도문제에 있어 일관되게 강조해온 '조용한 외교'라는 틀을 바꾸어야 한다는 의미인가.

A: "일본은 독도가 분쟁지역화되는 것을 노리고 있기 때문에 '조용한 외교'에는 저도 찬성합니다. 그러나 문제는 실제로는 평소 조용한 외교

---

[82] 2011년 04월 18일 (월) 10:09:38 이석호 기자 dolko@hanmail.net
[83] <편집자주>

를 펼치는 한국정부가 일본측에서 사건을 일으키면 매우 강경한 외교로 돌변한다는 데 있습니다. 현재까지 하지 않았던 실효지배법안을 갑자기 부활시키려는 것을 보면 오히려 일본의 공세에 말려 들어간 것이 아닐까 걱정됩니다. 우리가 해야 하는 것은 독도지배의 정당성 논리를 확실하게 밝히는 일입니다. 지금 한국 정부의 독도공식 사이트는 외교통상부에 있는 '대한민국 정부의 독도에 대한 기본입장'이고 이 문서만을 보면 잘 작성되었지만 일본 외무성 사이트에 올라와있는 일본측 독도주장과 비교하면 문제가 많습니다. 공식견해가 일본측 주장을 압도적으로 능가하면 독도문제는 자연스럽게 해결되는 법입니다. 외교통상부의 사이트 뿐만이 아니라 외교부에 링크된 준 공식사이트도 문제가 많습니다."

Q: 일본은 독도가 자신들의 영토라는 논리적 근거로 샌프란시스코 조약을 거론하고 있다.

A: "일본 외무성 사이트에 올려져 있는 독도 팸플릿 등의 내용을 보면 1951년 8월 10일 샌프란시스코 조약 초안 작성과정 마지막 단계에서 미국 국무성이 미국주재 한국대사관으로 '사실상 독도는 일본영토'라는 내용이 포함된 소위 '러스크 서한'을 보냈습니다. 일본측은 이 공식서한 이야말로 독도가 일본영토로 남았다는 증거라고 주장하고 있습니다.

그러나 최근 발견된 미국 국무성 비밀자료에 의하면 이 '러스크 서한'은 한국정부에게만 비밀리에 송부되었고 다른 연합국들에게 공표되지도 않았고 결과적으로 연합국간의 합의가 없었던 문서로 밝혀졌습니다.

'독도가 일본영토'라는 주장은 당시 미국만의 견해이지 연합국들의 합의를 얻어야 하는 샌프란시스코 조약의 규칙을 어긴 서한입니다.

그러므로 연합국들이 합의한 내용이 아닌 서한이 아무리 공식문서의 형식으로 한국정부로 송부되었다고 하더라도 그것은 원천적으로 무효입니다. 미국을 제외한 연합국 대표 10개 국가들은 모두가 독도를 한국영토로 보고 있었습니다. 미국은 서한을 공표하면 다른 연합국들이 미국에게 항의할까 우려해 비밀문서로 한국에 보낸 것으로 보입니다. 일본 정부는 '러스크 서한'이 독도가 일본의 영토라는 증거라고 10개 국어로 세계에 발신하고 있는데 한국측이 이 문제에 대해 침묵을 지키고 있어 문제가 큽니다."

Q: '러스크 서한'이 무효라고 처음 밝힌 것은 언제인가? 외통부도 사실을 알고 있나.

A: "지난해 9월 제가 펴낸 <대한민국 독도>(2010, 책문)를 통해 처음 공개했습니다. 올해는 곧 논문으로 발표할 것입니다. 외통부가 '러스크 서한'에 대해 모르고 있을 리가 없습니다. 아마도 앞으로는 공식 사이트를 통해 상세한 내용을 밝히지 않을까 생각합니다."

Q: 1965년 한일기본조약이 우리나라가 독도에 대한 불리한 빌미를 준 것이 아닌가.

A: "결코 그렇지 않습니다. 한일기본조약에는 독도문제 뿐만 아니라, 재일한국인의 법적 지위협정, 문화재 반환협정, 어업협정 등이 포함됐습니다. 박정희 대통령은 독도문제가 한국에 불리하게 돌아간다면 다른 모든 협정문서에 서명하지 말고 귀국하라고 이동원 외무부 장관에게 강하게 명령했다는 기록이 남아 있습니다. 이 당시 일본 사토내각은 양보를 시작했습니다. 결국 한일양국이 '분쟁해결을 위한 교환공문'을 체결하는 과정에서 일본측은 국제사법제판소로 독도를 회부하자고 되풀이해온 제안을 철회했고 분쟁해결방식을 '중재'로 바꿨습니다. 그 단계에서는 독도명칭이 문안속에 있었습니다. 일본은 독도를 분쟁지역으로 규정해 놓고 싶어했던 것이지요. 그러나 중재라는 일본측 제안도 한국 측이 승낙하지 않자 일본 정부는 독도명칭을 완전히 공문에서 삭제했습니다.

타결된 교환공문은 양국간의 분쟁은 우선 외교상의 경로를 통한 해결을 모색하고 그것이 안될 경우에는 제3국을 통한 조정으로 해결하자는 문구로 정해졌습니다. 결국 독도는 한일협정의 대상이 아니라는 한국측 주장은 독도명칭을 교환공문 초안에서 삭제함으로 인해 관철됐습니다. 이후 일본 외무성은 '이것은 한일양국이 장래 매우 평화스러운 관계를 구축했을 때 독도문제도 평화적으로 해결될 수 있다는 뜻'이라고 하면서 사실상 일본이 독도를 포기했다고 해석할 수밖에 없는 발언을 되풀이했습니다."

Q: 논리 대 논리로 대응해야 한다고 강조하고 있다. 독도문제에 있어 가장 확실한 논리적 증거는 무엇인가.

A: 일본이 역사적으로 적어도 세 번에 걸쳐서 '독도가 일본영토가 아니다, 조선의 부속이다'라는 공문서를 남겼습니다. 1696년, 1870년, 1877년의 세 번입니다. 그것만으로도 일본측 독도논리의 핵심적 주장인 '고유영토론'이 무너집니다. 그리고 1905년 이전의 일본의 공식지도가 독도를 일본영토에서 제외하거나 조선의 소유라고 명기까지 했습니다.

1905년의 일본에 의한 독도강제편입도 국제법으로 보면 일본이 한국을 침략하는 과정에서 벌어진 것이므로 무효가 되고 샌프란시스코조약이나 한일협정에서도 지금까지 언급한대로 독도는 한국영토로 인정받았다고 판단됩니다.

호사카 소장은 또한 1883년 일본 해군성 수로부가 발행한 공식문서인 '수로지(水路誌)'에서 독도를 '리안코르토 열암'으로 기록한 것을 강조했다. 이 명칭은 독도의 프랑스 명 '리앙쿠르 락스'에서 딴 것 그리고 각종 수로지에는 독도가 '리앙쿠르 호'에 의해 1849년에 '처음으로 발견되었다'고 명기되어 있다. 이것은 당시 일본정부가 역사적으로 독도를 송도(松島=마쓰시마)로 불러왔다는 사실조차 완전히 잊어버렸다는 것을 의미하고 결국 독도가 일본고유영토라는 논리를 부정하고 있다는 것이라고 호사카 소장은 주장한다.

Q: 한국정부가 걱정하는 것은 독도가 분쟁지역화되어 국제사법재판소로 회부된다는 점이다.

A: "조사한 바에 따르면 1965년 한일협정 체결 이후 일본은 한국정부에 대해 한 번도 공식적으로 독도문제를 국제사법재판소에 회부하자는 얘기를 한 적이 없습니다. 그들이 1965년에 양국간에 교환공문을 맺는

과정에서 국제사법재판소에 의한 한일간의 분쟁해결방식을 포기했다는 것을 알고 있기 때문입니다. 한국은 국제사법재판소 문제로 필요 이상으로 시끄럽습니다. 일본은 교환공문의 진실을 알면서도 마치 현재까지 계속 한국정부에게 국제사법재판소행을 제안하고 있다는 식으로 분위기를 고조시키려고 시도하고 있지요. 물론 독도에서 한일 양국간에 국지전이 일어나면 독도문제는 UN안보리를 거쳐서 국제사법재판소로 갈 가능성은 남아 있습니다. 그 부분을 잘 다스려야 합니다."

Q: 제3국과 함께 독도문제에 대한 토론을 할 필요는 없는지.

A: "독도는 한국의 고유영토이므로 다른 나라들과 독도문제를 논의할 필요가 없기 때문이지요. 일본은 앞으로 한국측이 독도를 둘러싸고 일본과 협상테이블에 앉는 것을 내심 바라고 있지요. 그런 일본의 전략에 말려 들어가면 안됩니다. 우리는 확실한 논리와 자료를 내면 조용하게 독도문제를 끝낼 수 있습니다. 우리와 대립하려는 사람들의 마음을 바꾸는 작업이야말로 조용한 외교의 핵심이어야 합니다."

한편 전 세계지도 정보서비스 시장을 석권하고 있는 '구글어스'에서 독도를 확인해 보면 독도의 이름은 리앙쿠르 록스(Liancourt Rocks)라고 표기돼 있다. 세계 최대의 인터넷 백과사전인 위키피디아에도 '독도'라는 주제어가 '리앙쿠르 암석'으로 뒤바뀌어 있다. 일본이 샌프란시스코 조약을 내세워 다른 국가들을 설득시키는 동안 한국은 조용한 외교로 일관하고 있기 때문은 아닐까? 8년전 한국인으로 귀화해 독도문제에 전념하고 있는 호사카 소장의 조언을 되새겨 봐야 할 시점이다.

<호사카 소장은?>

일본에서 '렌즈' 개발사업을 해오던 아버지의 가업을 잇기 위해 동경대 공학부를 수학했다. 어려서부터 서양사 등 세계사에 관심이 많았던 그는 전공과 상관없이 독학으로 한일역사에 대한 공부를 했고, 재일동포사회를 알게 됐다. 1988년 고려대 어학당에서 9개월간 한국어 공부를 했던 그는 고려대 정치외교학과를 다녔다. 이후 '45년 이전 한일역사'에 파고든 그가 가장 궁금해 했던 역사적 명제는 "왜 일본은 아시아를 침략했는가"였다. 그가 독도문제를 본격적으로 연구하기 시작한 것은 1990년 후반부터이다. 세종대학교 교수인 그는 2008년 12월에 세종대에 독도종합연구소를 만들었고 소장으로 부임해 현재에 이르렀다. 관련 사이트는 다음과 같다.

http://www.newscj.com/news/articleView.html?idxno=146900

자세한 내용을 알고 싶으면 호사카 교수의 '대한민국 독도'를 읽어 보시기 바랍니다.

외교문서를 보니까, 사실이 아니라는데? 어떻게 할까요? 이것 뿐만 아닙니다. 박정희는 1965.6.22.에 소위 구-한일어업협정을 체결했습니다. 여기에서도 독도는 우리 땅이었습니다.

1965년 한일협정 당시 돈을 주는 대가로 일본이 또 독도를 거론했다는데요. 1965년 5월 17일 미국 존슨 대통령은 방미 중인 박정희를 만나 한일협정 진척을 축하하면서 독도를 일본과 공유하라, 공동등대를 설치하라고 종용했습니다. 박정희는 이를 있을 수 없는 일이라고 일언지하에 거절했습니다. 미국이 힘으로 밀어붙이려 했지만(1965.6.15, 국무부문건 364호) 박정희는 장관급 회담을 거절하겠다며 맞섰습니다. 미국대사는 박정희는 그 무엇으로도 독도를 바꾸려 하지 않는다며 밀어붙이기의 불가능성을 본국에 보고했다고 합니다. 독도는 1998년의 신한일어업협정에 의거 한일공동 어로수역의 중간에 들어가 있었습니다.

즉, 우리의 국토인 바다가 국제법상 일본에게 영유권이 '인정'되었습니다. 이 협정은 1998년 11월 28일, 김대중 정권(당시 해양수산부장관은 노무현) 당시에 이뤄졌습니다. 그리고 일본대중문화를 개방한 사람은 노무현 대통령입니다. 문재인은 이런 박정희를 친일독재정권이라고 매도하며 일본이 자꾸 독도를 탐내자 박정희가 화나서 한 말인 "네놈들한테 줄 바에(다른 나라에 독도를) 차라리 폭파시켜 버리는 게 낫다."라고 한 말을 독도를 소중히 여기지 않았다고 왜곡하여 공격하는 만행을 저질렀습니다.

15) 한일국교정상화

이제 좌파들은 '아 닥쳐 광복 후에 친일했잖아. 굴욕외교 한일국교정상화 모르냐?'고 할 겁니다. 글쎄요, 일단 이건 박정희 대통령이 잘못한 측면이 분명 있습니다. 굴욕외교라고 할 수 있는 측면이 충분히 있습니다.

그러나 '매국'이라고 몰아붙이기에는 확실히 문제가 있습니다. 당시 우리나라는 일본과 대일청구권문제의 타결을 위해 7차례나 회담, 우리가 요구하는 8억달러와 일본이 제시하는 최고액 7000만달러 중 무상으로 3억달러, 차관 2억달러, 민간 상업차관으로 1억달러 이상을 제공하는 조건으로 한일국교정상화를 타결합니다. 물론 많이 받으면 좋겠지만 돈주는 쪽이 일본인데 국교정상화를 위해 돈을 많이 달라고 하면 일본이 해줄까요?(사실 저것도 그 당시로는 거금이었습니다만) 또한 위 금액은 보는 사람에 따라 가치가 달라집니다. 대일청구권? 저 돈이 적다고요? 그렇다면 도대체 얼마를 받아내야 '잘했다'는 평가를 받을 수 있을까요?

배상액이 아무리 많은들 일본이 우리를 유린한 댓가에 턱없이 적은 것이겠죠. 일본이 갖고 있는 돈을 다 줘도 모자랄지도 모릅니다. 또한 배상액의 과소 여부를 떠나 일본과의 악연을 일단 떨어버리고 국교정상화를 통해 일본과 보다 더 자유로운 경제교류를 가능하게 해서 대한민국은 결국 실질적 과실을 얻었다고 할 수 있겠죠. 하지만 명심할 것은 일본이 우리나라를 괴롭혔든 안괴롭혔든 우리나라에 돈을 빌려줄 의무는 전혀 없었다는 것입니다. 우리가 돈빌려달라 해봤자 안빌려주면 그만인 겁니다. 아무 것도 없는 한국에 돈을 빌려줘봤자, 일본이 돈을 돌려받을 수나 있었을까요?

법정 스님도 수필 '광복절에 생각한다'에서 일본이 우리에게 잘못한 것을 잊어서는 안되지만, 일본은 일단 우리의 이웃이고 또 우리보다 더 앞서 있어 배울 점이 많기 때문에 일본과 가깝게 지내서 나쁠 게 없다고 했습니다. 또 우리가 과거사에 너무 집착해서 일본이라는 나라와 화해하지 못하는 것 같다고 지적하셨고요. 그러면 법정 스님도 친일파겠네요.

그리고 대일청구권을 받은 나라가 있는지요? 수십억달러를 요구만 하고 받지 못하면 괜찮고 그것보다 적은 돈이라도 받아냈으면 친일파? 생존한 위안부 할머니들이 일본에게 보상을 못받는 이유가 위의 대일청구권 때문이라는 주장도 있습니다. 그 당시 대일청구권을 받았기 때문에 현재 못받는 것일까요? 1993년 김영삼 대통령이 정신대문제와 관련하여 대일보상을 요구하지 않을 것을 발표하였으며, 11월 국제법률가협회에서 일본의 배상의무가 있으며, 1965년 한일협정의 청구권에 불법인권침해와 위안부 개인의 권리침해에 관한 청구는 포함되지 않는다고 밝혔습니다. 특히 위안부문제에 관하여 한국, 타이완, 일본, 필리핀, 타이, 홍콩 등 아시아 6개국 여성단체에서 공동보조를 취할 것을 결의하였습니다.

즉, 일본으로부터 위안부문제로 보상받은 나라는 현재까지 없습니다. 만약 '위안부문제에 대해 보상 못받게 한 사람이 친일파'라면 김영삼 대통령이 친일파겠네요.

그리고 일본이랑 수교할 때 받은 돈갖고 뭐했습니까? 미얀마, 태국같은 나라들은 호텔이나 보트짓고 놀고 있을 때 박정희 대통령은 경부고속도로, 포항제철소 등을 만들어 대한민국 산업발전의 초석을 닦았습니다. 그 돈을 한 푼도 남기지 않고 대한민국의 미래를 위해 쓴 거죠. 김대중은 그 돈으로 도로를 만들고 제철소를 지으면 우리나라 망한다고 차라리 그 돈으로 옥수수를 사 먹자고 하였지요. 박정희 대통령의 경제개발 5개년계획을 장면 정부도 계획했습니다. 그런데 나라안에 그걸 할만한 돈이 없어서 실패했죠. 스타크래프트하시는 분들만 이해하시겠지만, 'SCV가 다 죽었는데 미네랄이 40밖에 없다' 뭐 이런 상황이었단 말입니다. 결국 외자의 도입이 필요했고, 박정희 대통령은 이 외자의 도입을 위해 '민족의 미래를 위한 슬픈 결단'을 내린 것입니다. 마지막 할 말은 이것으로 대체합니다.

자, 이제 제가 하고 싶었던 말은 모두 끝났습니다. 제가 제시한 증거들을 보고도 아직도 박정희가 친일파라고 생각하신다면 반박해 보시죠.

(1) 박정희 대통령의 교사 시절 이야기는 전부 허구이며, 박정희 대통령의 제자들은 모두 박근혜한테 돈먹은 알바라는 걸 증명하세요.

(2) 어떠한 방식으로든 식민 정부에 조금이라도 협조하면 무조건 친일파이며, 그러니까 장제스 총통은 친일파, 이우 황자도 친일파, 나폴레옹은 친불파, 워싱턴 대통령은 친영파라는 것을 증명하세요.

(3) 일제강점기에 일본인과 조선인들이 만주국을 제3국이 아닌 일본의 속국이라고 생각했고, 만주군도 일본 황군과 다름없는 대우를 받았다는 것을 증명하세요.

(4) 민족문제연구소가 제시한 박정희 친일혈서가 진짜라는 확실한 증거를 보여 주세요. 제가 제시한 증거 다 반박해야 합니다.

(5) 박정희가 오카모토 미노루로 창씨개명을 또 한번 했다는 확실한 증거를 보여 주세요.

(6) 박정희가 만주군관학교에 입학한 동기는 오로지 순수한 '대일본제국을 향한 충성심'이라는 것을 증명해 주세요.

(7) 백강 조경한 선생이 거짓말쟁이거나 저런 말을 한 적이 없다는 것을 증명해 주세요.

(8) 백범 김구 선생과 김학규 장군이 거짓말쟁이거나 저런 말을 한 적이 없다는 것을 증명해 주세요.

백범 김구 선생님의 『아. 그리운 조국 산하』에서 발췌한 내용입니다. 김구 선생님과 오른팔 조경한 선생님의 박정희가 비밀 광복군이었다는 증언도 못믿겠으면 김구 선생님도 친일파라 말씀해 보시든가요. 아, 김구 선생님 아들인 김신이 박정희 유신정우회 소속이었고 손녀인 김미는 새누리당 국회의원의 부인이라는 것도 알았으면 좋겠네요. 관련 사이트는 http://blog.naver.com/teraness/60177926841 입니다.

(9) 박정희가 독립군을 토벌했다는 결정적인 증거를 보여 주세요.

(10) 박정희가 독도를 지켰다고 주장하는 호사카 유지 교수가 거짓

말쟁이이고 박정희는 독도를 팔아넘겼다는 확실한 증거를 보여 주세요.

(11) 한일국교정상화는 어떠한 미사여구를 갖다 붙여도 결코 미화될 수 없는 을사조약에 버금가는 국치라는 것을 설명해 보세요.

16) 박정희에 대한 음해관련 내용에 대한 추가적인 반박자료

(1) 박정희는 남로당에 가입했으니 빨갱이다?

박정희가 해방 당시 공산당이던 남로당의 당원이었던 것은 사실입니다. 그래서 무슨 빨갱이인 것처럼 날조를 해대는데요. 안됐지만 당시 남한에서 공산주의는 합법사상이고 남로당같은 공산당 또한 합법정당이었습니다. 박정희가 남로당에 가입한 것도 자신이 원해서가 아니라 진짜 빨갱이였던 형 박상희가 대구 좌익폭동 때 죽자, 그와 친분이 있던 좌익 세력들이 박정희를 동향선후배 관계를 이용해 끌어들였습니다. 박정희가 남로당에 이름이 올랐다해도 실제로 행동한 사례는 전혀 없습니다. 만약 있다면 증거자료 부탁드립니다.

박정희는 남로당 당원이기 이진에 대한민국 장교로서 자신의 직분에 충실했습니다. 그래서 군내 남로당 좌익군인들에 의해 발생한 대한민국 전복 반역폭동인 여수 순천 반란사건에 좌익폭도를 진압하는 작전장교로 참여했지요. 만약 박정희가 철저한 공산주의자였다면 진압군이 아니라 오히려 반란에 동참했을 겁니다. 박정희가 잡힌 것은 그가 공산반란행위를 해서가 아니라 여순반란사건으로 인해 군내 좌익공산주의를 색출하기 위해 모든 남로당 출신 군인들을 잡아들였기 때문입니다. 이때 잡힌 남로당 군인들은 거의 다 사형을 당하지만 박정희의 성향을 잘 알던 동료들이 죽음을 무릅쓰고 변호하여 살아 남았지요. 가까운 사람들은 박정희가 공산주의나 국가반란과는 전혀 상관없는 유능한 국군장교라는 것을 잘 알았기 때문입니다.

물론 박정희는 자신이 알고 있는 남로당 좌익조직을 실토하는데 이는 대한민국 국군장교로서 당연히 해야할 일을 한 것입니다. 군인 박정희가 대한민국을 전복하는 반역자들을 보호해줘야 할 이유가 전혀 없는 것은 당연한 일입니다. 그런데 '동료'를 배신했다고 박정희를 비난하는 자들은 빨갱이가 자신의 '동료'라는 것을 인정하는 소리밖에 안됩니다. 그렇다면 대한민국 장교 박정희가 국가반란을 획책한 빨갱이 동료를 보호하기 위해 대한민국을 '배신'했어야 했나요? 박정희의 동료고발 배신운운은 북조선을 조국으로 생각하는 좌익 빨갱이들이 원한에 사무쳐 울부짖는 소리에 불과합니다. 오히려 박정희는 대한민국 군인으로서 자신의 책임과 소임을 다해서 군내 좌익 색출과 처단에 혁혁한 공을 세웠습니다.

당시 남로당은 빨갱이 집단이라는 사실을 알기전까진 합법정당이었으며 박정희 형 박상희가 남로당에 있다가 죽자 남로당원들이 혈연관계를 이용해 꼬드겨 박정희를 가입시켰고 박정희는 명목상으로만 남로당원이었지 활동한 경력은 전혀 없으며 자신도 그곳에 대해 알아볼 생각조차 없었습니다. 이는 마치 우리 아버지 친구분이 우리 아버지를 추천해서 새누리당원으로 가입시키셨지만 아버지는 정치에 아무 관심이 없으셔서 명목상으로만 새누리당 당원이지 활동한 경력, 새누리당이 어떤 당인지 전혀 모르는 것과 일맥상통합니다. 실제로 많은 성인들은 새누리당 당원이시지만 정치에 관심없으시며 활동한 경력조차 전혀 없는 경우가 그 사례입니다.

(2) 박정희가 없었어도 대한민국은 눈부신 발전을 이룩했을 것이다?

4.19 혁명이 일어나서 이승만 독재정부 타도를 외치며 결국 대통령은 망명가고 이런 혁명이 오랜시간 유지되면 국가붕괴가 이어지고 한국전쟁 이후였는데도 군사력은 여전히 전쟁전과 다름이 없었습니다. 북한에서 마음먹고 또 쳐들어오면 적화통일은 시간문제였습니다. 이미 북한공작원들이 남한에 넘쳐났었고 국지도발급의 도발은 지금보다 훨씬 많았으니까요. 이런 시기에 박정희가 필두로 나선 군사쿠데타는 필수였고 군사정부가 치안을 다잡고 그 뒤에 대통령선거에 당선됩니다. 박정희가 정권을 잡기전에 한국은 140개국 중 120권의 최하위 빈민국이었습니다. 그

것도 미국의 식량지원없이는 국민들의 생존조차 어려운 국가였지요.

국민소득 70달러의 최빈민국에서 민주주의를 하면 과연 얼마나 멋진 민주주의가 나올까요? 자유당 정권이 독재로 무너졌다지만 독재보다는 무능하고 부패 때문에 무너졌습니다.

이어서 들어선 장면 정권은 국가를 제대로 이끌만한 능력을 보여주지 못했습니다. 국민들은 하루하루 끔찍한 고통속에서 지내야만 했지요. 이 때 박정희가 쿠데타를 일으킨 거고요.

당시 국민들 중 40%는 쿠데타를 원했고 20%는 찬성하나 시기가 빠르다고 했고 40%가 쿠데타를 반대했습니다. 쿠데타도 좋으니 현 상황이 변화해줬으면 했던 것이 당시의 분위기입니다. 미국은 국민의 지지를 받는 쿠데타를 진압할 명분이 없으므로 한국내정에 개입하지 않겠다는 취지의 기자회견을 했습니다. 관련 사이트는 다음과 같습니다.

http://newslibrary.naver.com/viewer/index.nhn?articleId=1995051800329112001&edtNo=20&printCount=1&publishDate=1995-05-18&officeId=00032&pageNo=12&printNo=15428&publishType=00010

박정희가 총칼을 들이대고 권력을 장악했다고는 하지만 박정희같은 무혈 쿠데타는 역사상 찾아보기 힘듭니다. 더욱이 국민들은 박수를 치고 환대했지요. 쿠데타는 국민의 고통을 외면하고 자신의 권력을 탐하는 경우가 대부분입니다. 하지만 박정희는 청렴했고 죽었을 때 남긴 것 하나 없었지요. 자, 이렇게 대통령이 되었습니다. 이 때 우리나라는 세계 최빈국이었는데 좌빨들 주장대로 오로지 국민의 근면성만으로도 경제성장이 당연했다고요?

진짜로? 그럼 625전쟁 끝나고 최빈국이었던 우리나라보다 잘살던 나라들은 왜 그때나 지금이나 그대로지요? 국가발전단계상 다른 누가 대통령을 했어도 그만큼 발전시킬 수 있었을까요?

그 당시 우리나라 경제력의 3배였던 필리핀, 태국 등은 발전단계가 없었나요? 그 나라들이 우리보다 지금 더잘 살고 있나요? 1960년대 초, 전쟁 직후인 우리나라는 자원, 기술, 자본, 시장경험이 없는 전혀 가망이 없는 나라라고 판명되어 전세계 국가들중에서 꼴찌에서 2등이었습니다.

좌빨들 주장 중의 하나가 18년간 장기집권하면 그 정도의 경제개발은 아무나 할 수 있다고 하는데 전세계 장기집권 독재국가들은 모두 한국보다 더 경제가 발전했겠네요?

자료: http://kin.naver.com/qna/detail.nhn?d1id=6&dirId=61404&docId=182881601&qb=67CV7KCV7Z2s&enc=utf8&section=kin&rank=8&search_sort=0&spq=1 (2013.11.11)

그러면 60년을 집권한 북한은 선진국이 되어야 하겠네요? 우리나라 사람들의 머리가 좋은 것은 저도 알고 있습니다. 하지만 이승만 대통령 이전에 국민들의 문맹률이 90%였던 것은 알고 있습니까? 대다수의 국민들이 그때 당시 무지했는데 도대체 무슨 수로 근성만으로 경제대국이 될 수 있다는 소립니까? 그리고 그렇게 똑똑한 민족이 병신같이 다른 나라의 식민지가 됩니까? 물론 당시 조정이 병신이었으니 이 말에 태클을 건다면 별로 할말은 없습니다만, 좌좀들의 주장처럼 윗대가리가 병신인데 어떻게 이러한 경제성장을 할 수 있었는지 역으로 물어보고 싶군요.

한국사람들이 워낙 뛰어나서? 좌파들은 박정희와 김일성을 동급 취급하는 미친짓을 저지르는데 북한 사람들은 한국 사람이 아닌 병신이라서 저렇게 못사나요?

미국이 한국 원조해줘서? 그럼 미국의 원조를 받았던 국가 중의 하나인 필리핀은 왜 한국정도의 경제력이 안되었지요? 지금 우리가 알고 있는 가난한 국가들을 떠올려 봅시다. 가난하지 않더라도 우리나라보다 상대적으로 가난한 동남아시아 국가와 남미도 떠올려 봅시다.

그런 나라들 중 우리나라처럼 순식간에 경제대국으로 성장한 나라가 있습니까? 그런 국가들보다 더 병신상태였던 국가였는데 정말로 그게 가능하리라 생각하십니까? 까놓고 말해서 박정희를 친일파로 알고 있는 사람이 수두룩한데 광우병 괴담도 종북세력들이 진실인 마냥 꾸며대니까 수백 수천명이 소요사태를 일으켰는데 이런 거짓말에도 넘어가는 사람들이 천지인 국가에서 휴전상태이며 항상 대남선전을 하는 북한의 간첩들 때문에 정신적인 무장을 하지 않으면 선동당하는 이 나라에서 누군가가 간첩들을 때려잡는 철권통치와 엄청난 공권력을 행사하지 않았더라면 이 나라는 북한에 이리 휘둘리고 저리 휘둘리다 적화통일이 되었을 겁니다. 그 때까지만 해도 우리나라는 미국에서 보급받던 밀가루 포대나 옥수수 가루를 물에 풀어먹고 겨우 입에 풀칠하던 시기였습니다.

그 때 어떤 수로 경제재건 자금을 마련해서 건물짓고 공장만들고 했을까요? 미국이 해줬을까요? 미국은 단지 못쓰는 무기 팔고 식량지원 해준게 다입니다. 만약 어떤 좌파정치가가 정권을 잡았다면 어땠을까요? 그나마 한일협정의 댓가로 받은 배상금을 못받았을 것이고 공산당의 대남작전에 속아서 평화평화 하다가 북한이 쳐들어와서 베트남꼴 났겠지요. 관련 사이트는 http://blog.naver.com/teraness/60167031283입니다.

박정희는 해외각지를 돌아다니며 눈물로 호소해서 자금을 받아 경제여건의 기반을 세울 자금을 공수해왔습니다. 물론 그 자금을 빌리기 위해서 희생된 그 시대의 젊은 세대들이 있었지요. 기름 한방울 안나오고 자원이라고는 노동력밖에 없던 국가에서 복지나 독재정치, 평화를 따지기전에 일단 한끼식사라도 굶지 않으며 잘살아보자는 것이 그 때 상황이었습니다.

다른 나라를 한번 보지요. 그 때 당시 우리나라보다도 잘살았던 동남아, 중앙아시아, 남미국가들을 한번 봅시다. 그런 국가들이 지금 한국만큼의 경제발전이 있었나요? 100달러 미만에서 지금 20000달러로 경제발전했는데 그런 나라가 있었습니까? 박정희 리더십이 한국 경제발전의 원동력이었고 그 리더십을 국가를 사랑하고 후세에 가난을 물려주기 싫었던, 가난을 누구보다 뼈저리게 느꼈던 그 시대 국민들이 잘 따라와줬기 때문에 지금의 대한민국이 있는 겁니다. 좌파세력은 대한민국 건국이후로 나라의 발전은 모조리 반대하며 북한이 원하는 것은 모두 찬성하는 만행을 저질렀습니다. 경부고속도로 반대(그 돈으로 옥수수 사먹자고 함), 제철 반대(사실상 우리나라가 공업국으로 전환하는 걸 반대), KTX 반대(자연파괴를 빌미로), 인천국제공항 반대(지반이 위험하다는 것을 빌미로, 하지만 아직도 안전함), 한미 FTA 반대(노무현 때는 찬성함. 노무현 때와 거의 차이가 없게 체결했으며 오히려 미국이 징징거림), 4대강 반대(자연파괴를 빌미로, 하지만 99.9% 날조로 선동질), 제주해군기지 반대(노무현 때는 찬성함), 국가보안법 폐지 원함(북한도 원함), 미군철수 원함(북한도 원함), 연방제 통일을 원함(북한도 원함) 등인데 박정희가 없었어도 대한민국이 눈부신 경제발전을 했을 거라고요? 이순신이 없었어도 조선수군은 일본수군을 이겼을 것이라고요?

관련 참고자료는 다음과 같다.

푸틴의 '박정희식 개발모델' - 러시아를 폭풍성장시키다.
http://cafe.naver.com/rightofkorea/21101
세계위인들이 평가한 박정희 대통령
http://cafe.naver.com/rightofkorea/397
일본 대학생들의 박정희 대통령 평가-일본대학생은 우리 대학생을 비웃는다.
http://cafe.naver.com/rightofkorea/398

아래 박정희 대통령과 야당후보의 선거공약, 특히 야당후보의 공약을 보세요. 야당이 되었으면 우리나라 완전히 거덜났을 겁니다. 참고자료는 경향신문 1967.04.22일 기사 및 다음의 인터넷 사이트입니다.
http://newslibrary.naver.com/viewer/index.nhn?articleId=1967042200329201007&edtNo=2&printCount=1&publishDate=1967-04-22&officeId=00032&pageNo=1&printNo=6622&publishType=00020

좌파들은 사실상 우리나라가 산업국으로 발전하는 것을 반대했습니다. 무조건 포퓰리즘의 복지정책을 폈습니다. 아르헨티나는 한때 세계 5위권에 들던 경제대국이었으나 좌빨들이 좋아하는 포퓰리즘 복지정책으로 빈곤한 땅으로 추락하였습니다. 분배, 복지의 포퓰리즘이 아르헨티나의 서민과 저소득층을 절대빈곤층으로 추락시켜 버렸습니다. 세계 5위권의 경제대국도 포퓰리즘으로 무너졌는데 세계에서 가장 가난한 나라에서 복지정책을 편다고요? 한마디로 불가능한 소리입니다.

　　　　(3) 박정희가 경제발전을 했지만 독재로 죄없는 사람들을 죽이고 민주주의를 억압했다.

박정희 때문에 죄없는 사람들 물론 많이 죽었을 겁니다. 순수한 목적으로 민주화운동을 하던 사람들 중 수십명의 죄없는 사람들이 죽었습니다. 그분들은 대한민국이 발전하기 위해 반드시 겪어야만 했던 아픔의 희생자들입니다. 하지만 그들을 선동한 사람들은 지금도 대한민국을 전복시키려고 애쓰는 쓰레기 종북세력들이며 애초에 그들이 했던 민주화 운동은 민주화운동을 빙자해 국가를 전복시킬 목적으로 하는 왜곡된 목적의 운동입니다. 박정희는 그들을 잡아 대한민국의 평화를 유지시켰습니다. 박정희가 잡은 사람들의 절대 다수는 종북세력들입니다. 그분들의 후손이라면 박정희를 욕하십시오. 하지만 그 시절을 겪어보지도 않고 그 시절을 겪은 것 마냥 행세하며 박정희를 욕하는 사람들은 욕할 자격이 없습니다. 박정희 정권 당시 죽은 사람들입니다. 억울하게 죽은 사람은 사실상 별로 없는 것 같은데요? 가끔 정신나간 좌파들은 경제발전 안했더라도 차라리 좀 가난하게 살면서 민주주의 국가로 가는 게 낫다고 주장하곤 합니다. 세계의 총사망자 중 1/3이 빈곤 때문에 사망하며 12억 이상의 인구가 하루 1달러 미만으로 살아갑니다. 극단적으로 보이십니까? 6.25 전쟁 직후 한국은 세계에서 가장 못사는 나라였습니다.(당시 세계 2위, 1위는 인도) 옛날엔 모든 국민들이 잘먹고 잘살기만 해도 왕이 성군으로 칭송받았습니다. 지금 한국이 굶어죽을 걱정을 하고 있나요? 박정희는 한반도를 반만년간의 만성적인 굶주림에서 해방시켜줬으며 한국을 세계에 영향력을 끼치는 대국으로 만들어준 영웅입니다. 한글을 창제한 세종대왕조차 당시 전국의 인구가 250만이었음에도 특수한 계층을 제외하고는 의식주를 해결하지 못하는 실정이었습니다. <조선왕조실록>을 보면 세종 때조차 굶어 죽은 백성들 이야기가 나옵니다.

(4) 영웅으로 칭송받는 위인들
가) 호세 데 산 마르틴

스페인 식민지였던 아르헨티나 출신, 칠레와 페루의 해방자이자 페루의 초대 대통령, 아빠가 스페인 군인인데다 스페인으로 이민가서 귀족학교에서 유학함, 1791년부터 1811년까지 무려 20년간 스페인 군인으로 복무하면서 여러 전쟁에 참전해 스페인에서 훈장까지 받음, 1812년에 군에서 제대한 후에 남아메리카 독립군이 돼서 스페인군을 물리치고 칠레와 페루를 독립시킴

나) 몬 볼리바르

　스페인 식민지였던 베네수엘라 출신, '남아메리카의 조지 워싱턴', '해방자(El Libertador)', 콜롬비아, 에콰도르, 파나마, 베네수엘라의 해방자이자 초대 대통령, 아빠가 엄청 부자인 카카오농장 대지주였던 '기득권', '상위 1%' 집안 아들로 태어남, 14살 때 스페인군 사관학교에 들어가서(이 시대엔 어느 나라나 중딩 나이에도 사관학교 입학 가능) 스페인군 준위가 됨(원사 위에 상당히 높은 그 준위 말고, 소위보다도 아래의 개념이었던 준위임) 유럽여행을 하면서 자유주의 사상을 배우고, 남아메리카로 돌아온 뒤 독립운동가가 됨, 독립전쟁에서 두번 연속으로 스페인군한테 패배당하고도 근성으로 결국 세번째 전쟁에서 독립 성공해서 남아메리카 북쪽에 그랑콜롬비아 공화국을 세움, 대통령이 된 후 독재까지 해 가면서 공화국 분열을 막으려고 애썼지만 결국 분리주의자들 때문에 다 쪼개져 나가고 병에 걸려서 '혁명을 위한 우리의 싸움은 바다에서 쟁기질을 한거나 마찬가지였다'라는 유언을 남기고 마침내 죽음

　　다) 모한다스 간디

　영국식민지였던 인도 출신, 인도 독립운동가, '인도의 아버지', '마하트마(위대한 영혼)', 아빠가 인도 식민지 지방장관이었던 '매국노(?)' + '상위 1%' 집안 출신, 런던대학교로 유학가서 법학을 공부함, 남아프리카에 이민가서 살면서 인종차별 반대운동을 하다가 1900년에 보어전쟁이 터지자 영국이 시키지도 않았는데 인도인 자원자들을 모아 의무병 부대를 만들어서 자원입대해 영국 정부로부터 훈장 받음, 1906년에 남아프리카 줄루족과 영국이 전쟁을 벌이자 또 영국군으로 자원입대함, 레알군대 두번감, 1차 대전 때는 인도인들한테 영국군으로 참전하라는 캠페인을 적극적으로 벌임, '사티아그라하(비폭력 무저항)' 독립운동에 일생을 바침, 독립 후에는 인도의 분열을 막으려다 미친 힌두교 광신도 사이코한테 암살당함 ( )는 사업에 실패하여 몇 십년간 빚에 시달린 무능한 인간이었다. ( )는 공식석상에서 "나는 흑인을 유권자나 배심원으로 삼으려 한

적도 없고, 흑인에게 공직을 부여할 생각도, 백인과 결혼을 허용할 생각도 없다."라는 무지막지한 망언을 했다.

( )는 내전 중에 자신을 비판하고 전쟁에 반대하는 사설을 실은 신문회사 수백개를 폐간시키고 언론인들을 체포하거나 폭도들을 선동해 두들겨 패도록 만들었다. ( )는 인신보호영장의 정지를 선언하여 전쟁이나 자신의 정책에 반대하는 사람들을 법적 절차없이 깜빵에 쳐넣을 수 있게 만들었다.

( )의 정체는? 미국 제16대 대통령 에이브러햄 링컨이다. 노예해방을 선언한 대통령, 남북전쟁을 승리로 이끈 대통령, 미국에서 가장 인기있는 대통령, 유신독재의 원조 링컨기념관 out!!! 독재자 후빨하는 양키들 노예근성 좀 보라.

( )는 자기가 죽을 때까지 15년간이나 대통령을 해먹은 종신집권 독재자이다. ( )는 근대화를 추진하면서 국민들에게 터번을 쓰는 전통을 버리고 서양식 모자를 쓸 것을 강요했으며 이에 항의시위를 벌인 시위대를 무자비하게 진압하고 수백명을 사형에 처했다. ( )는 자신이 암살당할 뻔한 사건을 구실로 삼아 반대파 정적 수십명을 체포했으며 이 중 3명만이 암살을 기도한 증거가 발견됐음에도 마구 사형과 징역형을 때렸다. 이 때 사형수들은 자기가 사형선고를 받았다는 것조차 모르는 채로 끌려가 교수형을 당했다. ( )는 쿠르드족같은 소수민족들에게 일제시대 내선일체 정책급 탄압을 가했다. ( )는 세계의 모든 언어의 기원이 우리나라 말이라고 우기는 "태양언어 이론"을 스스로 만들어 환빠스러운 역사왜곡을 국가 차원으로 저질렀다.

( )의 정체는? 아타튀르크(터키의 아버지) 무스타파 케말, 터키 초대 대통령이자 1차 세계대전의 명장, 전쟁 후 연합군의 점령계획과 그리스의 침략을 무찌른 구국의 영웅, 이슬람 막장 신정국가였던 터키를 남녀가 평등한 근대국가로 다시 세운 근대화의 아버지이다. 터키에서는 독재자 아타튀르크 out!!!했다간 구속이라면서요? 진짜 미친 나라인 듯하다.

( )는 중국인임에도 불구하고 아편전쟁을 일으켜 중국을 침략한 원수의 나라 영국에서 유학을 하였다. ( )는 중국인임에도 불구하고 자기 목숨이 위태로워지자 청일전쟁 때 중국과 싸웠던 원수의 나라 일본으로 망명했으며 망명 시절 그와 친구가 된 일본 정치가 이누가와 츠요시는 훗날 일본 수상이 된다. ( )가 조직한 중국혁명동맹회에는 일본 극우파 인사들이 여럿 가입하였다. ( )는 일본의 제도와 문물을 차용할 것을 강력하게 주장하였으며 식민지도 아니었던 당시 중국에서 일본식 이름인 '나카야마 쇼우'를 자랑스럽게 썼다. ( )는 아내와 이혼하고 26살 연하인 친구의 딸과 재혼하는 파렴치한 행동을 하였다.

( )의 정체는? '중국의 아버지' 쑨원이다. 중국과 대만에서 모두 국부로 추앙하는 혁명가이다.

그 외에도 추가적으로 보시려면 아래의 인터넷 사이트를 참조해 주세요.
http://blog.naver.com/teraness/60185386931

좌파들이 박정희를 친일했다고 까면 위의 반박자료를 보여 주시고 독재했다고 까면 그보다 더했던 사람들을 보여 주세요. 세계에서 가장 가난한 나라에서 경제 10위권의 대국으로 만드는데 40명 정도의 희생밖에 안만들었다는건 진짜 대단한 겁니다. 박정희가 죄없는 사람 혹시 수천 수만명 죽인 걸로 알고 계셨나요? 그것 역시 좌파세력의 농간입니다.

이순신의 부하들은 해전에서 전사한 수보다 이순신에게 죽은 숫자가 더 많다고 할 정도로 이순신은 군법이 엄격했습니다. 위에는 북한이 호시탐탐 남한을 노리고 있고 국가는 세계에서 가장 못살고 있는데 강력한 공권력을 행사하지 않는다면 저절로 무너졌을 겁니다.

"박정희 위인이라더라" 야당 총재에게 말했더니 노산(鷺山) 이은상 선생은 생전에 나하고 각별한 사이였다. 우리는 서로를 좋아해서, 내가 그 분을 자주 찾아뵙거나 그 분이 우리 집에 놀러오기도 했다. 또 한번은 노산 선생이 아프다는 소식을 듣고 국회도서관장을 역임한 강주진 박사와 함께 병문안을 갔는데, 병석에서 일어나 앉아 우리를 반갑게 맞이한

이 양반이 이런 말을 하는 것이었다. "우리나라 인물 중에 위인을 꼽는다면 꼭 세 분이 있소. 한 분은 세종대왕, 한 분은 이순신 장군 그리고 또 한 분은 박정희요."(대통령이라는 직함도 빼고)[84] 그 느닷없는 말에 강 박사는 조금 어이가 없어서 서로 얼굴을 마주보았는데, 그러거나 말거나 노산 선생은 그 세 분이 어째서 우리 민족의 추앙을 받아 마땅한 위인이며 그 실제의 타당성은 어떤지에 대한 나름대로의 평가를 이렇게 설명하는 것이었다.

세종이 어째서 성군이고 위인인가. 한글을 창제하고 어진 정치를 베풀었기 때문이다. 이순신은 어째서 성웅이고 위인인가. 왜적을 물리쳐 나라와 백성을 구했기 때문이다. 그렇지만 세종과 이순신을 합친 것보다도 더 월등한 업적을 쌓은 위인이 바로 박정희다. 세종이 한글을 창제한 것은 훌륭한 업적이지만, 그를 성군이라고 하는 것은 문제가 있다. 성군이라면 정치를 아주 잘했다는 최대의 찬사인데, 세종이 과연 그런 칭찬에 합당할만한 정치업적을 쌓았는지는 의문이다. 정치를 잘했다는 소리를 들으려면 백성들이 모두 등 따습고 배부르게 해 주어야 마땅하다. 그런데 당시 전국의 인구가 불과 250만이었음에도 불구하고 특수한 계층이 아니면 의식주를 해결하지 못한 실정이었다. <조선왕조실록>을 보면 세종 때에 굶어죽은 백성들 이야기가 여러 곳에 나오니 성군이란 칭찬이 무색하지 않은가.

그에 비하면 박정희는 1961년에 혁명정부를 세우고 불과 20년만에 우리 국민의 숙원이던 보릿고개 극복을 달성했을 뿐 아니라 경제개발계획을 성공적으로 수행해 세계 각국 사람들이 '한강의 기적'이라고 놀라며 칭찬할만큼 우리 국민을 잘 살도록 만들어 놓았다. 박정희는 다른 방면으로도 특출한 업적을 많이 쌓았지만, 이 경제문제 하나만으로도 세종보다 월등한 위인소리를 들어 마땅하지 않은가. 이순신은 임금으로부터 버

---

84) 2009-05-25 장경순(전 국회부의장·제18대 농림부장관), 1972년 9월 14일 남북한적십자사 대표단의 현충사 방문을 안내하는 노산 이은상이다. 국가기록원

림받아 두번이나 백의종군하면서 스스로 거북선을 만들고 각종 무기도 개발해 왜적과 23번 싸워 23번 모두 승리한 업적을 세웠기에 성웅이고 위인이라고 한다. 그렇다면 박정희는 어떤가. 1961년 집권 당시 우리나라는 북한보다 군사력이나 경제력에서 훨씬 열세였다. 그렇던 것이 이제는 김일성이 감히 싸울 생각을 못할 정도로 남과 북의 처지가 백팔십도 바뀌었다. 전쟁에서 피를 흘리지 않고 이기는 면승(免勝)을 제일로 꼽으니만큼, 그런 면에서 박정희가 이순신보다 월등한 업적을 세운 것이다.

그러므로 우리는 박정희를 세종과 이순신을 합친 정도의 위인으로 평가해야 한다. 노산 선생의 이야기를 들으면서 그 주장의 타당성 여부보다도 논지의 정연함과 탁월한 지식에 탄복하고 말았다. 뿐만 아니라 같이 문병을 간 강주진 박사도 마찬가지로 혀를 내둘렀다. 그러고 난 후 여기저기서 노산 선생의 이야기를 이따금씩 했다.

한번은 이민우 신민당 총재한테도 그 이야기를 했는데, 듣고 있던 이 총재가 발끈해서 그 무슨 말도 되지 않는 소리냐고 면박을 주는 것이었다. 조금 무안해져서 말했다. "그거야 총재님 생각이지요. 모두가 백 프로 그렇다는 뜻은 아닙니다. 단지 노산 선생이 하신 말씀을 옮긴 것 뿐입니다. 오해는 마십시오."

그런데 이튿날 이민우 총재가 일부러 찾아와 뜻밖의 말을 하는 것이었다. "내가 어제 저녁 집에 가서 곰곰 생각해 보니까 장 부의장 말씀이 백번 옳습디다. 지금 야당합네 하며 목소리 높이는 젊은 친구들, 나 역시 그들과 같은 노선에 서 있소이다만, 이 친구들 정치하는 것 보니까 우리 야당하는 사람들 입이 열 개라도 할 말 없어요. 노산 선생이 올바로 평가했어요. 박 대통령은 위인 반열에 올라도 손색이 없는 분이오. 어제 괜히 싫은 소리 한 것 사과하리다." 나는 그 말을 들으며 속으로 깜짝 놀라 감탄해 마지 않았다. 아하, 우리 야당에도 이런 인물이 있구나.

정치인으로서 마음의 자세가 참으로 훌륭하구나. 사람은 누구나 특히 정치합네하는 위치에 있으면 한 번 꺼낸 주장은 설령 그것이 틀리다는 것을 알고 나서도 끝까지 뻗대며 고집하는 것이 일반적인데, 자기가 틀렸다 싶으니까 곧바로 정정하고 사과하지 않은가. 나는 그 순간부터 이민우 총재라는 인물을 다시 바라보게 되었고, 그 분이 세상을 떠났을 때는 헌정회장으로서 장례식에 참석해 그 일화를 곁들인 조사(弔辭)를 읽었다. 내가 아는 정치인으로서 솔직담백하게 자기 과오를 인정하고 바로잡을 줄 아는 단 두 사람 중 그 한 분이 장택상씨였고 또 한 사람이 바로 이민우씨였다.

(5) 가난이 뭔지 모르는 사람은 가난을 겪어봐야 안다.
지금 경제발전으로 인해 개나 소나 집집마다 컴퓨터 있고 핸드폰 있고 자동차 가진 나라가 되었는데 자기가 그때 당시 산업화의 세대도 아니면서, 지금 편하게 누릴 것 다 누리면서 박정희 욕하는 사람들 솔직히 말해서 그냥 병신같습니다. 모르고 욕하는 것이 더욱 안타까울 따름입니다. 지금도 소위 못사는 가난한 국가는 별 것 아닌 자연재해에 수천 수만명이 죽으며 별 것 아닌 질병에 역시 수천 수만명이 죽습니다. 치안? 막장입니다. 선진국이 아닌 나라에서는 사실상 치안이 엉망입니다.
가난한 나라에서는 절대 민주주의니 복지니 그딴 것 없습니다. 아프리카나 인도여행을 왜 자제하라고 하는지 아나요? 그곳은 치안이 엉망이고 범죄 천국이기 때문입니다. 제 친할머니는 6·25전쟁 당시 부산에서 살고 계셨습니다. 가난한 사람들이 도처에 깔렸기 때문에 항상 도둑들이 들끓었다고 합니다. 당장 굶어죽게 생겼는데 민주주의? 명심하세요. 박정희 아니었으면 아프리카같은 빈민국과 동급인 나라였을 겁니다.
핸드폰? 컴퓨터? 자동차? 상위 1%만 가졌을 겁니다. 컴퓨터는 꿈도 못꾸고 지금쯤 다들 밭갈고 있었을 겁니다. 걸핏하면 별 것 아닌 질병에 수천 수만명이 죽었을 겁니다. 살인 약탈 방화 이런 게 끊이지 않았을 겁니다. 개나 소나 스마트폰 가지고 다닐 일은 없었을 거란 말입니다.
의식주가 인간생활의 기본인데 그걸 해결해 준 사람한테 배고플 때 굶지 않게 해준 사람한테 몇가지의 결점으로(결점도 찾아보니 대부분

날조에다 진짜 결점이라곤 별로 없네) 엄청나게 큰 업적을 깎아내리는 평가를 하는 사람들의 논리가 타당하다고 생각하지 않습니다. 독재로 수십명 죽은 것은 분명 과오입니다. 하지만 진실을 사랑하는 사람으로서 날조로 거짓선동을 일삼는 것은 도저히 참을 수 없습니다.

박근혜 투표 당시 박근혜를 뽑아준 사람들 대부분은 50~60대의 어르신들이었습니다. 박정희가 독재로 국민들을 괴롭혔다면 과연 어르신들이 박근혜를 뽑아줬을까요? 아, 어르신들이 엄청나게 무식해서 국민들을 괴롭힌 박정희 딸 박근혜한테 그렇게 투표를 많이 했구나?

좌파들한테는 어쩌면 박근혜 뽑은 어르신들은 그저 못배우고 세뇌당한 빨리 세상을 떠나야 할 늙은이일 뿐입니다. 그에 대한 관련 인터넷 사이트는 다음과 같습니다.

http://blog.naver.com/teraness/60178414730 - 좌파들이 생각하는 어르신 (혐오주의)

I would remind you that extremism in the defense of liberty is no vice. And let me remind you also that moderation in the pursuit of justice is no virtue.

자유를 지키기 위한 극단적 행위는 악이 아닙니다. 또한 정의를 추구하는 데 온건한 태도를 보이는 것은 선이 아닙니다(Barry Goldwater).

삼대가 선교를 했고, 학교를 세우고, 병원을 세우고, 교회를 세우고 우리 조상들은 한국을 많이 도왔지만 저는 거꾸로 도움을 많이 받은 사람이에요. 저에게 도움을 주신 분이 여기 앉아 계십니다. 5 · 16혁명과 박정희 대통령의 정책 때문에 하나님께 제일 감사하고 대한민국을 잘살게 한 박정희 대통령에게 철이 들고 난 후에야 감사함을 알았습니다. 왜냐하면 전라도지역에서는 그 당시 김대중 선생을 많이 좋아했기 때문에 좀 난센스같지만 제가 노 대통령 취임 5일만에 이북전문가로 비밀리에 만났습니다. 이제는 얘기해도 될 것 같은 생각이 들어서 확인시켜 드리는 일입니다. 노 대통령이 '무슨 말을 해야 이북에 대해서 이해를 하실까?' 엄청 고민을 하고 노대통령께 말씀드렸습니다. "이북의 상황은 집안에 정신박약아를 키우는 것과 같습니다. 상황이 골치 아픕니다. 그러니까 10년, 20년 갈 수 있는 아주 단단한 정책을 펴셔야 합니다. 가슴이 뜨거운 정책을 펴시면 안됩니다. 냉정한 이성으로 정책을 펴십시오." 이렇게 제가 얘기를 했어요. 그랬더니 제 얘기를 딱 10분 듣고 질문을 하는 거예요. "우리가 잘하면 그들도 우리에게 잘하지 않을까요? 우리가 잘하면 핵도 포기하고···" 그 사람들 핵 포기 안합니다. 절대로 포기 안합니다. 숨어서 몰래라도 핵을 만듭니다."라고 했습니다. 남쪽의 많은 사람들이 우리가 그들한테 잘해 주면 그들도 우리한테 잘할거라는 그런 오해, 그런 잘못된 생각이 더 큰 문제입니다." 그 분 얼굴이 벌겋게 변하고 누구를 부르더니 담배를 갖다달라고 하더라고요. 그날 저는 혹시 한국에서 쫓겨나지 않을까하고 고민을 했습니다. 어쨌든 그런 사실이 있습니다. 그런데 제가 어렸을 때 박정희 대통령께서 '두려움을 두려워하지 말라' 새마을사업을 일으키면서도 "우리는 잘 살 수 있다!" 그 생각과 그 사상이 대한민국을 근본적으로 바꿔놓은 게 아닌가 생각을 합니다.

개성에서 평양으로 차를 타고 올라가는데 안내원이 "남조선이 우리보다 좀 앞선 것을 얘기해 보라우!" 그러더라고요. '좋다. 무엇이든 물어봐라. 다 이야기해 주마.' 이런 심정을 가지고 이 사람한테 40분간 강의했어요.

첫째, 우리가 잘 사는 까닭은 박정희 때문이다. 박정희 다음은 정주영 회장을 알지 않느냐?

정주영만 있는 게 아니었고 거기 이병철도 있었다. 박태준도 있었다. 여러 사람이 박정희로부터 특명을 받고 특혜를 받고 엄청난 공장들을 세우고 국가를 발전시켰다. 전라도에서 자랐을 경우에는 사실 박정희 대통령이 나쁜 사람인 줄 알았다. 그러나 너무 너무 너무 잘 몰랐다.

박정희는 위대한 사람이었다. 중국이 오늘날 잘살게 된 것도 박정희를 공부했기 때문에 저렇게 잘산다. 중국도, 싱가포르 이광요도 박정희 사상을 배운 사람들이다. 박정희는 위대한 사람이다. 뭐, 인권문제 가지고 따지는 사람이 있는데 기본생계가 보장되어야 인권도 논할 수 있는 거다. 남조선에서 보릿고개를 없애 준 사람, 그가 박정희다.

둘째, 잘살게 된 까닭은 남쪽에 있는 근로자들 때문이다. 구로공단에서 16시간씩 일했다. 잘 살려면 돈을 모아야 된다. 그래서 돈을 모으기 위해서 16시간씩 공장을 돌리고 심지어 여자들의 머리카락까지 팔았다. 뼈를 깎는 아픔을 겪었다.

셋째, 남조선이 잘 사는 이유는 한국의 여성들 때문이다. 근면·절약 정신, 당신 한국 여자들이 얼마나 대단한 줄 아냐? 그건 공감하더라고요. 그래서 "그 여자들이 근면, 절약의 정신교육, 이런 걸 우선시 했기 때문에 우리가 이렇게 잘살게 되었다."

넷째, 여자들! 우리 어머님들 때문에 잘 산다." 그렇게 얘기했더니 이 양반이 뭐 좀 시큰둥해요. "줄 잘 섰디 뭐?" 갑자기 그러는 거예요. 그래서 "거 무슨 얘기요?"라고 했더니 "남조선 아이들은 미국 뒤에 줄섰고, 우리는 소비에트 러시아 뒤에 줄 서 가지고 이렇게 돼버렸다." 중국 얘기는 하지도 않았어요. 그래서 내가 그에게 질문을 했어요. "그러면 필리핀은 미국 뒤에 백 년전에 줄을 섰는데 왜 이렇게 못살죠?"(웃음)

한국 사람들에게 아부하려고 이 자리에 나온 것이 아니고 객관적인 사실을 가지고 말합니다. 미국에 이민가면 한국 사람들이 1년이면 80% 이상이 새 차를 사요. 5년이면 80% 이상이 새 집을 마련해요. 미국 사람들은 30년이 돼도 그걸 못해요. 대단한 일입니다. 제가 좋은 얘기 많이 했죠? 나쁜 얘기 좀 해도 되겠죠? 지금 한국 사람들이 보수와 진보, 좌와 우, 모든 사람들이 소모를 하고 있어요. 성숙하면 타협을 해야 돼요.

서로 조금씩 양보해야 돼요. 링컨 대통령이 박정희 대통령보다 백배 더 독재했습니다. 신문사가 300개 문을 닫았어요. 주의회를 재판도 안하고 연금을 시켰어요. 대법원장 불러 가지고 "당신 까불면 감옥에 쳐 넣어 버리겠다!"고 했어요. 남북이 나눠지고 전쟁이 날 것 같으니까 링컨조차도 그런 극단의 처방을 냈어요. 미국 사람들은 사람의 업적을 평가할 때 '시대성'을 감안한 평가를 하는데 대한민국은 당시의 '시대성'은 배제하고 오늘의 잣대로만 옛날을 평가하는 오류를 범하고 있어요. 그래서 그런지 박정희 대통령은 기념관이 없어요. 이거 바뀌어야 됩니다. 미국 사람들은 링컨이 잘못한 부분은 땅속에 묻어 버렸어요. 미국을 방문해 보셨나요? 워싱턴 링컨기념관에 가보면 링컨이 예수님 다음으로 훌륭한 사람으로 되어 있어요. 아쉽습니다. 국가와 민족을 위해서 업적을 냈을 때, 이순신 장군 어떻게 했어요? 왕이 그를 감옥에 넣어 버렸어요. 그렇죠? 사촌이 땅을 사면 유태인들은 잔치를 벌입니다. 사촌이 땅을 사면 세력이 그만큼 커졌기 때문에 배 아프기는 커녕 잔치를 벌여야 될 일이예요. 남 잘된 것을 축복해 주고 축하해 주고 그런 문화로 바뀌었으면 좋겠습니다. 저도 세브란스에서 공부를 잘 못하고 해서 꼴등하다시피 했는데 미국에 가서는 세브란스에서 교육받은 덕분에 제가 중간이 아니라 우수한 쪽에 들어갔어요. 그게 세브란스 교육이에요. 나가서 힘을 겨뤄 보니까 까짓 것 아무 것도 아니더라고요. 박정희 어른이 기초를 닦은 대한민국의 희망을 얘기하겠습니다. 얘기가 너무 길어지면 재미없으니까 마지막으로 여러분한테 이북에 대해 얘기하겠습니다. 이북 사람들이 선택을 잘못해 가지고 이북이 어떻게 저렇게 망가졌는지, 전쟁전에는 평양이 서울보다 더 잘 살았다고 그래요. 전기도 남아 돌아가고요. 그런데 도대체 어떻게 해서 이렇게 됐는지 김일성이 그렇게 나왔어요.

"머슴과 지주를 없애겠다." 첫째 희망은 조선사업입니다. LNG선을 영하 70도, 그 액체 LNG를 보관할 수 있는 조선소 기술이 세계에서 대한민국이 최고입니다. 1등이예요. 특허가 있어서 흉내도 못내요. 극비입니다. 그런 것입니다. 포항제철에서 박태준의 후배들이 지금 철을 만들어 내는데 전 세계적으로 거치는 코크스(Cokes)라는 그 단계를 거치지 않고 철을 만듭니다. 아무리 철의 값이 떨어져도 생산능력있고 수익이 남습니다. 대한민국에서 일어나고 있는 일입니다. IT산업, 전 세계에서 고속인터넷이 제일 완벽하게 깔린 나라가 대한민국입니다. 이게 제 마지막 비판이자 칭찬입니다. 삼성전자가 지난 5년동안에 소니(Sony)를 앞섰는데 최대 10년을 앞섰답니다. 삼성, 대단한 기업입니다. 누가 만들었죠? 기아자동차가 미국의 최악 불황일 때 최악의 지난 1년동안 미국자동차 시장 점유율을 6% 올렸습니다. 어마어마한 일입니다. 그런데 북한 사회는 머슴과 지주가 당원하고 인민으로 바뀌어 버렸습니다. 97%가 소위 인민입니다. 3%가 소위 그 사람들이 없애겠다는 지주 쪽에 들어갑니다.

그걸 아셔야 돼요. 시간이 가면 갈수록 통일이 아쉬운 것은 하나밖에 없어요. 이산가족! 지금 나이들이 많아요. 이산가족들이 그 유일한 인맥이예요. 여러분 우리 집사람이 중국으로 북한의사들을 데리고 나와서 교육을 시켰어요. 최고 3일정도 교육받다가 뭐라고 하는지 아세요? "이런 것 가르치지 마세요. 우리는 마취할 시약도 없는데 이런 것 배워봐야 머리만 아픕니다. 그리고 돌아갈 때 28개의 뇌물이 필요합니다." 우리 집사람이 깜짝 놀랐답니다. 무슨 뇌물이 필요하냐? 뭘 요구했을 것 같아요? 돈? 선물? 그런 것이 아니라 유에스비(USB:컴퓨터 이동식 저장장치)입니다. 남조선 사극을 좀 담아 달라. 최대한 가능하다면 지난 것까지도 담아 달라, 최신 것으로" "이거 가지고 가다가 걸리면 어떻게 하려고 그러세요? 총살 아니냐?" 그랬더니 "아~ 일 없습니다. 이거 가지고 가서 지우고 들어가서 파일을 복구시키면 돼요." 그러니까 세관을 통과할 때 누가 보면 없는 걸로 되고 그래 가지고 거기에 있는 고관들한테 최고인기 선물입니다. 이런 것들이 지금 끝을 예고하고 있습니다.

2003년도 쯤 되는데, 무쏘라는 차를 사서 1년 반만에 폐차를 시켰어요. 비포장도로 마천령 고개를 넘고 함경남도와 함경북도 사이에 일제시대 때 길이 그대로예요. 변한 것 하나도 없어요. 이북호텔은 평양을 떠나면 정말 지내기가 힘듭니다. '청진 관광려관'에 도착을 했어요.

"우리는 남의 돈을 모금해 가지고 오니까 제일 싼 방 주세요." 그러면 그 쪽 얘기는 항상 똑 같아요. "3등실 돈 가지고 일등실에서 주무세요."

호텔선임이었거든요. 그래서 이제 "위대한 장군님이 주무셨던 방에 가서 자라." 그래서 호기심에 잦더니 몇 월 며칠에 대한 장군님이 거기서 주무셨답니다. 다음에 목욕을 하고 싶어요. 비포장도로로만 열 몇 시간을 달렸으니 머리에다가 흙을 한 삽 올려놓은 것 같아요. 그래서 프런트에 가서 "나 목욕을 좀 하고 싶은데 더운물…" 말하니까 "우리 십분씩 쏴주겠습니다." 얼마나 고마운지, 그래서 호텔방에 올라와서 7시 5분전부터 옷 다벗고 목욕탕앞에서 기다리는 거예요. 그런데 세 가지 장비가 필요해요. 바케쓰가 하나 있어야 돼요. 그걸 목욕탕속에 잘 빠트려야 돼요. 사회주의 국가는요, 목욕통 청소를 안해요. 밑에 진흙이 좀 있어요. 그러니까 그건 찬물을 받아놓고, 그거는 화장실용 물이거든요. 그 다음에 세숫대야 하나 놓고 바가지 갖고 기다리는 거예요.

그런데 영락없이 딱 정각이 되면 물이 나와요. '콸콸콸콸'하고 물이 나오기 시작하는데 그걸 또 빨리 받아내야 합니다. 왜? 녹물이예요. 관이 오래됐거든요. 그 다음에 더운물 갖고 목욕을 시작했는데 거짓말같으실텐데요. 거짓말 아닙니다. 갑자기 세상이 새까만 거예요. 정전이 된 겁니다. 온 호텔방을 기어 다니며 배낭속에 플래시를 찾는데 한 3분 걸렸어요. 찾아가지고 왔는데 처음에 3분 보냈죠. 찾는데 3분 보냈죠. 그래서 한 3분밖에 안 남았어요. 소중한 이 국가를 잘 지켜야 합니다. 귀국해서 나중에 연희동 공중목욕탕에 갔는데 아주 불이 훤하더라고요. 갑자기 청진 생각이 나는 거예요. 찬물도 콸콸 나오고 더운물도 콸콸 나오고, 제가 벽을 보고 혼자서 울기 시작했어요. 너무 너무 고마워서, 마음껏 목욕하는 것 한번도 고맙게 생각한 적이 없는데 그냥 눈물이 나는 거예요. 아버지 장례식 때도 안 울었어요. 그런데 그것보다 더 소중한 메시지는 박정희 대통령이 깔아놓은 바탕에 대단한 국가를 세우고 우리가 가진 것이 엄청 많아요.

우리 다 재벌같이 삽니다. 여러분들의 손자손녀, 여러분의 자녀한테 다 얘기해야 됩니다. 여행갈 수 있는 것, 자기차 운전할 수 있는 것, 친구 만날 수 있는 것, 가서 통닭하고 생맥주 마실 수 있다는 것, 따뜻한 방에서 자는 것, 여름에는 다 에어컨 켜고 지내는 것, 여러분 소중한 것이 많습니다. 이 국가를 잘 지켜야 합니다. 이 나라를 우리가 잘 지켜 나가야 됩니다.[85]

(6) 박정희는 왜 음해를 당하는가

박정희를 음해하는 세력인 민족문제연구소의 임원들을 자세하게 소개하고 싶군요. 솔직히 말하자면 박정희를 친일파라고 날조하는 사람들 알고 보면 친일파에다 종북세력들입니다. 박정희를 친일파라고 하면 친일파가 아니라는 자료를 보여주는것 보다는 박정희를 친일파라고 주장하는 사람들이 어떤 사람들인지부터 알아야 합니다. 그들은 우리나라에 혼란을 주고 국가를 전복시킬 목적으로 우리나라의 핵심 우파들을 모두 친일파니 빨갱이니 덮어 씌우고 있습니다. 그들이 어떤 세력인지, 왜 박정희같은 사람을 친일파로 날조하는지 알고 싶으시면 다음의 인터넷 사이트를 참조해 주세요..

http://blog.naver.com/teraness/60179798290

또한 이들이 주장하는 프레이저 보고서에 대한 반박문도 올립니다.

http://blog.naver.com/teraness/60187167435(빡침주의)

보고 욱 하실지도 모릅니다. 조심하세요. 새누리당을 친일파당이라고 주장하는 사람들의 친일파 후손, 친일파 목록을 예로 듭니다.

가) 정동영(민주당)

부친 정진철: 전라도 출신, 일제 때 전북 순창 구리면 면장 출신이자 금융조합 간부(서기)이다.

지주의 아들로 태어난 정진철 면장은 당시 순창 근처에서 가장 좋은

---

85) 인요한 (John Linton | 존 린튼 | John Alderman Linton) 교수 소속: 연세대학교 의과대학 세브란스병원 (소장), 연세대학교 의과대학 (교수), 학력: 고려대학교 대학원 의학과 박사 수상 2005년 국민훈장 목련장 경력: 연세대학교 의과대학 세브란스병원 국제진료센터 소장항공우주의학협회 이사

명문 '남원고보'를 졸업하고 일본제국주의 조선 착취 최일선 기관인 '금융조합'의 서기를 5년 이상 하면서 황국신민으로서 충성을 다한다고 한 사람이다.

나) 유시민
부친 유태우: 일제시대 훈도(교사) 경력, 역사훈도
백부 유석우: 일제시대 친일파 면장

다) 김희선(민주당)
부친 김일련(가나이 에에찌): 일본특무경찰로 간도 독립군 체포, 고문 전문, 김희선 본인의 자료조작으로 독립군 김학규 장군의 딸인 것처럼 하였으나 이후 김학규 장군의 친자녀들과 장군의 동지들에 의해 김희선의 친부는 간도 만주독립군 체포를 위해 이주한 일제특무경찰 김일련으로 밝혀졌다. 김일련(가나이 에에치)은 만주유하경찰서 특무간부로서 독립군을 탄압했던 기록이 무수하고, 친일파들만이 복역하던 형무소에서 김희선이한테 편지를 보낸 사람이다. 김희선이는 그걸 조작해서 환부역조란 기상천외한 방법으로 자칭 독립군의 손녀를 가장하고 오로지 그거 하나 팔아 먹으면서 오늘날에 이른 사람이다. 독립군을 사칭한 민주당 김희선의 아버지 김일련이 일본 경찰이었다는 내용을 인터넷에 올려 확산시킨, 미 워싱턴 밴쿠버 거주 교포 이배영씨는 김일련이 만주에서 경찰을 했고, 김일련의 부인이 남편의 경찰근무에 대해 안좋은 얘기를 하는 것을 들었다'고 하더라. 진실을 알려야겠다는 생각이 들어 인터넷에 글을 올렸다"고 말했다.

라) 김근태(민주당)
부친이 일제 조선총독부 교육청 소속 엘리트 소학교 훈도(교사) 출신

마) 조기숙(열린우리당/이화여대 교수)
조부 조병갑: 동학운동의 근원 전남 고부에서 미곡을 일본으로 방출한 사건의 장본인인 전남 고부군수 조병갑
부친 조중완: 일본 총독부 소속 신문기자

바) 이미경(민주당)

부친 이봉권: 일본군 헌병, 위안부 차출하여 황군에 바친 훌륭한 분, 이봉권이는 그야 말로 일본군의 핵심 사찰요원으로 당시의 조선인은 꿈도 못꾸던 황군헌병

사) 신기남(열린우리당)

부친 신상묵: 시게미쓰 구미오, 헌병장

아) 김대중(도요다 다이쥬)

일본인 해운회사 근무 그리고 민주통합당 친일파

자) 홍영표(민주통합당)

노무현 정권 때 한나라당(지금의 새누리당)을 공격할 목적으로 친일파 청산법을 만들다.

http://blog.naver.com/teraness/60176672956

제가 할 말은 여기까지입니다. 박정희가 친일파인가, 이 문제에 대한 답은 여러분이 직접 내려 주세요.

참고링크는 http://blog.naver.com/sangmin5886/162206186입니다.

정말 할일 없으십니다. 흘러간 옛노래 홍도야 울지마라. 목포의 설움 등을 지금도 부르고 계시군요. 과거에 집착하시면 미래가 없습니다. 과거는 단지 참고 사항일 뿐입니다. 미래를 걱정하시고 설계하시어 민족자존과 국가발전을 위해 힘쓰시기 바랍니다.[86] 박정희는 일본의 군관이 되기 위해 '일본에 충성을 다하겠다'는 혈서까지 쓰고 만주군 교관이 되어 독립군을 때려잡는데 앞장서 있었던 친일파라고 하더군요. 그외의 친일행적이 있다면 더 알고 싶습니다.[87][88]

---

[86] 3번째 답변   re: 박정희의 친일행적은? kew7788 답변채택률0% 2013.10.21 12:15

[87] kew7788, 4번째 답변   re: 박정희의 친일행적은? 전담매니아(pwijie) 답변채택률50% 2013.10.21 19:48

[88] http://kin.naver.com/qna/detail.nhn?d1id=6&dirId=61404&docId=182881601&qb=67CV7KCV7Z2s&enc=utf8&section=kin&rank=8&search_sort=0&spq=1(2013.11.11)

제4장 박정희 대통령의 국가관

1. 박정희 대통령이 만들고 싶던 나라?

박정희 대통령이 만들고 싶던 나라는 어떤 나라였을까요? 돈 많은 나라? 그렇습니다. 배고프지 않고 잘 사는 나라를 만들려고 했습니다.[89]

법도가 잘 지켜지는 나라? 이건 아니라고 생각되요. 박대통령 자신이 헌법을 유린하였고 마지막에는 사생활 또한 준법하고는 거리가 멀었으니까 말이죠. 행복지수가 높은 나라? 히말라야 산중의 부탄이라는 작은 가난한 나라가 세계에서 행복지수가 가장 높은 나라로 알려져 있습니다. 즉, 국민소득하고 행복지수하고는 큰 상관관계가 없는 것 같습니다. 따라서 박정희 대통령은 우리나라를 잘 사는 나라 즉, 국민소득이 높은 부자나라로 만들려고 하였습니다. 정답은 첫번째 돈 많은 나라가 되겠습니다. 박정희 대통령이 만들고 싶었던 나라는 북한과 같은 1인 독재국가입니다. 박정희는 북한과 같은 1인 독재국가를 꿈꿨어요.[90] 1970년대 북한경제를 따라잡은 박정희는 본격적으로 독재정치를 시작했고 자신을 반대하는 사람들을 빨갱이로 몰아 죽이거나 감옥에 넣었죠.

박정희에 의해 빨갱이로 몰려 죽을 뻔한 대표적인 사람이 김대중이고 김대중은 미국의 도움으로 생명을 보존하게 됩니다. 자유민주주의를 대표하는 미국이 왜 박정희로부터 김대중을 구했을까요? 잘 생각해 보세요.

참고로 박정희는 일제시대엔 일본군 장교로 활동했고 6.25쯤엔 좌익 빨갱이 활동, 이승만 정권 때 빨갱이 활동이 들켜 붙잡혔는데 동료들 모두 불어서 혼자 살아납니다. 4.19로 나라가 어지러운 틈을 타서 결국 군

---

[89] wja**** 질문 22건 질문마감률57.1% 2013.10.13 15:58 추천 수 3 답변 2 조회 216
[90] 노란손(vivazin9), 2번째 답변 re: 박정희대통령이 만들고싶던 나라? qhtkf21 답변채택률0% 2013.10.26 14:58

대를 동원해 우리나라를 접수합니다. 누가 봐도 박정희는 그냥 독재 빨갱이입니다.91) 박정희 대통령을 싫어하는 분이 의외로 많던데 박정희가 결과적으로 봤을 때 우리나라 경제를 살리신분 맞죠?92) 근데 자기가 지지하는 정당이랑 다르다고 욕하는 분이 왜 그렇게 많은가요? 물론 박정희 대통령이 훌륭한 대통령이라고 보수를 지지해야되는 건 아니지만 자기가 지지하는 당과 다르다고 욕하는 분들은 정말 잘못된 것 아닌가요?

박정희 대통령이 없었으면 동남아수준의 경제력을 가진 나라에서 살고 있었겠죠. 안그런가요? 그 시대에 안살아봤으니 오히려 유신시대 말만 듣고 욕하는 거죠. 실제로 유신시대의 사람이 오히려 박정희 지지하는 사람이 더 많죠.93)94)

2. 박정희 대통령의 무기개발

박정희 대통령이 베트남 파병을 보답으로 미국으로부터 국군의 현대화를 지원받고 경세개발에 필요한 기술과 차관을 들여왔다는데 예를 좀 들어 주세요.95)

- 국군의 현대화로 지원받은 무기이름
- 경제개발에 필요했던 기술이름

한국사 숙제여서 그러니 제발 도와 주세요. 최대한 자세하게요. 무기의 명칭도 자세히 알려 주셔야 합니다.96) 박정희 추도식에서 "아버지 대

---

91) http://kin.naver.com/qna/detail.nhn?d1id=2&dirId=20116&docId=182455054&qb=67CV7KCV7Z2s&enc=utf8&section=kin&rank=10&search_sort=0&spq=1(2013.11.11)
92) 비공개 질문 5건 질문마감률100% 2013.10.28 13:50 추천 수 0 답변 1 조회 80
93) 1번째 답변 re: 박정희 대통령을 싫어하는 분이 의외로 많던데 비공개 답변채택률 83.3% 2013.10.28 13:58
94) http://kin.naver.com/qna/detail.nhn?d1id=6&dirId=61404&docId=183437329&qb=67CV7KCV7Z2s&enc=utf8&section=kin&rank=11&search_sort=0&spq=1(2013.11.11)
95) oso**** 질문 64건 질문마감률94.1% 2013.10.28 23:18 추천 수 0 답변 2 조회 358
96) 1번째 답변 re: 박정희 대통령의 무기 개발 Happiness Virus Men(kohws03021) 답변채택률99.1% 2013.10.29 21:16

통령 각하!"
　[현장]
　미화발언 쏟아져, "님께서 난, 구미서 태어난 것만으로도 무한한 영광"97)
　구미 박정희 전 대통령 생가에서 열린 추모제에서 김관용 경북도지사와 남유진 구미시장, 김태환, 심학봉 새누리당 국회의원 등이 묵념을 했다. 구미시와 박정희 대통령생가보존회 주관으로 26일 오전 경북 구미시 상모동 박정희 전 대통령 생가에서 '박정희 대통령 제34기 추도식'이 열렸다. 하지만 박 전 대통령을 지나치게 미화하는 발언이 쏟아져 논란이 일었다.
　이날 오전 10시 30분부터 열린 추도식에는 김태환, 심학봉 새누리당 국회의원, 김관용 경북도지사, 남유진 구미시장 등 500여명이 참석했다. 추모제례와 추도식의 순서로 진행됐다.

자료: http://kin.naver.com/qna/detail.nhn?d1id=6&dirId=61404&docId=183480338&qb=67CV7KCV7Z2s&enc=utf8&section=kin&rank=12&search_sort=0&spq=1(2013.11.11)

---

97) 2013.10.26 17:49|최종 업데이트 13.10.26 18:32l, 조정훈(tghome)

추도식에서 심학봉 의원은 "아버지 대통령 각하"라며 "아버지가 돌아가신지 34년 됐다"고 말했다. 심 의원은 또 "아버지의 딸이 이 나라의 대통령이 되셨다"고 말하기도 했다. 김관용 도지사는 "박 대통령이 구국의 결단을 나설 때 나는 구미초등학교 교사여서 그때는 잘 몰랐지만 시간이 흐르면서 참 대단한 어른이란 생각이 든다"고 말하며 5·16 쿠데타를 미화했다.

남유진 구미시장도 추모사를 통해 "님께서 나신 구미 땅에서 태어난 것만으로도 무한한 영광"이라며 박 전 대통령을 미화했다. 추도식에서는 박정희 전 대통령의 육성발언과 진혼시 낭송, 묵념, 헌화와 분향 등의 순서로 진행됐다. 김영숙 진흥시 낭송협회 경북지부 지부장은 이은상이 쓴 '박정희 대통령 영전에'라는 시를 통해 "태산이 무너진 듯 강물이 갈라진 듯 / 이 충격, 이 비통 어디다 비기리까 / 이 가을 어인 광풍 낙엽지듯 가시어도 / 가지마다 황금열매 주렁주렁 열렸소이다."고 낭송했다.

추도식이 끝난 후 참가자들은 길게 줄을 서 흰국화꽃을 들고 추모관에 들어가 큰절을 하며 분향했고 박정희 전 대통령 동상앞에서는 묵념을 하기도 했다.

하지만 이날 추도식을 지켜본 일부 시민들은 "박정희 전 대통령을 추모하는 것은 좋지만 독재한 것도 미화하는 것 같아 안타깝다"는 반응을 보였다. 상모동에서 온 김아무개(36)씨는 "박정희 전 대통령이 근대화를 이루고 산업을 발전시킨 것은 인정하지만 독재를 하고 많은 사람들이 억울하게 죽어간 것도 기억해야 한다"며 "박근혜 대통령이 민주화 과정에서 피해를 입은 많은 분들에게 사과하는 모습도 보여야 한다"고 말했다.

돈없어 프랑스 못간 대통령, 이센 딸이 박 대통령 내달 방문 앞두고 한국·프랑스 외교 비사 출간, 5·16 직후인 1961년 6월 박정희 국가재건최고회의 부의장이 로제 샹바르 초대 주한 프랑스 대사 등 프랑스 정부 인사들과 환담했었다. 1959년부터 1969년까지 주한 프랑스 대사를 지낸 샹바르 대사는 유언에 따라 합천 해인사에 안장됐다.

1964년 12월 박정희 전 대통령은 한국 대통령으론 처음으로 유럽순방에 나섰다. 독일과 프랑스・이집트를 방문할 예정이었지만 독일밖에 가지 못했다. 비용문제 때문이었다. 당시는 대통령 전용기가 없어 해외 순방에 어려움을 겪던 시절이다. 정부는 유럽순방을 위해 여객기를 일주일간 전세내려 했지만 50만달러라는 비용을 감당할 수 없었다. 결국 독일 정부가 일본 도쿄~독일 본을 운항하던 루프트한자 항공기를 서울에 임시 기착시켜 박 전 대통령의 순방이 이뤄졌다. 청와대는 자존심이 센 것으로 알려진 드골 대통령에게 한국이 독일보다 프랑스를 경원한다는 인상을 줄 것을 우려해 본에서 열기로 한 유럽공관장회의를 파리로 옮기는 방안까지 추진했지만 결국 돈 문제로 무산됐다.

전세기 비용 못대 독일만 방문했다. 독일이 제공한 비행기로 프랑스와 이집트까지 방문하는 건 이치에 맞지 않다고 판단했기 때문이다. 7대 대통령 선거를 3개월 앞둔 1971년 박 전 대통령은 또 한번 프랑스 방문을 추진했다. 청와대는 프레데리크 막스 주한 프랑스 대사와 접촉해 3월 중 프랑스 공식방문을 타진했다. 당시 한국은 프랑스의 아시아 세번째 교역국가였다. 학생들의 80%가 제2외국어로 프랑스어를 선택할만큼 양국관계는 가까웠다.

하지만 이번에도 방문은 성사되지 않았다. 프랑스 정부는 4월로 예정된 한국의 대통령선거가 코앞이라는 점에 부담을 느꼈고, 무엇보다 박 전 대통령의 라이벌이던 김대중 신민당 후보가 프랑스를 방문하기로 예정돼 있던 점이 영향을 끼쳤다. 결국 박 전 대통령은 18년 재임기간동안 프랑스를 한 차례도 방문하지 못한 대통령으로 남게 됐다. 이런 외교비사(秘史)는 한 공무원이 프랑스에 남아 있는 외교문서를 뒤져 새롭게 밝혀내며 드러났다.

정상천(50) 통일부 남북협력지구발전기획단 팀장이 그 주인공이다. 정 팀장은 프랑스・한국 외교사료를 기반으로 쓴『나폴레옹도 모르는 한・프랑스 이야기(부제: 프랑스 외교사료를 통해 본 한불관계비사)』라는 책에 이런 내용을 담았다. 외교부에서 15년간 근무한 정 팀장은 외규장각 도서 반환에 기여한 프랑스통이다. 이 책은 파리유학(1994~1995년)과 박사과정(2000년)기간 중 프랑스 외교부 고문서실을 매일 출근하다시피 하며 외교문서를 연구한 걸 기반으로 쓰여졌다. 정 팀장은 3200여쪽에 달하는 프랑스 외교사료를 복사해 왔다고 한다.

이 책에 따르면 박정희 전 대통령의 프랑스에 대한 동경과 사랑은 특별했다. 어릴 때 탐독한 나폴레옹 전기의 영향으로 장군이 되는 걸 동경했던 그는 제1·2차 세계대전에 참전했던 드골 프랑스 대통령에게 특별한 호감이 있었다고 한다. 핵 재처리 기술을 도입하기 위해 1973년 프랑스와 원자력기술협력협정을 체결한 점이나 팔당댐 건설에 프랑스 자본을 도입한 것도 이 때문이었다. 박 전 대통령은 맏딸인 박근혜 대통령에게 프랑스어를 배우도록 했다.

당시 외교문서를 보면 박 전 대통령은 1971년 4월 19일 프레데리크 막스 주한 프랑스 대사를 초청해 면담하면서 "어릴 적 일본인 선생의 뜻과 다르게 프랑스 역사를 공부했다"고 회고한다. 그러면서 "큰딸(박근혜 대통령)에게 불어를 배우게 했다"고 말한다. 한·프랑스 문화교류가 필요하다는 언급을 하면서다. 이런 영향 때문인지 박 대통령은 1974년 서강대 졸업 이후 교수가 되겠다는 꿈을 안고 프랑스 유학길에 올랐다 육영수 여사의 서거로 6개월만에 귀국한다. 그리고 오는 11월 박 대통령은 프랑스를 공식 방문하게 됐다. 아버지가 '못다 이룬 꿈'을 딸이 이루게 된 것이다. 한국을 사랑해 경남 합천 해인사에 안장된 로제 샹바르 주한 프랑스 대사 이야기도 흥미롭다. 샹바르 주한 대사는 광복 후 초대 주한 대사로 발령받아 1959년부터 10년간 근무한 샹바르 대사는 박정희 전 대통령과 가까웠다. 그는 박 전 대통령의 프랑스 방문을 추진한 실무자이자 팔당댐 수력발전소에 프랑스 자본과 기술을 이끌어낸 장본인이다.

샹바르 대사는 "내가 죽으면 화장해서 한국 해인사에 뿌려달라"고 유언을 남겼고 1982년 타계 후 해인사 산자락인 '소리길'에 잠들었다. 그의 손자인 올리비에 샹바르도는 프랑스 외교부의 아프리카-인도양 담당 부국장으로 근무 중으로 차기 프랑스 대사로 거론되고 있다.

그 밖에도 책에는 외교사료를 기반으로 처음 공개되는 내용이 다수 포함돼 있다. 을사조약의 부당함을 알리려 프랑스 정부에 서한을 보낸 안동군수 권재중, 잊혀진 파리의 독립운동가 서영해, 파리 주재 북한 민간무역대표부 설립 등의 내용은 어느 전문가가 특별자료열람 신청 등 프랑스 자료를 통해 처음으로 공개하는 내용에 해당된다.

"박정희 대통령이 예수가 된겨?"

박정희 전 대통령을 향한 '찬양물결' "세뇌교육 때문?"[98]

"간첩이 날뛰는 세상보다 유신시대가 더 좋았다."(손병두 박정희대통령기념재단 이사장)

"한국은 좀 독재를 해야 합니다!"(김영진 원미동교회 원로목사)

지난 26일, 박정희 전 대통령 사망 34주기를 맞아 전국 방방곡곡에서 "박정희 아버지 대통령 각하"를 부르짖는 목소리가 터져 나왔습니다.

<오마이뉴스>도 지난 25일 나들목 교회에서 열린 '제1회 박정희 대통령 추모예배'를 취재해 열띤 찬양 목소리를 기사화하기도 했는데요. 소중한 기자가 취재한 "한국은 좀 독재해야 합니다" 기사가 그것입니다.

여기에 <오마이뉴스> 독자 'Eundong Lee'님이 "박정희가 예수된겨?"라고 댓글 남겨주셨는데요. 답변드리겠습니다. 'Eundong Lee'님은 박정희 전 대통령을 향한 '신격화' 문제를 지적해 주셨습니다. 사실 심상치 않습니다. 지난 26일 박정희 대통령 34기 추도식에서 심학봉 새누리당 의원은 "아버지 대통령 각하, 아버지가 돌아가신 지 34년이 됐다"고 외쳤습니다. 김관용 경북도지사는 5·16군사쿠데타에 대해 "박 대통령이 구국의 결단을 나설 때"라고 칭송했고, 남유진 구미시장도 "님께서 구미 땅에서 태어난 것만으로도 무한한 영광"이라며 감격스러운 마음을 감추지

---

98) [오마이 댓댓글]

않았습니다. '극존칭'과 '칭송'이 난무하는 상황을 맞닥뜨리다 보니 김한길 민주당 대표는 "'아버지 대통령 각하'라는 극존 찬양 호칭은 우리를 섬뜩하게 만든다. 부자 세습정권의 어버이 수령이라는 신격화 호칭과 닮아 있다"라고 했다.

오싹함을 드러내기도 했습니다. '아버지 대통령'이라는 극존칭이 북한 정권의 '어버이 수령' 호칭과 유사하다고 생각할 정도로 신격화 혹은 찬양정도가 심각하다는 건데요.

박정희 전 대통령에 대한 우상화, 국가기관이 앞장섰다. 더군다나 국가기관에서 박 전 대통령에 대한 우상화가 심심치 않게 이뤄지고 있는 것이 현실입니다. 국가보훈처가 만든 '호국보훈 교육자료'의 동영상이 그 것인데요. 안보교육 동영상에는 박정희 전 대통령을 찬양하는 내용이 가득 담겨 있었습니다.

<오마이뉴스>가 동영상 전체를 확인한 결과, 박정희 전 대통령은 경제발전을 이끈 지도자로 소개되고 있었습니다. 특히 박정희 정부 시절에 추진된 경부고속도로, 포항제철 건설, 광부·간호사 파독 등을 소개하며 "국가의 미래와 세계적 흐름을 내다 본 지도자의 전략적 결단과 추진력이 없었다면 오늘날 우리가 누리는 풍요로움은 불가능했을 것"이라는 미화내용도 포함돼 있더군요. 보훈처는 2012년 총선과 대선을 앞두고 동영상세트 1000개를 각 시·도 교육청을 비롯한 공공기관에 배포했습니다. 2012년 5월부터는 공무원·직장인·학생 등 22만7528명을 대상으로 한 안보교육에도 사용됐습니다. 이 동영상을 본 사람이 몇 명이나 될지 추산하기 힘들겠죠.

자료: http://kin.naver.com/qna/detail.nhn?d1id=6&dirId=61404&docId=18348033
8&qb=67CV7KCV7Z2s&enc=utf8&section=kin&rank=12&search_sort=0&spq
=1(2013.11.11)

이에 대해 이언주 민주당 원내대변인은 다음과 같이 일갈합니다. "국가보훈처가 제작한 안보교육 동영상을 보면 국가와 정권을 구별하지 못하고 정권을 비판하기만 하면 빨갱이 용공세력으로 몰아붙여 반헌법적 독재를 유지하려했던 끔찍했던 시대를 떠올리게 한다. 군사독재 시절 장기집권을 위한 왜곡된 세뇌교육에 물들어 객관적인 글로벌 사고가 불가능한 모양이다." '유신시대가 더 좋았다. 한국은 좀 독재를 해야 한다'는 사고는 이 대변인 말처럼 '세뇌교육'에 물들었기 때문일까요.[99]

3. 박정희 대통령의 국가운영 정책과 실천

박정희 대통령이 수행한 정책에서 시대별로 잘한 것과 나쁜 것을 간략하게 써 주세요. 예시는 5.16 군사정변 나쁜 것, 군대를 동원해 정변을 이르킴 등 이렇게요.[100]

---

99) http://kin.naver.com/qna/detail.nhn?d1id=6&dirId=61404&docId=183480338&qb=67CV7KCV7Z2s&enc=utf8&section=kin&rank=12&search_sort=0&spq=1(2013.11.11)
100) 1번째 답변 re: 박정희 대통령의 정책 광천민수네토굴새우젓(leemin1996) 답변채택률 92% 2013.10.24 05:36

1) 박정희 대통령의 업적

1961년06월10일 농어촌고리채정리법 공포
1961년06월11일 재건국민운동전개(국민의식개혁)
1961년06월14일 부정축재처리법 공포
1961년07월03일 반공법 공포
1961년06월30일 능의선 개통
1961년07월14일 원자력 개원
1961년07월22일 경제기획원 신설
1961년08월03일 김포가도 포장 기공
1961년08월08일 황지지선 기공(1961.6.13~1962.12.10)
1961년08월19일 섬진강 수력발전소 건설
1961년09월21일 춘천수력발전소 기공
1961년09월23일 대한중선창연(蒼鉛)자가제련공장 준공
1961년12월22일 첫 학사지격 국가고시
1962년01월01일 연호를 서력으로 변경(연호에 관한 법률 제정)
1962년01월13일 제1차 경제개발 5개년계획 발표
1962년01월20일 상법제정 공포
1962년02월01일 국민은행 발족
1962년02월02일 기술진흥 5개년계획 발표
1962년02월03일 울산공업지구설정 및 기공
1962년02월10일 국토건설단 창단
1962년03월01일 공문서의 한글전용실시(1970년 1월 1일 관계법 제정)
1962년03월19일 핵분열 연쇄반응 일으키는 원자로의 임계도달 시험-양주군 노해면
1962년04월02일 농촌진흥청 발족
1962년04월30일 해양경비대 창설

1962년 05월 12일 반공센터 창설
1962년 06월 01일 무역진흥공사 발족
1962년 06월 18일 건설부 신설
1962년 07월 13일 국민 의무교육 실시
1962년 07월 19일 국립소년직업훈련소 낙성
1962년 09월 10일 남양송신소 준공
1962년 10월 20일 해운센터기공식
1962년 10월 23일 한국케이블공업주식회사 송배전신 및 케이블공장 기공
1962년 11월 04일 광주디젤발전소 준공
1962년 11월 06일 동해북부선(옥계-경포대간)개통
1962년 11월 18일 과학자 우대정책 발표
1962년 11월 20일 제4시멘트공장 건설
1962년 11월 25일 부정거래단속법 제정
1962년 11월 28일 난민정착사업장 제방준공
1962년 12월 01일 마포아파트 준공
1962년 12월 15일 김포, 강화간대교 건설(~1970.1.26)
1962년 12월 24일 생활보호법 제정
1962년 12월 28일 호남비료 나주공장 준공
1963년 01월 01일 교육자치제 실시
1963년 01월 10일 외자도입 강력추진
1963년 01월 18일 원호센터 준공
1963년 01월 21일 중앙선거관리위원회 발족
1963년 02월 01일 장충체육관 건립
1963년 02월 04일 지방문화재육성
1963년 03월 15일 동진강지역 종합개발공사 기공, 김해와 진도(63~69)
1963년 03월 21일 감사원 개원
1963년 03월 30일 원자로 가동식

1963년04월02일 무제한송전실시
1963년04월10일 부녀회관건립 기공
1963년05월14일 남대문중수공사 준공
1963년07월20일 제대군인 개간농장 입주
1963년08월08일 한국나이론공장 건설(대구)
1963년08월08일 국사교육통일방안 확정
1963년09월01일 철도청 발족
1963년09월01일 노동청 발족
1963년09월06일 국토종합개발계획조사착수
1963년09월06일 동대문 개축준공
1963년09월10일 문화재보수 5개년계획 확정
1963년09월17일 가족계획사업추진
1963년09월25일 직업재활원 개원
1963년09월26일 PVC제조공장 기공
1963년10월10일 가정법원 개원
1963년12월22일 서독광부·간호원파견(1963.12.22~1966.1.30)
1964년01월01일 미터제 실시
1964년05월07일 울산 정유공장 건설
1964년05월07일 국립중앙의료원 설립
1964년07월01일 경주석굴암복원 준공
1964년08월20일 감천화력발전소 건설(부산)
1964년11월29일 울산 제3비료 공장 기공식-매암동, 충주비료와 미국 스위프트 투자단의 공동투자
1964년12월05일 제1회 수출의 날 제정, 1억불 달성
70년 10억불/77년 100억불/82년 200억불/85년 300억불/88년 500억불 달
1964년12월06일 서독방문(유럽국가 첫 방문), 8일 뤼프케 대통령, 9일 에르하르트 수상과 정상회담

1965년01월25일 제2한강교 개통
1965년02월24일 한국원양어선단 결단(원양어업추진)
1965년03월19일 방공 포병대대 창설
1965년03월23일 청소년선도 국민궐기대회
1965년04월01일 치산녹화 10개년계획 확정
1965년06월01일 김해간척공사 기공
1965년06월22일 한일협정 정식조인(동경), 8월 14일 국회비준(야당불참), 12월 18일 비준서 교환(서울) 즉시 발효, 국교정상화
1965년08월31일 해인사 경판고 보수
1965년09월15일 제2영월화력발전소 준공
1965년10월15일 율곡사 및 율곡기념관 낙성
1965년11월13일 경호천 종합개발 준공식-칠곡군 북삼면
1965년11월23일 민방위법 제정(민방위대창설:1975.9.22)
1965년12월02일 식량증산 5개년계획 확정
1965년12월03일 서울·춘천간 도로포장공사 준공
1965년12월07일 진삼선 개통(사천~삼천포)
1965년12월16일 국내(텔렉스)개통
1966년01월19일 정선선 개통(예미, 증산, 고한간)
1966년01월27일 경북선 개통(점촌~예천간)
1966년01월27일 한국과학기술원 설립
1966년02월04일 한국과학기술연구소(KIST) 발족
1966년03월03일 국세청 발족
1966년03월03일 수산청 발족
1966년04월09일 인천제철공장 기공
1966년04월29일 경인공업단지 건설
1966년05월03일 울릉도 추산수력발전소 준공
1966년06월08일 충청남도 부여군 남면 지구 전천후농업용 수원 개발

사업 준공
  1966년06월09일 팔당수력발전소 기공
  1966년06월22일 한국군장비현대화계획 발표
  1966년08월03일 산림청 신설
  1966년11월09일 김삼선 기공
  1966년11월09일 충남선 기공
  1966년11월28일 서울분묘 보수
  1966년11월30일 밀양 영남루 보수
  1966년11월30일 서울 종각 보수
  1966년12월06일 부여 정림사지 정비
  1966년12월17일 아시아개발은행 건설
  1966년12월18일 법주사 대웅전 보수
  1967년01월24일 청평·의암·화천수력발전소 건설
  1967년02월10일 대도시 그린벨트설정(서울, 부산 등)
  1967년03월04일 영남화력발전소 제2호기 기공
  1967년03월30일 원자력청 발족
  1967년03월30일 과학기술처 신설
  1967년04월01일 구로동 수출공업단지 준공
  1967년04월13일 서해안 철도건설
  1967년04월25일 종합민족문화센터 준공
  1967년04월26일 안중근의사 동상 이안
  1967년04월29일 천체과학관 준공
  1967년05월01일 국립광업연구소 설립
  1967년09월19일 구미전자공업단지 건설
  1967년09월23일 제1한강대교, 강변도로건설
  1967년10월01일 국립묘지정화, 현충탑건립
  1967년10월03일 포항종합제철공업단지 기공(1973. 7. 3 완공)

1967년11월23일 한국수자원개발공사 발족
1967년12월01일 농어촌개발공사 발족
1967년12월20일 성산포 어업전진기지 준공
1968년00월 0일 포항항 건설(~1973)
1968년01월22일 대간첩작전본부 발족
1968년02월07일 경전선 개통
1968년02월11일 병기공장(M16소총)건설착수
1968년03월22일 석유화학계열공업 기공
1968년04월01일 예비군 창설
1968년04월13일 서울대학교 이전 건설
1968년06월13일 「레이다」기지 준공
1968년07월05일 방위산업육성 3개년계획 확정
1968년07월22일 중앙선, 태백선전철화(~1974.6.20)
1968년07월23일 동해안공업도시개발 착수(묵호, 북평, 삼척)
1968년07월24일 해양주권선언발표(대륙붕 자원확보 및 개발)
1968년07월29일 축산개발 4개년계획 확정
1968년08월30일 영남화력발전소(울산가스터빈) 건설
1968년09월09일 제1회 한국무역박람회
1968년02월01일 경부고속도로(대구-부산간) 기공식
1968년11월01일 제주도 포도당공장 준공
1968년11월08일 동양화학공업주식회사 준공
1968년12월02일 소수서원 해체복원
1968년12월05일 국민교육헌장 선포
1968년12월07일 지리산 등 9개지역 국립공원 지정
1968년12월11일 광화문 복원
1968년12월16일 한국투자개발공사 설립
1968년12월21일 경인·경수고속도로 준공

1969년00월00일 교육제도개혁(중학교무시험, 고교평준화, 대학입시예비고사제)
1969년02월05일 농업진흥공사 발족
1969년02월15일 지하수개발공사 발족
1969년02월15일 한국도로공사 발족
1969년02월22일 농업기계화 8개년계획 확정
1969년03월01일 국토통일원 개원
1969년03월01일 가정의례준칙 공포
1969년04월28일 현충사 중건 준공식
1969년04월28일 불국사 복원 정화작업(1969~1973)
1969년06월04일 부산화력발전소 준공(21만Kw)
1969년06월17일 마산수출자유지역공업단지 조성
1969년07월03일 울산 알미늄공장 준공
1969년07월29일 서울신도시건설착수(한강이남, 여의도, 한강개발)
1969년08월19일 범어사 대웅전 보수
1969년10월07일 남강「댐」준공
1969년11월01일 농어촌근대화촉진법 발표
1969년11월29일 관악산 기상레이더 건설
1969년12월26일 제3한강대교 건설
1970년02월29일 금산사대적광릉 해체복원
1970년03월07일 비적성공산권에 문호개방
1970년03월22일 정부장기종합교육계획시안 마련, 1986년까지 단계적으로 실시(의무교육 9년으로 연장, 교육제 신설, 교원에게 병역)
1970년04월15일 남해고속도로 기공(~1973.11.14)
1970년04월22일 새마을운동 제창
1970년05월16일 서울대교 건설
1970년05월29일 인천 화력발전소 준공

1970년06월02일 금산 위성통신지구국 개통
1970년07월01일 우편번호제 실시
1970년07월04일 배창방직기계 준공식 참석(충북 옥천군 옥천읍 양수리)
1970년07월05일 직기공장 준공-유사시엔 총포 생산
1970년07월07일 경부고속도로 전면 개통
1970년07월25일 남산 어린이회관 건립
1970년08월02일 낙동강, 영산강 종합개발안 영구수해방지 위해 다목적댐 건설 수운개설
1970년08월15일 8.15기념식에서 북한이 무력포기하면 남북간의 인위적 장벽 단계적 제거 선언
1970년09월16일 공군 전천후 해상소형공격기 S2A배치
1970년10월22일 수도권(경인, 경수, 경원)고속전철화(~1974.8.15)
1970년11월10일 행주산성 복원 준공
1970년11월19일 세종대왕기념관 준공
1970년12월08일 도산서원 보수정화공사 준공
1970년12월17일 4대강유역 종합개발계획 확정(한강, 낙동강, 금강, 영산강)
1970년12월25일 화엄사 대웅전 보수
1970년12월31일 남원 광한루 보수
1971년01월31일 제주도 일주도로 준공
1971년03월19일 원자력발전소 기공
1971년03월23일 금강·평택지구 다목적 농업개발사업 기공
1971년04월08일 거제대교 건설
1971년04월12일 서울지하철 기공
1971년04월13일 칠백의총 보수정화 준공
1971년06월12일 비무장지대의 평화적 이용 제의, 북한측 거부
1971년08월12일 한국적십자연맹의 남북가족찾기회담을 북측에 제의

1971년08월30일 속리산 법주사의 사천왕문 복원
1971년09월08일 국토종합개발계획 확정
1971년09월10일 서울 북악터널 개통
1971년09월25일 태릉 국제사격장 준공
1971년09월29일 여의도 5·16광장 준공
1971년11월14일 각종 무기생산 개시
1972년01월04일 전국 10대 관광권 개발 확정
1972년01월05일 군산항 개발착수
1972년00월00일 제주관광개발사업추진(~1977년)
1972년02월09일 녹색혁명추진(통일벼 개발)
1972년03월10일 경주 고도개발 10개년계획 확정
1972년03월23일 현대울산조선소 기공
1972년04월05일 산림보호, 육성, 산지개발(입산, 수렵금지)
1970년05월29일 인천화력발전소 준공
1972년04월21일 새마을운동 노래 작사, 작곡
1972년06월07일 교육용 한자 1,781자 선정 발표
1972년06월26일 전국 702개섬 개발계획 확정
1972년07월04일 한국개발연구원 설립
1972년07월04일 7.4 남북공동성명 발표
1972년09월30일 영동화력발전소 건설
1972년10월31일 석유화학공장 합동준공, 울산석유화학8개공장 건설
1972년11월04일 육산리 고분군 정화
1972년11월13일 시외전화자동화
1972년11월24일 부산항 대단위종합개발 추진(~1978.9.29)
1972년11월25일 소양강 다목적댐 담수
1972년12월11일 지리산, 설악산, 낙동강 하류 철새보호지역 지정
1973년00월00일 이리수출자유지역

1973년01월12일 공업진흥청 신설
1973년02월16일 제주도 종합개발 착수
1973년03월03일 한국방송공사 설립
1973년05월04일 8개공업장려지구지정 공업개발(춘천, 청주, 원주, 대전, 전주, 이리, 목포, 군산)
1973년05월05일 어린이대공원 개원
1973년05월11일 해운항만청 신설
1973년05월24일 중화학공업건설 발표
1973년06월20일 중앙선(청량리-제천)전철 개통
1973년06월22일 남해대교 건설
1973년06월23일 평화통일외교정책 7개항 발표(6.23선언)
1973년06월26일 대덕연구단지 건설(10개연구소)
1973년07월03일 포항종합제철 준공
1973년07월05일 한일대륙붕협상 완전타결
1973년07월10일 전국 91개 공업고등학교 신설, 확충계획 발표
1973년07월20일 여천석유화학공업단지 건설
1973년08월15일 남북 UN동시가입 촉구
1973년10월11일 옥포조선소 기공
1973년10월17일 국립극장 개관
1973년07월18일 정수직업훈련원 개관
1973년10월19일 문예중흥 5개년계획 추진
1973년06월06일 창원기계공업단지 조성
1973년11월07일 국민연금복지법 제정
1973년11월10일 죽도조선소 건설
1973년12월15일 이스라엘의 점령지 철수 등 4개항의 친 아랍성명 발표
1974년01월18일 남북한 불가침협정체결 제의
1974년01월24일 최대임해공업벨트개발(제2제철-조력발전소 건설)

1974년03월28일 영동.동해고속도로기공
1974년05월22일 아산·남양방조제 준공
1974년06월10일 낙성대 정화사업 준공
1974년01월18일 남북한 불가침협정체결 제의
1974년12월10일 금산사 미륵전 해체복원
1974년12월27일 이경관문 해체복원
1975년01월10일 구미대교 건설
1975년01월21일 농어촌지역의 상수도시설 5개년계획 추진
1975년02월01일 대단위농업개발사업추진(금강, 평택, 광주, 삽교천, 계화도)
1975년03월27일 대청 다목적댐 건설
1975년04월11일 중앙민속박물관 개관
1975년05월20일 학도호국단 창설
1975년09월01일 국회의사당 준공
1975년10월10일 서울어린이회관 이전 개관
1975년10월28일 전국 성곽보수사업추진
1975년10월30일 정립회관 건립(장애인보호육성)
1975년11월07일 함대함 미사일 개발
1976년01월20일 옥산서원 보수
1976년01월20일 강화지역 유적 개발
1976년01월20일 신안 해저문화재 발굴
1976년03월17일 모산 저마공장 준공-충남 아산군 배방면 공순리
1976년04월10일 밀양 포충사 정화사업
1976년04월10일 유관순 유적지 정화사업
1976년04월17일 국어정화, 순화운동 전개
1976년05월10일 강릉 오죽헌 정화사업
1976년05월18일 한국인력검정공단법안 확정(기술인력관리, 자격, 검

정의 일원화)

　　1976년06월24일 유적지전적지 개발을 위한 특별법 제정
　　1976년06월24일 구마고속도로 착공
　　1976년07월16일 잠수교 개통식 참석
　　1976년10월02일 반월공업도시 건설
　　1976년10월12일 쌀의 완전 자급자족 달성
　　1976년10월14일 영산강유역 농업개발 제1단계사업 준공
　　1976년10월30일 한산섬 충무공 유적 정화사업 준공식 참석
　　1977년01월12일 대북식량원조 제의, 남북한 불가침 협정체결되면 주한미군 철수를 반대하지 않는다고 밝힘
　　1977년01월28일 국방부 순시에서 핵무기와 전투기를 제외한 모든 무기를 국산화하고 있음을 천명
　　1977년00월00일 남서울대공원 건설
　　1977년02월15일 산업체부설학교 및 특별학급설치
　　1977년02월17일 증권감독원 개원
　　1977년00월00일 전국 도서관 확충
　　1977년04월30일 초고압송변전시설 완공
　　1977년05월25일 미군철수정책 저지(선보완, 후저지)
　　1977년06월15일 월성 원자력발전소 건설(1977.6.15 ~1982.3.10)
　　1978년07월01일 부가가치세, 의료보험 실시
　　1977년07월10일 자동차공업육성책 발표
　　1977년07월30일 경주통일전 조성
　　1976년11월03일 안동다목적댐 건설
　　1977년09월22일 소비자보호기본법 제정
　　1977년10월07일 육림의 날 선포
　　1977년10월09일 여주 영육 성역화사업
　　1977년10월09일 부석사 정화작업(1977~1979)

1977년10월25일 군산화력발전소
1977년10월25일 부평화력발전소
1977년11월04일 아산화력발전소 건설
1977년12월07일 전주권 광역도시개발 및 공업단지 조성
1977년12월22일 1백억불 수출달성 기념
1978년01월01일 동력자원부 신설
1978년01월09일 충주 다목적댐 건설
1978년01월18일 군수산업의 육성(헬기, 대포, 탄약, 장갑차, 함정, 레이다, 미사일 생산, 항공기산업과 특수전차 개발 착수)
1978년02월20일 행정전산화 10개년계획 확정
1978년03월30일 호남선 복선 개통
1978년04월01일 국민체조보급
1978년04월14일 세종문화회관 개관
1978년05월03일 월정사 복원
1978년05월10일 김덕령 장군 유적지 정화사업(광주)
1978년05월10일 임경업 장군 유적지 정화사업(충주)
1978년05월22일 부마고속도로건설(1978.5.22 ~ 1980.10.5)
1978년06월05일 태양에너지 연구소 발족
1978년06월12일 경북 울진원자력발전소 기공
1978년06월23일 남북간의 교역, 기술, 자본협력 위한 민간경협기구 구성을 북한에 제의
1978년06월30일 한국정신문화연구원 개원
1978년08월15일 해남 표충사 보수
1978년09월26일 국산 장거리 지대지 유도탄, 중거리 유도탄, 다연발 로케트, 대전차 로케트 시험발사에 성공, 세계 7번째 개발 보유국
1978년10월05일 자연보호헌장 선포
1978년10월20일 서해안 일부지역 국립해안공원 지정

1978년10월30일 직지사 정화사업
1978년11월08일 관광산업진흥책 발표
1978년12월22일 곽재우 장군 유적지 조성 정화사업
1978년12월06일 광주박물관 개관
1978년12월30일 장거리 자동공중전화시대 개막
1979년03월27일 토지개발공사 설립
1979년04월06일 경주보문관광단지 개장
1979년04월18일 잠실체육관 건립
1979년05월30일 상주 정기룡 장군 유적지 정화사업
1979년06월12일 경북 울진원자력발전소 기공
1979년06월13일 수도권 광역수도사업추진(팔당)
1979년07월05일 천호대로 준공
1979년10월02일 환경청 신설
1979년10월12일 국제 올림픽대회 서울유치 언명
1979년10월26일 삽교천 방조제 준공

박정희 대통령님께서 정권을 잡게 된 경로가 정당하지 않습니다. 허나 그의 업적으로 인해 우리 나라가 선진국의 문턱을 밟게 된 것은 그 어느 누구도 부정할 수 없는 사실입니다.[101)102)]

4. 박정희 대통령 시기의 중요 사건

1) 6·3항쟁

6·3항쟁 또는 6·3시위, 한일협상 반대운동은 1964년 6월 박정희 정권의 한일협상에 반대하여 일으킨 운동

---

101) 이민수(leemin1996), 지존 채택 515 (91.6%), leemin1996님의 프로필 이미지
http://blog.naver.com/leemin1996
102) http://kin.naver.com/qna/detail.nhn?d1id=6&dirId=61404&docId=183160291&qb=67CV7KC
V7Z2s&enc=utf8&section=kin&rank=14&search_sort=0&spq=1(2013.11.11)

2) 유신체제

1972년 박정희 정권이 제3공화국 헌법을 제4공화국 헌법으로 개헌한 것을 말합니다. 이때의 헌법을 유신헌법이라 하며 유신헌법이 발효된 기간을 유신체제, 유신독재라고 합니다.

3) 인혁당사건

남민전사건, 긴급조치 1호-9호의 위반

4) 1979년 부마민주항쟁

부마민주항쟁(釜馬民主抗爭)은 1979년 10월 16일부터 10월 20일까지 부산광역시와 경상남도 마산시(현 창원시)에서 유신체제에 대항한 항쟁

5) 10월 26일사건(박 대통령 저격사건)(1979년 10월)

1979년 10월 26일 대통령과 참모들의 회식장소에서 김재규 중앙정보부장의 대통령 암살사건입니다.[103]

5. 50년전과 지금, 재계는? 반도체·조선·에너지, '無에서 有창조' 신화

1982년 7월 전국경제인연합회 회장단과 함께 대한항공 부산사업본부를 방문, 공장시설에 대한 현황을 들었다.[104] 1962년 2월 22일, 지금의 미도파백화점 5층에 자리잡은 무역협회 회의실에서 178명의 기업인이 모여 수출진흥을 위한 결의문을 채택했다. '국민경제의 최대과제인 자립경제기반은 제1차 경제개발 5개년계획의 성공적인 수행에 있다. 우리 무역업자는 수출 5개년계획의 목표달성을 위해 새로운 각오와 열의로 우리의 총역량을 수출진흥에 기울일 것을 결의한다.' 마카오와

---

103) http://kin.naver.com/qna/detail.nhn?d1id=11&dirId=111001&docId=184262127&qb=67CV7KCV7Z2s&enc=utf8&section=kin&rank=16&search_sort=0&spq=1(2013.11.11)
104) 이투데이 원문 기사전송 2013-11-11 11:13, 뉴스 기사 '한강의 기적' 이뤄낸 경제거인들 이병철·정주영·최종현 회장[이투데이/송영록 기자]

홍콩무역, 미국과의 원조무역을 거친 무역인들이 경제개발의 전면으로 부상하는 순간이었다. 이날 결의문 채택은 경제개발을 공업화와 수출로 정한 혁명정부의 의지도 반영됐다. 이후 50여년이 흐른 지금, 삼성과 현대차, LG 등 전 세계를 누비는 우리 기업들이 늘면서 생소했던 '코리아'는 해외에서도 주목받는 이름이 됐다. 맨손으로 기업을 일군 기업인들의 땀 덕분이다. 하지만 최근 기업인들은 잠재적 범죄자로 인식되며 사정당국의 강한 압박을 받고 있다. 기업을 다독이는 사회적 환경을 만들어야 국가와 기업 모두 성장할 수 있다는 지적이 나오는 이유다.

1) 국가산업 재건 위해 제조업 뛰어든 호암 이병철

고(故) 이병철 삼성 창업주 회장은 '국민이 일상적으로 사용하는 소비물자를 수입에만 의존하면 언제까지나 가난에서 벗어날 수 없다'며 한국전쟁으로 황폐해진 국가산업의 재건을 위해 제조업에 뛰어들었다. 특히 1953년 제일제당을 설립해 수입에 의존하던 설탕을 수입품의 3분의 1 가격에 공급하며 국민의 생활고를 덜어주는 데 일조했다. 이 회장은 여기서 멈추지 않고 성공 가능성이 불확실했던 모직사업에도 진출했다.

당시 영국제 양복 한벌의 값은 웬만한 봉급생활자의 3개월분 급료와 맞먹는 6만환이 넘었지만 제일모직의 양복은 2000환에 불과했다. 초반에는 국산품에 대한 불신으로 잘 안팔렸지만 품질이 외국제와 맞먹는다는 평판이 퍼지면서 큰 인기를 얻는다. 1957년 10월 26일에는 당시 이승만 대통령이 제일모직 대구공장을 방문했다. 이 대통령의 첫번째 공장 시찰이다. 이 대통령은 시찰을 마친 후 매우 흡족한 표정으로 "애국적 사업이야. 이처럼 자랑스러운 공장을 세워 줘서 감사해. 제일모직의 노력으로 온 국민이 좋은 국산양복을 입게 됐구먼"이라고 치하했다. 이 대통령은 모든 백성에게 옷을 입히라는 '의피창생(依被蒼生)'이란 휘호를 남겨주기도 했다. 이병철 회장은 "국가를 위해 반드시 해야 할 일"이라며 1970년대 반도체 사업에도 진출했다. 당시 반도체사업은 막대한 투자와 첨단기술이 필요한 난공불락의 사업으로 여겼다. 더욱이 기술발전 속도가 너무 빨라 사업을 시작해도 수익창출이 불투명하다는 비관론이 거셌다. 당시 그는 밤잠을 설쳐가면서 힘겨운 결단을 내린다. 그의 나이 73세 때였다.

2) "해 보기나 했어?" 거북선으로 조선강국 만든 정주영 회장

고(故) 정주영 현대그룹의 명예회장은 맨손으로 해외건설과 중공업 건설에 뛰어들었고, 조선산업과 자동차산업을 일류로 이끌어냈다. 특히 조선소 설립에 필요한 차관을 얻기 위해 1971년 런던으로 날아가 롱바톰 A&P애플도어 회장을 만났던 일화는 유명하다. 당시 정 명예회장은 바지주머니에서 500원짜리 지폐를 꺼내 지폐에 인쇄된 거북선 그림을 롱바톰 회장에게 보여주며 이렇게 말했다. "우리는 영국보다 300년전인 1500년대에 이미 철갑선을 만들었다. 단지 쇄국정책으로 산업화가 늦었을 뿐 잠재력은 그대로 갖고 있다." 결국 당시 세계 조선시장 점유율이 1%에도 미치지 못하던 우리나라가 세계 조선 최강국으로 발돋움하는 시발점이 됐다. 정 회장은 1970년 준공된 경부고속도로 건설의 일등공신이기도 했다. 경부고속도로에 혼신을 다했던 정주영 회장은 당시 박정희 대통령의 경제개발 의욕을 가장 앞장서서 실천에 옮긴 기업인으로 이름을 올렸다.

3) 오일쇼크 때 석유 들여온 최종현 회장

고(故) 최종현 SK 회장은 1차 석유파동으로 한국이 석유위기에 직면했을 때 위기해결에 결정적인 역할을 한 주인공이다. 당시 '이스라엘에 협력하는 나라에는 석유를 수출하지 않는다'는 석유수출국기구(OPEC) 결정에 따라 한국은 석유수출금지국으로 분류됐다. 석유 한 방울 나지 않는 한국에는 사형선고나 다름없는 것이었다. 한국 정부는 최종현 회장을 사우디로 급파했다. 최 회장이 사우디로부터 하루 15만배럴씩의 원유를 공급받을 정도로 사우디 왕실 측근과 친분이 두텁다는 사실을 잘 알고 있었던 것이다. 사우디에 급파된 최 회장은 왕실과 접촉하면서 야마니 석유장관을 만나 한국에 대한 OPEC의 석유수출금지조치를 해제해 줄 것을 요청했다. 사우디 왕실은 그의 요구를 들어줬다. 한화그룹 창업주 김종희 회장도 국가와 사회에 기여하는 기업인의 삶을 추구했다. 조국의 근대화를 위해서는 무엇보다 기간산업을 키워야 한다는 지론으로 소비재산업은 거들떠 보지도 않았다. 김 회장은 위험도가 매우 높은 화약사업을 시작으로 석유화학·기계산업 등 경제발전의 근간이 되는 사업에 집중 투자해 우리나라 기간산업의 토대를 만드는 데 기여했다. 구인회 LG 창업주도 1950년대 락희화학공업사(현 LG화학)의 호황에 안주하지 않고 전자산업에로의 진출을 결정했다. 당시 반대의 목소리가 높았지만 그는 "지금 머뭇거리면 앞으로 영원히 선두 자리를 차지하기 힘들다. 지금이 개척자 정신을 보여줄 때"라며 밀어붙였다.[105)106)]

---

105) [이투데이/송영록 기자(syr@etoday.co.kr)], 프리미엄 경제신문 이투데이
106) http://news.nate.com/view/20131111n13002(2013.11.11)

제5장 박정희 대통령의 경제관념과 여론조사

1. 50년전과 지금, 재계는? 1960년대 '덩치 키우기' M&A 각축

최근 경기 불확실성으로 위축107) 박정희 전 대통령 시절엔 기업들이 인수·합병(M&A)경쟁을 치열하게 벌였다. 그러나 최근에는 불확실한 경제상황과 정책 그리고 재계를 겨냥한 사정정국에 기업들이 움츠러들고 있다. 1970년대 초 재계에는 기업인수의 바람이 거셌다. 1960년대 말부터 정리되기 시작한 부실기업들이 1970년대 중반에 대거 매물로 나왔기 때문이다. 또 1973년 불어닥친 오일쇼크로 휘청이는 기업들이 많았다. 1975년에 제정된 종합상사제도도 기업의 대형화를 부채질했다. 삼성, 현대, 한국화약(현 한화), 쌍용, 선경(현 SK) 등 23개 대형 그룹들은 1976년 4월부터 1977년 4월까지 13개월동안 49개의 기업을 인수했다.

김우중 전 회장이 이끌었던 대우그룹도 당시 공격적인 인수를 통해 성장했다. 특히 김 전 회장은 박정희 전 대통령이 빠른 준공을 주문한 옥포조선소(현 대우조선해양의 조선소) 건설을 완수하면서 단숨에 재계에서 두각을 나타냈다. 2000년대 이후에는 기업의 M&A 환경이 달라졌다. 기업의 인수기회도 줄었으며 그룹을 지속하는 것 또한 어려워졌다.

강덕수 STX그룹 회장이 2001년 쌍용중공업을 인수하며 성장한 STX는 최근 조선업황 악화로 조선부문만 남기고 그룹이 해체됐다. 웅진그룹은 2007년 극동건설을 인수한 뒤 자금난을 겪어 지난해 기업회생절차(법정관리)를 신청했다. 동양그룹은 핵심사업부문인 시멘트의 경쟁력 저하와 취약한 재무구조로 법정관리에 돌입했다. 재계의 관계자는 "2000년대 이후 기업이 줄줄이 쓰러지는 것은 그룹 경영진의 실책도 있지만

---

107) 이투데이 원문 기사전송 2013-11-11 11:04, 뉴스 기사 [이투데이/최재혁 기자]

과거와 같은 정부의 적극적 지원이 이뤄지지 않는 것 때문에 알짜 기업이 해외에 팔리거나 무너지는 주요 원인"이라고 풀이했다. 박근혜 정부에 들어서 대기업들이 정부의 상법 개정안을 피하기 위해 계열사를 줄이고 있는 것이 흐름으로 자리 잡았다. 공정거래위원회에 따르면 62개 상호출자제한기업집단 소속회사는 올해 상반기 말 1779개에서 지난달 말 1765개로 14개 감소했다. 이에 전국경제인연합회는 기업의 M&A 활성화를 위해 피인수 기업의 계열사 편입 유예기간을 최소 10년으로 확대해야 한다고 주장하고 있다. 정부가 최근 피인수 기업의 계열사 편입을 3년간 유예하는 내용을 입법예고한 데 반발한 것이다.[108)109)]

2. 50년전과 지금, 재계는? 탈세·횡령·사기, 현재 수사 중인 총수만 7명

'법정구속', '검찰수사', 2013년 11월 '한국 재벌사(財閥史)'의 씁쓸한 현주소다.[110)] 최태원 SK 회장, 김승연 한화그룹 회장, 이석채 KT 회장, 이재현 CJ그룹 회장, 조석래 효성그룹 회장, 현재현 동양그룹 회장, 구자원 LIG그룹 회장 등 사법부와 사정당국에 명운이 걸린 기업총수만 7명에 달한다. 이는 2·3세 경영인들이 이끄는 '동(同)시대' 최대이자 52년 만에 한국 재벌사에서 일어난 또 하나의 중대사건으로 평가된다.

1) 1961년 재벌의 첫 대규모 구속사태

한국 재벌사의 뿌리는 1945년 광복 직후로 거슬러 올라간다. 이후 1950년 6월 25일 한국전쟁과 1960년 4·19혁명, 1961년 5·16 군사정변 등 격동의 세월속에서 권력과 부침을 함께 했다. 한국의 재벌은 이러한 굴곡의 역사를 통해 스스로 생성과 소멸의 과정을 반복했다. 태창직물

---

108) [이투데이/최재혁 기자(freshphase@etoday.co.kr)], 프리미엄 경제신문 이투데이
109) http://news.nate.com/view/20131111n12538(2013.11.11)
110) 이투데이 원문 기사전송 2013-11-11 11:04, 뉴스 기사 박대통령 "대기업 잘못된 관행 바로잡겠다", 1961년 군부, 기업인 11명 부정축재 감금, [이투데이/장효진 기자]

백낙승 회장은 이승만 전 대통령에게 거액의 정치자금과 함께 매달 50만원의 생활비를 댔다.

자료: http://news.nate.com/view/20131111n12537(2013.11.11)

이 전 대통령의 후광을 입은 백 회장은 태창방직, 태창공업, 조선기계 등을 거느린 국내 최초의 재벌이 됐지만 4월혁명 이후 이승만 정권이 무너지면서 함께 몰락했다.

2) 법정구속

1961년 5월 말엔 군사정권에 의해 '부정축재자'로 몰린 정재호(삼호방직)·이병림(개풍상회)·설경동(대한방직)·남궁연(극동해운)·조성철(중앙산업)·함창희(동립산업)·최태선(한국유리)·박흥식(화신)·이용범(대동공업)·이한원(대한제분)·김지태(조선견직) 회장 등 11명의 기업인 1세대가 한꺼번에 옛 일신초등학교(현 극동빌딩)에 감금되기도 했다. 당시 일본에 있던 이병철(삼성)·이양구(동양시멘트) 회장 그리고 백

회장의 아들 백남일 등 3명에게도 구속명령이 떨어졌다. 하지만 경제개발에 대한 박정희 전 대통령의 강한 의지와 "기업인들이 산업재건에 이바지하게 해달라"는 이병철 회장의 요청이 서로 맞아 떨어지면서 한 달여 뒤에 모두 사면됐다. 그해 7월 이들 기업인 13명이 모여 설립한 '경제재건촉진회'가 전국경제인연합회의 전신이다.

3) 다른 시대 같은 운명, 전·현직 대통령의 '평행이론'

한국 재벌사에는 박 전 대통령과 박근혜 대통령 사이에 '평행이론'이 존재한다. 다만 '정경유착'과 '경제민주화'라는 시대정신에서 차이를 보인다. 박 전 대통령은 부패척결의 '철퇴'를 내리치며 결과적으로 재벌 길들이기를 했다. 산업화를 통한 '부국강병'의 꿈을 이루기 위해 경제인들을 최대한 활용하려는 계산이 엿보인다. 재계도 마다하지 않았다. 경제인들은 산업근대화에 오로지 모든 힘을 쏟았다. 박 전 대통령이 마련한 1~3차(1962~1976년) 경제개발 5개년계획은 강력한 동력이 됐고, 당시 발생한 크고 작은 정경유착은 불가피한 것으로 간주하는 '시류론(時流論)'이 강력한 방어막을 형성했다. 반면 52년 후인 현재의 상황은 정반대다. 박 대통령은 지난해 말 대선후보 시절부터 재계를 향해 "조금 더 여유가 있는 분들이 양보했으면 한다"면서 "대기업의 일감 몰아주기, 기술탈취, 부당 단가인하, 골목상권 장악 등은 대기업의 잘못된 행태"라고 강조해 왔다. 조화롭게 성장하는 경제구조를 만들기 위해 잘못된 것은 분명히 바로잡겠다는 신념을 밝힌 것이다. 이는 박 대통령 집권 이후 특정경제범죄가중처벌법 위반으로 재판에 넘겨진 총수들이 모두 법정구속되어 최근의 상황과 무관하지 않다는 해석을 뒷받침하고 있다.

4) 기약없는 '재계 잔혹사'

역사는 반복되는 것일까. 최근 법정에서 속속 실형을 선고받은 총수들의 절망감은 52년전 양손에 수갑을 찬 채 끌려가던 기업인들의 심정과 다름없을 것이다. 총수별로 혐의는 조금씩 다르지만 횡령·배임·탈세 등으로 SK 최 회장은 2심에서 징역 4년을 선고받았고, 현재 상고심이 진행 중이다. 2심의 판결(징역 3년)이 대법원에서 일부 파기환송된 한화 김 회장은 다시 재판을 받고 있다. 수술 등의 이유로 구속집행이 정지된 CJ 이 회장은 1심재판이 진행 중이다. 태광 이 전 회장은 2심에서 징역 4년 6개월을 선고받고 상고에 나섰다. 1심에서 실형(3년)을 선고받은 LIG 구 회장의 항소심도 진행 중이다. 특히 이들 총수는 모두 법정구속됐지만 최 회장을 제외하곤 모두 건강문제로 구속집행이 정지된 상태다. 이 외에도 효성 조 회장, 동양 현 회장, KT 이 회장 등은 현재 검찰의 조사를 받고 있다. 현 상황을 빗대 '기업의 무덤'이라는 말이 공공연할 정도로 재계의 위기감이 극으로 치닫는 이유다. 재계는 이번 상황의 결말을 쉽게 예단하지 못한다. 끝없는 재계의 잔혹사가 이어지고 있는 것일까.111)112)

3. 육영수 여사 피살사건 후 퍼스트레이디 역할을 하는 박근혜

육영수 여사 사후 퍼스트레이디 역할을 했던 박근혜 대통령 당선인(가운데)이 故 박정희 전 대통령과 함께 사관학교 졸업식에 참석해 임관 장교와 악수하고 있다.113) 박 당선인의 어머니인 故 육영수 여사는 1974년 8월 15일 광복절 기념식장에서 간첩 문세광이 쏜 총탄에 맞아 숨졌다. 당시 스물 두살이었던 박 당선인은 프랑스 그로노블대에서 유학 중이었다. 박 당선인은 육영수 여사 피살사건 이후 故 박정희 대통령이 김재규 중앙정보부장의 총탄에 쓰러지기까지 5년동안 어머니를 대신해 퍼스트레이디 역할을 수행했다. 한편, 아래 사진은 지난 1979년 서울 동작동 국립묘지에서 열린 박정희 전 대통령의 안장식 때 박 당선인이 박 전 대통령의 시신 위에 흙을 뿌리는 모습이다.114)115)

---

111) [이투데이/장효진 기자(js62@etoday.co.kr)]
112) http://news.nate.com/view/20131111n12537(2013.11.11)
113) [포토]육영수여사 피살사건 후 퍼스트레이디 역할을 하는 박근혜, 동아일보 원문 기사전송 2012-12-20 13:07

자료: http://news.nate.com/view/20121220n15512(2013.11.11)

4. 신율의 정치 읽기, 진보와 종북은 엄연히 다르다.

　장중한 애국가가 배경음악으로 울려 퍼졌다. 그러는 가운데 이정희 통합진보당 대표는 성명서를 그 특유의 발음으로 또박또박 읽어 내려갔다.116) 이 장면을 본 이들의 대부분은 쓴웃음을 지었을 것이다. 이들 통

---

114) <동아닷컴> 동아일보 & donga.com
115) http://news.nate.com/view/20121220n15512(2013.11.11)
116) [신율의 정치 읽기]진보와 종북은 엄연히 다르다. 매경이코노미 원문 기사전송

진당 세력들이 그 동안 얼마나 많이 애국가를 부르고 국기에 대한 예의를 표했는지는 모르지만, 지금 이 모습은 많은 이가 알고 있는 통진당의 모습은 아니었다. 지금 구속 중인 이석기는 "우리나라는 국가가 없다"고 했다.

자료: http://news.nate.com/view/20131111n10437(2013.11.11)

이는 분명 위기의식을 느껴 자신들에 대한 지지세를 확대하기 위한 일종의 '대국민 사기극'이라는 생각이다. 이들이 원래 하던대로 '임을 위한 행진곡'을 부르며 두 손을 불끈 쥔 채 성명서를 낭독했더라면 차라리 운동권의 순수함이나 느낄 법했다. 그러나 그들은 국민들 앞에 얄팍한 술수나 보여주며 위기를 피하려 했다. 또 한 가지 기가 막힌 것은 자신들에 대한 정부조치를 유신에 빗대어 말한다는 점이다. 유신체제의 피해자나 그 자녀들은 정말 기가 막힐 것이다. 유신체제는 분명 독재 연장을 위한 박정희 정권의 꼼수였다. 그렇기에 수많은 지식인이 이에 저항했고

2013-11-11 10:28

그 저항의 대가로 혹독한 인권유린을 경험해야만 했다. 다시 말해 유신체제에 대한 저항은 민주주의와 대한민국 헌법가치의 회복을 위한 외침이었던 것이다. 그런데 2013년 늦가을 전혀 '다른 종류의 사람들'이 유신체제를 들먹이고 있다. 이는 분명히 역사인식에 대한 훼손이자 우리가 희생을 무릅쓰고 가꿔온 민주주의에 대한 모독이다. 통진당 사람들이 민주주의 회복운동을 한 것도 아니고 자유를 향한 외침의 대가로 지금과 같은 상황을 겪는 것은 아니기 때문이다. 민주주의의 가장 소중한 가치는 양심의 자유에 있다. 때문에 사상의 자유는 당연히 보장돼야 한다.

이 얘기부터 먼저 꺼내는 이유는 통진당의 행위가 과연 사상의 자유 영역에 포함될 수 있는가 하는 의문이 들기 때문이다.

일반적으로 역사의 진보는 사회의 '중심'이 아니라 '주변'에 의해 이뤄졌다. '중심'에서 역사의 변화가 일어나기 힘든 이유는 바로 기득권 때문이다. 즉, 기득권을 유지하거나 기득권을 위해 뭔가 변화시키려는 이들은 진정한 역사의 변화를 일으킬 수 없다. 반면 사회의 '주변'은 단지 그들의 삶의 유지를 위한 변화 혹은 진정한 진리를 위한 변화만을 바랄 뿐 기득권과는 거리가 멀다. 갈릴레오도 그랬고 코페르니쿠스도 그랬다. 사심이 없어야 진정한 역사의 변화를 추구할 수 있다고 할 수 있다. 그래서 우리는 이들을 진보라고 부른다.

여기서 중요한 문제가 발생한다. 이런 차원에서 보자면 통진당 세력을 과연 진보세력으로 취급할 수 있는가 하는 의문이 발생한다. 통진당 구성원들이 북한과 모종의 연계관계가 있는지는 알 수 없다. 아니 알 수 있는 방법이 없다는 표현이 옳을 것이다. 하지만 이번의 정부발표를 보면 정부는 통진당이 북한과 연관돼 있다는 사실을 확신하는 것 같다. 정부는 진보당 세력들이 민노당 창당시절부터 최근까지 세를 확장하고 당권을 장악하는 과정에서 북한 지령을 받았고 상당 부분이 현실화했다고 보고 있다. 정부는 그간 공안당국이 적발한 간첩사건을 토대로 통진당과 북한의 '고리'를 설명했다. 정부는 먼저 2003년 불거진 민노당 전 고문

강 모 씨 사건을 예로 들었다. 당시 강 씨는 통진당의 전신이라고 할 수 있는 민노당 창당전인 1998년 북한으로부터 정당 준비위원회 결성을 촉구받고 이듬해 북한 공작원에게 민노당 창당준비위 조직체계와 중앙위원 명단을 넘긴 것으로 드러났다. 또한 2000년 제16대 총선에서 민노당이 참패하자 강 씨는 '민노당이 총선참패를 극복하고 전국연합, 한총련 등을 규합, 세력확장에 노력해야 한다'는 지령을 북한으로부터 받은 것으로 나타났다. 이것은 단지 지령으로 끝난 것이 아니었다. 실제 그 다음 해인 2001년 9월 이후 전국연합 등 NL계열이 대거 입당했기 때문이다. '지령'이 현실화된 것이다. 정부의 이런 판단을 따르자면 통진당은 결코 진보가 될 수 없다. 이들은 자신들의 기득권을 위해 북한과 연계한 또 다른 사회에서의 '중심'이기 때문이다. 이들이 진보이기 위해서는 기득권이나 다른 정치집단과의 연계관계가 없어야 한다. 특정 국가에 기대는 순간 이들의 행위는 변화된 사회에서의 기득권을 추구하는 행위로 전락한다. 그리고 한 가지 덧붙이자면 이들은 결코 좌파가 될 수 없다. 물론 개인적인 판단이긴 하지만 좌파는 민족주의와는 거리가 있어야 한다. 하지만 북한의 주체사상을 비롯한 통진당 구성원들은 극우 민족주의적 성향을 많이 보이는 것이 사실이다. 이들을 통칭하는 약칭인 NL이 민족해방을 가장 중요한 가치로 여기는 집단을 의미한다는 것도 이들이 진정한 의미의 좌파라기보다는 극우 민족주의 집단에 가깝다는 사실을 보여준다고 할 수 있다. 과거 극우 민족주의의 대명사라고 할 수 있는 나치도 그 정당 이름은 NSDAP(Nationalsozialistische Deutsche Arbeiter Partei), 그러니까 '민족사회주의 독일 노동당'이었다. 여기서 '민족'이라는 단어만 제외하면 '사회주의 독일 노동당'이 되는 것이다. 실제로도 파시즘과 좌파는 혼동하기 쉽다. 그 지지층만 봐도 그렇다. 사회주의의 핵심 지지층은 노동자, 농민 그리고 도시빈민이라고 할 수 있는데 파시즘 역시 핵심 지지층으로 노동자, 농민은 물론 도시빈민, 그리고 쁘띠 부르주아(중소자본가)까지를 포괄한다. 그래서 사회주의와 마찬가지로 파시즘 정당들은 대자본가들에 대한 증오심과 적개심을 표현한다.

이런 측면에서 일반인들은 파시즘적인 극우 정당과 좌파 정당을 헷갈려할 수밖에 없다. 그래서 이들 정당을 구분하기 가장 손쉬운 방법으로 민족주의의 강조 여부를 든다. 사회주의는 보편성을 띤 이념이기 때문에 민족이라는 특수성을 배척하는 반면, 극우집단은 오히려 민족주의를 지나치게 신봉한다. 이런 기준으로 보자면 통진당과 북한은 좌파가 아닌 극우집단으로 볼 수 있는 여지가 충분하다. '주한미군 철수' '대한민국=미국의 식민지'로 규정하는 것, '한미동맹 철폐' 등은 극우 민족주의의 강조라고 볼 수 있기 때문이다. 결론적으로 이들은 진보도 아니고 좌파도 아니기에, 이들 행위를 사상의 자유로 보호해 줄 이유는 없다. 더불어 이번 기회를 통해 진보와 종북을 구분해야 한다. 지금까지는 종북집단이 진보라는 가면을 쓰고 진보행세를 해왔지만 이제는 구분해야 한다는 얘기다. 종북과 진보를 구분하지 않은 것은 과거 전두환 정권 시절 종북 주사파와 진보 세력 모두, 민주화 세력으로 구분없이 취급할 수밖에 없었던 과거사에서 비롯됐다. 여기서 강조하고 싶은 것은 이번 정부의 조치가 잘못된 여론을 불러 일으켜서 진보 전체를 종북으로 매도하는 일은 없어야 한다는 점이다. 만일 잘못된 여론이 진보와 종북을 뒤죽박죽으로 매도한다면 이번 사안은 사상의 자유문제로 번질 가능성이 높고, 그렇게 되면 종북 자체를 제대로 뿌리 뽑을 수 없다. 일각에서는 통진당 정당해산 청구를 이석기 재판이 끝난 이후에 했어야 했다는 주장을 편다. 정당해산 청구에 관한 법률은 정당을 해산하기 위함이 아니라 정당을 보호하기 위함이라는 얘기도 한다. 물론 그런 주장을 펼 수도 있다. 하지만 많은 국민들은 통진당 국회의원들이 자신들 소속의 상임위와 상관없는 자료들을 국방부에 요구하는 현실에 불안해한다. 이런 현실을 감안하면 위의 주장은 국민의 일반적 감정과는 동떨어져 있다. 정부의 이번 조치를 탓하기보다는 국민들의 불안함을 먼저 생각하는 자세가 필요하다. 이 점을 특히 과거 총선과 대선 때 통진당과 야권연대를 했던 민주당은 잘 새겨볼 필요가 있다.

정치공학적으로 보면 민주당 입장에서 이번 사태는 반드시 손해만 보는 사안은 아니라는 생각이다. 우선 이번 사태가 불거짐에 따라 바로 전날 있었던 안철수 의원의 기자회견이 희석될 수 있었다. 안철수 의원은 새누리당보다는 민주당의 천적이기 때문이다. 그뿐 아니라 민주당의 '비주류성 주류'인 김한길 대표는 이번 기회를 잘만 활용하면 당내에서 명실상부한 주류로 등장할 수도 있다. 당내 주류인 친노의원들 중에서는 이번 사태에 대해 일반 여론과 동떨어진 발언을 할 사람이 분명 나타날 가능성이 높기 때문이다. 이런 상황이 벌어지면 이를 기회로 친노를 고립시킬 수 있고 그렇게만 된다면 김한길 대표는 명실상부한 민주당의 대표역할을 수행할 수 있을 것이다.117)118)

5. 前現 대통령 인기조사의 오류

몇 달전 모 일간지에서 한 입시전문업체가 중고등학교 학생들 500여 명에게 '6·25는 남침인가? 북침인가?'라고 온라인 여론조사를 실시하여 69%의 학생이 '북침'이라고 대답했다는 결과를 보도해 큰 파문을 일으킨 적이 있었다.119) 이는 요즈음 학생들이 남침이나 북침의 의미를 어른들과는 다르게 쓰고 있다는 것을 이해하지 못하고 잘못된 질문을 해서 생긴 해프닝이라 여겨진다. 실제 R&R에서 2년전 '6·25전쟁은 누가 일으켰다고 알고 있나요?'하고 중고등학생에게 물어보았더니 64%가 북한이라고 응답한 적이 있어 앞의 조사가 질문을 잘못한 실수였음을 알 수 있다. 며칠전 한 여론조사회사가 '전·현직 대통령 5명'을 상대로 호감

---

117) [신율 명지대 정치외교학과 교수] [본 기사는 매경이코노미 제1732호(13.11.13~11.19 일자) 기사입니다][매일경제 & mk.co.kr]
118) http://news.nate.com/view/20131111n10437(2013.11.11)
119) [기고/노규형]前現 대통령 인기조사의 오류, 동아일보 원문 기사전송 2013-11-11 03:06

도 조사를 실시하여 '노무현 전 대통령이 34.3%로 1위, 박정희 전 대통령이 26.1%로 2위, 박근혜 대통령이 18.5%로 3위(이하 생략)'로 조사되었다고 발표하였다. 이 조사 결과는 몇몇 인터넷 신문과 일간지 인터넷판에도 보도됐고 지금도 검색사이트에서 찾아볼 수 있다. 여론조사 전문가로서 본다면 이 조사 결과는 '응답지'를 잘못 설계하여 생긴 부정확한 정보라고 생각한다. 우선 여론조사 질문에 대한 응답지는 응답자가 대답할 수 있는 응답지를 다 포함해야 하는 '집합적 완결성'을 지녀야 한다.

그런데 본조사에는 우리나라 전직 대통령 중 4명만 포함하고 이승만, 윤보선, 김영삼, 최규하, 전두환, 노태우 등 다른 6명의 대통령은 포함하지 않았다. 조사자가 어떤 기준으로 전직 대통령 4명만 선정했는지 모르지만 이들 외 전직 대통령들에게 호감을 가진 응답자들은 애당초 선택을 할 수 없어 자신의 호감을 표현할 기회를 잃은 것이라 할 수 있다. 다음으로 현직 대통령을 전직 대통령들과 함께 호감도를 물었는데 이는 일반적인 질문방식이 아니다. 미국이나 국내에서도 역대 대통령 평가조사가 많지만 전임과 현직을 같이 평가하지는 않는다. 특히 취임한지 1년이 안된 대통령과 이미 4년 혹은 그 이상 임기를 마친 대통령들과 함께 비교하여 묻는 것은 적절하지 않다. 현직 대통령과 전직 대통령의 비교는 현직 대통령의 현재 지지도나 호감도를 전직 대통령들의 동일 시점에서의 지지도나 호감도와 비교해 묻는 게 일반적 방법이다. 예를 들어 취임 100일, 6개월, 1년 등 재임기간에 따라 지지도나 호감도를 상호비교한다. 여론조사란 올바르게 하지 않으면 부정확한 정보를 생산하게 되고 더 나쁜 것은 이런 부정확한 정보가 인터넷을 통해 유통돼 많은 이에게 잘못된 지식으로 인용된다는 것이다. 일차적으로 올바른 정보를 생산하도록 여론조사기관이 먼저 제 역할을 다해야 할 것이지만 정보유통의 문지기 역할을 하는 언론기관은 옥석을 잘 구별하여 고품질의 여론조사만이 유통될 수 있도록 해주었으면 한다.[120][121]

6. 21세기 한국으로 소환된 프랑스혁명, 이자람 선택한 톰파는 옳았다.

고전을 원작으로 한 연극은 관객이 속한 시대와 관계없이 작가가 전달하려는 메시지가 일관되게 전달되기 때문에 가치를 인정받는다. 이와 더불어 관객은 고전이 갖는 통시대적인 의미를 느낄 수 있어 즐겁다.[122)]

자료: http://news.nate.com/view/20131110n17486(2013.11.11)

17일까지 서울 예술의전당 CJ토월극장에서 공연되는 연극 '당통의 죽음'은 독일의 문호 게오르크 뷔히너의 대표작인 동명의 희곡을 무대로 올린 것이다. 이 고전은 프랑스혁명을 소재로 하지만 객석에선 1987년이나 박정희 군사정권의 몰락, 12·12사태를 기억해낸다. 작품이 쓰인 200여년전의 심상과 개념이 멀리 21세기의 한국에 다양한 스펙트럼으로 해

---

120) 노규형 리서치앤리서치(R&R) 대표이사, 동아일보 & donga.com
121) http://news.nate.com/view/20131111n01161(2013.11.11)
122) 한국일보 원문 기사전송 2013-11-10 21:00

석돼 의미가 있다. 루마니아 연출가 가보 톰파가 선보이는 현대적인 무대 스타일과 소리꾼 이자람이 극의 화자 겸 군중역할의 배우로 활약하는 것이 돋보였다. 프랑스혁명 직후 공화정을 이끈 온건파 당통과 강경파 로베스피에르 역을 맡은 박지일과 윤상화의 선 굵은 연기는 자칫 이국적일 이야기를 흔들리지 않게 묶어냈다. 당통과 로베스피에르 일파 간의 정쟁을 그린 작품은 무대를 현대의 어느 날로 꾸몄다. 배우들은 스마트폰을 쓰고, 마이크 앞에서 토론하고, 세련된 슈트와 타이차림으로 정치인을 연기한다. 투명 아크릴판 구조물, 무대 아래위로 배우를 실어 나르며 역동적 연기를 만드는 엘리베이터와 자동문은 지루할 수 있는 정치극에 활력을 넣는다. 상대 배우를 직접 스마트폰으로 찍어 영상으로 스크린에 올리는 장면, 무대 뒤를 오가는 목없는 귀신의 모습 등은 영화적인 상상을 일으킨다. 장면을 짧게 끊어가는 연출도 현대적이라 영상세대의 호감을 산다. 앙시앵 레짐(혁명전 제도와 체제) 혁파가 민중의 삶을 얼마나 개선했는지, 수많은 희생을 낳은 혁명은 쓸데없는 짓은 아니었는지, 두 주인공은 끝없이 논쟁한다. "공포정치야말로 도덕이며 공화정의 핵심"이라는 로베스피에르와 "남들을 단두대로 보내느니 내 목이 잘리는 게 낫다"며 공포정치를 거두라는 당통, 과연 애국과 민중이라는 이름을 앞세운 많은 혁명과 전쟁이 역사를 한 걸음 더 딛게 했는지 자문하게 한다. 극을 닫는 역할은 온전히 이자람이 맡았다. 당통과 그의 동료 카미유(염순식)가 단두대 이슬로 사라진 후 목숨을 끊으려는 이들의 아내와 연인에게서 칼을 뺏고, 앞서 죽음을 기다리는 이들의 영혼을 위한 연가를 부른다. 이자람의 '억척가'를 듣고 원작에 없는 역할까지 만들어 캐스팅한 톰파의 선택은 결과적으로 옳았다. 로베스피에르도 당통의 죽음 1년 후 같은 방식으로 목을 잃는 운명이 직설적으로 전달되지 않아 관객은 자칫 원작의 큰 메시지를 놓칠지 모른다. 엄청난 양의 대사를 소화하기 위해서인지 배우들의 호흡이 전체적으로 빨랐다. 연기에 힘이 많이 들어갔다는 느낌도 있다.123)124)

제6장 박정희 대통령의 업적과 비판

1. 카이사르의 죽음에서 박정희를 읽다

1) 10·26사태

10월 26일, 매년 이날이 오면 대부분의 사람들의 생각이 많아진다. 이 날은 대한민국 현대사에서 역사적인 날이다.[125] 1909년 같은 날 안중근 의사는 만주 하얼삔역에서 한반도 침략의 원흉 이토 히로부미의 심장을 향해 총을 쏘았다. 이토 히로부미는 명치유신(메이지유신) 이후 일본 근대화의 아버지와 같은 인물이다. 물론 일본이 군국주의화되면서 그 총부리를 한반도와 중국으로 돌리는 데 크나큰 역할을 한 이도 그다. 안 의사는 그를 역사의 이름으로 처단함으로써 동양의 평화를 회복하려 했다.

이토 히로부미는 저 세상으로 떠났지만 일본의 군국주의 물결은 조금도 사그라지지 않았다. 이토가 그 물결을 타는 배의 선장이긴 하였지만 당시 일본이라는 거함에는 이토를 대신할 수 있는 이토의 아바타들이 수없이 많았기 때문이다. 1979년 같은 날, 서울 종로구 궁정동 안가에서 당시 중앙정보부장 김재규는 그가 절대적으로 충성을 맹세해 왔던 박정희 대통령을 향해 총을 쏘았다. 박정희는 그렇게도 총애하던 김재규의 손에 운명했다. 이 장면은 마치 카이사르가 총애하는 부르투스의 손에 의해 죽임을 당하는 것과 오버랩된다.

2) 박정희와 카이사르의 닮은 점

박정희는 1961년 5·16 쿠데타를 일으키면서 민주당 정부의 무능과

---

123) 인터넷한국일보(www.hankooki.com)
124) http://news.nate.com/view/20131110n17486(2013.11.11)
125) 오마이뉴스 원문 기사전송 2013-11-11 08:40 최종수정 2013-11-11 09:05, [오마이뉴스 박찬운 기자]

부패 그리고 극도의 무질서를 바로 잡겠다는 명분을 내세웠다. 시절의 운은 그에게 있었던지 쿠데타는 성공하여 마침내 그는 대한민국의 대통령이 되었다. 1969년 3선개헌을 통해 영구집권의 기반을 닦더니만, 드디어 1972년 유신헌법을 만들어 사실상 종신 대통령이 되었다. 대통령 선출을 국민 직선제에서 통일주체국민회의라는 대의원 선거로 바꾸어 버렸다. 그 대의원 선거는 말이 선거지 민주주의 선거와는 전혀 관계없는 것이었다. 박정희는 이 간선제 선거로 두 번에 걸쳐 대통령에 당선되었는데 모두 전체 대의원의 99%의 찬성을 받아 대통령이 되었다. 1972년 유신헌법이 만들어진 다음, 그 해 대통령 선거에서 박정희 후보는 투표 2359명, 찬성 2357표, 무효 2표로 당선되었다. 1978년 두 번째 선거에서는 투표 2578명, 찬성 2577표, 무효 1표로 당선되었다. 이 뿐만이 아니다.

국회의원 3분의 1을 통일주체국민회의에서 뽑았는데(이들이 국회내에서 만든 원내교섭단체가 유정회였음) 이들은 대통령이 추천하는 인물들이었으니 사실상 국회의원 3분의 1을 대통령이 임명하는 것이나 마찬가지였다. 이로써 대통령을 견제해야 할 의회는 완전히 대통령의 거수기로 전락해 버렸다. 카이사르가 원로원의 정수를 600명에서 900명으로 늘리고, 그 늘어난 원로원 의원의 임명권을 자신이 행사한 것과 매우 흡사하다. 이런 과정에서 한국의 민주주의는 임종을 맞이했고 사망 직전 10·26이 터졌다. 박 대통령을 숭모하는 사람들은 그의 삶이 어쩜 카이사르와 비견될 수 있다고 생각할 것이다. 그 둘의 삶을 비교하면 의외로 많은 부분이 겹치기 때문이다. 한국의 근대화를 이루었다고 하는 박정희, 로마제국의 초석을 쌓은 카이사르, 이 둘은 모두 역사에 뚜렷한 명암을 남긴 채 비명에 갔으니 그런 생각도 무리는 아니다. 박정희는 자신을 추종하는 일단의 군인들을 대동하고 한강을 넘어 쿠데타를 일으켰고, 그것으로 정권을 잡았다. 카이사르는 그를 지지하는 군단과 함께 루비콘강을 넘어 로마에 들어왔고 정적을 일소한 다음 제국의 1인자가 되었다.

박정희는 유신헌법을 만들어 종신 대통령으로의 길을 열었고 국회를 거수기로 만들었다. 카이사르는 제국의 1인자가 된 후 종신 독재관이 되었고 원로원을 무력화시켜 사실상의 황제가 되었다. 박정희는 자신이 총애하는 부하 김재규의 총에 의해 비극적으로 삶을 마감했다. 카이사르는 그가 아들이라고까지 했던 부르투스 일파의 칼에 의해 절명했다.

3) 박정희와 카이사르, 이 한 가지는 달랐다

그러나 두 사람에게 있어 적어도 한 가지는 완전히 달랐다. 카이사르는 정적의 생각을 인정했다. 그들이 자신의 생각을 갖고 그렇게 살아가는 것을 인정했다. 다음 말을 한번 음미해 보자. 카이사르가 키케로에 보낸 편지 일부다. "내가 석방한 사람들이 다시 나한테 칼을 들이댄다 해도 그런 일로 마음을 어지럽히고 싶지는 않소. 내가 무엇보다도 나 자신에게 요구하는 것은 내 생각에 충실하게 사는 거요. 따라서 남들도 자기생각에 충실하게 사는 것이 당연하다고 생각하오."(<로마인이야기> 5권 29쪽)

▲ 19세기 칼 폰 필로티가 그린 카이사르의 최후, 위키피디아
자료: http://news.nate.com/view/20131111n05125(2013.11.11)

박정희는 다른 사람의 생각을 인정하지 않았다. 자신의 생각과 다른 사람, 자신의 생각에 도전하는 사람들을 철저히 응징했다. 긴급조치를 남발하며 정권을 반대하는 어떤 사람도 용납하지 않았다. 박정희를 비판하는 사람들이 택할 수 있는 길은 아무 것도 없었다. 감옥에 가든지 급기야는 죽음으로 내몰리지 않으면 안되었다. 정적 김대중은 피납되어 현해탄(대한해협)에서 수장 직전에 살았고, 오랜기간 박정희에 도전했던 장준하는 어느 날 산속에서 의문의 주검으로 발견되었다. 정권에 반대하는 지식인들은 재판이라는 이름하에 죽어갔다.

이름하여 사법살인이다. 지난 40년간 인구에 회자된 인혁당사건을 보라. 유신정권에 반대하던 사람들이 중앙정보부에 의해 고문받으면서 사건은 과장 조작되었다. 법원의 확정판결이 난지 단 18시간만에 8명이 형장의 이슬로 사라졌다. 그렇지만 30년 후 사건의 진상은 밝혀졌고 모두 무죄를 선고받았다. 권위주의 시대가 우리에게 준 공포치고는 너무나 큰 충격이었다. 우리 현대사의 비극이었다. 전하는 말에 의하면 김재규는 더 이상 민주주의가 한 독재자에 의해 유린당하는 것을 볼 수 없어 유신의 심장부인 박 대통령을 쏘았다고 한다. 이는 마치 부르투스 일파가 로마 공화정을 지키기 위해 카이사르의 심장을 찔렀다는 것과 흡사하다.

하지만 그 암살의 목적은 김재규의 뜻대로 이루어지지 않았다. 카이사르를 살해하였지만 그의 후계자 옥타비아누스에 의해 시작된 화려한 황제정을 부르투스가 막지 못한 것처럼, 대한민국 현대사에서 김재규의 박정희 암살은 민주주의의 회복으로 바로 연결되지 못했다. 또 다른 권력의 화신 전두환의 출현을 막지 못했기 때문이다. 한국의 민주주의는 그 뒤에도 십 수년을 기다리면서 수많은 사람들의 피와 땀을 요구하고 나서야 우리 앞에 나타났다.[126]

---

126) http://news.nate.com/view/20131111n05125(2013.11.11)

▲ 유신시대 대표적 사법살인으로 불린 인혁당사건은 30년이 지난 뒤 무죄가 되었다. 그러나 8명의 주검은 돌아오지 못했다.(동아일보/한겨레 PDF)
자료: http://news.nate.com/view/20131111n05125(2013.11.11)

2. 박정희 대통령의 업적 조명

우리나라 부국 대통령으로 산업화를 통해 '한강의 기적'이라는 유례가 없는 경제발전을 이룩한 박정희 대통령[127] 박정희 대통령이 1974년 5월 20일에 적은 휘호인 '내一生 祖國과 民族을 爲하여' 1997년 10월 6일 경향신문이 '전문가 30인이 본 역대대통령 리더십'에 대해 총전문가 30인이 평가한 목록을 차트로 만들어 썼던 기사의 내용 중, "박정희 대통령은 인물의 발탁과 운용에 두루 능했던 인사전략가로 평가됐다. 군부를 배경으로 한 직계에게 정권안보를 맡기고 전문영역에서는 기술관료들을 대거 등용한 점이 좋은 점수를 받은 이유다. 민정이양시 이른 바 '방탄내각'과 경제개발 시기의 '돌격내각'이 대표적 성공사례로 꼽혔다. 박정희 대통령은 집권 초반 당근과 채찍의 완급을 조절하여 권력을 창조적으로 절약한 것으로 평가됐다. 1963년 상당수의 군부세력의 반대를 무릅쓰고 5대 대선에 출마, 민선 대통령이 됨으로써 법적인 정통성을 추인받은 것이 대표적인 사례로 지적됐다. 역대 대통령 가운데 이승만, 박정희 두 대통령의 지적 수준은 상대적으로 높았던 것으로 평가됐다. 특히 박 대통령의 경우 지적 능력을 배경으로 주요 국정현안을 직접 관장함으로써 효율성을 극대화시킨 사례로 꼽혔다. 그는 재임 당시 수석비서관들에게 교수, 전문관료, 언론인 등으로 구성된 전문가 모임과 토론을 하게 한 뒤 취합된 결론을 습득, 활용했다." 1997년 10월 6일 경향신문이 '전문가 30인이 본 역대대통령 리더십'에 대해 인천대 김학준 총장, 명지대 송자 총장, 서울대 명예교수인 김홍우(정치학), 최명(정치학), 김광웅(정치학), 서울대 행정대학원 교수인 노화준(행정학), 김준기(행정학), 서울대 법대 교수인 최대도(법학), 이상면(법학), 연세대 교수인 최평길(행정학), 김학은(경제학) 유석춘(사회학), 연세대 명예교수인 송복(정치사회학), 고려대 명예교수인 최장집(정치학), 최상용(인문학), 고려대 교수인 서진영

---
[127] - 부국대통령의 주요 업적 30가지 - 세계사광(dyat2001) 2013.05.04 22:28

(정치학), 김병국(정치학), 김호진(행정학), 서강대 교수인 손호철(정치학), 이화여대 교수인 진덕규(정치학), 임현백(정치학), 숙명여대 교수인 이남영(정치학), 한국외대 교수인 이정희(정치학), 한양대 행정대학원 교수인 공성진(정치학), 경희대 교수인 신정현(정치학), 전북대 교수인 정재길(법학), 전남대 교수인 김광수(정치학), 경북대 교수인 윤용희(정치학), 부산대 교수인 정용하(정치학), 전 정무장관인 이종률 등 총전문가 30인이 평가한 목록을 차트로 만들어 썼던 기사의 내용 중, 박정희 대통령과 관련된 중요한 업적을 집필한 이유, 박정희 대통령과 관련된 주요 업적을 집필한 이유는 다음과 같다. 그와같은 글을 쓴 연구자는 역사학도로서 중도이지만 정치적으로는 보수우파에 더 가까운 사람이다.

따라서 보수세력의 대표적 대통령인 박정희 대통령과 이승만 대통령 중에서 박정희 대통령이 주로 어떤 업적을 남겼는가에 대해서는 대부분의 사람들이 단편적으로는 알고 있지만, 그가 구체적으로 어떤 업적을 행했고, 또 그 영향이 우리에게 어떤 영향을 끼치고 있는가에 대해 잘 아는 사람이 많지 않아 나서게 되었다. 최근 좌파적 역사단체로 알려진 민족문제연구소에서 '백년전쟁'이라는 동영상의 타이틀로 대한민국의 부국을 이끈 박정희 대통령에 대해 명확히 확인되지 않은 사실도 사실로 둔갑 및 엉뚱한 해석을 하여 십자포화를 쏟아붓고 있는 것을 보고 기본적인 지식과 이해가 없는 대중들이 자칫하면 잘못된 사고를 할 수도 있다고 판단하여 글을 쓰게 되었다고 한다. 또한 이미 앞서 건국대통령 이승만의 주요 업적을 여러 자료들을 토대로 집필한 바가 있기 때문에 박정희 대통령 역시 이어서 집필하게 되었다. 따라서 부족하지만 최근에 한국현대사에 관심을 가지게 된 대한민국의 역사학도이자 20대의 청년 보수우파로서, 그 흐름에 맞춰 역사학의 인식을 전환하여 가장 많은 대중들이 찾는 인터넷을 통해 박정희 대통령에 대해 잘못된 선입견에 빠진 사람들의 인식을 바로잡고자 시간을 내어 집필하게 되었다고 한다.

본 글은 박정희 대통령의 주요 업적으로 구성되었으며 보다 정확한 출처를 통해 서술했다.

1) 대한민국 최초의 주민등록증 제도 실시

1968년 11월 21일에 18세 이상의 모든 국민에게 주민등록증이 발급되었다. 주민등록증 제도가 실시된 계기는 1968년 1월 21일에 있었던 1.21사태 즉, 김신조를 필두로 한 북한의 남파공작원들이 청와대까지 습격해 들어오자 그 뒤부터 실시하게 되었다. 1월 21일 북한 특수부대인 124군부대 소속 무장게릴라 31명이 청와대의 습격을 시도하는 일이 있었다.

당시 한국군 복장에 수류탄 및 기관단총으로 무장한 이들은 휴전선을 넘어 서울 잠입에 성공하지만 자하문에서 경찰의 불심검문에 걸린다. 이 사건을 겪은 뒤 정부는 전국민에게 단일형태의 신분증을 나눠주어 필요할 때 신원을 정확히 확인하려는 취지로 만들었다. 주민의 동태를 파악하고 남파간첩 등의 불온분자 색출이 용이하도록 하기 위한 차원에서 발급하기 시작했던 것이다. 물론, 그 이전에도 신분증 제도는 존재했었지만 체계적으로 정리를 하여 지금까지 이어져 내려온 주민등록증 제도의 전통은 박정희 대통령의 시대 때부터 시작된 것이다. 그 이후 이전에 있었던 시민증과 도민증은 폐지되었다. 주민등록증의 첫 발급자는 박정희 대통령이었다. 1968년 10월 말부터 전국민에게 12자리의 주민등록번호를 부여했고 11월 21일부터 본격적으로 만들어주었다.

2) 친노동계급적인 서민을 위한 최초의 의료보험제도 실시

우리는 흔히 박정희 대통령 시대를 노동자들의 인권을 억압한 독재적인 시대로만 기억하고 있다. 하지만 오히려 역설적으로 의료보험, 산재보험과 생활보호 등 소위 친노동계급적 성격을 가진 제도들은 노동운동에 대해 억압적이던 박정희 대통령 시대 때 도입되었다.

자료: http://blog.naver.com/PostView.nhn?blogId=islmoa&logNo=120200871484
(2013.11.18)

특히 1976년 의료보험법 개정을 통해 도입된 강제가입방식의 의료보험제도는 당시 재정적 부담을 우려한 경제기획원 등 정부내 핵심부처의 반대에도 불구하고 관철되었는데, 여기에는 박정희 대통령의 정치적 결단이 크게 작용했다. 즉, 1972년 유신개헌 이후 학생, 종교인, 노동자들을 중심으로 반체제운동이 격화되면서 사회안정대책이 시급히 요청되던 것이다. 동시에 1973년 북한이 세계보건기구(WHO)에 가입한 이후 국제사회에서 자국의 무상의료시스템을 선전하자 당시 북한과 경쟁을 벌이던 박정희 대통령이 이에 자극을 받아 의료보험제도를 도입하기로 결정한 것이다. 비슷한 시기에 국민연금은 경제상황의 악화로 무기한 연기된 대신 의료보험제도가 실시된 배경에는 일정한 기여금 납입기간이 필요한 연금과 달리 시행 즉시 국민들에게 혜택이 주어졌기 때문이다.

미국은 사(私)보험에 의존하고 있어 보험혜택을 못받는 이들이 4700만명에 이른다. 맹장수술비가 1만 5000달러나 되고 안경을 맞추려면 안과 시력검사비로만 60달러를 내야 한다. 미국 시벨리우스 보건장관은 한국의 의료보험을 배우고 싶다고 할 정도로 미국은 우리나라의 의료보험제도를 실시하고 싶어한다. 번번이 의료보험개혁에 실패했기 때문이다.

3) 친환경적인 그린벨트 설치로 산림보호

〈세계 4대 조림성공국의 반열에 오름〉

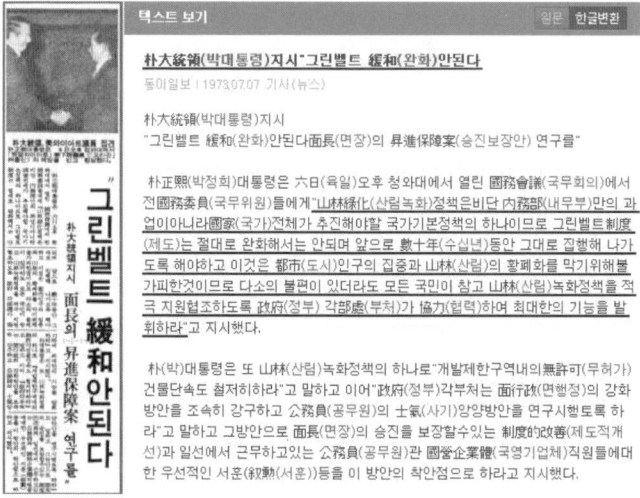

자료: http://blog.naver.com/PostView.nhn?blogId=islmoa&logNo=120200871484 (2013.11.18)

1971년 7월 30일, 건설부 고시로 서울 외곽지역에 그린벨트(개발제한구역)가 처음 지정됐다. 서울 중심부에서 반경 15㎞를 따라 폭 2~10㎞ 지역의 서울, 경기 땅 454.2㎢(첫 발표 때는 467㎢)의 개발을 묶는다는 내용이었다. 도시의 무분별한 확산과 토지투기억제가 목적이었다. 그린벨트는 박정희 정권 당시인 1971년부터 시행되어 도시의 무분별한 확장을 막고 난개발을 방지하는 중요한 방어책이 되어 왔다. 그린벨트에 거주하는 주민들은 재산권 행사에 제약을 받게 되었지만 그들의 희생으로 전 국민이 수혜를 얻는다. 정부는 당시 이를 공식발표하지 않고 슬그머니 관보에만 실어 밀실행정을 행했다. 불만이 많았던 만큼 박정희 대통령이 직접 챙겼다. 관리근거가 도시계획법 시행규칙에 불과한데도 이를 개정할 때는 반드시 사전재가를 받도록 해 결과적으로 군사정권의 정책 가운데 가장 돋보이는 성공사례로 남았다. 건설부 고시 447호로 발표된 도시계획법 시행규칙에 의거해 서울 종로구 세종로 사거리에서 반경 15km 라인을 따라 폭 2~10km 구간이 '영구 녹지대'로 지정되었다. 문제는 그린벨트로 지정된 지역의 80%가 사유지였다는 점이었다. 이후 그린벨트 지역은 모두 8차례에 걸쳐 서울을 비롯 부산, 대구, 광주 등에 이어 1977년 4월 18일 마지막으로 지정된 전남 여수시 일대까지 합쳐 전국적으로 총 5,379km²가 그린벨트로 묶였다. 전 국토의 5.4%나 되는 엄청난 땅이었다. 심지어 그린벨트내 군부대 초소의 기왓장 몇 개를 바꾸는 것까지 건설부의 사전허락을 받도록 했다. 이 때문에 그린벨트는 박 대통령 생존시 단 한번의 구역변경없이 철저하게 그리고 강압적으로 관리되었다. 그린벨트를 잘못 관리한 공무원은 가차없이 징계를 받았다.

1972년부터 1979년까지 무려 2,526명의 공직자가 관리부실로 파면, 감봉, 견책, 직위해제 등의 징계를 받았다. 또한 그린벨트임을 알리는 푯말을 세우고 경비행기로 항공사진을 주기적으로 촬영하여 과거의 사진과 비교, 무허가로 들어서는 건물이나 용도가 변경된 토지를 적발하여 원상복귀시키기까지 했다. 이런 노력이 있어 그린벨트는 오늘날 '세계적으로 성공한 자연환경보전 사례의 하나'로 꼽히고 있고 박정희 대통령은 '후세에 찬란한 자연유산을 물려준 지도자'로 세계로부터 극찬을 받고 있다.

4) 1979년에 88올림픽 유치를 위한 계획을 수립 및 구성

대부분의 사람들은 88올림픽 유치가 전두환 대통령에 의해 시행된 것으로 알고 있지만, 그것은 잘못된 사실이다. 사실 88올림픽은 이미 박정희 대통령이 1977년부터 준비작업을 해왔던 것이었다. 박정희 정부는 1979년 10월에 올림픽 유치계획을 발표한다. 그런데 그 뒤에 한 달도 되지 않아 박정희 대통령은 서거했다. 그럼에도 그로부터 9년 후 서울올림픽은 성공적으로 개최되어 경제성장의 견인차 역할을 하며 막대한 경제적 이익을 주었다.

자료: http://blog.naver.com/PostView.nhn?blogId=islmoa&logNo=120200871484 (2013.11.18)

특히 주목할 것은 이 올림픽 유치를 위해 IOC헌장에 따라 인종 및 종교와 정치상의 이유를 불문하고 전체 IOC 회원국 선수와 임원들에게 자유입국을 허용, 모든 선수들이 아무런 제한이나 차별없이 참가할 수 있도록 보장할 것이며 경기종목도 빠짐없이 모두 실시하게 될 것이라고 선언한 것에 있겠다. 즉, 소련과 중공은 물론 북한 등 미수교 공산권에 대해서도 입국을 허용한다는 말이었다.

5) 미국 브로드웨이에 인류를 위해 큰 공헌을 한 외국인으로서 환영을 받는 카퍼레이드를 행함

1965년 5월 19일, 뉴욕시가 주최한 다운타운 브로드웨이 일대에서 하는 티커테이프 퍼레이드에 박정희 대통령이 참석했다. 이 퍼레이드는 일명 '영웅행진'이라고 불리우는 퍼레이드로 역사적으로 인류를 위해 큰

공헌을 한 인물들을 위해 베풀어지는 영광의 카퍼레이드였다. 이 흔적은 지금도 미국의 브로드웨이 길거리에 남아있는데, 박정희 대통령의 퍼레이드 흔적을 바닥에 문구와 함께 석판으로 새겨놓았다. 아이젠하워 대통령부터 시작해서 맥아더 원수, 드골의 프랑스 대통령을 비롯해 달착륙 우주인들이 이 퍼레이드의 주인공이 되었는데, 한인으로서 이 뉴욕시 영웅행진의 영광을 누린 사람이 바로 박정희 대통령이었다. 첫번째는 이승만 대통령이었는데, 박정희 대통령은 2번째 한국인으로서 영웅행진을 할 수 있었던 것이다.

6) 홍수와 가뭄, 환경을 대비해서 4대강 다목적댐 준공

박정희 대통령은 4대강 유역 개발사업을 실시했는데, 홍수와 한해(旱害)를 겪으면서, 유사 이래 계속된 이와같은 피해를 줄이기 위해서는 한강과 낙동강, 금강, 영산강과 같은 큰 강에 댐을 만들고 작은 강에는 보(洑)를 지어 집중호우 때에는 물을 가둬 수해를 줄이고 갈수기 때에는 물을 풀어야 한다고 봤다. 어떻게 보면 이명박 대통령이 시행했던 4대강 살리기 사업의 시발점은 박정희 대통령의 4대강 유역 개발사업과 통한다고 볼 수 있다. 박정희 대통령의 4대강 살리기 사업은 지방을 살릴 수 있는 정책이었는데, 당시에는 이명박 대통령 때처럼 반발하는 국민들보다 오히려 반기는 국민들이 더 많았다. 물을 다스려 국민이 살기 좋게 하는 것이 위민(爲民)정치의 시작이라고 봤기 때문이다. 또 지방에 사는 처녀들도 도회지 처녀들처럼 맑은 물이 흐르는 하천변에서 데이트를 하고 물놀이를 할 수 있어야 하고, 농촌지역의 학생들도 도시 어린이와 똑같이 뱃놀이를 하고 안전한 수영장에서 수영을 할 수 있는 모든 국민이 잘사는 복지국가를 만들고자 했다.

자료: http://blog.naver.com/PostView.nhn?blogId=islmoa&logNo=120200871484 (2013.11.18)

　물론, 박정희 대통령의 4대강 유역 개발사업의 중점적인 이유는 계절과 날씨에 따라 홍수와 가뭄에 시달리던 국민들의 고통과 피해를 줄여주고자 했던 것이었다. 이렇듯 홍수와 가뭄, 환경을 대비해서 4대강 다목적댐을 준공했던 것이다. 예컨대 1972년 11월 '동양 최대의 사력(沙礫)댐'으로 소양강댐이 선전되었다. 소양강댐은 1967년 4월 15일 착공되어 1973년 10월 15일 완공되었는데, 이 소양강댐은 경부고속도로, 서울지하철 1호선과 함께 박정희 대통령 시대의 3대 국책사업으로 꼽혔다. 이 사업을 맡은 정주영 회장은 비용을 3분의 1로 낮추면서도 훨씬 튼튼한 사력식 공법을 제안하여 실행에 옮겼다. 소양강댐 이외에도 안동댐, 대청댐 등도 만들어졌다.

7) 제주도의 명물 감귤사업을 조성하고 도로, 항만 등 국제적 관광지로서의 입지를 구축

　현재 제주도는 우리나라의 대표적인 관광지임과 동시에 제주도의 특산물로 대표적인 명물은 바로 감귤이다. 우리나라의 여느 지역들과는 달리, 제주도의 귤은 한라봉이라고 매우 크면서도 맛이 일품이다. 이런 제주도의 감귤사업과 관광지 조성은 언제부터 시작된 것일까?

바로 1972년으로 거슬러 올라간다. 제주도 정책은 한마디로 무에서 유를 창조한 것과 같다. 외국인 상대 관광산업이 수출보다 외화가득률이 높다는 것을 깨달은 박정희 대통령은 1972년에 제주도에 들러 외국인을 상대로 한 국제관광지로의 개발할 결심을 하고 청와대 비서실에 제주도 관광종합개발계획의 입안을 지시했다. 그리고는 국내 신혼여행지에 머물러 있던 제주도에 1천억원의 투자를 지시한다. 그 뒤에도 1976년에 5백억원을 투자하였고 80만평의 중문관광단지가 들어섰다. 이외에도 5·16도로 개설, 어승생 수원지 건설 등 제주발전에 초석을 다졌다. 실제로 박정희 대통령과 제주도의 인연이 깊다. 박정희 대통령은 임기시절 제주도관광종합개발계획을 입안했고, 이를 토대로 서귀포시에 중문관광단지가 들어섰다. 또한 먹는 물이 부족했던 제주에 어승생 수원지를 만들어 '수돗물혁명'을 불러 일으켰다. 이러한 계획들은 1961년 9월 박정희가 최고회의 의장으로 있을 때와 초도순시차 처음으로 제주도를 방문하였을 때 계획되었다. 일정을 연장해 가면서 제주도의 실정을 샅샅이 살펴본 후 미개발 자연자원과 민속 등을 자원으로 한 관광개발, 광활한 초원을 활용한 축산 그리고 따뜻한 기후에 적합한 감귤재배를 진흥시켜 제주도를 개발하고 제주도민의 소득수준을 전국 시 도의 중위권 수준으로 끌어 올릴 것을 결심하였기 때문에 이루어졌다. 또한 박정희 의장은 제주북초등학교에서 가진 시국강연회에서 가장 시급한 해상교통의 개선책으로 악천후하에서도 제주해협을 쉽사리 드나들 수 있는 대형 여객선의 필요성을 강조한 후 3만여명의 도민들에게 제주-부산, 제주-목포간 대형 여객선 투입을 약속하고 제주개발계획을 천명했다. 서울로 돌아오자 마자 내린 박 의장의 지시에 따라 조달청은 제주항로에 대형 여객선을 건조, 투입시키기 위해 이를 국제입찰에 붙였다. 입찰 결과 일본의 조선소가 낙찰되고 1963년 10월 12일 역사적인 취항을 하게 되었다. 이 배가 바로 제주-부산간에 취항했던 890톤급의 도라지호이다. 이보다 두 달 앞서 정부는 국고보조로 국내에서 건조된 514톤급의 가야호를 제주-목포 간에 투입, 운항시켰다. 제주와 부산 그리고 목포를 잇는 대형 여객선 취항과 더불어 제주의 관광발전을 위한 획기적인 기반조성사업의 하나는 1962년에 기공해서 1963년 10월 11일 개통된 제주-서귀포간의 제1횡단도로(5.16도로)의 건설이었다. 이 5.16도로는 제주도의 경제발전과 관광개발의 촉진제 역할을 했을 뿐 아니라 4시간 30분이나 걸리던 제주-서귀포 간 자동차 운행시간을 1시간으로 단축시켜 제주도를 1일생활권으로 만들었다. 해상운송에 있어서는 1977년 4월, 3천톤급의 카페리 1호가 취항했다. 두 달 뒤인 같은 해 6월 3천톤급 카페리 2호가 같은 노선에 취항해 바야흐로 여객선의 대형화, 수송의 대량화, 여객의 대중화 시대가 열렸다. 제주항의 건설은 1962년에 시작된 제1차 경제개발 5개년계획, 1967년부터의 제2차 5개년계획 그리고 1972년부터 시작된 제3차 5개년계획에 지속적으로 책정되어 꾸준히 추진되고 있었다. 육상교통과 수송을 위한 도로건설에 있어서는 5.16도로(제1횡단도로) 이외에도 일주도로 중산간도로 및 1,100도로 등 총 4개 국도가 박대통령의 지시로 건설되고 재임 중에 개통되어 전국 15개 시 도 중에서 교통망이 가장 잘 발달된 지방자치단체가 되었다. 제주도의 관광지 조성은 바로 박정희 대통령에 의해 시작된 것이었다. 1964년 2월 연두순시차 제주도에 들린 박대통령은 제주도는 농업여건이 타 지방과 다른 만큼 전국 공통사업인 식량증산은 염두에 두지 말고 수익성이 높은 감귤을 적극적으로 장려하라는 특별지시를 내렸다. 이 특별지시에 따라 1965년부터 감귤 식재붐이 일기 시작하였으며 1968년부터 제주도는 감귤재배를 농어민 소득증대사업으로 책정하여 장기저리자금으로 감귤과수원 조성자금을 지원하게됨에 따라 1969년부터 획기적인 증식이 이루어졌다. 그 당시 우리 나라 과수 중 재배면적이 5천ha를 상회하는 5대 과수는 사과, 복숭아, 배, 포도,

감 등이었는데 감귤이 재배면적에 있어 사과 다음인 2위로 껑충 뛰었으며 1975년부터는 생산량에 있어서도 2위를 차지하게 되었다. 감귤재배 덕택에 1995년도 농가당 소득은 전국 9개 도 가운데 1위인 경기도보다 5만 5천원이 적은 2,721만 5천원으로 2위였고 농업소득만을 보면 전국 1위였다. 즉, 이 제주도 경제의 밑바탕이 된 감귤산업은 박정희 대통령이 일본에서 감귤나무를 들여오라고 명령을 하면서 시작된 것이다. 그 결과 1978년에 드디어 제주도가 우리나라의 대표적인 관광지로 조성이 되면서 관광객 100만명을 돌파했다. 그리고 그 명맥은 지금까지도 계속 유지가 되고 있다. 그 덕분인지 제주도에는 50~60대 이상의 장년층에서 박정희 대통령에 대한 지지가 엄청나다.

8) 전국 일일생활권이 가능해진 사회, 경제발전의 획기적인 계기가 된 고속도로 건설 프로젝트

자료: http://blog.naver.com/PostView.nhn?blogId=islmoa&logNo=120200871484 (2013.11.18)

　대한민국 사람이라면 모두가 안다고 할 수 있을 정도로 알려진 박정희 대통령의 대표적인 프로젝트인 고속도로 건설계획이다. 1970년 7월 7일 박정희 대통령에 의해 경부고속도로가 개통되었다. 이 사업은 '단군이래 최대의 토목공사'라고 불렸고, 근대화의 성공적 진전을 상징하는 사례로 비춰졌다. 현재 경부고속도로의 개통은 박정희 정권의 최대 업적으로 평가되고 있다. 경부고속도로가 개통됨으로써 비로소 '전국 일일생활권'이 가능하게 되었다는 점에서 사회, 경제적 발전의 획기적인 계기가 되었다. 경부고속도로는 총연장 대비 공사기간을 따져보면 세계에서 가장 빠른 시간안에 완공되었다고 한다. 1964년 12월 독일을 방문했던 박정희 대통령은 연장 20킬로미터였던 본-퀼른간의 아우토반을 달리게 되었는데 고속도로의 수송능력에 놀람을 감추지 못하였고 경제가 발전하기 위해서는 고속도로 건설이 필수적이라는 판단을 내렸다. 고속도로 건설에 필요한 자금은 외국에서 빌리고 도로건설 이후 수익자부담 원칙에 따라 고속도로 이용자에게 거두어들인 통행료로 빌린 돈을 갚기로 했다. 박정희는 "이 공사는 민족의 피와 땀과 의지의 결정이며 민족적인 대예술작품"이라고 했고 그의 경제 브레인이었던 오원철은 "경부고속도로는 박정희 대통령의 작품이다. 구상부터 계획, 감독, 검사를 혼자서 해냈다. 박 대통령은 우리나라 고속도로의 창시자요 대부이다. 경부고속도로는 역사상 박정희 고속도로로 남을 것이다"라고 평가했다.

  이 공사는 단순한 건설공사가 아닌, 군사작전과 같이 군대식 총력 체제를 상징적으로 보여주는 공사였다. 오원철은 "고속도로의 건설동기, 추진방법, 공사방식이 모두 군대식이었다"고 평가했다. 경부고속도로 건설은 원래 1971년에 개통 예정이었으나 무려 1년을 앞당겼다. 1961년 1인당 국민소득은 82달러에 불과했지만 1979년에는 1,636달러를 기록해 연평균 18퍼센트 증가했고 수출은 연평균 38퍼센트 증가라는 경이적 기록을 세웠다. 절대 빈곤국이 세계 10대 경제대국으로 발전한 것은 행운이나 우연이 아니라 현명한 지도자의 선견지명 덕분이었다. 그리고 그러한 경제발전에 고속도로의 건설계획이 큰 역할을 했다.

  경부고속도로계획이 발표된 직후 월간 <세대> 1968년 1월호가 각계 인사 100명에게 찬반 여부를 조사한 결과, 68%가 무조건 찬성, 27%가 조건부 찬성, 5%가 반대를 표했다. 하지만 야당을 비롯한 운동권 학생들은 박정희 대통령의 고속도로계획에 극심한 반대를 했다. 당장 먹고 살기도 어렵고 차도 별로 없는 나라에 고속도로를 건설한다니 정신이 나간 것 아니냐는 논리였다. 경부고속도로는 우리나라 2대 경제권의 중심인 서울과 부산을 연결하여 경제발전의 첩경이 되도록 하기 위한 이유에서 건설하였다. 박정희 대통령은 이미 1967년 초에 경부고속도로 건설에 대한 방대한 구상을 끝내고 몇몇 구간의 노선까지 손수 결정해 놓은 상태였다고 한다. 이처럼 고속도로는 박정희에게 근대화의 상징이자 경제개발의 꿈을 실현시킬 신앙과도 같은 것이었다. 그 결과 1968년 12월 21일 우리나라 첫 고속도로인 서울-인천간 경인고속도로가 개통되었고, 1970년 7월 7일에는 연장 428킬로미터, 4차선인 경부고속도로가 개통되었다. 1973년에는 연장 251.8킬로미터, 2차선인 대전-순천간 호남고속도로와 연장 176.5킬로미터, 2차선인 남해고속도로가 개통되어 영남지방과 호남지방을 연결하게 되었다. 또한 1975년에는 연장 201킬로미터, 2차선인 수원-강릉간 영동고속도로가 완공되어 수도권과 영동지방을 연결하게 되었다. 고속도로가 만들어진 후 철도 위주의 수송구조가 도로로 바뀌었고 전국이 일일생활권으로 연결되었다. 공업단지도 전국 방방곡곡에 건설되었고, 산업발전과 산업생산성도 높아졌다. 고속도로 건설은 '한강의 기적'이라는 신화창조에 중요한 역할을 담당하였다.

9) 농촌의 진흥과 국민의 근면, 자조, 협동정신을 일깨운 농촌혁명인 새마을운동 실시

자료: http://blog.naver.com/PostView.nhn?blogId=islmoa&logNo=120200871484 (2013.11.18)

박정희 대통령의 여러 공업화를 통한 급속한 경제발전은 도시의 엄청난 발전을 가져왔지만 반대로 농촌의 쇠퇴를 가져왔다. 그래서 박정희 대통령은 이러한 농촌을 다시 부흥시킬 방법을 찾아냈는데, 그것이 바로 새마을운동이다. 새마을운동은 박정희 대통령이 1970년 4월 22일 수해대책을 숙의하기 위한 지방장관회의에서 수재민 복구대책과 아울러 농촌재건운동에 착수하기 위하여 마을가꾸기사업을 제창한 것에서 비롯된다. 이는 하나의 농촌혁명과도 같았다. 박정희 대통령은 1969년 8월 4일에 경남북 수해지구를 시찰하면서 마을사람들의 자발적인 자조정신과 협동심에 큰 감동을 받았고, 이를 통해 그는 농민들의 근면, 자조, 협동 정신을 일깨워 농촌을 개발해 보자는 기발한 아이디어를 착안해낸다. 그리하여 박정희 정부는 1971년 전국 3만 3,267개 마을에 시멘트 335포대씩을 무상지원하여 각 마을마다 하고 싶은 사업을 자율적으로 하도록 조성하였다. 이 결과는 2가지로 나타났는데, 한쪽은 정부가 무상공급한 시멘트로 부락민들이 자체 노력과 자체 자금을 투입하여 마을이 필요로 하는 숙원사업을 해냈다. 반면, 다른 한쪽은 시멘트의 무상공급을 받았음에도 뚜렷한 사업을 하지 못했다. 이러한 경과를 지켜보고 박정희 정부는 성과가 있는 1만 6,600개 마을에 대하여 또다시 시멘트 500포대와 철근 1t씩을 무상공급하면서 자발적인 협동노력을 장려하였다. 이러한 정책은 정부의 절대적인 지원으로 전국으로 확대되면서 공장, 도시, 직장 등 한국사회 전체의 근대화운동으로 확대 및 발전되었다. 새마을운동은 박정희 대통령의 탁월한 리더십과 우수한 새마을지도자 양성 그리고 정부의 적극적인 지원이 시너지효과를 나타내면서 근대화와 경제성장이라는 성과를 이룬 것이었다. 덕분에 우리나라는 보릿고개를 청산하면서 산업혁명과 농업혁명을 단시일에 그리고 동시에 성공시켰다. 이 새마을운동이 범국민적 근대화운동으로 조직되어 1970년대의 경이적인 경제성장을 가능케 한 원동력이 되었다는 것은 말할 것도 없다. 자동차가 드나들 수 있는 마을은 30%에 불과해 나머지는 비좁고 꼬불꼬불한 고샅길에 가난이 엉켜있는 형상이었는데, 새마을운동 덕분에 이런 농촌의 인프라를 획기적으로 바꾸어 놓았고 농가소득의 증가라는 눈부신 성과를 가져왔다. 1967년의 경우 농가소득이 도시가구의 60%에 불과하던 것이 1970년에 평균 25만 6천원, 1975년 87만 3천원, 1978년 160만원으로 8년 사이 6배 이상 증가하며 도시 노동자의 소득을 상회하기 시작했다. 이 새마을운동은 이후 세계 각지로 퍼져 세계 약 100여개 나라에서 우리나라의 새마을운동을 배우고 있고 또 배우려 하고 있다. 사실, 이러한 새마을운동은 우리 한류의 첫 물결이었다고 해도 과언이 아니다. 그만큼 해외에서는 우리나라의 새마을운동에 주목하고 있으며, 이러한 운동을 주도한 박정희 대통령을 칭송하고 있다.

10) 자동차산업을 육성하여 우리나라의 대표적인 효자산업으로 성장시킴

자료: http://blog.naver.com/PostView.nhn?blogId=islmoa&logNo=120200871484 (2013.11.18)

1968년에 현대자동차 울산공장이 준공된 후 현재 1공장부터 5공장까지 5개의 단일공장으로 구성되어져 있다. 1990년 6개의 차종에 56만대 생산능력에 불과했던 현대자동차 울산공장은 2010년 기준 13개 차종을 시간당 330대, 하루 6,600대를 생산한다. 연간 최대 150만대까지 가능하다. 설립 이후 2009년까지 차량 누계대수는 2,580만대에 이른다. 세계에서 유일하게 수출선적부두가 공장내에 위치해 수출기지로서도 최고의 경쟁력을 확보하고 있다. 이와같이 우리나라의 대표적인 산업으로 일컬어지는 자동차산업 역시 박정희 대통령 시대 때부터 본격적으로 시작되어 발전하기 시작했다. 1961년 5.16을 일으킨 직후 박정희 정권은 <자동차공업발전법>을 만들어 완성차 수입금지, 국산화정책, 수출산업화정책 등과 함께 자동차산업을 활성화시켰다. 1962년에 세워진 새나라자동차는 일본 닛산의 부품을 수입해 '새나라자동차'를 조립생산하기 시작했다.

그러나 새나라는 관세면제 등의 특혜를 받아 5.16 군사정권 초기 이른바 '4대 의혹사건'의 하나로 물의를 일으켰고 수요감소로 설립 다음 해인 1963년 5월 생산이 중단된 뒤 1965년 이어 신진자동차가 설립돼 새나라자동차를 인수했다. 신진자동차는 도요타와 기술제휴로 '코로나'를 선보였다. 1960년대 말에는 현대자동차가 미국 포드와 손잡고 '코티나'를 양산하기 시작했다. 1970년대 초에는 현대, 신진, 아시아, 기아산업 등이 4륜트럭 생산을 시작해 자동차공업발전의 촉매역할을 했다. 이후 1975년 현대의 '포니'는 한국을 세계 15번째 자동차생산국가로 부상시켰으며, 1976년에 포니 6대를 에콰도르에 첫 수출했다. 그리고 1986년 소형자동차 '포니엑셀'을 처음 미국에 수출했다. 현대차는 포니를 만들고 약 10년간 적자에 시달렸는데 국가가 나서서 해결해 주었다. 박정희 정권이 앞서 언급한 것처럼 국내에서 외국차를 못팔게 하고 독점가격을 보장해 주면서 자동차산업을 육성시킨 것이다. 이런 배경에서 한국자동차산업은 세계 5위권에 진입할 정도로 급성장을 할 수 있게 되었다. 그 결과 지금과 같은 성장을 이루어낼 수 있었다. 1960년대 후반 이웃나라 중국 대륙에 고속도로가 한뼘도 없을 때 산지가 7할인 이 작은 나라에 가당치도 않다는 고속도로를 닦으면서 박정희 대통령은 자동차를 만들자고 했다. 박정희 대통령의 자동차생산계획의 발표에 업계는 놀랐고 교수와 지식층에선 후진국이 무슨 자동차냐고 반대했다. 국회의원이나 장관들도 자가용을 마련하기가 수월치 않았던 그 시절에 국내에서 자동차를 개발한다는 것은 상상하기도 어려웠다. 그러나 자동차산업은 국가경제를 일으키는 효자산업으로 급성장을 했다. 먹고 살기도 힘든 시기에 이미 앞날을 내다보고 고속도로에 이어 자동차산업을 육성하여 대표적인 산업으로 만든 것이다.

11) 화교 억제정책을 통해 서민들의 골목상권을 지키고 경제적인 자립과 자주성을 수호

현재 우리나라는 아시아 국가에서 거의 유일하게 화교가 제대로 정착하지 못한 나라에 속한다. 그 이유는 박정희 정권 아래에서 화교들이 큰 어려움을 겪었기 때문이었다. 통화개혁이 그것이다. 화교들이 현금소지를 선호하는 사실은 잘 알려져 있는데, 통화개혁을 통하여 화교들의 현금이 하루아침에 휴지조각으로 변하고 말았던 것이다. 이로 인해서 화교의 생존이 박정희 정권 하에서 직접적으로 위협받았다. 또한 1961년 외국인 토지소유금지법의 시행에 따라 토지를 소유한 외국인은 정부의 승인을 받아야 했다. 그러나 많은 화교들은 그 승인을 얻지 못했고, 그들의 토지를 시세에도 못 미치는 가격으로 매도해야 했다. 1970년에는 외국인 토지 취득 및 관리에 관한 법이 제정되었다. 이에 따라 한국화교는 1가구에 1주택 1점포만 허용되었고, 그것도 주택면적은 200평 이하, 점포는 50평 이하로 제한되었다. 또한 취득한 토지의 건물은 자신만이 사용 가능했고 타인에게 임대할 수 없었다. 논밭이나 임야의 취득도 불가능하였다. 한국 화교는 요식업에서도 여러 제한과 차별 대우를 겪어야 했다. 중국과 가장 가까운 곳에 있으면서도 유독 차이나타운이 존재하지 않는 나라가 바로 한국이다. 최근 한국을 방문하는 중국인 관광객들의 수가 부쩍 늘어남에 따라 이들을 대상으로 상업활동을 벌이기 위해 인천과 부산 등에 자연스럽게 차이나타운이 형성되고 있다고는 하지만, 중국인 이주 100년의 역사가 지난 지금까지 차이나타운이 건설되어 있지 않다는 것이 의미하는 바는 실로 크다. 이같은 어려운 상황으로 한국 화교의 인구는 점차 감소해갔다. 이들은 1970년대 초부터 미국을 비롯하여 호주, 대만 등지로 이주하였다. 1960년대 말까지 4만명을 헤아렸던 화교들 가운데 2만명 이상이 외국으로 이주하였으며 미국의 캘리포니아 주 지역에만 현재 8천여명의 한국 화교 출신자들이 거주하고 있다. 결과적으로 박정희 대통령 시절의 부동산 취득제한, 거주자격 심사강화, 세무조사 등의 화교정책으로 한국의 화교들이 성장하지 못하도록 발목을 잡은 것이었다. 이와같이 1970~1980년대에 화교들은 부동산 취득 등 부의 축적수단이 원천적으로 봉쇄되어 한국에 자리를 잡지 못하게 되었다.

12) 베트남전 파병을 통해 막대한 군사적, 경제적 이익을 통한 '베트남 특수'를 누림

자료: http://blog.naver.com/PostView.nhn?blogId=islmoa&logNo=120200871484
(2013.11.18)

베트남 파병으로 인한 특수는 한일국교정상화 청구비용과 함께 박정희 대통령의 1960년대 경제개발 신화를 이끈 쌍두마차로 불리운다. 이 베트남 파병을 통한 베트남 특수는 '한강의 기적'이라는 경제적 신화를 만드는 데 충분했다. 베트남 파병은 박정희 대통령이 정치와 경제이익을 노리고 미국이 생각하기도전에 이미 먼저 시행착오를 내부에서 논의하고 제안했다. 박정희 대통령은 안보와 경제적 실리라는 두 마리 토끼를 이 기회에 잡으려고 했던 것이다. 베트남 파병은 결과적으로 박정희 대통령이 의도한 거의 모두가 달성된 것으로 평가할 수 있는데, 한국 국방부 공개자료에 따르면 군사원조의 증가분이 10억달러, 미국의 한국군 파월 경비 10억달러, 베트남 특수 10억달러, 기술이전 및 수출 진흥지원이 총 50억달러 등의 외화수입 효과가 발생했다고 한다. 미국의 일반회계국이 1973년에 작성한 보고서에 따르면 한국군의 베트남 파병과 관련해 미국 정부가 한국에 지불한 돈은 모두 10억 3000만달러로 추정했다.

미국 국제개발처(AID)도 1966년부터 1972년 사이 한국이 베트남에서 벌어들인 외화소득을 총 9억 2500만달러 정도로 추산했다. 이러한 경제적 실리 이외에도 1950년 6월 25일에 일어난 6.25전쟁에서 막대한 비용과 군사를 지원한 미국이 사상 처음으로 지원을 받은 한국 정부를 외교적 동반자로 생각하기 시작했다는 점에서 중요하다. 당시 베트남전쟁에 대한 명분이 없었기에 미국의 편에 서서 참전하기를 국제사회는 꺼렸기 때문에 우리나라가 미국에게 은혜를 갚았던 격이 되었기 때문이다. 특히 중요한 것은 당시 베트남전쟁에 대한 일반적인 국제사회의 시각이 인종전쟁 즉, 프랑스와 미국의 백인계와 베트남 및 중국의 황인계의 인종전쟁이라는 불명예를 받았던 것인데, 이러한 인식을 깨기 위해서는 동양의 국가가 미국의 편에 서서 참전할 필요가 있었던 것이다.

그리고 그 국가는 바로 우리나라가 되었다. 이후 우리나라가 본격적인 베트남 파병을 통해 미국으로부터 전쟁물자 및 용역을 제공받았고 또 한국군의 장비현대화와 차관제공 등의 경제 및 군사지원을 미국으로부터 약속을 받아냈다. 그 결과 1968년 말 박정희 정부가 미국에 M-16 소총 10만정 제공 및 공장건설, 전폭기 17개대대, 전략적 공군기지건설지원 등을 요청하여 요구장비의 85% 수준을 약속했다. 베트남 파병은 이와같이 베트남 특수를 통한 한국경제의 도약을 가져왔던 결정적인 계기가 되었으며 동시에 한국과 미국의 안보체제가 더욱 강화되는 시너지효과를 냈다. 뿐만 아니라 6.25전쟁 이후 군사훈련을 통해서 이론적으로만 학습하던 것을 베트남전쟁을 통해 실질적인 전쟁경험 기회를 전투병들이 체험하여 안보의 중요한 역할을 했다.

13) 식량자급으로 가난을 해결하고자 다수확품종인 통일벼를 재배하여 녹색혁명을 이뤄냄

박정희 대통령은 식량자급이야말로 가난추방의 첫걸음이자 국가안보의 요체라고 여기고 1960년대 중반에 벼 신종품 개발을 지시했다. 1971년에 농촌진흥청이 개발한 다수확품종인 통일벼 재배가 시작되어 1974년에는 쌀 생산량이 3000만석을 돌파, 쌀 수입을 끝냈으며 1975년에는 마침내 쌀 자급이 달성되었다. 또한 1976년에는 단군 이래의 최고 수확량을 기록했고, 드디어 쌀을 비축하기에 이르렀다. 즉, 5천년 역사상 처음으로 전 국민이 쌀밥을 먹는 역사의 기념비적인 해가 된 것이었다.

기아를 몰아내려는 박정희 대통령의 의지와 정부와 농업공무원, 농민의 의지가 녹색혁명, 쌀 기적을 이뤄내고 보릿고개라는 비참한 시대에 살던 국민들을 굶주림에서 해방시킨 것이다. 개발도상국에서 식량의 자급자족을 이루면 '녹색혁명'이라고 일컫는다. 이 녹색혁명의 성공은 박정희라는 국가지도자의 완고한 집념과 공직자 그리고 농민의 삼위일체가 이루어낸 결과물이었다. 박정희 대통령 시대에는 청와대에 농업담당과 새마을담당특보 그리고 농업담당비서까지 3명의 참모가 있었는데, 그 다음 정권부터는 농업관계 참모가 단 한명도 없었다. 한이 많은 보릿고개로부터 해방을 맞은 1976년의 쌀 생산량은 521만톤(3621만석), 10년전인 1966년의 392만톤에 비하면 100만톤을 훨씬 뛰어넘는 수확이었다. 그런 뒤 1977년부터는 4천만석을 돌파해 세계 최고의 다수확국가로 탈바꿈했다. 그 과정에서 절미운동을 강력히 추진하며 매주 수요일과 토요일 주2회 혼분식을 실시했고 1972년 12월부터는 주5회 정도로 늘려 단속을 했다.

식당에 수시로 암행단속반이 들이닥쳐 솥뚜껑을 열어보고 절미운동 위반은 중대한 범죄행위로 규정했다. 학교에서는 선생님이 점심시간마다 도시락을 검사했다. 이와같은 국민의 뜻에 반하는 행동을 했지만, 그 결과 식량증산과 절미운동은 1976년에 식량의 자급자족을 이루어냈고, 그 결과 비로소 외국쌀의 수입중단을 공식적으로 선언하게 된 것이다.

1976년이라는 시기는 우리나라가 보릿고개라는 찢어지게 가난한 굶주림에서 벗어나는 것을 의미했으며 동시에 우리나라가 이제는 굶주림이 없이 어느 정도 자급자족을 통해 먹고 살 수 있는 기반이 조성되었다는 것을 의미하는 것이었다. 그리고 이러한 녹색혁명은 식량자급이야말로 가난추방의 첫걸음이자 국가안보의 요체라고 여겼던 박정희 대통령의 특별한 관심이 있었기에 가능했던 것이었다.

14) 훗날 2차례 남북정상회담의 기반을 닦은 남북적십자회담, 7.4남북공동성명 등의 대북정책

자료: http://blog.naver.com/PostView.nhn?blogId=islmoa&logNo=120200871484 (2013.11.18)

박정희 대통령은 경제적인 자립과 자주국방 이외에도 조국통일, 나아가 세계평화를 이루려는 현실적이고 단계적인 청사진을 구상하여 국정

을 이끌었다. 흔히 북한과의 평화적인 시기로 김대중 정부와 노무현 정부 때를 꼽지만, 그 시기에 행해진 남북정상회담과 같은 일들은 어디까지나 그 이전에 박정희 대통령이 기반을 닦아놓은 대북정책에서 비롯된 것이다.

예컨대 박정희 대통령은 북한과의 체제경쟁속에서도 남북한의 선의의 경쟁을 촉구한 1970년의 8.15평화통일구상선언, 인도적 차원의 남북적십자회담과 이산가족찾기운동, 1972년의 7.4남북공동성명과 이에 따른 남북조절위원회 회담 그리고 1973년 평화통일외교정책선언과 6.23선언, 1974년 남북불가침협정의 체결을 제의했다. 뿐만 아니라 평화통일 3대 기본원칙 제의, 1977년 대북한 식량원조 제의, 1978년 남북경제협력협의기구설치 제의, 1979년 무조건적인 대화재개 제의 등 조국의 평화와 통일을 위한 준비도 착실하게 추진하였다. 이러한 박정희 대통령에 의해 주도된 남북한간의 체제경쟁을 승리로 이끌고 또 경제성장과 자주국방을 통해 부국강병을 이룩하고 통일에 대비한 착실한 준비가 오늘날 우리가 통일을 대비하는 가장 중요한 기반이 되었던 것이다. 특히 주목할 것은 1972년 7.4남북공동성명인데, 이 선언으로 남북조절위원회가 구성되는 등 분단 27년만에 처음으로 남북대화의 통로가 마련된 것이다. 이 성명에서 자주와 평화, 민족대단결의 3대원칙이 공식천명되었는데, 이 3대원칙이 1991년에 합의된 남북기본합의서에도 그리고 1990년에 시작된 남북 고위급회담에도 적용되어 그 이후까지 유지되었다는 점에서 박정희 대통령의 대북정책은 큰 의의가 있었다. 1971년의 7.4남북공동성명은 무력통일에서 평화통일로 통일방식이 변경되었다는 것을 의미했다. 이러한 일련의 과정들이, 그러니까 서로 끊임없이 다투던 그 시기에도 북한과의 직접적인 대화의 창구를 마련하고자 노력했고 또 이 노력의 성과들이 존재했었기 때문에 2000년 김대중 정권의 남북정상회담이 존재했던 것이며 2007년 남북정상회담이 존재했던 것이라고 볼 수 있다.

15) 한일협정체결을 통해 얻어낸 막대한 청구비용으로 1960년대 경제발전의 토대를 닦음

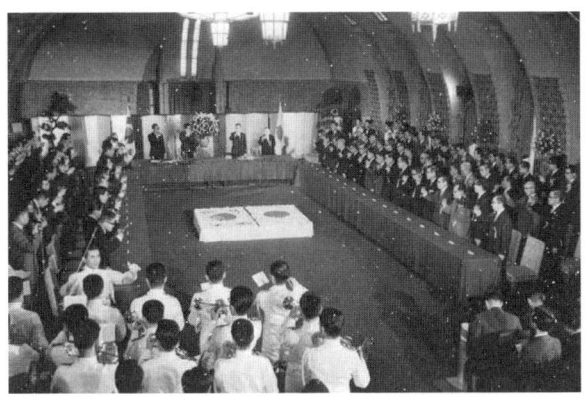

자료: http://blog.naver.com/PostView.nhn?blogId=islmoa&logNo=120200871484 (2013.11.18)

　박정희 대통령은 일본과의 국교정상화가 한국의 국익에 부합된다는 신념을 가지고 있었다. 그는 한국과 일본의 국교정상화를 통해 한국의 경제발전 뿐만 아니라 미래지향적인 관계정립에 필수요건임을 확신하고 밀어붙였는데, 일본을 이용해 발전하는 것 말고는 길이 없다고 생각했다. 하지만 1963년 말부터 야당은 '대일 굴욕외교반대 범국민투위'를 구성해 투쟁에 나섰고, 이듬해 6월 3일에는 서울의 18개 대학생과 시민 등이 시위를 벌였다. 이는 6.3사태라는 이름으로 역사에 기록되었는데, 한일회담 막후 주역으로 공화당 의장을 맡고 있던 김종필이 사표를 내고 외유를 떠날 정도로 엄청난 반대에 부딪쳤다. 하지만 결과적으로 '대한민국과 일본국간의 기본관계에 관한 조약'과 이에 부속된 협정 4개 및 문서 25개에 서명함으로써 한일협정은 타결되었다. 이로 인해 청구권 및 경제협력협정에 따라 무상공여 3억달러, 유상재정 2억달러를 각각 10년에 걸쳐 분할해서 제공받기로 했으며 양해사항으로 민간차관 3억달러가 제공되었다. 이러한 한일협정은 경제회생을 위한 의도도 있었지만 집권

당인 공화당의 정치자금을 마련하기 위해 36년간 '일제식민통치의 한'까지 팔아먹은 전형적인 매국외교라며 격렬한 비난이 그치지 않았다. 하지만 2005년 8월 26일 노무현 정부는 156권, 총 3만 5354쪽의 한일회담 전 과정이 담긴 외교문서를 모두 공개했는데, 당시 민간위원으로 문서공개에 참여해 샅샅이 문서를 살피고 정리한 전현수 경북대 교수는 2005년 8월 26일에 다음과 같이 문서공개관련 회견을 가졌다.

"나도 한 때는 한일협정이 굴욕회담이라고 생각했는데, 3만 6000장을 일일이 검토하면서 우리 정부가 국익을 대변하기 위해 비교적 최선을 다했다는 생각을 하게 됐다. 물론 굴욕적인 36년간의 식민지배를 통한 물질적이고 정신적인 손해에 상당하는 보상은 부족하지만 협상은 상대가 있는 것이다. 일본은 당초 8000만~1억 5000만달러만 주려 했는데 우리 대표단이 최대한 액수를 끌어올렸다. 과거청산이나 국익유지와 옹호를 위해 당시 대표단이 최선을 다해 노력했다고 자신있게 말할 수 있다." 사실, 이미 한국은 1951년 8월 13일 샌프란시스코 강화조약에서 서명국 자격을 얻지 못해 일본을 상대로 배상요구를 할 수 없는 입장이었다. 지금의 시점으로 봤을 때, 일본의 이러한 행태들을 본다면 한일협정에서 우리가 제대로 된 보상을 받지 못했다고 하더라도 오히려 시간을 더 끌어 시일이 지난 뒤에 협정을 가졌다면 아예 한 푼도 받지 못하는 사태가 벌어졌을 가능성도 매우 크다. 이원덕 국민대 교수도 지적을 했듯이 말이다. 분명 당시 한국과 일본의 국교정상화는 1960년대 한국 경제를 경이적으로 발전하도록 이끈 견인차였다. 당시 한국의 총 외환보유고가 2억~3억달러에 불과했다는 점을 감안한다면 일본에서 유입될 자본은 엄청난 금액이었고 덕분에 수교 이듬해인 1966년에 무려 12.4%라는 놀라운 경제성장률을 달성한 것이다. 그리고 이것은 바로 한일국교 정상화의 결과물이었다. 이를 통해 제1차 5개년계획을 연평균 8.5%로 초과달성했고, 제2차 경제개발5개년계획의 목표를 2년 앞당겨 1969년에 초과 달성한 것이다.

16) 경제적 자립 위해 '산업의 쌀'인 철강산업을 육성시켜 세계적 규모의 철강업체 기반을 다짐

자료: http://blog.naver.com/PostView.nhn?blogId=islmoa&logNo=120200871484 (2013.11.18)

1968년에 포항제철이 설립되어 1973년부터 조업을 시작한 이후, 한국 경제의 발전과 중화학공업의 근간을 이루며 포스코는 세계적 규모의 철강업체로 발전했다. 포항제철이 건설되기 이전에 우리의 철강산업은 거의 전무한 상태였다. 당시 박정희 대통령은 자립경제를 달성하기 위해 제일 먼저 '산업의 쌀'인 철강산업의 육성에 강한 의욕을 보였다. 이는 1965년 존슨 미국대통령과 정상회담을 위해 미국을 방문하면서 피츠버그 철강공업지대를 시찰하고 미국의 제철소건설 기술용역회사인 코퍼스의 포어 회장을 만나 사업실현에 필요한 외자를 조달하기 위해 국제 제철차관단을 구성할 것을 제의하면서 시작되었다. 그리하여 1966년 12월 미국의 코퍼스를 중심으로 5개국 8개사가 참여하는 대한국제제철차관단(KISA : Korea International Steel Associates)이 정식으로 발족했다.

그러나 1968년 세계은행(IBRD)은 한국의 종합제철사업이 시기상조라는 보고서를 발표하면서 한국의 제철소 건설계획에 찬물을 끼얹었고, KISA도 차관도입에 난색을 표함으로써 자금조달이 불가능해졌다. 그럼에도 불구하고 박정희 대통령은 포항제철을 강하게 추진하면서 결국에는 지금과 같은 세계적 규모의 철강업체를 만드는 데에 기반을 닦았다.

이 세계적인 포항제철은 박정희 대통령의 말 한마디에서 시작됐다.

박정희 대통령은 제철산업의 적임자를 찾던 중 박태준을 떠올렸고 즉시 그를 청와대에 불러 포항제철소 건설을 부탁했다. 박태준도 부담이 되서 여러 차례 거부를 했지만 박정희 대통령은 포기하지 않고 끝내 박태준이 포항제철을 건설하도록 설득했다. 그리고는 원래 KISA가 한국에 조강능력 60만톤 규모의 제철소를 1972년 9월까지 완공하며 300만톤까지 철강을 생산할 수 있도록 설계하기로 했다.

또한 건설자금은 총 1억 3,070만 2,000달러이며 그 중 외자는 무려 9,570만 2,000달러, 내자는 3,500만 달러였는데 외자지급이 거부된 것이다. 하지만 이 자금은 바로 한일협정 청구비용에서 충당하게 되었고 포항제철의 건설은 국제적인 반대에도 불구하고 실행에 옮기게 되었다. 경제기획원은 전담반까지 설치하면서 포항제철 건설을 지원했다. 이렇게 1970년 4월 1일 착공식이 거행되었고 드디어 포항종합제철의 1기 용광로 공사가 완공되어 점화로에 불을 붙였다. 쇳물이 나오기까지 21시간이 걸렸고 마침내 나오기 시작했다. 이것이 대한민국 한반도 포항에서 최초의 쇳물이 쏟아진 것이었다. 이 포항제철은 일관제철소 설비를 가동시킨 지 단 1년만에 그동안 투입된 외국자본을 모조리 갚고도 남는 40억원의 흑자를 기록했다. 박정희의 전적인 지원과 격려 그리고 박태준의 강력한 리더십에 의해 포항제철은 선진국들의 우려에도 불구하고 무사히 준공되어 전 세계를 놀라게 했던 것이다. 이후 포항제철은 지금까지 한 번도 적자를 낸 적 없는 국가의 중요 수출산업으로 성장했다. 조강 생산능력은 세계 1, 2위를 다투는 등 국가발전의 최고 핵심산업으로 발전했다. 이것은 그야말로 박정희 대통령과 박태준이라는 포항제철을 건설한 CEO의 위대한 합작품이었던 것이다. 박정희 대통령의 강한 결단력과 포항제철 창업단의 불도저와 같은 리더십, 포항제철은 이러한 긍정적인 사고가 밑바탕이 되어 이제는 세계굴지의 제철공장이 되었다. 포항제철의 성공은 단순하게 포항제철의 성공으로 그치는 것이 아니다. 포항제철은 국내의 철강산업을 선도하면서 한국경제를 선두에 이끄는 견인차 역할을 한 것이다.

17) 2001년~2012년까지 세계 1위를 놓치지 않았던 대표적인 조선산업의 기반을 다짐

1970년대 중화학공업의 성패를 좌우하는 가장 중요한 핵심사업이 조선소 건설이었다. 조선소 건설은 돈도 기술도 없이 그야말로 맨땅에 헤딩하는 격이었다. 외국에 나가 손을 벌리니 돈을 빌려주겠다는 곳이 없었고 정주영을 박정희가 거의 강제적으로 해외로 보냈다. 그 이후 청와대로 다시 돌아와 박정희 대통령과 의논을 한 뒤 조선사업은 시작되었다.

영국, 미국, 일본, 러시아 등 이들 국가들은 한결같이 군사강국인데다가 일자리 걱정을 하지 않았다. 특히 해양산업이 발달한 나라들이었다.

그에 비해서 우리나라는 울산단지가 들어서고 일자리와 국민총소득은 조금씩 늘어났지만 여전히 농사를 짓는 인구가 대부분이었고 거지는 넘쳐났다. 박정희 대통령은 이러한 대한민국의 현실을 보고 조선산업을 결심했다. 그는 이 산업만 성공한다면 자주국방도, 일자리 창출도 모두 해결될 것으로 봤다. 그리고 이 조선산업을 통해 자연히 기계와 자연산업이 발달할 것이라고 생각했다. 이런 대규모 산업은 정부관료의 힘만으로는 부족했는데 경제기획원 장관인 김학렬이 박정희 대통령에게 정주영을 추천했다. 정주영은 조선산업을 위해 해외로 나가 기술제휴와 차관도입에 나섰으나 미국, 일본, 캐나다 등의 회사는 냉담하게 그를 돌려보냈고, 이에 포기하려고 했다. 하지만 박정희 대통령은 포기한다면 국가사업에 있어 현대건설에게 도움을 주지 않겠다는 배수진을 치게 하여 정주영은 계속 시도하였고 드디어 영국에서 차관을 빌려왔다.

4,300만달러의 어마어마한 차관을 빌려 한국으로 돌아와 박정희 대통령과 함께 조선산업을 시작하기에 이른다. 그 결과 조선소를 완공했고 리바노스가 발주한 26만톤급 유조선 두 척을 건조했다. 한국 땅에서는

처음으로 세계적인 대형유조선을 만든 것이었다. 오늘날 세계 제1위의 조선국이 된 것도 모두 박정희 대통령의 집념과 정주영의 추진력이 결합되었기에 가능했던 것이었다. 즉, 2001년부터 2012년까지 무려 11년을 대한민국이 조선산업에서 세계 제1위를 할 수 있었던 것이었다.

18) '공업입국' 신호탄인 공업단지를 조성, 경공업·중화학공업을 통한 경제개발의 기틀을 다짐

1962년 2월 3일 울산에 공업단지 기공식이 열렸다. 이 공업단지 기공식은 '공업입국'의 신호탄이었다. 군복을 입은 박정희 국가재건최고회의 의장은 울산공업단지를 혁명공약(경제개발)의 아이콘으로 내세웠다. 이 울산공업단지의 조성은 박정희에게는 경제개발의 거의 최초의 시도이자 계획이었다. 박정희 대통령은 울산공업지구 설정 및 기공식을 가지기 이전에 이미 1962년 1월 27일에 울산을 중화학공업 우수 자연적 입지조건으로 결정하여 공포한 바가 있었다. 그리고 이후 이 울산에는 여러 화학, 석유와 관련된 중화학공업이 실제로 시행되었다. 1960년대 초반에는 고작 생사 270만달러를 수출했던 데 비해, 1970년에는 섬유류 수출이 3억 4,110만달러나 되었다. 1960년대에는 노동집약적인 경공업 수출이 섬유류, 합판, 가발 등에 집중하고 있었는데, 수출을 증진하기 위해 대규모 공단이 조성되었다. 그 이후 1965년 3월 12일에는 구로공업단지의 기공식이 있었다. 또한 1967년 4월 20일에는 요소비료를 연간 33만톤 규모로 생산하는 한국비료가 준공되었고 1964년 5월 7일에는 울산정유공장 준공식이 있었다. 울산공업단지는 급속하게 성장했고 한국산업화의 중심지로 변모해갔다. 이후 이 울산공업단지에는 중화학공업에 속하는 현대자동차 공장이 1968년부터 가동에 들어갔고 1972년에는 현대미포조선소가 준공됐다. 울산이 공업단지로 선정되면서 변변한 항만시설도 없던 곳에 기계와 시설자재를 실은 대형선박들의 왕래가 부쩍 잦아졌다.

당시 울산은 인구 8만 5000명 정도의 전형적인 농어촌에 불과했다. 하지만 1962년 1월 15일에 박정희 국가재건최고회의 의장이 제1차 경제개발 5개년계획을 발표했고 울산이라는 농어촌을 대한민국 최초의 공업도시로 만든 것이었다. 이후 우리 나라에서 석유화학제품이 생산되기 시작한 것은 1966년 카바이드법에 의하여 폴리염화비닐(PVC)을 생산해 낸 것을 그 효시로 한다. 우리 나라에서 본격적으로 석유화학공업이 시작된 것은 제2차 경제개발 5개년계획의 일환으로 정부가 석유화학공업단지 건설을 추진하기 시작한 이후부터이다. 1964년 대한석유공사의 정유공장 가동으로 원료인 나프타의 국내 공급이 가능하게 되었으며 제1차 경제개발 5개년계획 기간 중 섬유·플라스틱·타이어·세제 등 석유화학산업으로부터 원료를 제공받는 산업들이 개발됨에 따라 석유화학단지 건설의 필요성이 높아지게 되었던 것이다. 특히 업스트림부문은 대한석유공사를, 다운스트림 부문은 충주비료를 주축으로 하여 1968년 3월 울산석유화학단지 건설이 추진되었다. 1970년에 대한석유공사가 울산정유공장내에 석유화학의 방향족계 원료인 BTX(벤젠·톨루엔·크실렌)공장을 건설·가동하기 시작하였고 1972년 10월에는 에틸렌 기준 연간 10만톤 생산규모의 나프타 분해공장 및 9개 계열공장이 완전가동되었다.

이로써 국내 석유화학공업은 대량생산으로 본격적인 자립의 터전을 마련하게 되었으며 기초 유분에서 최종 제품에 이르기까지 일관된 생산체제를 갖추게 되었다. 공업단지의 신호탄으로 경공업을 하던 공업단지에서 이제는 더 나아가 중화학공업이라는 한층 성장된 공업단지가 되어 경제발전의 견인차 역할을 하게 된 것이었다.

19) 서민들의 원활한 도로교통을 위해 서울지하철 1호선 개통

1968년에 원활한 도로교통을 위해 서울전차가 폐지되었다. 이후 서울로 이주해 온 도시노동자들에게는 대량수송이 가능한 대중교통이 하나 사라지게 되었는데 결국 대한민국 철도청이 지하철에 대해 연구하였으나 다른 과제로 인해 묻혀버렸고, 당시 서울특별시장 윤치영과 김현옥에 의해 최초의 지하철 건설이 시작되었다. 예전에 철도청장을 지냈었던 양

자료: http://blog.naver.com/PostView.nhn?blogId=islmoa&logNo=120200871484
(2013.11.18)

택식이 김현옥 후임으로 부임하면서 재임 중에 지하철을 건설하겠다고 하였으나 김학렬 당시 경제부총리의 반대에 부딪혔다. 하지만 박정희 대통령은 결국 지하철을 건설하겠다는 양택식의 편을 들어주었고 일본과의 기술제휴를 통해 지하철을 건설하겠다고 하였다.

이렇게 시작된 서울지하철은 1호선이 1971년 4월 12일 착공해 3년 4개월만인 1974년 광복절에 개통했다. 거리는 서울역~청량리로 7.8km 길이였다. 당시에는 서울역이 서울역앞역으로, 시청역은 시청앞역으로 불렸으며, 동묘앞역은 만들어지지도 않았던 때였다. 1971년 일본에서 들여온 외자 94억원과 국내자금 240억원을 투입하였다. 대한민국 최초의 지하철이지만 일본의 기술협력과 엔차관이 결합하여 논란이 되기는 했지만, 이 지하철 개통은 새로운 주거지역이 개발되고 또 대단위 주택단지가 건설되고 도시기능의 분산이라는 막대한 경제적 효과를 창출하고 있다.

20) 세계에서 1위를 지키고 있는 대한민국의 효자산업인 반도체 전자공업의 기반을 다짐

역사적으로 농경시대에는 농사를 짓는 기술이, 산업사회에서는 기계

기술과 전자기술이 생존수단이었다. 그리고 박정희 대통령 시대는 바로 우리나라가 최초로 산업사회로 들어서는 시기였다. 바로 그 시기에 박정희 대통령은 철강, 조선, 자동차, 반도체 등의 기간산업을 정부주도형으로 기획하고 육성하였다. 중화학공업이 박정희 대통령에 의해 육성되던 시기인 1974년 1월에 한국반도체가 설립되었다. 국내 유수의 오퍼상인 켐코(KEMCO)가 기술집약적인 웨이퍼의 가공 및 생산을 하려고 했던 것이다. 이 회사가 바로 이건희 눈에 띄었다. 1973년에는 오일쇼크가 닥쳐 큰 폭풍에 휩싸였는데, 이건희는 한국은 부가가치가 높은 첨단 하이테크산업으로 진출해야 한다는 확신을 가졌다. 이러한 상황에서 1974년에 한국반도체라는 회사가 파산에 직면했다는 소식이 들려왔던 것이다.

30대 초반이었던 이건희는 아버지에게 한국반도체를 인수하자고 건의했지만 이병철 회장은 고개를 저었다. 하지만 이건희는 물러서지 않았고, 결국 아버지의 도움을 받지 않고 뛰어들었다. 하지만 이병철도 반도체에 관심이 없던 것은 아니었다. 1977년에 한국반도체를 인수했는데 언젠가는 반도체사업을 해야겠다고 생각했기 때문이었다. 이병철은 이후 박정희 대통령을 찾아가 만났는데, 그는 "전자산업이 앞으로 한국을 먹여 살릴 산업이니 국가적으로 키워 나가야 한다"고 말했다. 그러자 박정희 대통령은 고개를 끄덕이더니 곧바로 전자산업의 문을 열라는 지시를 내렸고 일은 수월하게 진행되었다. 1970년대 중화학공업정책을 육성할 때 반도체는 당시에 최초로 국내에 도입되어서 연구가 시작되었다. 시제품을 만들고 본격적으로 제품을 내기 시작한 것은 1980년대였지만 연구개발은 1970년대에 박정희 대통령의 승인과 적극적인 지원을 통해 기업체에서 시작되었다. 메모리형 반도체산업 육성정책을 연탄을 찍어내는 일 또는 쌀농사를 짓는 것과 같다라고 보았던 것이다. 1980년~1990년대 반도체, 휴대전화기로 옮겨가게 된 것은 바로 1960~1970년대 수출드라이브 정책과 수출지향산업화 전략이 결실을 거둔 것이었다. 박정희 대통령은 처음에는 수출을 확대했고, 이후 중공업, 선박, 화학, 자동차, 반도체, 소비재 전자제품에 집중적으로 투자를 하여 경공업과 중화학공업을 동시에 이룬 것이었다. 그 결과 현재 삼성그룹 전자계열사 제품을 국내외 유통, 국내 반도체 유통부문에서 1위를 기록하고 있다. 세계 반도체 시장에서 1위의 공급자 자리를 차지하고 있는 것이다. 이러한 우리나라의 반도체 분야 1위는 1992년에 삼성전자가 메모리 반도체 세계 1위에 오르고 나서 지속되고 있다.

21) 외세에 의존하지 않고 자주국방을 통한 철통같은 국가안보를 계획하여 실현시킴

박정희 대통령의 자주국방에 대한 뜻은 1968년 2월 7일 경남 하동에서 열린 경전선 개통식장에서 처음 직접적으로 강조되었다. 박정희는 자주국방을 내세우면서 대미외교를 강화하여 월남전 파병을 결단하고 국군현대화 지원을 얻어내면서 방위산업을 육성했다. 박정희 정부의 자주국방 노력은 중화학공업화 추진으로부터 시작되었다. 중화학공업 육성 계획은 1971년 말 구상되어 1973년 1월부터 공식적으로 개시되었다. 이 계획은 한국의 산업구조를 고도화시키려는 경제적 동기도 있었다. 하지만 박정희가 당시 한국의 경제력에 걸맞지 않게 때이른 중화학공업화를 추진한 데에는 정치, 군사적 동기 즉, 한편으로는 북한의 군사적 위협에 대처하고 다른 한편으로는 닉슨 정부의 주한미군 감축에 대응해야 한다는 목적이 더 컸다. 다시 말해 박정희는 중화학공업화를 통해 방위산업을 육성하고 그것을 바탕으로 한국군의 현대화와 자주국방을 달성해 북한의 위협과 주한미군감축에 대비하고자 했던 것이다. 이러한 자주국방 추진의 관건은 국방비 확보였다. 그 당시까지 한국의 국방비는 대개 경상비를 충당할 정도의 수준이었으며 한국군의 전력강화는 미국의 군사원조에 주로 의존했다. 그런데 미국의 군사원조는 1973년을 기점으로 급속히 줄기 시작해 1977년경에는 거의 없어지게 되었다. 이에 박정희 정부는 미국이 주한미군 감축대가로 1971년부터 5년동안 한국군 현대화를 위해 제공하기로 한 15억달러의 군사원조와 1975년부터 걷기 시작한 방위세를 재원으로 하여 강력한 자주국방 노력을 전개했다. 국방부에서는 1974년에 '전력증강 8개년계획'을 입안하였으며 박정희 대통령은 이를 율곡계획이라고 이름을 지었다. 율곡계획은 남북간의 전력 비교가 50대 100이라는 열세를 극복하기 위해 전차, 야포, 함정, 잠수함, 전투기 등의 국산화와 외부조달을 계획하고 있었다. 박정희 대통령의 전력증강 8개년계획으로 소총, 미사일, 전차 등이 국산화되었고 해상, 해중전력을 강화했다. 획기적인 자주국방태세를 구축할 수 있었던 것이다. 특히 한국 정부는 1976년 예산부터 국방비를 배증하기 시작해 이후 3년동안 해마다 크게 증가시켰다. 그 결과 1979년 국방비는 국민총생산(GNP)에서 차지하는 비중면에서는 북한보다 작지만 액수로는 북한을 앞지르게 되었다. 한국은 이러한 국방비를 가지고 미국으로부터 현대식 무기 예컨대 미사일과 전투기, 군함 등을 사들이는 한편 중화학공업화를 통해 육성된 방위산업을 토대로 하여 무기의 국산화에도 박차를 가했다. 박정희의 자주국방 프로젝트에서 가장 야심찬 것은 핵무기개발의 시도였다. 1971년 닉슨이 주한미군을 감축하고 중국과 관계를 개선하는 것을 지켜보면서 박정희의 안보에 대한 불안감은 고조되었다. 그는 사태의 진전에 따라 남한이 홀로 북한과 대결해야 할지도 모른다는 생각을 갖게 되었고, 이러한 안보적 불안감은 그로 하여금 핵무기개발에 대한 유혹을 느끼게 했다. 그에게 있어 군사적 자립은 핵무기 자립을 포함하는 것이었다. 그는 미국의 핵우산을 신뢰하지 못하게 되었고 남한내에 수 백개의 미국 핵무기가 있음에도 불구하고 스스로의 핵폭탄을 개발하기 시작했다. 이를 위해 박정희는 대통령 직속기관으로 '국방과학연구소'를 설립했고 산하에 '무기개발위원회'라는 비밀기관도 두었다. 그는 우선 프랑스와 접촉하여 핵무기의 원료인 플루토늄 제조용 재처리시설 확보에 주력했다.

그는 미국과 캐나다에서 활동 중인 한국인 핵과학자들을 은밀히 포섭하는 한편 핵무기개발에 필요한 장비와 소재들을 몰래 구입하기 시작했다. 1971년 주한미군 철수 이후 박정희는 핵개발을 포함하여 적극적인 자주국방정책을 추진했는데, 이는 미국의 정책과 배치되는 것이었다.

6.25전쟁 이후 북한군 전차보다 뛰어난 성능을 지닌 전차의 보유는 우리 육군의 숙원이었다. 1976년 초 박정희 대통령은 청와대를 방문한 현대그룹 정주영 회장에게 '국산전차개발'에 매진해 줄 것을 당부했다. 이것을 계기로 현대중공업이 미제 M-48A1 전차개량사업에 착수했고, 이후 현대로템(당시 현대정공)이 1987년 7월부터 K-1 전차(88전차)를 본격 생산하게 된다. 이어 1996년 미국과의 기술협력을 통해 120mm 활강포를 장착하고 특수장갑을 채용한 K-1A1 전차를 개발하기에 이른다.

K-1A1 전차개발을 계기로 우리나라는 독자모델의 전차를 생산할 수 있는 전기를 마련하게 되었다. 그리고 2008년 국방과학연구소(ADD)와 함께 현대로템은 독일의 레오파드, 프랑스의 르끌레르, 미국의 에이브람스 전차와 동급 또는 그 이상으로 평가받고 있는 K-2 전차개발에 성공했다. 이외에도 1974년 12월, 1단 무유도(無誘導)로켓 '홍릉1호'가 창공을 갈랐다. 1978년 9월 26일엔 '백곰'이 충남 서산군 안흥 앞바다 목표에 명중했다. '백곰' 뿐 아니라 대전차로켓 6발, 다연장로켓 구룡 56발, 중거리 무유도로켓 황룡 4발 등도 이어 실험에 성공하고 헬기, 대포, 탄약, 장갑차, 함정, 레이다, 미사일의 생산 및 항공기산업과 특수전차개발에 착수하여 자주국방의 효시를 놓는다.

22) 독립한 1400여개 국가들 중 유일하게 과학진흥계획을 수립, 세계적인 과학국가기반을 조성

박정희 대통령의 과학에 대한 관심은 유별났다. 1962년 1월 제1차 경제개발 5개년계획에 착수한 데 이어 4개월 뒤인 그해 5월 제1차 과학기술진흥 5개년계획을 수립했다. 또 박정희 대통령의 과학기술육성정책은 1966년의 한국과학기술연구원(KIST) 설립, 1967년의 과학기술처 발족, 과학기술진흥법 제정, 1971년의 한국과학기술원(KAIST) 설립 등으로 이어졌다. KIST의 파격적인 인사제도는 고급두뇌를 영입해 한국 과학기술사에 분기점이 되는 굵직굵직한 연구성과를 내놓았다. 특히 한국의 근대화를 이야기할 때 빠지지 않는 키워드가 바로 박정희 대통령이 수립, 시행한 '경제개발 5개년계획'이다. 경제개발계획과 함께 시작된 국가적 차원의 과학기술개발 로드맵인 과학기술진흥 5개년계획은 경제개발계획의 뿌리로서 기획된 것이다. 박정희 대통령은 과학적 지식을 요하는 포병장교에 있었기 때문에 먹고 살기도 힘들었던 그 시절에 과학의 중요성을 이미 파악했다. 그리고는 과학을 발전시키기 위해 과학입국에 열을 올렸다. 박정희 대통령의 간곡한 요청에 따라 해외에서 혁혁한 성과를 내던 유능한 과학인재들이 한국으로 들어왔다. 그리고 박정희 대통령은 과학의 중요성을 일찍이 깨닫고 한국과학기술연구원(KIST)을 설립했다.

한국과학기술연구원(KIST)이 없었다면 이후에 대덕연구소, 전자통신연구소, 국방과학연구소 등도 없었을 것이다.

당시 KIST 박사들의 대우는 박정희 대통령보다 월급을 더 많이 받았을 정도였다. 가난을 벗어나기 위해서는 기술이 필요하고 산업화가 필요하다는 것을 절실히 느꼈던 것이다. 그만큼 박정희 대통령의 직접적인 대우와 격려에 과학을 발전시키고자 많은 박사들은 자신들을 희생했다.

3~4년 사이에 귀국한 18명 중 4명이 스트레스 때문에 암으로 사망하기도 했다.

박정희 대통령은 그 시절 이미 과학과 기술이야말로 경제발전의 근간이 될 것이라 예견하고 있었다. 총 4회에 걸쳐 1981년까지 진행된 기술진흥계획속에서 우리나라 과학기술의 수많은 근간들이 탄생하고 꽃을 피웠다. 1945년 2차대전 후에 독립한 140여개의 국가들 중 기술진흥 5개년계획을 수립, 시행한 국가로는 대한민국이 최초라고 할 수 있다. 박정희 대통령은 과학기술을 발전시키기 위해 필요한 확고한 리더십 원칙이 있었다. 첫째, 나라의 발전을 견인하기 위한 과학기술은 기능, 기술, 과학이 모두 필요하다는 것을 이해했고 둘째, 이들을 발전시키기 위해서는 필요한 자본과 시설이 마련되어야 함을 알았으며 셋째, 이들을 이끌고 나갈 인재를 양성하는 시스템을 구축하는 것이 필요함을 알았다. 1961년

대한민국의 국민소득은 79달러로 세계 최빈국 중의 하나였다. 하지만 박정희 대통령의 과학과 경제개발이 초석이 돼 대한민국은 과학경쟁력 세계 3위, 기술경쟁력 세계 14위, 과학 인프라 세계 3위(2009년 기준)로 성장했다. 이러한 박정희 대통령의 공헌에 과학기술계 원로들은 박정희과학기술기념관 건립을 추진하고 있다. 기념관 건립사업을 주도하고 있는 박원훈 KIST 연우회장(한국과학기술한림원 총괄부원장)은 "기념관 건립은 단지 박 전 대통령에 대한 향수 때문이 아니다. 과학기술의 중요성에 대한 한 국가지도자의 정확한 인식이 얼마나 국가발전에 기여했는지, 이공계를 기피하는 현 세태에서 살아있는 교육현장으로서의 역할을 할 수 있을 것"이라며 설립의도를 밝혔다.

23) 지금의 대한민국을 위해 헌신한 역사적 인물들에 대한 숭고한 기념사업을 정부주도로 추진

박정희 대통령은 조국에 대한 헌신을 했던 위인들을 기리고자 과거에 애국을 했던 분들과 관련된 많은 투자를 하여 사업을 진행시켰다. 아산시 백암리 일대는 이순신 장군의 옛집, 사당 등이 있는 곳인데 1966년부터 1974년까지 박정희 전 대통령의 지시로 성역화사업이 행해졌다. 충무공 현충사 관리소는 성역화작업이 진행 중이던 1968년 12월 31일에 설립됐다. 소장 1명 아래에 서무과와 관리과를 두고 있으며 이순신 묘계를 관할하기 위해 음봉분소를 두고 있다. 이렇게 박정희 대통령은 1974년에 이곳을 성역화하고 종합적인 조경공사를 하여 오늘의 경관을 갖추도록 하였다. 또한 충무공 이순신 장군의 동상이 광화문에서 지금까지 굳건히 자리를 잡고 있다. 이 이순신 장군의 동상은 박정희 대통령의 지시로 만들어졌는데 이순신 장군 성역화작업과 함께 추진되었다. 동상은 1968년 4월 27일에 착공 7개월만에 제막식이 거행되었다. 박정희 대통령의 금일봉으로 건립된 20m에 달하는 국내 최대규모의 동상이다. 일본의 기운이 너비 100m나 되는 뻥 뚫린 길을 타고 밀려 들어올 것을 걱정한다는 여론을 보고 받은 박정희 대통령이 "일본인들이 가장 무서워

할 인물의 동상을 세우라!"고 지시한 것이다. 강감찬 장군도 역시 민족의 영웅으로 추앙되면서 1971년 당시 박정희 대통령이 '애국조상건립위원회'를 만들어 전국 각 시, 군마다 위인의 동상을 세워 정신을 본받도록 지시하면서 수원의 팔달산에 자리를 잡게 됐다. 또한 임진왜란 당시 동래성에서 왜구 20만에 맞서 싸우다 장렬히 전사한 송상현 부사의 사당도 만들었다.

또한 안중근 의사 기념관도 박정희 대통령에 의해 1970년에 만들어졌다. 특히 재정이 어려워 기념관을 준공하지 못하고 있다는 사실이 박정희 대통령의 귀에 들어가면서 정부의 지원을 지시해 기념관을 준공하게 했다. 박정희 대통령은 안 의사를 위해 남산 주변을 성역화하라고 지시해 추진위까지 만들어졌는데 갑자기 김재규에 의해 시해를 당하면서 무산됐다.

박정희 대통령은 '안중근기념관'을 정부지원으로 준공케 한 뒤 숭모회로 하여금 지난 1979년 9월 안중근 의사 탄생 100돌을 기념해 안중근 기념관 정문 앞에 자신이 쓴 '민족정기(民族正氣)의 전당(殿堂)'이란 친필 기념비를 세우게 했다. 1979년 당시 숭모회 회장으로 있던 이은상과 박정희는 "안중근 의사의 위격(位格)을 이 충무공과 동격으로 높이는 성역화사업"을 추진하기로 했었다. 이를 위해 청와대 정무수석 고건, 문공부장관 김성진, 서울시장 정상천 등으로 '안중근 의사 성역화 사업추진위원회'를 구성했다. 정부와 숭모회는 성역화 장소를 두고 이견을 보이기도 했다. 정부는 강남지역의 국유지 10만평에 성역화를 건설하기로 한 반면, 숭모회는 남산공원 부지 1만평에 성역화 건설을 해야 한다는 입장을 보이는 등 입장 차이를 보이다가 10.26 사태로 인해 성역화 추진이 무산됐다. 이외에도 미국에서 서거한 이승만 박사를 모셔다가 국립묘지에 안장하고 그를 기렸으며 조선의 고종의 아들 영친왕이 일본에서 고생하자 모셔다가 이방자 여사와 덕혜옹주와 함께 창덕궁에서 지낼 수 있도록 배려를 해주었다. 또한 독립유공자들 유해를 동작동 국립묘지에 안장했는데, 대표적으로 이봉창 의사가 있다. 1963년 10월 7일에는 동학혁명 기념탑 제막식도 가졌다.

24) 국민에게 '우리도 할 수 있다', '하면 된다'라는 긍정적 리더십을 통해 자신감을 심어줌

　박정희 대통령의 주요 슬로건은 3개로 요약할 수 있다. '우리도 한번 잘살아 보세'와 '하면 된다', '우리도 할 수 있다'가 바로 그것이다. 박정희 대통령은 이러한 슬로건을 통해 경제적 리더십을 내세워 수천년을 이어온 후진국의 사슬을 끊고 '한강의 기적'이라는 세계 역사상 유례가 없는 성장을 이룩해냈다. 사회, 경제적인 기반없이 민주주의의 발전을 기대하기 어렵다는 점을 감안하면 박정희 대통령의 노력과 업적은 역사적 안목에서 보았을 때 민주주의 발전의 초석이 되었다고 할 수 있다. 박정희 대통령 시절의 '하면 된다'라는 슬로건이 지금까지도 한국군대의 슬로건이기도 하다. 이러한 슬로건은 전체적인 영역 즉, 당시의 사회와 경제, 정치적인 측면 등 모든 측면에 그대로 적용이 되어 일종의 윤활유와 같은 중요한 역할을 해냈다. 한국에서는 사업이라든가 프로젝트를 만들 때 해서는 안되는 말이 '못한다'라는 부정적인 말이다. 한국인들은 빈말이라도 '할 수 있다' 혹은 '문제없다' 혹은 '괜찮다' 등 긍정적인 말을 습관적으로 하게 된다. 바로 이러한 정신이 바로 박정희 대통령 시절부터 머리에 박혔던 것이라고 볼 수 있다. 일본인은 확실한 것이 아니면 '모르겠다'라거나 '잘 못할지도 모른다'라는 소극적인 대답을 하는 것에 반해서 말이다. 박정희 대통령의 창학정신이 어떻게 보면 30~40년이 지난 지금까지도 대한민국 국민의 정신에 긍정적인 영향을 끼치며 박혀있는 것이다.

　50여년전 세계 최빈국에 희망이 없던 시절, 그 누구도 감히 꿈꾸지 못하였던 선진조국의 비전을 가지고 '하면 된다', '할 수 있다', '우리도 한번 잘살아 보자'라는 굳은 신념을 가진 박정희라는 한 가난한 나라의 뜻있는 지도자가 대한민국에 지금까지도 그 영향을 끼치고 있는 것이다. 실제로 심리학에서도 '플라시보 효과'라고하는 즉, 의학성분이 전혀 없는

약이라도 환자의 심리적인 믿음을 통해 치료효과가 나타나는 현상은 이미 증명된 바가 있다. 즉, 실제로는 그렇지 않아도 그렇다고 믿거나 굳은 신념을 가지고 나간다면 실제로 그렇게 이루어진다는 것이다. 그 효과를 박정희 대통령은 이미 30~40년전에 알고 있었고, 그 효과를 국민에게 전달했던 것이다.

25) 현재 세계적인 강남스타일의 중심지인 한강이남 개발 즉, 강남일대를 개발하는 사업을 실시

자료: http://blog.naver.com/PostView.nhn?blogId=islmoa&logNo=120200871484 (2013.11.18)

　현재 우리나라의 대표적 지역인 강남은 현재 싸이의 '강남스타일'로 비단 우리나라에서만 아니라 세계적인 지역으로 우뚝 솟았다. 하지만 1970년대에 사람들은 그곳을 강남보다는 '영동'이라고 더 많이 불렀다.
　영동은 영등포의 동쪽이라 붙여진 이름이었다. 하지만 이러한 명칭은 차츰 사라져 자취를 감췄다. 박정희 정부는 저곡가정책을 통해 도시화를 진행시키고 산업용지를 적극적으로 개발 및 공급하였다. 1960년대의 강남개발은 이러한 모습을 단적으로 보여준다. 1963년 지금의 강남지역이 서울에 편입됐다. 1966년 김현옥 당시 서울시장은 서울 기본도시계획을 통해 강남권개발을 추진했다. 1967년 11월에는 경부고속도로 건설 계획이 완료됐고 강남 일대 900만평이 토지계획지구(영동지구)로 지정됐다. 그러나 당시 북한보다 1인당 국민생산이 뒤쳐진 상태여서 개발자금이 부족했고 정부는 체비지(개발비용의 충당을 위한 판매용 토지)사업을 통해 자금을 충당했다. 강병기 전 국토계획학회 회장에 따르면 당시 강남의 사유지 소유자들은 부가가치를 위해 당시 허허벌판이었던 강남 땅에 학교, 공원 등의 시설을 짓고, 그 대금으로 토지를 공공용지로 바쳤다. 이들 중 일부는 체비지로 설정되어 재산가들에게 팔렸고, 이렇게 모인 자금으로 경부고속도로 등 도시기반시설사업이 진행됐다. 체비지가 매각되지 않으면 개발자금이 모이지 않고 개발이 진행되지 않기에, 정부는 적극적으로 체비지 매각에 힘썼다. 그 결과 경부고속도로 수용된 토지를 중심으로 집값이 가파르게 상승했다. 말을 먹이고 쉬어가던 거리라는 뜻의 말죽거리가 그 대명사다. 1966년 초 평당 200원에 불과했던 말죽거리의 가격은 순식간에 2~3천원으로 수직상승했고, 1968년 말에는 평당 6천원에 이르렀다. 박정희 정부는 강남개발을 촉진하기 위해 1973년 영동지구를 개발촉진지구로 지정했다. 이 과정인 1972년에 제정된 <특별지구개발에 관한 임시조치법>에 따르면 개발촉진지구에 땅을 구입해 주택 등을 지으면 이후 부동산 판매시 1967년에 제정한 투기억제세를 면제해 주었으며, 기타 재산세, 면허세, 도시계획세 등을 면제해 줬다. 강북지역의 신규 유흥시설 등의 설립을 금지하는 반면 영동지구에는 허용했다. 당시 인구 희소지역이었던 강남을 관통하는 지하철 2호선을 개통하였고, 경기고, 경기여고, 휘문고, 서울고 등 전통의 명문고등학교를 강남지역으로 옮겼다. 1976년에는 고속버스터미널을 강남으로 이전했다. 또한 1974년에는 330만평 부지에 25만 인구를 수용한다는 잠실 뉴타운 계획을 수립했다. 이러한 정책에 따라 1973년 5만명에 불과했던 영동지구의 인구는 1978년 21만명으로 급성장할 수 있었다. 강남구 학동(현 논현동)의 경우, 1970년 평당 2천원에 불과했던 지가가 1~2년 사이에 10배가 뛰었다. 1974년에는 8만원까지 뛰었고, 이는 3년만에 다시 두 배가 됐다. 1979년에는 평당 40만원에 이르게 된다. 1963~1979년동안 압구정동의 지가는 875배, 신사동의 지가는 1000배 상승했다. 이렇게 강남은 급속도로 발전을 했으며 이후 '강남스타일' 노래로 인해 한반도는 물론이고 세계의 중심이 되었다.

26) 전국에 있는 호국문화유산과 같은 우리나라의 중요한 문화재들의 발굴 정비

박정희 대통령은 우리나라의 역사적으로 중요한 문화유산에 대한 관리에 신경을 썼는데 1970년대 초에 사적 제502호인 불국사 청운교 및 백운교의 복원공사를 하면서 지금의 모습을 갖추게 되었다. 또한 박정희 대통령은 1971년 7월 정소영 경제 제1수석비서관을 단장으로 하는 경주관광개발계획단을 구성였다. 이는 신라의 수도였던 경주를 세계적인 관광지로 개발하도록 한 것이었고, 이 시기에 석굴암을 재보수하고 광화문을 재건했다. 1973년 7월 3일에 불국사 복원불사 회향식이 열렸는데, 이날 준공행사에 참여하여 30여분간 새로 단장된 불이문, 대웅전, 회랑, 무설전, 다보탑, 석가탑 등 경내를 둘러보았다. 또한 이외에도 화성을 복원했는데, 박정희 대통령은 화성복원 의지로 1975년부터 시작한 수원 화성 복원 공사에 예산 32억원(현재가치 1조원)을 들여서 수원시와 경기도가 중심이 되어 5년이라는 긴 시간의 노력 끝에 화성의 본래 모습으로 복원시켰다. 또한 이외에도 남대문 중수공사를 준공했으며 동대문 개축도 준공하였다. 문화재보수 5개년계획을 수립했으며 팔의사 창의탑을 준공했다. 또한 해인사 팔만대장경 판고 신축 및 보수를 했으며, 무형문화재와 기능 및 예능보유자 인정 전승사업을 시작했다. 석가탑 사리함에서 세계 최고 목판 인쇄 다라니경문이 발견되기도 했으며 국립중앙박물관을 착공하고 밀양 영남루 보수, 서울 문묘 보수, 부여 정림사지 정비, 법주사 대웅전 보수, 종합민족문화센터를 기공했으며 국립묘지정화사업 현충탄 건립과 문화재보호법 제정을 공포하는 등 무수히 많은 일들이 진행되었다.

사실, 당시의 모든 구호와 정책의 초점은 식량증산에 맞추어져 있었다. 먹고 살기도 바빴던 시대였기 때문이다. 즉, 문화는 정책추진의 고려의 대상이 아니었다. 그럼에도 불구하고 박정희 대통령은 우리나라의 호국문화유산에 관심을 가지고 당시 수원성이라 불렸던 우리 역사의 자랑을 완벽하게 복원시켰다. 이외에도 현재 존재하는 대다수의 문화재가 박정희 대통령 때 복원되었다. 1970년대 초반에 박정희 대통령이 전국의 모든 문화유산을 조사하고, 그것을 가지고 문화재 관리행정의 체계를 잡으라는 지시를 통해 우리나라의 모든 문화유적을 조사하게 되었다. 그리고 그러한 일련의 과정을 거쳐 지금 문화재관리청의 모든 관리행정의 기본을 이루고 있는 것이 바로 '전국유적총람(全國遺蹟總覽)'이다.

27) 야간중학 개설, 중학입시시험 폐지, 고교평준화같은 현대식 교육체계의 기반 조성

1963년 8월 8일 국사교육 통일방안을 선포하였다. 1968년에 학자들을 초빙하여 국민교육헌장을 제정 반포하게 하여 새로운 시대를 여는 바람직한 한국인상, 국적있는 교육의 전개를 강조하였고 이는 국민교육화되었다. 박정희 대통령은 정치의 최우선 과제를 교육에 두었으며 과학기술교육의 진흥을 목적으로 실업계학교 장려와 1973년부터 대덕연구단지 조성사업을 추진하였다. 1978년에는 한국정신문화연구원을 설립하여 한국학 및 한국문화연구의 본산을 조성하였다. 그런가 하면 1964년 1월 4일 시도 단위 교육자치제를 실시하여 시도 교육청에 교육행정권을 위임하기도 했다. 1968년 7월 15일 1971년까지 중학입시시험을 폐지하는 등 입시개혁안을 발표한 반면, 10월 14일 대학교 입시 예비고사제를 1969년부터 실시하게 하였다. 또한 국공립중학교 증설 7개년 계획과 고등학교 기관확충계획을 추진하였고, 1969년 11월에는 공장 근로자들을 위한 금성사 등 7개 대기업체에 회사내에 이공계 실업학교 부설을 지시하였다.

1976년 5월 20일에는 국비장학생을 선발하여 유학보내는 제도를 신설하였고, 1976년 7월에는 일반 영세기업체들이 산집해 있는 공단근로자를 위해 야간중학 개설을 지시하였다. 1969년 장기종합교육계획시안을 마련했고 1971년 2월 19일에는 국민윤리도 교과로 신설되었다. 또 종합교육센터도 기공되었으며 교육용 한자 1,781자를 선정하여 발표했다. 체육고를 신설하기로 결정했으며, 고교평준화 작업과 산업체 근로청소년의 교육을 위한 특별학급 설치를 기준령으로 의결했다.

28) 오일쇼크가 발생하자 이를 타개하기 위해 실리적으로 중동국가와 교류, '중동 특수'를 누림

자료: http://blog.naver.com/PostView.nhn?blogId=islmoa&logNo=120200871484 (2013.11.18)

1970년대에 접어들면서 박정희 정권은 정치적으로는 고전을 면치 못했지만 경제적으로는 그때그때 나타난 기회들을 잘 활용하여 극복해냈다. 예컨대 베트남 특수에 이어 1970년대에는 '중동 특수'가 경제개발개혁의 성공에 큰 기여를 했다. 이러한 중동에 대한 진출은 3번째 외환위기인 1973년 10월에 발생한 제1차 오일쇼크의 영향으로 적자규모가 1974년에는 최초로 두 자리 수인 20억달러를 넘어서며 일어나기 시작하면서 진행된 것이었다.

1973년은 한국과 중동사이의 본격적인 경제교류에 있어서 역사적인 전환점이 되었는데, 한국정부는 중동 각 산유국들로부터 석유를 수입하는 동시에 경제개발에 필요한 자본조달을 하기 위해 중동의 건설시장으로 진출하지 않을 수 없었다. 1973년 10월 제4차 아랍-이스라엘전쟁은

무엇보다도 처음으로 오일쇼크를 일으켰고, 그에 따라 유가가 4배로 급등하면서 이들 아랍산유국들은 엄청난 '오일달러'를 축척하게 되었다.

이러한 막대한 오일달러와 구매력을 가진 중동시장은 한국의 가장 매력적인 상품 및 건설시장의 대상이 되면서 이슬람세계에 대한 지역연구도 활발히 진행되었다. 이후 박정희 대통령은 이 위기를 극복하고자 기존에 친미, 친이스라엘 정책에서 전환하여 실이익을 추구하고자 이스라엘과 적대적인 중동의 아랍국과들과 교류를 하며 적극적으로 중동의 특수를 위한 계획을 추진했다. 즉, 1973년 12월 15일에 이스라엘의 점령지 철수 등 4개항의 친 아랍성명을 발표했던 것이다.

그리고 박정희 대통령은 국내기업들의 중동진출을 적극 지원하고 또 권장했다. 이러한 배경에서 1973년 6월에 삼환기업이 사우디아라비아의 카이바, 알울라간 고속도로공사를 수주한 것을 비롯해서 토목, 건축분야를 중심으로 중동진출이 시작되었다. 특히 현대건설의 중동진출은 괄목할만 했다. 현대건설은 1975년에 바레인의 아랍수리조선소 건설수주를 시작으로 1976년에는 사우디아라비아의 주베일 산업항 공사를 9억 3,000만달러에 수주하는 개가를 올렸다. 현대건설은 1975년부터 1979년까지 중동에서 51억달러가 넘는 외화를 벌어들였는데, 현대의 총매출 이익누계에서 해외건설이 60%를 차지할 정도였다. 또한 국가적 지원속에서 중동건설의 총수주액은 1974년의 8,900만달러에서 1975년에는 7억 5,100만달러로 급격히 증가했고, 1977년에는 33억 8,700만달러에 달했다.

이는 1975년에는 전체 건설 수출액의 93%, 1977년에는 96%를 차지하는 규모였다. 1975~1979년 사이에 중동건설을 통해 벌어들인 외화수입은 총 205억 700만달러였는데, 이는 총 수출액의 40%에 해당하는 금액이었다. 이를 발판으로 삼아 그동안 외화보유에 어려움을 겪던 한국경제는 상당한 힘이 생기게 되었다.

29) 외국에 대한 적극적인 외교를 통해 한국의 존재를 세계에 각인시켜 동반자로서의 입지 구축

박정희 대통령 시절에는 먹고 살기도 힘든 그 시절에 외국에 대한 적극적인 외교정책을 펼쳐 아군을 형성하고자 했다. 북한도 역시 그 시절에 아군을 만들고자 외교에 신경을 썼는데, 북한은 아프리카와 같은 곳에 막대한 자본을 투입하여 동반자로 만들고자 했다. 하지만 박정희 대통령은 현명한 방법을 통해 외교를 진행해 한국에 대한 관심을 불러 일으켰다.

박정희 대통령의 외교는 일본에서부터 시작하는데, 일본 이케다 수상과 1차회담을 1961년 11월 11일에 가져 한일관계 전반에 대해 토의를 하고 이후 재산청구권과 평화선문제를 토의하기에 이른다. 또한 케네디 대통령과 공동성명을 발표하며 회담을 가졌고, 후임인 존슨 대통령과도 정상회담을 가졌다. 국제의회연맹(IPU)에도 가입했으며, 서독도 방문하여 뤼브게 대통령과 에르하르트 수상과 회담을 가지기도 했다. 독일을 통해서는 박정희 대통령이 막대한 차관을 들여와 재정 1,350만달러와 상업 2,625만달러를 얻어냈다. 말레시이아와 월남, 동남아순방을 통한 태국과 말레이시아, 자유중국과도 교류했다. 또한 공산권과도 교류를 추진했으며, 서울에서는 제1차 아시아 태평양지구 각료회의를 개최하기도 했다. 아시아민족반공연맹 제12차 총회가 서울에서 개막하기도 했으며 국제통신위성기구에 56번째로 가입했다. 이외에도 에티오피아와 교류했다.

주목할 것은 1973년 12월 15일에 이스라엘 점령지 철수 등 4개항의 친 아랍성명을 발표하여 국익을 우선시하며 위기를 타개하고자 새롭고도 파격적인 외교를 시도했다는 것이며 제3세계에 대한 외교활동도 역시 강화했다. 또한 아시아의원연맹 총회를 서울에서 개최하기도 했고, 이러한 결과로 1979년 11월 30일에는 수교국가가 무려 117개국으로 증가하는 쾌거를 거두었다.

〈참고자료〉

<경제개발의 길목에서>, 남덕우(국민대학교에서 정치학, 서울대학교 대학원에서 경제학석사로 졸업하고 미국 오클라호마 주립대학교에서 경제학 박사학위를 취득했다. 국민대학교를 거쳐 서강대학교에서 강의하다 1969년 재무부 장관에 임명되면서 경제관료로서의 삶을 시작했다.

이후 부총리 겸 경제기획원 장관, 대통령 경제담당 특별보좌관을 지내며 1970년대 개발경제의 주역으로 일했다. 제14대 국무총리로서 14여년의 공직생활을 마감하고 1983년부터는 한국무역협회 회장, 산학협동재단 이사장을 지내며 한국무역센터를 건설하는 등 '무역한국'을 위해 고군분투해왔다. 한미경제협의회 회장, 태평양경제협력회의(PECC) 상임위원, 한국태평양경제협력위원회(KOPEC) 회장, 동아시아경제연구원(API) 회장, 동북아경제포럼 한국위원회 위원장, 동서문화센터(EWC) 이사, 세계무역센터협회(WTCA) 이사 등을 역임했으며, 현재 한일협력위원회 회장, 한국선진화포럼 이사장으로서 대한민국 경제의 영원한 현역으로 활동하고 있다)

<현장에서 본 한국경제 30년>, 강만수(서울대 법학을 전공했으며 미국의 뉴욕대에서 경제학석사를 받았다. 1970년 행정고시를 통해 공직에 발을 디딘 후 재무부 보험국장, 이재국장, 국제금융국장, 세제실장, 주미대사관 재무관, 국회 재무전문위원, 관세청장, 통상산업부 차관, 재정경제부 차관으로 일했으며, 이후 한국무역협회 상근부회장을 역임했다. 주요 경제부처를 거치면서 때론 정책입안자로, 때론 정책결정자로 부가가치세부터 금융·부동산실명제, 보험·금융시장 개방에 이르기까지 한국경제의 중요정책들의 도입, 시행되는 현장에 참여했고, 1997년 외환위기 때는 재정경제부 차관으로서 IMF지원자금 협상과 금융감독·중앙은행제도 개편 등 금융구조개혁을 위해 노력했다. 현재 디지털경제연구소 이사장으로, 연구와 함께 칼럼니스트로 활동하고 있다)

<과학대통령 박정희와 리더십>, 김기형(초대 과학기술처 장관), 김상

선(한국과학기술단체총연합회 사무총장), 김석준(과학기술정책연구원 STEPI 원장), 김영섭(서울대 공과대학 객원교수), 금동화(전 KIST 원장), 나도선(한국엔지니어클럽 부회장, 전 한국과학문화재단 이사장), 노석균(영남대 교수, 과실련 공동대표), 박원훈(과학기술한림원 총괄부원장), 서정만(전 국립중앙과학관장), 임기철(대통령실 과학기술비서관), 전상근(전 경제기획원 기술관리국장, 전 과학기술처 종합기획실장), 정근모(전 과학기술처 장관), 정윤(한국과학창의재단 이사장, 전 과학기술부 차관), 최영환(전 한국과학문화재단, 과학기술처 장관), 최외출(영남대 교수, 박정희리더십연구원장), 홍재학(전 국방과학연구소 연구부장, 전 한국항공우주연구소장)

<스티브 잡스와 26인의 부자들(세계를 뒤흔든 27인의 부자들에게 배우는 돈버는 기술)>, 이수광(대한민국 팩션의 대가로 1983년 <중앙일보>에 「바람이여 넋이여」가 당선되어 문단에 나왔다. 제14회 삼성문학상 소설부문, 미스터리클럽 제2회 독자상, 제10회 한국추리문학 대상을 수상했다. 이수광은 오랫동안 조선시대 살인사건의 기록에 남다른 관심을 기울여왔으며 냄새가 물씬 풍기는 생생한 역사서를 집필해왔다. 오랫동안 방대한 자료를 섭렵하고 수많은 인터뷰를 하면서 지금 우리에게 필요한 역사의 지혜를 책으로 보여주는 저술가로 유명하다. 우리나라에서 팩션형 역사서를 개척했다는 평가를 받는 베스트셀러 작가이다)

<CEO 역사에게 묻다>, 김경준(경영컨설팅회사 딜로이트(Deloitte)의 전무로 일하는 경험을 바탕으로 개인과 회사를 위한 '경영코칭'과 시대를 읽는 경영코드들을 제시하는 작가이다. 그의 주 분야는 장기전략 수립 및 구조조정을 통한 기업경쟁력 회복인데, 쌍용투자증권의 애널리스트업무, 쌍용경제연구소, 쌍용정보통신을 거치며 컨설팅업무에 경력을 쌓아왔다. 또한 각종 신문과 잡지에 컬럼을 연재하고 있으며 MBC라디오 '손에 잡히는 경제' '글로벌 프리즘' 코너, KBS1라디오 '시사플러스' '안방 MBA'와 울산MBC '이광현의 시사매거진' '재미있는 글로벌컨설

팅'으로 대중들에게 인지도를 알렸다)

<궁극의 문화기행(박물관을 통해 본 우리 문화사, 이색박물관 편)>, 이용재(명지대학교 건축과 대학원에서 건축평론을 전공했고 건축전문출판사를 설립했다. 이후 건축잡지사 편집장, 건축현장의 감리를 역임했다. 이후 인터넷에 건축이야기를 연재하기 시작해 인터넷에 연재한 글을 모아 『좋은 물은 향기가 없다』를 출간하였다. 두 번째 저서로 『왜 이렇게 살기가 힘든거예요』를 출간, 공중파 방송을 비롯한 수 십개의 언론에 의해 조명을 받는다. 또 『딸과 함께 떠나는 건축 여행』을 출간하여 6개월만에 1만권을 판매하고 교보문고에서 팬 사인회도 열었으며, 'KBS TV 책을 말하다'에도 출연하였다)

<박정희>, 김성진(서울중학, 고려대학교 등에서 수학했다. 이후 한국일보와 동양통신에서 기자로 사회생활을 시작하여 동양통신 워싱턴 특파원 때 박정희 대통령의 방미를 현지 취재했으며 정치부장 겸 편집부국장을 거쳐 청와대 대변인, 문화공보부 장관 등 요직에서 박 대통령을 9년 넘게 보좌했다. 유신시대에는 전통적 한미우호관계를 계속 돈독히 유지하고자 '한국미술 5천년 전시회'를 미국 전역의 주요 도시에서 순회·개최했다. 뉴욕전시 때에는 특히 한미정상회담을 아울러 개최하려고 비밀리에 기획하고 있었으나 10.26 유고사태로 결실을 보지 못했다)

<인문학 콘서트3>, 이어령(서울대학교 문리과대학 및 동 대학원을 졸업했다. 1956년 「한국일보」에 『우상의 파괴』를 발표, 문단에 커다란 반향을 일으키며 등장한 그는 문학이 저항적 기능을 수행해야 함을 역설함으로써 '저항의 문학'을 기치로 한 전후 세대의 이론적 기수가 되었다.

20대의 젊은 나이에 파격적으로 「한국일보」 논설위원이 된 이래, 1972년부터 월간 「문학사상」의 주간을 맡을 때까지 「조선일보」「한국일보」「중앙일보」「경향신문」 등 여러 신문의 논설위원을 역임하며 우리 시대의 논객으로 활약했다)

<박정희와 개발독재시대(5·16에서 10·26까지)>, 조희연(서울대학교

사회학과를 졸업하고, 연세대학교 사회학과에서 박사학위를 받았다. 미국 남가주대학교(USC)에서 한국학 객원교수와 영국 랑카스터대학교, 캐나다 브리티시컬럼비아대학교(UBC)에서 교환교수를 지냈고, 비판사회학회장을 역임했다. 현재는 학술단체협의회 공동대표이며 성공회대학교 사회과학부 겸 NGO대학원 교수로 재직 중이다. 또한 성공회대학교 통합대학원장과 민주주의연구소장을 맡고 있다)

<20세기 이야기(1970년대, 100년의 기록 100년의 교훈)>, 김정형(성균관대 도서관학과를 졸업했다. 조선일보 편집국 조사부로 입사해 현재는 독자센터에 근무하고 있다. '역사속의 오늘'이란 제목으로 조선일보(2002.12~2003.11)에 1년, 주간조선(2004.9~2006.8)에 2년 연재하고, CBS 라디오의 한 프로그램에서도 같은 이름으로 방송전파(2006.6~7)를 탔다.

월간지 뉴스메이커에 '100년의 기록, 100년의 교훈'(2010.1~2011.12) 제목으로 2년동안 연재했다)

<사진과 그림으로 보는 한국현대사>, 서중석(서울대학교 국사학과를 졸업하고 연세대학교에서 석사학위를, 서울대학교에서 박사학위를 받았다. 1979년부터 1988년까지 동아일보사 기자로 재직했다. 역사문제연구소 소장, 일본교과서바로잡기운동본부 공동대표, 제주4.3사건 진상규명 및 희생자 명예회복위원회 위원 등 다양한 활동을 통해 올바른 역사정립을 위해 노력하고 있다. 현재 성균관대학교 사학과 교수로 재직 중이다)

<경제상식 충전소>, 최진기(고려대 사회학과를 졸업하고 한림대학교 사회학과 대학원에서 수학했으며 동부증권에서 근무했다. 입시학원인 메가스터디에서 사회탐구영역을 강의하면서 전국 사회탐구영역 점유율 1위를 기록했으며, 현재는 비타에듀 학원에서 그 명성과 기록을 이어가고 있다. 중앙대학교 행정대학원 외래 객원교수, 한영외고·김포외고·명덕외고 논술특강 강사로 활동했다)

<지리 블로그(지구환경 그리고 우리의 터전)>, 이민부(현 한국교원대학교 지리교육과 교수로 서울대학교 지리교육학과와 환경대학원을 졸업

하고 미 유타대학교 지리학과에서 박사학위를 받았다. 한국지형학회 편집위원장, 한국지역지리학회 부회장, 대한지리학회 홍보부장, 지리올림피아드 특별위원장, 대한지리학회 회장 및 육군사관학고 환경학과 교수를 역임했다)

<상생의 경제학(더불어 성장하는 따뜻한 시장경제)>, 김선빈(공공정책실 수석연구원), 강성원(공공정책실 수석연구원), 김창욱(경영전략실 수석연구원), 박 준(공공정책실 수석연구원), 김갑수(공공정책실 수석연구원), 이동원(공공정책실 수석연구원), 채승병(경영전략실 수석연구원), 최희갑(아주대학교 사회과학부 교수), 한 준(연세대학교 사회학과 교수)

<대한민국 리더십을 말한다(한국형 리더십의 미래)>, 최익용(중동고등학교와 국민대학교 행정학과를 졸업했다. 경희대학교 행정대학원에서 석사학위, 세종대학교 대학원에서 박사학위를 취득했다. 기무부대장, 연대장, 학군단장, 부사단장 등을 역임하고 육군 대령으로 전역했다. 군에 있는 동안 육군대학과 국방대학원을 졸업했다)

<박정희 일화에서 신화까지>, 김인만(동화작가로 지은책으로는 제3회 동쪽나라문학상 수상작인 장편동화 <날개없는 천사의 노래>(1995)와 박정희 테마에세이집 <임자, 막걸리 한잔 하세>(2007) 등이 있다. 1946년 인천에서 태어나 건국대 축산과를 중퇴했고, 출판사에서 오랜 세월 책을 만들다가 전업작가의 길을 고행하고 있다)

<이병철 거대한 신화를 꿈꾸다(삼성 이병철 회장 탄생 100주년 기념작)>, 김찬웅(동국대학교 국어국문학과 졸업, 영화의 시나리오작가와 홍보업무 등을 거쳐 대기업 사보와 출판사 편집장으로 근무했다. 소설쓰기를 좋아해 젊은 시절 몇 편의 소설을 발표한 바 있다. 현재는 출판기획자 겸 작가로 활동 중이다)

<한국기업을 살리는 9인의 경영학>, 이채윤(세계일보 신춘문예에 시가 당선되어 문단에 데뷔했다. 문학과 창작잡지에 소설이 당선된 뒤부터 전업작가의 길을 걷고 있다. 시민문학사 주간과 인터넷서점 BOOK365의

CEO를 역임했다. 다수의 저서와 역서를 출간했다)

<일본에게 절대 당하지 마라>, 호사카 유우지(동경대학 공학부를 졸업하고 1995년 고려대학교 정치외교학과 석사를 졸업, 동대학원에서 고려대학교 정치외교학과 박사를 졸업(정치학박사)을 했다. 현재 세종대학교 일어일문학과 교수로 있다.)

<이야기로 읽는 대한민국 경제사>, 석혜원(서울대학교 소비자 아동학과를 졸업하고 연세대학교 경영대학원에서 경제학을 전공했다. 현재 메트로은행 서울지점 부지점장으로 근무하고 있다)

<한국외교사와 국제정치학>, 하영선(서울대학교 사회과학대학 외교학과 교수이고 한국평화학회장이다. 서울대학교 국제문제연구소장과 미국학연구소장 등을 역임했다)

<이건희 스토리(생애와 리더십)>, 이경식(서울대 경영학과와 경희대 대학원 국문학과를 졸업하고, 전문번역가로 활동하고 있다)

<논쟁으로 읽는 한국사2(근현대)>, 역사비평편집위원회

<지역학의 현황과 과제>, 한국외대대학원지역학연구회

<WE CAN DO 박정희 리더십>, 박정희육영수연구원

<"박정희 前 대통령도 4대강 유역 개발사업 추진">, 동훈 전 비서관 위클리공감 인터뷰 기사, 대한민국 정책포털 공감코리아

<<한일협정 문서공개>, "굴욕회담 아닌 치열한 외교戰 결과">, 최형두 기자, 문화일보 기사

<[정치] 박정희 vs 김대중·노무현 향수, 누가 더 진한가?>, 좌용철 기자, 제주의 소리 기사

<[시사토크 판] 안영옥 "KIST설립은 박정희 대통령의 선견지명">, TV조선 인터뷰 영상

<[정치] 40년전 박정희 향수가 김대중-노무현 눌렀다>, 김정호 기자, 제주의 소리 기사

<"안중근기념관의 박정희 친필은 역사의 수치">, 조호진 기자, 오마이

뉴스 기사

<과외금지세대 '계층 사다리' 많이 탔다>, 이진희 기자, 한국일보 기사128)129)

3. 박정희 대통령에 대한 다각적 분석

국내 좌익세력들의 박정희 대통령에 대한 왜곡 중에 친일과 독재 그리고 지역감정 등이 있습니다. 다음은 친일왜곡 독재논란 및 지역감정유래에 대해 설명한 글들을 인용해 봅니다.

1) 박정희 친일왜곡의 진상 및 간도특설대 관련사항

국내 좌익세력들이 인터넷에 퍼뜨리는 박통의 친일행적을 다룬 글들에 대해 아무런 증거도 없이, "아님 말고" "~~카더라"란 유언비어의 수준을 벗어나지 못하는 글들이 있습니다. 과거부터 현재까지 박통에 대하여 친일파에 해당되는지의 여부에 대한 상반된 논쟁이 계속되고 있습니다. 친일파의 정의 즉, 어디까지를 친일파로 분류할 것인지에 대한 논쟁에 대해 크게 분류해 보면 다음과 같습니다.

　(1) 적극적 친일행위자만 해당된다. 을사오적 등 대표적 친일파들로서 이 부분에 대하여 좌익과 우익 모두 이견이 없습니다.

　(2) 일제시대의 공직에 있었던 자도 포함된다. 이에 대해서는 논란의 끝이 없습니다.

　(3) 창씨개명한 자도 포함된다. 이것은 당시 독립운동가 외에는 거의 모든 분들이 해당되는 바 창씨개명 자체로는 친일파로 분류할 수 없다는 게 좌, 우의 공통적 입장입니다.

과연 태어날 때부터 나라가 없었던 사람들의 시대를 지금의 잣대로 평가하고 심판할 수 있을까요? 많은 국민으로부터 의문이 제기되고 있

---

128) [출처] 박정희 대통령의 업적 조명 |작성자 모두조아
129) http://blog.naver.com/PostView.nhn?blogId=islmoa&logNo=120200871484(2013.11.18)

는 것입니다. 박정희 대통령은 재임시절, 좌파를 제외한 항일독립운동가들의 치적을 높이 평가하고 본보기로 삼아 기리며 추모했다는 것은 두말할 필요없는 사실입니다. 민생을 팽개차고 과거사타령에 반감을 가진 많은 국민들은 일제하 중국이나 만주로 탈출하여 항일독립투쟁을 하지 않았다면 군인 뿐만 아니라 언론도 친일이고 공무원도 친일이고 법조인도 친일 사업가나 예술가도 친일이란 식이 아니냐? 대체 싫어도 일제가 점령한 이 땅에서 살아야 했던 그 시대 사람들은 친일이란 소리 안들으려면 뭘 할 수 있을까? 머슴 아니면 농사나 지어야 했겠느냐? 친일이냐를 따지자면 지위고하에 막론하고 자신들의 재물영달을 출세를 목적으로 그 시대에 일제의 힘을 등에 업고 능동적으로 같은 민족을 수탈하고 핍박탄압하는데 앞장섰느냐 아니냐를 따져야한다는 것이 반론으로 제기하는 것입니다. 그 당시에 군인이 된 그 자체가 친일이다고 주장하시는 분들이 계신데요. 우선 박정희가 교사직을 그만두고 만주군관학교에 들어간 이유에 대해 설명하자면 어린 박정희의 생애에 가장 큰 영향을 끼친 책이 바로 나폴레옹 전기였다고합니다. 나폴레옹 전기를 통해서 군대 및 군인을 동경하게 된 박정희는 동기생들의 증언에 의하면 여러 사람들이 쓴 나폴레옹 전기를 죄다 읽으려고 했다고 합니다. '삼국지'에 빠진 소년들이 처음에는 되풀이하여 읽다가 나중에는 저자를 바꾸어 가면서 읽는 것처럼 말이죠. 김종신의 말에 의하면 박대통령이 교사직을 그만두고 만주군관학교로 간 이유에 대해서 묻자 간단하게 "긴칼 차고 싶어서 갔지."라고 답했습니다. 애초에 일황에 대한 개인적 충성심과 상관없이 군인이 되고 싶은 마음 즉, 나폴레옹에 대한 소년시절의 동경에서 비롯되어 군관학교에 들어간 것입니다. 한번 미운 사람은 끝까지 밉다고 이와 반대되는 글들도 엄청 많습니다. 예들 들면 CBS방송에서 박 대통령의 제자들이 증언한 박 대통령이 선생으로 있을 당시 민족교육 및 만주군 시절 조선인 병사들을 독립군으로 몰래 빼돌린 일화 등입니다. 또한 님을 싫어하는 분들은 님을 극히 나쁘게 평가할 것이며 님의 친구는

님을 극단적으로 좋은 평가를 할 것입니다. 이러한 주관적인 사항을 인용하는 것은 맹인모상 즉, 장님 코끼리 만지기에 지나지 않는 것입니다.

따라서 한사람의 평가는 오직 객관적인 자료에 의해 평가해야 할 것입니다. 박정희에 대한 미화가 시작되고 급기야 기념관건립의 움직임까지 일자, 민족민주운동진영에서는 박정희의 친일경력을 비판했다. 독립군 장준하와 친일파 '황군' 장교 박정희, 그들 각각의 비극적 죽음처럼 우리 현대사의 역설을 보여주는 대목은 없을 것이다. 박정희의 친일이 문제되는 것은 해방전의 그의 경력 때문만은 아니다. 해방전 박정희의 친일경력이란 만주군군학교와 일본육사를 나와 1944년 7월, 만주군 소위로 임관되어 만주군 제5군관구 예하의 만군 보병 8단에 근무했다는 것이다. 사실 이 정도의 경력은 해방 직후 반민특위를 결성할 때나 각 정치단체에서 내건 악질 친일파의 처단기준에 포함되지 않는 '경미'한 것이다. 박정희가 관동군 정보장교로 독립군 토벌에 앞장섰다는 주장도 당시 만주에서 활동한 조선인 독립군부대나 공산유격대가 없었다는 점에서 신빙성이 없다. 박정희가 독립군 토벌에 110여회나 참여하였다는 것은 허위날조된 것임을 알 수 있습니다. 일본군의 특수부대(철석부대) 활약상에서 간도특설대에서 복무한 조선인 장교의 명단(出典: 중국측 조사자료-"特設部隊", 1960, 66 - 84쪽)은 아래와 같습니다. 여기에서 박정희의 이름은 없습니다.

간도특설대(총79명) - 姜在浩 李元衡 朴鳳祚 金燦奎(金白一) 金錫範 金洪俊 宋錫夏 石希峯 崔南根 崔在恒 신현준 최경만 윤춘근 문이정 趙某(豊田) 김용기 태용범 백선엽 윤수현 이재기 김묵 豊田義雄 吳文剛 李淸甲 申奉均 海原明哲 白川** 金松壯明 伊原久 鶴原** 朴東春 李鶴汶 崔忠義 朴鳳朝 許樹屛 金大植 方得官 洪淸波 金龍虎 金致斑 具東旭 朴春植 方太旭 孫炳日 劉仁煥 尹秀鉉 李德振 李龍昊 李東俊 李龍星 李準龍 李逢春 太溶範 崔在範 崔炳革 李龍 金忠南 車虎聲 金忠九 柳益祚 朴春範 朴春權 曺昌大 洪性台 李東郁 廉鳳生 吳南洙 金萬玉 金鍾洙 李東和 朴蒼岩 朴

泰元 李白日 金龍周 申然植 李龍星 任忠植,, 馬東嶽, 桂炳輅, 全南奎

특히 2004. 06. MBC에서 방송한 "이제는 말할 수 있다."의 만주군의 친일파 내용 중 간도특설대에 복무한 조선인의 명단에도 박정희의 이름은 없었습니다.

박정희 대통령은 평소에 과거 남로당사건에 연루된 것에 대해 잘 말하지 않았습니다. 그러나 단 한번 1970년 7월에 김종신씨에게 말하죠.

'육사 교관으로 있을 때 형님 친구되는 분(이재복)이 찾아와 다음 일요일 모 장소에서 향우회가 있다면서 나더러 꼭 참석해 달라는 거야. 처음엔 거절하려다 그분이 자꾸 청하길래 거길 갔었지. 그런데 그게 화근이 될 줄이야. 그날 향우회에 참석한 사람들은 모두 빨갱이였어. 나는 거기서 (남로당 입당원서에) 사인하거나 도장을 찍은 적은 없지만 그 일로 끌려가 모진 고문을 받고 재판도 받았지.'

여순반란사건 때(1948.10월), 박정희 소령은 반란군 진압차 광주에 갔다 왔으며 11월 남로당 혐의로 체포됩니다. 그리고 자술서를 쓰고 당시 그 이재복과 같이 간 장소에서 본 남로당원들의 명단을 작성해 제출한 것으로 보입니다. 박정희 대통령의 좌익활동이라는 것에는 하나같이 명백한 증거가 없습니다. 활동은 커녕 남로당 입당원서에 사인, 도장, 당적조차도 존재하지 않습니다. 이재복의 가진 명단속에 박정희란 이름인데, 이것으로 빨갱이라 몰아 붙일 수 있을까요?

능력이 뛰어나서 포섭의 물망에 오른 것이 죄라면 죄라고 할 수 있겠죠. 설사 활동을 했다고 해도 공산주의에서 자유주의로 노선을 바꾼 사람을 배신자, 기회주의자라고 표현할 수 있을까요? 그럼 그대로 남로당에 남아서 공산당 활동을 계속 했었어야 된다는 얘기일까요? 배신자는 신의를 저버린 사람이라는 뜻인데, 도대체 어디 소속들이길래 이런 소리를 할 수 있는 것일까요? 광복 후 일본군대출신들이 국군에 들어간 것을 무조건 비판만 할 수 없습니다. 간과해서 안될 것은 6.25 때 다름아닌 그들이 북괴 공산당의 침략에 맞서 싸워 자유민주주의와 시장경제체제를 지켜낸 공이 있다는 것입니다. 친일파 숙청을 자랑하는 북한도 마찬가지입니다. 관동군의 밀정이었던 김일성의 동생 김영주가 한 때 김일성의 후계자로까지 부각되었던 사실과 김일성의 내연녀였던 최승희가 일본군 위문공연을 숱하게 다녔으면서도 그의 남편과 함께 오랫동안 요직에 중용되었던 사실 그리고 6.25 때 지식인이었던 이광수가 친일논란 있음에도 불구하고 숙청하지 않고 납북해 간 일 등은 무엇으로 설명합니까? 김일성한테 꺼림칙하면 친일파라 숙청하고 필요하면 넘어가고 그게 북한이 자랑하는 친일파 숙청입니다. 또 대통령이 국가이익을 위해서 일본을 방문 및 협조를 받은 것이 친일의 기준이 될 수 있을까요? 그러면 지금 일본과 외교관계를 끊어야 합니까? 대통령이 일본을 방문하여 외교적 수사법으로 한 발언이 친일파의 기준이 될 수 있는지요? 외교석상에 욕을 하면 그것이 대통령으로 해야 할 일일까요? 역대 대통령 치고 이러한 외교적 수사법을 사용하지 않는 대통령이 없습니다. 미국과 일본의 압력에도 불구하고 박 대통령은 독도를 끝까지 배타적 경제수역(EEZ)으로 지켰습니다. 단지 국제분쟁화지역으로 만들려는 일본의 술책에 직접적이고 감정적 대응을 자제한 정책기조를 선택했습니다. 박 정권이 개인청구권을 팔아먹었다는 것은 잘못 알려진 사실입니다. 개인청구권이란 개인이 일본정부와 재판을 해서 배상받는 것인데 실제로 배상받은 사례는 거의 잘 없죠. 일본이 주장했던 것은 서류로 증빙할 수 있을 경우에만 보상을 하겠다는 것이지만 우리는 전쟁문제도 있고, 모든 부분을 증명할 수 없는 상황이었습니다. 그런 관점에서 우리 정부는 그런 개인보상도 포함해서 국가가 조선총독부의 대일채권이라든가 하는 국가와 개인을 포함해 포괄적으로 청구권을 행사하겠다는 태도를 견제했던 것입니다.

결코 일본 정부가 식민지배로부터 피해본 조선국민 개개인에게 구체적으로 철저하게 피해보상하겠다는 것을 국가가 가로챈 것이 아닙니다.

2) 우리나라 정치에서의 지역감정 유래

과거부터 유력정치인 중에서 호남을 차별했다고 이야기를 하고 다녀서 지역감정 그것이 마치 사실인 양 되었는데요. 그렇지 않습니다. 개발 정책면에서 얘기를 해보죠. 우리는 그 당시 일본에 대해서 100년 이상 뒤떨어져 있고 미국, 영국에 대해서는 200년 이상 뒤떨어져 있는 데다 자원도 없었습니다. 어떻게 하면 빨리 공업화하느냐 이것이 초미의 과제였습니다. 그럴려면 가장 입지좋은 데다 공장을 세워야 되거든요. 우리의 한반도를 보면 제일 좋은 곳이 동해안이고 남해안입니다. 그리고 남해에는 섬이 많고, 섬이 있으니 방파제의 필요가 훨씬 덜하고 준설도 많이 할 필요없이 항구가 되죠. 더욱이 거긴 일제 때부터 도로와 철도가 발달되어 있단 말이예요. 그런데 서해안의 경기도, 충남, 전북, 전남은 수심이 얕으니까 여기에 10만톤, 25만톤급 항구를 만들려면 이만저만한 돈이 드는 것이 아닙니다. 철도도 장항까지 가는 것과 호남선 이외에는 안되어 있었단 말이예요. 그리고 해안을 따라서 도로가 없고 제한된 돈으로 일은 빨리 해야 하니 할 수 없이 남해안하고 동해안에 개발의 중점을 둔 겁니다. 당시 국토개발계획이 있었죠. 건설부 산하의 국토연구원이 있어서 주원 건설부 장관이 국토계획의 전문가였는데 강원도는 관광자원, 수산자원 정도지 여기다 공장을 넣지 않는 것이 좋다 하는 식의 아이디어를 내면서 경제권을 몇 개로 나누었던 일이 있습니다. 그리고 한류하고 난류가 대한해협에서 교체가 된단 말이예요. 그것이 부산, 울산, 포항 쪽입니다. 그러니까 공장을 거기다 지어서 오폐수를 쉽게 내보내고 특히 공해 많은 온산공단에 들어간 유해공장의 폐기물도 해류가 거기서 되돌아오니 거기에 넣어도 되었던 거죠. 하지만 서해바다는 기껏해야 간만의 차이 뿐이고 옆으로 크게 흐르지 않아요. 경기도, 전북, 전남해안에 섣불리 공장을 지었다가는 해수가 들락날락만 하지 옆으로 흐르지 않기 때문에 조개고 뭐고 다 오염이 됩니다. 그 때 돈만 있었으면 환경오염을 막을 수 있었겠지만 그러나 돈이 부족했습니다. 그 돈이 있었으면 더 급한 데 썼겠지요. 이것은 한마디로 우선 순위의 결정과 요충식 경제개발의 불가피성 때문이었습니다. 선거 때마다 '호남 푸대접이다' 하며 표가 떨어진다고 야단이었는데 왜 안하려고 그러셨겠습니까!

오죽했으면 유세 때 전주 광주에 가서 '공업화 안돼서 당신들 안타까워하지만, 나중에 두고 보시오. 다른 데서 공해로 시달릴 때 당신네들은 더 깨끗한 공장을 지어 가지고 나중에 더 잘산다'고 하셨겠습니까. 그것은 경제개발정책상 할 수 없었어요. 그 대신 무척 애쓰신 것이 종합제철을 광양에 갖다 지으신 것과 여천 석유화학단지를 들 수가 있습니다.

3) 후진국에서의 경제건설과 민주화의 양립 가능성

산업화와 민주화를 동시 추진하여 성공한 예는 없다. 이론적 차원에서 민주주의와 경제발전이 양립하지 못할 이유는 없으며 실제로 산업화의 성숙단계에 도달한 대부분의 서구국가들에서 그것은 경험적으로 실증되고 있기도 하다. 그러나 산업화의 초기단계에서도 이들 국가들이 민주화와 산업화를 병행추진하거나 선민주화, 후산업화의 길을 걷는 것이 가능했겠는가? 이에 대해 선발 산업화국가들인 영국과 프랑스, 미국 등이 정치혁명(시민혁명)과 경제혁명(산업혁명)을 순차적으로 겪었다는 점에 주목하면서 그것이 가능했다고 주장하는 사람들이 많다. 그리고 더 나아가 이러한 앵글로 아메리카적 경험을 보편적 「모델」로 삼아 많은 후속국가들에 대해서도 그 기준을 그대로 적용하는 단선적 발전개념을 보여주고 있다. 그러나 영국이 민주화와 산업화를 병행 내지는 순차적으로 추진했다는 것은 사실에 부합되지 않는 편견이거나 도그마이다. 19세기 영국에서 참정권의 범위가 얼마나 제한적이었고 노동운동에 대한 탄압이 얼마나 극심했는지 등을 생각해 본다면 이 점은 쉽게 이해될 수 있다. 따라서 영국도 산업화를 어느 정도 성숙시킨 연후에야 민주화로 나아갔다는 점에서 후속국가들과 다를 바 없다. 이렇듯 산업화의 초기단계에 민주주의에 의거해서 경제를 도약시킨 사례를 찾기가 어렵다. 특히 그 범위를 후발 산업화 국가들과 그 이후에 본격적인 산업화를 추진한 국가들로 한정시킬 경우 그 예는 전혀 없다고 해도 과언이 아니다. 그러므로 적어도 경험적으로는 산업화 초기단계에서 권위주의와 자본주의적 경제발전

사이에「선택적 친화력」이 있다고 말할 수 있다.

그렇다고 권위주의 체제가 반드시 경제발전을 가져 온다는 것은 결코 아니다. 제3세계에의 수많은 권위주의 체제 중 경제발전에 성공한 나라가 오히려 예외에 속한다는 사실이 그것을 증명한다. 여기서 국가의 역할과 성격에 주목하게 된다. 국가개입이 자본주의 발전과정과 불가분의 관계였다는 점은 오늘날 많은 경제학자들에 의해 증명되고 있다. 그러면 무엇이 이러한 국가개입이나 역할에 있어 정도의 차이를 낳는가. 경제발전에서 국가의 역할은 산업화의 시기가 상대적으로 늦을수록 일반적으로 커진다고 할 수 있다. 최근 들어 후발 내지 후후발 산업화과정에서 나타나는 경제적 역할이 큰 국가를 지칭하기 위해「발전지향형국가」라는 개념이 많이 사용된다. 이러한 발전지향형 국가는 단순한 권위주의체제와는 차별성을 지닌다. 역사적으로 보아 권위주의하에서 경제발전이 일어날 수 있었던 경우는 국가가 사회내의 제계급(지배 및 피지배계급 모두)으로부터 상당히 자율적이면서도 그 국가가 발전을 도모하기에 적합한 정책적 및 제도적 능력을 갖추었을 때 뿐이다. 이런 특징을 갖춘 국가를「발전지향적」이라고 지칭할 수 있다. 그러므로 이제까지의 경험에서 관찰될 수 있는 권위주의적 발전의 예는 모두 그 국가가「발전지향적 권위주의」체제였기 때문이지 단순한 권위주의체제였기 때문이 아니라고 할 수 있다. 따라서 산업화 초기단계에서 발전지향적 권위주의 체제와 자본주의적 경제발전 사이에는「선택적 친화력」이 있다는 명제를 설정할 수 있을 것이다. 1960년대의 선산업화 정책은 정당했다. 이렇게 볼 때 산업화의 초기단계인 1960~1970년대, 특히 그 초두인 1960년대 전반의 한국상황에서 민주주의와 경제발전이란 두 가치는 병행추진이 어려운 것이었음을 알 수 있다. 이 때 박정희체제의 가치선택은 발전이었고 그 선택은 현실성이 있었다. 하나는 산업화 초기단계에서 민주를 선택하여 발전을 성공적으로 이룬 선례가 없다는 경험적 근거 때문이다. 또 하나는 민주라는 가치가 중요하긴 하지만 그것이 만약 굶주림이나 절대빈곤과 배타적 선택관계에 있다면 생각을 달리할 수 있기 때문이다. 빵의 문제가 해결되지 않은 민주는 그 의미가 지탱되기 어렵다.

따라서 적어도 산업화의 초기단계에서는 민주보다 발전을 선택하는 것은 의미있다고 본다. 한국에서 이런 산업화가 본격적으로 시발된 것이 바로 박정희 집권하의 1960~1970년대이다. 몹시도 배고팠던 시절, 남북 대치상황에서 안보불안도 컸던 시절, 경제건설을 통한 산업화 근대화가 이룩되고 나면 그 토양위에서 우람하고 튼튼한 민주주의가 자리잡는다는 박정희 대통령의 신념은 옳은 것이라고 판단한다.

4) 부정부패의 방지

박정희 대통령은 부정부패를 가장 싫어했다. 그래서 혹시 부정에 개입할지도 모르는 친인척을 엄중하게 감시하였다. 박 대통령의 친형은 가난한 농부로 여생을 보냈고, 친 누님은 콩나물 장사를 하면서 또한 가난하게 여생을 보냈다. 그리고 박 대통령은 철저하게 청렴결백한 생활을 하였다. 박 대통령의 침실 화장실에는 물을 절약하기 위해 벽돌 한장을 놓고 살았다. 또한 박 대통령은 돌아가실 때 보니 20년된 다 떨어진 혁띠와 손목시계를 차고 계셨다고 한다. 박 대통령이 돌아가시자, 전국은 울음바다로 변했다. 당시 시골농촌에서는 할머니들이 정화수 물 한그릇을 떠 놓고 박 대통령의 명복을 빌고 또 빌었다. 당시 전국에 농촌의 할머니들은 다 이랬다. 그래서 당시 일간지 신문에도 이런 기사가 많이 나왔다. 박정희 대통령은 말씀하셨다. "민주화는 우리나라가 가난에서 벗어나고, 잘 살게 될 때 진정한 민주화가 성숙될 수가 있다"라고 말이다.

사실 그렇다. 우리나라는 박 대통령의 경제개발 덕분에 선진국 진입을 꿈꿀 수가 있었고 이로 인해 중상류층이 두터운 층을 이루게 되었다. 두터운 중상류층으로 인해 우리는 자연히 민주화를 이룩할 수가 있게 되었다. 당시 대다수의 국민들은 정부의 주도하에 산업전선에서 피땀흘려 일하며 세계사람들이 '한강의 기적'이라 칭송하는 오늘날의 대한민국을 건설하는 데 이바지하신 분들이다. 그리고 또다른 다수의 사람들은 별

직업도 없이 민주화운동을 한답시고 국가에 저항하고 감옥이나 들락거리던 사람들을 국민들은 오히려 이상한 눈으로 보았다. 자칭 '민주투사'란 사람들에게 오늘날의 번영된 대한민국을 건설하는 데 기여한 것이 어떤 것인지 생각하게 한다. 물론 국민소득 2만달러 시대인 현재의 상황에서는 유신통치와 같은 형태가 허용되기 어려울 것으로 인정한다.

그리고 그 당시의 재야운동가들 중에 인정받아야 할 분도 있다는 것도 분명하다. 다만, 진정한 민주화 운동가로 인정을 받으려면 박정희 대통령과 그 당시 산업전선에서 묵묵히 일하셨던 분들을 먼저 인정할 줄 알아야 한다. 극소수에 속했던 자신들의 생각은 옳고 대다수 다른 사람들의 생각은 틀렸다는 아집과 피해의식에 따른 보복심리로 과거사 전체를 부정하는 모습은 올바른 역사인식이 아니다. 또한 이들에 대한 맹목적 추종자들인 1980년대 학생운동권 출신들에게는 박 대통령 시절에 대한 어떠한 긍정적인 평가도 금기시 되어 있다. 요컨대 현재의 잣대로만 역사적 사실에 대해 평가하려는 자는 역사를 논할 자격이 없다고 본다. 세월이 갈수록 그 당시에 사셨던 분들이 자꾸 돌아가셔서 진실을 말해줄 분들이 점점 적어지고 있다는 점이 심히 유감스럽다. 이와 관련해서 1990년대 말 경제위기 때 재야운동권의 큰 어른이신 백기완 선생의 말씀은 묘한 여운을 남긴다. '그래도 박대통령은 나같은 사람을 핍박했어도 나라 전체는 잘살게 해줬는데..'

5) 박정희 대통령에 대한 의견사례

저는 젊은 20대의 경제학을 전공한 여성입니다. 태어날 때부터 가난이라는 것을 전혀 몰랐기에 "경제발전"이라는 말은 가슴에 다가오는 말이 아니었습니다. 원래 한국은 이 정도로 사는 나라라고 생각하고 있었습니다. 우리 윗세대 분들까지만 해도 방글라데시나 아프리카보다 못살았던 세계 최고의 거지국가라는 사실을 전혀 몰랐고 그런 말을 학교에서 배워도 한귀로 듣고 한귀로 흘렸습니다. 대학에 들어가서 박정희 대통령에 대해서 비판적으로 쓰여진 정치학 책 몇 권과 인터넷에 떠도는 쪼가리들을 읽고서는 세상에 대해서 다 아는 것 마냥 떠들고 다녔습니다. 20대 초반 특유의 정의감으로 세상을 선과 악으로 구분해서 독재자를 비판하고 짓밟을수록 내가 "멋있고" "진보적"이고 "도덕적"인 사람이 되는 것처럼 생각했습니다. 그래서 인터넷에서 박정희를 옹호하는 사람을 보면 "인권을 탄압하면서 유신독재를 했던 파시스트를 어떻게 옹호하나요?" 하며 거품 물고 비판하는 반박글을 많이 썼습니다. 박정희 시대의 경제발전을 옹호하는 교수님를 향해서 수구꼴통 교수라며 비난했습니다. 박정희 대통령을 보며 눈물을 흘리는 할아버지 할머니들을 보며 "독재자를 숭배하는 부끄러운 한국인의 모습을 보라. 한국인의 후진적인 정치의식을 보여준다"라며 경멸했습니다. 대학교육이라는 고등교육을 받은 내가 박 통교에 빠져있는 무식한 늙은이들과 보수꼴통들을 깨우치게 만들고 계도해야겠다는 책임감까지 느꼈습니다. 왜냐하면 박정희=파시스트적 악마였고 박정희야말로 한국을 망친 챙피한 정치인이라고 생각했기 때문입니다. 그런데 경제학을 공부하게 되면서 한국의 경제발전을 알게 되고 "그래도 대단한 경제발전을 이루었구나" 정도를 인정하게 되었습니다.

하지만 이 정도의 경제발전은 다른 나라도 다 이루는 것이며 오히려 정경유착과 재벌만 키운, 나라를 망친 경제발전이었으므로 박정희 시대의 경제발전은 IMF의 원인일 뿐이라고 생각했습니다. 이런 저의 생각이 많이 바뀌게 된 것은 시야를 넓혀 외국의 경제발전에 대해서 알게 되면서부터입니다. 한국이 당시 필리핀이나 아프리카의 가나보다 못살았던 세계 최빈국이었다는 충격적인(?) 사실을 알게 되었고, 당시 신생독립국들 중에 한국이 가장 높은 경제성장률을 이루었다는 사실을 알게 되었습니다. 굶어죽는 사람이 많았던 거지국가가 앞서 있던 아시아 국가들을 제치고 과거 조공국이였던 중국도 너끈히 누르고 경제강국으로 떠오르는 것은 한국역사상 가장 드라마틱한 장면같았습니다. 그때서야 우리 윗세대들은 "보수꼴통"이 아니라 한국역사상 가장 급격한 발전을 일으킨 "위대한 세대"라는 것을 알게 되었습니다. 또 세계적 정치인들이 박정희를 어떻게 보는가를 알게 되면서 더 많이 놀랐습니다. 중국 최고 인기 정치인인 등소평에 대해서 공부하다 보면 등소평이 박정희 모델을 추종해서 따라하고 포항제철을 부러워했다는 것을 알게 되었고 캠브리지의 수재이자 싱가폴의 아버지인 리콴유를 알게 되면서 리콴유가 박정희에게 질투심과 경쟁심을 느꼈다는 것을 알게 되었고, 서양에서 똑똑한 촌철살인 발언으로 아시아의 입으로 불리는 마하티르는 공개적으로 "나는 박정희를 존경한다. 박정희처럼 되고 싶다. 말레이시아 비전인 "Look east policy"는 한국의 경제발전을 모델로 삼은 것이다"라고 말하며 박정희의 경제정책과 어법까지도 따라하는 것을 보니 기분이 묘했습니다. 뿐만 아니라 파키스탄의 무샤라프도 "나는 박정희에 대해 깊은 존경심을 가지고 있고 박정희 대통령처럼 되고 싶다"라며 흠모하고 지금도 몽골, 카자흐스탄 대통령 등 외국의 정치인들이 얼마나 박정희를 대단하게 평가하며 따라하려고 하는지를 알게 되었습니다.

그때 저는 흔들렸습니다. 내가 "파시스트 악마"라고 생각했던 사람이 외국 정치인들 사이에서는 하나의 "롤모델"로 연구되고 있다는 사실 때문입니다. 후진타오가 이례적으로 박 대표를 만난 것 때문에 우리나라에서도 알려졌지만 후진타오는 대학 때부터 박정희 대통령과 새마을운동에 대해서 직접 공부까지 한 사람이고 후진타오 이외에도 중국정치인들은 박정희 대통령의 전기를 읽고 따로 공부를 한다고 합니다. 중국의 젊은이들이 한국의 경제발전에 대해서 너무 궁금해 하여 중국대학의 수업에 박정희 강좌를 개설한다는 말까지 있었습니다. 제가 촌스럽다고 무시했던 "새마을운동"은 후진국들의 성공적 발전모델로 인식되어 이라크, 몽골, 콩고같은 아프리카 나라들에서도 한국에 새마을운동 사절단을 보내고 있다는 것도 알게 되었습니다. 왜 하필 한국의 새마을운동이냐?라고 물으면 그들은 말합니다. "한국만큼 극적인 경제발전을 이룬 나라가 없기 때문이다. 일본과 독일은 원래 부자나라였지만 한국은 전쟁을 겪은 이후 잿더미에서도 저렇게 부자나라가 될 수 있다는 것은 후진국들에게 우리도 가능하다는 희망을 준다" 외국의 경제학 책들에서도 좌우를 막론하고 한국의 경제성장을 굉장히 긍정적으로 다루고 있음을 볼 수 있습니다. "한국의 경제발전은 제3세계 국가들에게 하나의 최상의 모델로 인식되고 있다. 경제불평등의 정도가 낮으면서 100년 걸리는 산업화를 20년이라는 단기간내에 이루었기 때문이다" 심지어 어떤 책에서는 "한국의 경제발전은 기존 경제학으로는 설명할 수 없다. 전쟁국가에서 20년 만에 제철, 자동차, 조선업을 생산해 내는 중공업 위주로 바뀌었다는 것은 그야말로 세계경제사에서 하나의 기적으로 불릴만하다." 그때서야 알았습니다. 젊은 세대가 당연히 누리고 있는 한국의 경제발전이라는 것이 외국에서는 얼마나 대단하게 평가하고 있는 것인지를. 다만, 개인적으로 업적은 대단하지만 박정희 대통령의 개인에 대한 지나친 "숭배"나 "영웅화"는 위험하다고 생각합니다. 박정희 대통령 혼자서 도로를 짓고 혼자서 공장을 돌리고 제품을 만든 것은 아니기 때문입니다. 하지만 반대로 경제발전이 국민들의 노력만으로 저절로 이루어졌다고 주장하는 일부 사람들의 주장도 무식한 소리입니다. 경제발전에서는 리더의 역할이 대단히 중요하며 특히 농업국에서 중공업 위주로 산업이 재편성된 과정에는 박정희 대통령의 추진력이 대단한 영향력을 끼쳤다는 것은 너무나 객관적인 사실이기 때문입니다. 이것은 백낙청, 이대근, 안병직같은 과거 좌파경제학자들까지도 인정하는 일입니다. 젊은 세대들은 경제성장 이후에 태어난 아이들이기 때문에 한강의 기적이 그냥 저절로 이루어진 것으로 생각하는 경우도 많고 얼마나 대단한 것인지는 외국에서 평가를 듣지 않으면 잘 모르는 경우가 많습니다.

   젊은 세대들이 외국배낭여행을 가서도 'South Korea'라고 하면 무시받지 않고 외국과 어깨를 나란히 하며 인정받을 수 있는 것은 박정희 대통령의 혜안과 추진력 그리고 윗세대들의 땀이 있었기에 가능했던 것이라는 것을 이제야 알았습니다.

6) 안병직 교수의 마르크시스트에서 뉴라이트로의 사상전환 첫 고백

1970년대의 대표적 마르크스주의 경제학자였던 안병직 서울대 명예교수는 한국이 위기이기 때문에 무리하게라도 얘기를 하는 것"이라면서 자신의 사상전환 과정과 배경을 문화일보와의 인터뷰에서 처음으로 밝혔다. 안 교수는 학계의 박정희 대통령 재평가론에 대해선 "과거에는 그를 타도해야 할 독재자로 봤지만 이젠 한국을 근대화로 이끈 지도자로 본다"면서 "선진국의 기술과 자본을 받아들여 중진자본주의로 나간다는 캐치 업(catch up)이론에 입각해 보면 박정희의 경제개발이론은 탁월하며 박정희식 군부독재가 아니었다면 경제발전은 어려웠을 것"이라고 말했다. 우리가 지금 자유를 누리고 행복을 느끼는지는 다시 한번 곱씹어 볼 이유가 있다. 새누리당 박정희 독재자의 딸이 대통령이 되어 이 나라를 이끌고 있다. 곳곳에서 아버지의 유전자를 가지고 있음을 국민들이 느끼고 있다.130)

4. 박정희 대통령과 육영수 영부인의 주요 활동사진

박정희 대통령은 "나를 확대한 것이 즉, 우리 국가입니다. 우리 민족이라고 할 때의 우리도 역시 마찬가지입니다. 우리 민족이라는 것은 나를 확대한 대아(大我)인 것입니다. 따라서 국가가 잘되는 것은 내가 잘되는 것이며 국가를 위해서 내가 희생을 하고 봉사를 하는 것은 크게 따지면 내 개인을 위하여 봉사하는 것이고 우리 자신을 위해서 봉사하는 것입니다."라고 했다<1970년, 박정희>.131)

---

130) http://k.daum.net/qna/view.html?qid=2eWdg(2013.11.23)
131) http://cafe.daum.net/yaccho1004/8S5b/6?docid=1KDUP|8S5b|6|20100525112221(2013.11.23)

자료: http://cafe.daum.net/yaccho1004/8S5b/6?docid=1KDUP|8S5b|6|201005251 12221(2013.11.23)

자료: http://cafe.daum.net/yaccho1004/8S5b/6?docid=1KDUP|8S5b|6|201005251 12221(2013.11.23)

자료: http://cafe.daum.net/yaccho1004/8S5b/6?docid=1KDUP|8S5b|6|201005251
12221(2013.11.23)

자료: http://cafe.daum.net/yaccho1004/8S5b/6?docid=1KDUP|8S5b|6|201005251
12221(2103.11.23)

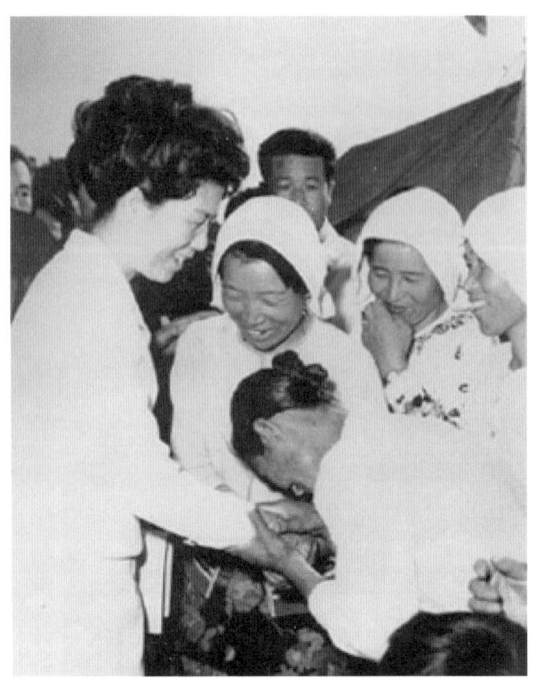

자료: http://cafe.daum.net/yaccho1004/8S5b/6?docid=1KDUP|8S5b|6|201005251
12221(2013.11.23)

자료: http://cafe.daum.net/yaccho1004/8S5b/6?docid=1KDUP|8S5b|6|201005251
12221(2013.11.23)

자료: http://cafe.daum.net/yaccho1004/8S5b/6?docid=1KDUP|8S5b|6|201005251
12221(2013.11.23)

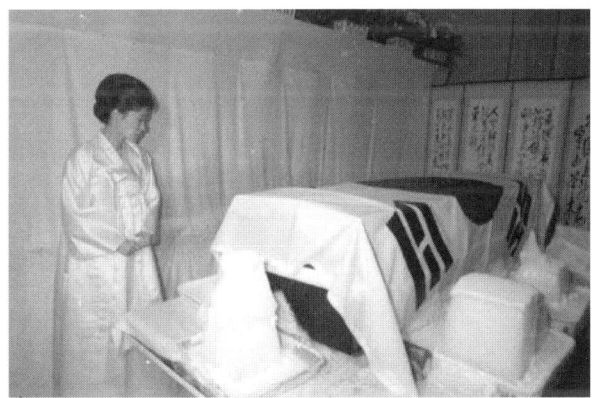

자료: http://cafe.daum.net/yaccho1004/8S5b/6?docid=1KDUP|8S5b|6|201005251
12221(2013.11.23)

자료: http://cafe.daum.net/yaccho1004/8S5b/6?docid=1KDUP|8S5b|6|201005251
12221(2013.11.23)

자료: //cafe.daum.net/yaccho1004/8S5b/6?docid=1KDUP|8S5b|6|20100525112221
(2013.11.26)

■ 노 순 규(魯淳圭) 경영학박사

<약 력>
- 고려대(석사) 및 동국대(박사)
- 서울대학교 행정대학원 박사과정 수료
- 배성여상уча서여상 등 6년간 교원역임
- 새마을본부 연수원 5년간 교수역임
- 한국기업경영연구원 원장(25년간 재임중)
- 한서대학교경영대학원 강사역임
- 대한상공회의소, 한국경총, 한국생산성본부
- 한국능률협회, 한국표준협회, 현대중공업
- 현대자동차, 한국전력, 롯데제과, LG산전 강사
- 건설기술교육원, 건설산업교육원
- 영남건설기술교육원, 건설경영연수원
- 전문건설공제조합 기술교육원
- 건설기술호남교육원 외래교수
- 경기중소기업청 공무원 경영혁신 강사
- 한국기술교육대학교 노동행정연수원 강사
- 경기도교육청(갈등관리와 교원의 역할) 강사
- 대구시교육연수원(리더십과 갈등관리) 강사
- 충남교육연수원(공무원노조의 이해) 강사
- 서울시교육연수원(교육관련 노동법) 강사
- 경남공무원교육원(단체교섭 및 단체협약 체결사례) 강사
- 속초시청(공무원 노사관계) 강사
- 부산시교육연수원(교원노조와 노사관계) 강사
- 울산시교육연수원(공무원노조의 이해) 강사
- 전남교육연수원(갈등관리의 이해와 협상기법) 강사
- 제주도탑라교육원(갈등 및 조직활성화 전략) 강사
- 경북교육청(학교의 갈등사례와 해결방법) 강사
- 제주도공무원교육원(조직갈등의 원인과 유형) 강사
- 경북교육연수원(인간관계와 갈등해결) 강사
- 전북공무원교육원(공무원노조법) 강사
- 충남공무원교육원(사회양극화 해결방안) 강사
- 대구시공무원교육원(복지행정) 강사
- 부산시공무원교육원(조직갈등의 해결방안) 강사
- 광주시공무원교육원(투자활성화의 기업유치 전략) 강사
- 대전시공무원연수원(갈등의 원인과 해결) 강사
- 충북단국교육연수원(공무원단체의 이해) 강사
- 경남교육청(학생생활지도와 인권교육) 강사
- 강원도교육청(직장인의 스트레스와 자기계발) 강사
- 전북교육연수원(커뮤니케이션의 기법) 강사
- 경북교육청(학교경영평가의 배경과 대응전략) 강사
- 경북교육연수원(청소년의 심리와 정서 이해) 강사
- 충남공무원교육원(소통에 대한 이해) 강사
- 대구시교육연수원(학생교원 인권교육) 강사
- 새마을운동중앙회(협력적 노사관계와 커뮤니케이션) 강사
- 전북인재개발원(문제해결과 자아성찰) 강사
- 충북단국교육연수원(교사의 자기관리) 강사
- 경북, 인천시, 광주시, 강원도 교육연수원 강사
- 한국방송대(전략적 인적자원 개발론) 강사
- 현대파워텍(노사관계와 노사협의회) 강사
- 건설기술호남교육원(건설업의 리스크관리) 강사
- 충북자치연수원(인간관계 개선과 커뮤니케이션) 강사
- 한국교원대학교 교장자격연수과정반(인성교육의 이해와 방법) 강사
- 한화테크엠 현장리더(현장의 리더십과 품질경영) 강사
- 현대엔지니어링(해외건설 노무관리) 강사
- 경북교육연수원(행복한 재무설계와 노후설계) 강사
- 숭의여대(인생목표와 장래비전) 강사

<주요 저서>
- 건설업의 회계실무와 세무관계
- 건설업의 예산과 원가절감
- 한미·한EU FTA와 경제전략
- 건설업의 VE(가치공학)와 품질경영
- 토지투자와 부동산경매
- 협력적 노사관계의 이론과 실천기법
- 종업원의 동기부여와 실천방법
- CM(건설경영)과 시공사여폐지의 노무관리
- 교원노조(전교조)와 노사관계
- 학교운영의 리더십과 갈등관리
- 프로젝트 파이낸싱(PF)과 건설금융
- 한·EU FTA와 경제전략
- 공무원의 갈등관리와 리더십 및 BSC
- 교수와 대학의 개혁
- 리더의 자기관리와 성공법칙
- 노동조합의 개혁과 역할
- 사교육 없애기 공교육 정상화
- 조직갈등의 원인과 해결방법
- 학교장 경영평가와 CEO 리더십
- 학생지도방법과 인권보호
- 건설업의 클레임과 민원해결
- 지역갈등·주민갈등·사회갈등
- 칭찬의 갈등효과와 조직관리
- 건설공사관리와 건축행정
- 사회양극화 해결과 복지행정
- 미래사회의 변화와 성공방법
- 학교와 교원의 개혁방법
- 사업계획과 사업타당성 분석
- 커뮤니케이션 기법(skill)과 효과
- 리스크관리(Risk Management)
- 공정한 사회의 실천방법
- 지방자치단체의 기업유치 전략
- 학생체벌의 사례와 금지효과
- 건설업의 원가관리(Cost Management)
- M&A(인수·합병)의 사례와 방법
- 학교장의 역할과 혁신의 리더십
- 기업가치평가의 방법과 실무
- 직장인의 스트레스와 자기계발
- 창의력 개발과 인성교육
- 청렴교육·국민권익·옴부즈만
- 복수노조가입으로 제3노총
- 친절교육·고객만족·고객감동
- 학교폭력의 원인과 해결방법
- 퇴직후의 인생설계 재무설계
- 진보고육감과 전교조 분석
- 가정폭력의 원인과 해결방법
- 성폭력 성행동 성희롱의 해결
- 1인 창조기업의 창업경영
- 윤리경영과 기업윤리(사회적기업)
- 청소년 문화이해와 상담보호
- 소통의 교육 행정 경영 효과
- 주폭(酒暴)과 음주문화의 개선
- 담배(흡연)의 폐해와 금연방법
- 미인되는 방법과 미인의 효과
- 입학사정관제 분석과 합격전략
- 아동 성폭력의 해결과 예방
- 문제해결 자아성찰 목표관리
- 한류열풍(K-POP)과 강남스타일
- 싸이(PSY)의 강남스타일 성공과 한류
- 건설업의 원가계산과 공사비
- 현대전자의 신설립 경영
- 현대자동차의 품질과 경영
- 자기주도학습법과 입시전략
- 대우건설의 성장과 세계경영
- SK텔레콤의 서비스와 마케팅
- 정년 60세 연장법과 경영방법
- 혁신학교의 사례와 성공방법
- 진로교육의 사례와 지도방법
- 창조경제와 창조경영
- 인성교육의 사례와 방법
- 정부 3.0과 행정혁신
- 한국사 ① 선사시대와 고조선
- 한국사 ② 고구려 백제 신라
- 한국사 ③ 통일신라와 발해
- 한국사 ④ 고려
- 한국사 ⑤ 조선
- 한국사 ⑥ 일제식민지와 해방
- 한국사 ⑦ 이승만 대통령과 6.25
- 한국사 ⑧ 박정희 대통령 외 156권 저서

- 건설업의 타당성분석과 사업계획서
- 건설업의 노사관계와 노무관리
- 경영전략과 인재관리
- 부동산투자와 개발실무
- 21세기 리더십과 노무관리
- 신입사원의 건전한 직업관
- 공무원노조와 노사관계
- 산재고용연금건강의 사회보험 통합실무
- 교원평가제와 학교개혁
- 교사의 올바른 역할과 개혁
- 비정규직의 고용문제와 해법
- 학교의 갈등사례와 해결방법
- 녹색성장과 친환경 경영

강의문의 : 011-760-8160, 737-8160
E-mail : we011@hanmail.net

한국사 ⑧ 박정희 대통령   정가 40,000원

2013년 12월 25일 초판인쇄
2013년 12월 26일 초판발행

| 판권 |
| 본원 |
| 소유 |

저 자 　 노 순 규
발행인 　 노 순 규
발행처 　 한국기업경영연구원
　　　　 서울특별시 양천구 목동 505-11 목동빌딩 1층
등 록 　 제2006-47호
전 화 　 (02) 737-8160, HP : 011-760-8160

＜제본이 잘못된 것은 교환하여 드립니다＞

ISBN 978-89-93451-77-1